U0872683

“十二五”普通高等教育本科国家级规划教材

项目管理

第3版

主　编　陈　翔　骆　珣
副主编　张　祥　高慧颖
参　编　刘军丽　黄　璐　刘　坤

机械工业出版社

本书是按美国项目管理协会（PMI）的《项目管理知识体系指南》（PMBOK 指南）（第 6 版）的框架体系进行编写的。全书共分 14 章，分别为绪论、项目运行环境与组织结构、项目整合管理、项目范围管理、项目进度管理、项目成本管理、项目质量管理、项目资源管理、项目沟通管理、项目风险管理、项目采购管理、项目干系人管理、项目集管理、A 房地产项目管理实例。此外，将项目管理软件 Project 应用指南作为附录提供给读者。

本书的最大特点是条理清晰，内容充实。每章前面以生动的案例来引入学习内容，后面附有自测题、思考题和案例，以加深读者对知识的理解。本书第 14 章以一个房地产开发项目为例，展示了项目管理各方面的知识如何应用于具体的项目管理工作中，从而为项目管理的实践提供一定的指导。本书还通过附录详细地讲解了如何运用学到的项目管理方法和理论，通过利用项目管理软件做好项目管理工作，优化管理效能。

本书可作为高等院校工商管理、工程管理、工业工程等专业的本科生和研究生，以及工商管理（MBA）和工程管理（MEM）等专业硕士相关课程的教材，也可供从事项目管理及对项目管理领域的知识感兴趣的人员阅读。

图书在版编目（CIP）数据

项目管理 / 陈翔，骆珣主编．—3版．—北京：机械工业出版社，2023.5（2026.1重印）
“十二五”普通高等教育本科国家级规划教材
ISBN 978-7-111-72994-5

Ⅰ．①项…　Ⅱ．①陈…②骆…　Ⅲ．①项目管理—高等学校—教材　Ⅳ．①F224.5

中国国家版本馆CIP数据核字（2023）第064915号

机械工业出版社（北京市百万庄大街 22 号　邮政编码 100037）
策划编辑：裴　泱　　　　责任编辑：裴　泱　单元花
责任校对：牟丽英　李　婷　　封面设计：张　静
责任印制：张　博
天津市光明印务有限公司印刷
2026 年 1 月第 3 版第 9 次印刷
184mm × 260mm · 23 印张 · 571 千字
标准书号：ISBN 978-7-111-72994-5
定价：69.80 元

电话服务　　　　　　　　　网络服务
客服电话：010-88361066　机　工　官　网：www.cmpbook.com
　　　　　010-88379833　机　工　官　博：weibo.com/cmp1952
　　　　　010-68326294　金　书　网：www.golden-book.com
　机工教育服务网：www.cmpedu.com

前　言

项目管理是第二次世界大战后期发展起来的一种新的管理方法，其初始应用创造了诺曼底登陆、曼哈顿计划等超大型项目的成功实例。随后，项目管理又被逐步应用于航空航天、国防工程、建筑工程、科学研究和生产实践中。进入 20 世纪 90 年代后，随着现代科学技术的飞速发展，管理科学领域内部革新与知识结构重组日益增多，相关理论与方法也不断发展，并日趋成熟。作为管理学的重要分支，项目管理的学科地位已经在国内外被普遍认同，成为集多领域知识于一体的综合性交叉学科，并被视为一种能实现复杂的企业目标的良好方法。现在，几乎所有行业和领域都在尝试着将工作任务细分为一个个相对独立的“项目”进行管理和运作。项目管理的应用领域得到空前的拓展。

本书在《项目管理》（第 2 版）的基础上，按照《项目管理知识体系指南》（PMBOK 指南）（第 6 版）的框架体系进行修订改编。为了帮助读者进一步在信息技术高速发展的时代更好地应用项目管理的基本程序与基本方法，本次修订新增了附录，附录完整地论述了如何利用项目管理软件实现项目的全生命周期管理。为进一步贯彻落实党的二十大精神，增强教材的思想性，本书总结了中华人民共和国成立特别是党的十八大以来我国项目管理取得的发展和历史性成就，通过“科学抗疫”“一带一路”“港珠澳大桥”等新时代中国特色社会主义伟大实践中的典型项目案例，介绍了项目管理的理论和方法如何得到发展和应用。

本书结构严谨，条理清楚，重点突出，在内容上力求做到理论性和实践性的良好结合。考虑到不同层次读者的需要，本书在每章开篇以学习目标和导入案例作为引导，在每章末尾通过自测题、练习题、思考题和案例加深读者对本章知识点的理解。本书第 14 章以一个具体项目为背景给出了项目全过程管理的应用实例。

本书由陈翔、骆珣策划、构思、总纂和定稿。全书分为 14 章，第 4 章、第 5 章、第 6 章、第 8 章、第 11 章、第 13 章和附录由陈翔修订，第 2 章、第 3 章、第 9 章、第 10 章、第 12 章和第 14 章由骆珣修订，第 1 章由陈翔和骆珣共同修订，第 7 章由高慧颖修订。张祥、高慧颖、刘军丽、刘坤、黄璐共同完成了本书各章导入案例、末尾案例和自测题、思考题的收集、整理、校对及图形绘制等工作，并参与了部分章节的修订工作。

在本书编写及修订过程中，为能够全面、系统地介绍项目管理领域的知识和方法，我们参阅了国内外大量的文献资料。在此，对这些相关文献资料的作者致以最诚挚的谢意。

本书出版还得到“北京理工大学‘十四五’规划教材”的支持，在此深表感谢。

本书虽力求完善，然而由于时间仓促和能力有限，书中难免存在不妥及疏漏之处，恳请广大读者不吝赐教，以使本书得以不断充实和完善。

编　者

目　录

视频总入口

视频目录

第 1 章

绪　论

学习目标

- 掌握项目的含义与基本特征
- 理解项目生命周期的阶段划分
- 理解项目里程碑与可交付成果的含义
- 掌握项目管理的含义、特征、要素及工作过程
- 掌握项目管理知识领域的构成

导入案例

为抢先于德国研制出原子弹、尽快结束第二次世界大战，美国总统富兰克林·罗斯福批准了曼哈顿计划。罗伯特·奥本海默（Robert Oppenheimer）被任命为曼哈顿计划的负责人。最初奥本海默估计只需要 6 名物理学家和 100 多名工程技术人员就足以完成整个计划，然而到了 1945 年已经有 2000 多名文职研究人员和 3000 多名军事人员参与该项目，其中包括 1000 多名科学家。顶峰的时候，超过 50 万人参与了这项计划。如果该项目当时没有采用项目管理的思维和方法，恐怕原子弹的研制仅仅是一个设想。那么项目管理又是一种怎样的方法呢？⊖

1.1　项目概述

视频

1.1.1　项目的含义

许多相关组织及学者曾对项目的含义进行过阐释，其中具有代表性的有：

1）美国项目管理协会（Project Management Institute，PMI）认为，项目是为创造特定的产品或服务而做的一项有时限要求的任务（其中，“特定”是指一个项目所形成的产品或服务在关键特性上不同于其他相似的产品或服务；“时限”是指每一个项目都有明确的起始和终止时间）。

⊖ 夸克商学院．项目管理七杯茶[M]．北京：中国经济出版社．2012.

2）德国国家标准 DIN 69901《项目管理》认为，项目是指在总体上符合如下条件的唯一性任务：

①具有预定的目标。

②具有时间、资金、人力等限制条件。

③具有专门的组织。

3）哈罗德·科兹纳（Harold Kerzner）博士认为，项目是具有以下条件的活动或任务的序列：

①具有根据某种技术规格完成的、特定的目标。

②有确定的开始和结束日期。

③受经费限制。

④消耗资源（如资金、人员、设备等）。

4）罗伯特·J. 格雷厄姆（Robert J. Graham）认为，项目是为了达到特定目标而调集到一起的资源组合，它与常规任务的关键区别是，项目通常是一次性的；项目是一项独特的工作或努力，即按某种规范及应用标准导入或生产某种新产品或某项新服务。这种工作或努力应当在限定的时间、资金及人力资源等项目参数内完成。

5）琼·克努森（Joan Knutson）和艾拉·比茨（Ira Bits）认为，项目是为达到某项目标而精心组织的某项过程，该目标起初只有抽象的开始、抽象的结束、抽象的移交物。

6）杰克·R. 梅雷迪思（Jack R. Meredith）和小塞缪尔·J. 曼特尔（Samuel J. Mantel, Jr.）认为，项目是具有以下特性的、必须完成的、特殊的有限任务：

①目的性。

②相互依赖性。

③独特性。

④冲突性。

⑤寿命期。

7）约翰·宾（John Bing）认为，项目是一件事、一项一次性任务，在一定的时间和一定的预算内达到预期的目的。

综上所述，尽管不同的组织或个人对项目的定义有所不同，但这些定义均从不同程度上揭示了项目的本质特征，并具有一些共性，如都有明确的起止时间，都有一些预定目标，都受到经费和人力的限制，都要消耗资源，都要为实现目标而付出努力，而且都是临时性、一次性的活动。

因此，我们认为项目是在一定的时间、资源、环境等约束条件下，为了实现特定的目标所完成的一次性任务或付出的努力。我们可从以下 3 个层面来理解其含义：

1）项目是一项有待完成的任务或努力，有特定的环境与要求。

2）在一定的组织机构内，利用有限的资源（人力、物力、财力等）在规定的时间内完成的任务或付出的努力。

3）任务或努力应满足一定性能、质量、数量、技术指标等要求。

项目可以是一个组织内各个层次的任务或努力，它可以只涉及一个人，也可以涉及数万人。有的项目仅用很少的工时即可完成，而有的项目则需要成千上万的工时才能完成。典型的项目可以是新产品或新服务的开发、技术改造与技术革新、组织模式的变革、科学技术研究与开发、系统软件的开发、建筑物的建设等。项目侧重于过程，它是一个动态的概念。例如，我们可以把一个火力发电厂的建设过程视为项目，但不可以把火力发电厂本身称为项目。

1.1.2 项目的基本特征

（1）一次性　一次性是项目与日常运作的最大区别。项目有明确的开始时间和结束时间。项目在此之前从来没有发生过，而且将来也不会在同样的条件下再发生。日常运作则是一系列无休止或循环重复的活动，如制造企业的生产车间日复一日地重复加工某一零部件的工作。

（2）独特性　每个项目都有自己的特点，每个项目都不同于其他的项目。项目所产生的产品、服务或完成的任务与已有的相似产品、服务或任务在某些方面有明显的差别。项目自身有具体的时间期限、费用限制和性能质量等方面的要求。因此，项目的过程具有自身的独特性。

（3）资源制约性　任何项目都会在一定程度上受到资源的制约，包括人力资源、财力资源、物力资源、时间资源、信息资源和技术资源等。如果一个项目在资源方面受到了严重的制约，那么该项目成功的可能性就会很小。

（4）组织的临时性和开放性　项目开始时需要建立项目组织，项目组织中的成员及其职能在项目的执行过程中将不断地变化，项目结束时项目组织将会解散，因此项目组织具有临时性。一个项目往往需要多个甚至几百上千个单位共同协作，它们通过合同、协议以及其他的社会联系组合在一起，可见项目组织没有严格的边界，即项目组织具有开放性。

（5）后果的不可挽回性　项目具有较大的不确定性，它的进程潜伏着各种风险。它不像有些事情可以试做，或失败了可以重来，即项目具有不可挽回性。

由上可知，项目与日常运作（Ongoing Operations）有着本质的区别，见表 1-1。项目是一项独一无二的任务，而日常运作是连续不断、周而复始的一系列活动。表 1-1 可以更好地帮助我们深刻理解项目的基本特征。

表 1-1　项目与日常运作的比较

比较项	项目	日常运作
责任人	项目经理	部门经理
时间	有限的	相对无限的
管理方法	风险型	确定型
持续性	一次性	重复性
特性	独特性	普遍性
组织机构	项目组织	职能部门
考核指标	以目标为导向	效率和有效性
资源需求	多变性	稳定性

1.1.3 项目生命周期

作为提供独特产品和服务的一次性活动，项目是有始有终的。任何项目的实现都要经历一定的阶段或工作过程。项目的实现过程一般是指为创造项目的可交付成果而开展的各种活动所形成的过程（也称为项目阶段），项目的实现过程通常用项目生命周期来描述，即把项目实现过程中先后衔接的各个阶段的集合称为项目的生命周期。美国项目管理协会（PMI）对项目生命周期的定义为：“项目是分阶段完成的一项独特任务，一个组织在完成一个项目时会将项目划分成一系列的项目阶段，以便更好地管理和控制项目，更好地将组织运作与项目管理结合在一起。项目各阶段的叠加就构成了一个项目的生命周期。”

最典型的项目生命周期的阶段划分见表 1-2。

表 1-2 项目生命周期的阶段划分

名称	主要内容
启动阶段	确定需求目标，项目立项，可行性研究，项目批准，建立项目组织，确定项目经理等
规划阶段	项目预算和进程的制定，初步设计、详细设计，项目执行的准备等
执行阶段	项目实施，项目控制等
收尾阶段	评价、总结项目目标的完成程度，项目验收，文档整理，项目交接等

由表 1-2 可知，项目生命周期一般归纳为如下四个阶段：

（1）启动阶段　项目启动阶段是确立项目及其最终可交付成果的阶段。这一阶段的主要工作任务是：项目识别、项目团队或组织根据客户要求提出需求建议书、项目立项。这个阶段形成的文字资料主要有项目建议书或可行性研究报告等。

（2）规划阶段　项目规划是项目执行的蓝本，它主要是界定并改进项目目标，从各种备选方案中选择最佳方案，以实现项目预定的目标。这一阶段的主要工作任务是：解决如何、何时、由谁来完成项目的目标等问题，即制订项目计划书，具体包括确定项目工作范围、进行项目工作分解，估算各个活动所需的时间和费用，做好进度安排和人员安排，建立质量保证体系等。

（3）执行阶段　在项目执行阶段协调人员和其他资源来执行项目工作。这一阶段的主要工作任务是：执行项目的计划书；采购项目所需资源；跟踪执行过程和进行过程控制，如进度控制、成本控制、质量控制等。当项目在执行过程中出现偏差时，需要根据项目的执行情况，对项目的计划进行必要的修改和补充，即项目的变更控制。由此可见，项目执行阶段是项目真正意义上的开始，是顺利实现项目目标的过程。

（4）收尾阶段　当项目的目标已经实现，或者项目的目标不可能实现时，项目就进入了收尾阶段。这一阶段的主要工作任务是：最终可交付成果的质量验收、费用决算和审计、项目资料整理与验收、项目交接与清算、项目的评价和总结、吸取经验教训，为完善以后的项目管理积累经验。

需要说明的是，项目生命周期的四阶段划分并非唯一的方法，而且建设类项目生命周期与非建设类项目生命周期阶段的划分也存在很大差别。根据项目的不同，有些项目的生命周期阶段可以划分得很笼统，而有的则会划分得很详细。例如，某工程建设项目生命周期阶段可划分为：识别需求、提出解决方案、执行项目和结束项目。又如，某信息系统开发项目生命周期阶段可划分为：概念定义、需求识别、系统分析、系统设计、系统实施、系统测试、用户培训和移交运行。

项目生命周期与产品生命周期的含义不尽相同，通常产品可能由项目产生。如某一新产品的生命周期包含研发、设计、制造、销售、使用直至报废的全过程。该新产品的研发工作则可被视为一个项目，作为研发项目它有自己的生命周期（启动、计划、执行、收尾），而这只是该新产品生命周期中的一个具体阶段。

1.1.4 项目里程碑与可交付成果

里程碑（Milestone）是项目中的重大事件，通常是指一个主要可交付成果的完成。它是项目进程中的一些重要标记，是在规划阶段应该重点考虑的关键点。里程碑既不占用时间，也不消耗资源。

在项目具体实施过程中，会有多个里程碑。里程碑计划就是将那些对项目实施进度有重要意义的关键事件、按时间顺序加以排列的文档。关于项目里程碑计划的表示方法有多种形式，如文字法、图表法等。下面以某软件开发项目为例，在例1-1中分别给出项目里程碑计划文字法和图表法的表示形式。

例1-1 假设某软件开发项目历时1年，在其生命周期中共有以下5个里程碑。该软件开发项目的里程碑计划的文字法表现形式为：里程碑1，项目启动时间为2020年1月1日；里程碑2，需求确认完成时间为2020年2月15日；里程碑3，方案设计完成时间为2020年4月28日；里程碑4，试运行启动时间为2020年10月18日；里程碑5，项目验收时间为2020年12月31日。该软件开发项目的里程碑计划也可以用图表形式来表述，也称为图表法，具体如图1-1所示。

里程碑事件	1月	2月	4月	10月	12月
项目启动	▲				
需求确认完成		▲			
方案设计完成			▲		
试运行启动				▲	
项目验收					▲

图1-1 软件开发项目的里程碑计划

可交付成果（Deliverable）是指某种可以核实的工作成果或事项。一般来说，项目有阶段可交付成果和最终可交付成果两种形式。

以图1-2所列的典型项目生命周期为例，启动阶段结束时，批准可行性研究报告是第一个里程碑，其可交付成果就是可行性研究报告；规划阶段结束时，批准项目计划是第二个里程碑，其可交付成果就是项目计划文件；执行阶段结束时，项目完工是第三个里程碑，其可交付成果就是有待交付的完工产品和项目文件；收尾阶段结束时，项目交接是最后一个里程碑，其可交付成果就是完工产品和项目文件。

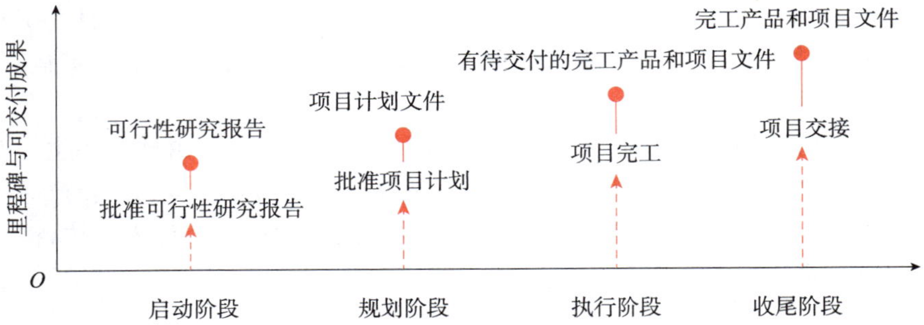

图 1-2　项目里程碑与可交付成果

注：▲表示里程碑事件，●表示可交付成果。

1.2　项目管理概述

视频

1.2.1　项目管理的含义

许多学者对项目管理给出了定义，其中有代表性的有如下几种：

美国项目管理协会（PMI）编著的《项目管理知识体系指南》(PMBOK 指南）认为，项目管理是一系列应用知识、技巧、工具和技术等来满足项目需求的活动。项目管理是通过运用并结合各个项目管理过程来实现的。项目管理过程由启动过程、计划过程、执行过程、监控过程和收尾过程五个方面组成。

毕星、翟丽主编的《项目管理》认为，项目管理是通过项目经理和项目组织的努力，运用系统理论和方法对项目及其资源进行计划、组织、协调、控制，旨在实现项目特定目标的管理方法体系。

白思俊主编的《现代项目管理》认为，项目管理就是以项目为对象的系统管理方法，通过一个临时性的专门的柔性组织，对项目进行高效率的计划、组织、指导和控制，以实现项目全过程的动态管理和项目目标的综合协调与优化。

邱菀华等著的《项目管理学》认为，项目管理就是运用科学的理论和方法，对项目进行计划、组织、指挥、控制和协调，实现项目立项时确定的目标。

刘荔娟主编的《现代项目管理》认为，项目管理是指项目管理者按照客观规律的要求，在有限资源条件下，运用系统工程的观点、理论和方法，对项目涉及的全部工作进行管理。

综上所述，本书认为项目管理是以项目及其资源为对象，运用系统的理论和方法对项目进行高效率的计划、组织、实施和控制，以实现项目目标的管理方法体系。可以通过以下方面来进一步理解项目管理的含义：

1）项目管理的主体是项目经理。项目经理被授权在一定的时间、资金、人员等约束情况下完成项目目标，有权独立进行计划、资源调配、协调和控制，必须使项目团队成为一个工作配合默契、具有积极性和责任心的高效群体。

2）项目管理的客体是项目本身。项目管理是针对项目的特点而形成的一种管理方式，因而它的适用对象是项目。

3）项目管理的职能由计划、组织、协调和控制组成。项目管理的职能是由项目经理实现的，他通过高效地运用这些职能来实现项目的目标。

4）项目管理的任务是对项目及其资源进行计划、组织、协调、控制。需要注意的是，项目管理的任务与项目的任务含义是不同的。

5）项目管理的目的是实现项目的目标，即提供符合客户要求的产品或服务。

典型的项目管理包括以下几个方面：

①识别需求。

②根据项目干系人的关注和预期来调整计划和方法。

③平衡质量、范围、时间和成本诸要素。

项目经理在执行项目时需要平衡质量、范围、时间和成本等方面的不同需求。只要这些因素中某一因素发生改变，就会导致至少一种其他因素受到影响。例如，如果压缩了完工时间，通常需要增加预算，以便提供额外的资源在更少的时间内完成相同的工作量。但如果无法增加预算，可能需要缩小范围或降低质量，以便在不变的预算水平和更少的时间内提供交付物。项目干系人对于哪个因素更重要可能有不同的态度，而这会增加项目管理的难度。变更项目需求可能会导致额外的风险。因此，成功地完成项目，项目团队必须对环境做出适当评价，并要平衡不同项目干系人的利益需求。

1.2.2 项目管理的特征

项目管理与日常管理相比，有如下特征。

1. 项目管理具有创新性

项目的一次性特征，决定了实施每一个项目都要具有创新性。项目管理的创新性包括两个方面：一是项目管理是对项目所包含的创新活动的管理；二是项目管理必须通过管理创新来实现对项目的有效管理，因为项目的管理工作没有一成不变的模式和方法可以直接利用。

2. 项目管理是一项复杂的工作，具有较强的不确定性

项目一般由多个部分组成，工作跨越多个组织、多个学科、多个行业，可供参考的经验很少甚至没有，不确定因素很多，而项目管理要在各种约束条件下实现项目目标，这些条件决定了项目管理具有复杂性和不确定性。

3. 项目管理需要专门的组织和团队

项目管理通常要跨越部门界限，在工作中会遇到许多不同部门的人员，因此需要建立一个不受现存组织约束的项目组织，组建一个由不同部门的专业人员组成的项目团队。

4. 项目经理的作用非常重要

项目经理要在有限的资源和时间约束下，运用系统的观点、科学合理的方法对与项目相关的所有工作进行有效的管理。因此，项目经理对项目的成败起着非常重要的作用。

1.2.3 项目管理的要素

项目管理的要素有很多，从三要素逐渐发展为四要素、五要素，进而发展为六要素。

项目管理的三要素包括质量、进度和成本。对一个特定的项目而言，项目管理的目的就是处理好这三者之间的关系。

项目管理的四要素除包括质量、进度和成本以外，还包括了项目的范围，使项目范围可以与成本、进度、质量相互协调。例如，范围增减、质量改变会引起成本和进度的相应变化。

项目管理的五要素包括质量、进度、成本、范围和组织。其中，范围与组织是必不可少的，没有范围就无法做项目计划，没有组织就无法实施项目。质量、进度和成本可以随着范围变化而有所变通。

项目管理的六要素包括质量、进度、成本、范围、组织和客户满意度。客户满意度是项目管理的核心，所以在此把它列为项目管理六要素之一。

1.2.4 项目管理的工作过程

项目的实现过程是由一系列项目阶段或工作过程构成的，工作过程是产生某种结果的活动序列。任何项目都可以划分为多个不同的工作过程，由于对一个项目的工作过程来说，需要有一个相对应的项目管理过程。一般认为，项目管理的过程是由如下 5 个基本工作过程组成的，即项目启动、项目规划、项目执行、项目控制和项目收尾，如图 1-3 所示。

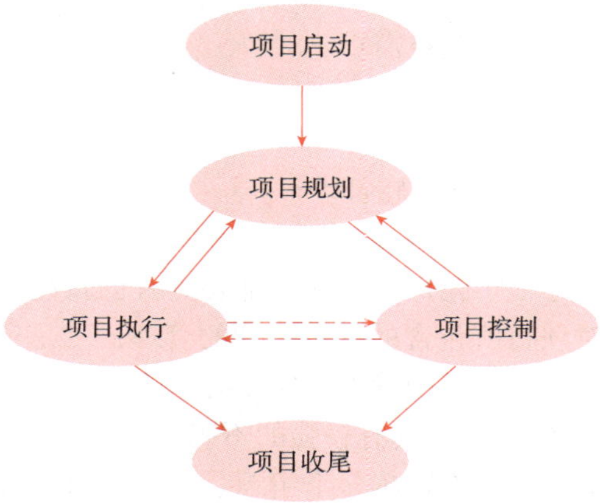

图 1-3 项目管理的工作过程

项目管理的工作过程之间首先是一种前后衔接的过程，但事实上，项目管理的这五个工作过程是相互交叠的，有时还是“双向”的，如启动工作过程最先开始，它还未完全结束时，项目管理规划工作过程就已经开始了。规划工作过程先为项目执行工作过程提供项目工作计划，而执行工作过程反过来又为规划工作过程提供更新的信息和情况。因为控制工作过程的很大一部分工作属于事前控制，所以控制工作过程是在执行工作过程开始前、规划工作过程开始后就进行了。在项目管理中，控制是无处不在的，它贯穿于项目的整个生命周期，以确保项目生命周期的各个阶段能按预订的计划进行。收尾工作过程在执行工作过程结束之前也已经开始了，因为收尾工作的很多文档可以提前开始准备，执行工作过程之后的收尾工作实际只是移交性的工作。

视频

1.2.5 项目生命周期的阶段与项目管理工作过程的关系

虽然项目管理过程的名称（启动过程、规划过程、执行过程、控制过程和收尾过程）有时和典型项目生命周期的名称（启动阶段、规划阶段、执行阶段和收尾阶段）是相同的，但是它们的含义却是不同的。项目的生命周期包括的四个阶段没有重复，是一次性结束的，是从项目实现过程的角度考虑的。项目管理的五个工作过程并不是独立的一次性过程，它贯穿于项目生命周期的每一个阶段，项目的任何一个阶段都包含一个或几个“启动—规划—执行—控制—收尾”的管理工作过程。项目生命周期的阶段和管理工作过程的关系如图 1-4 所示。

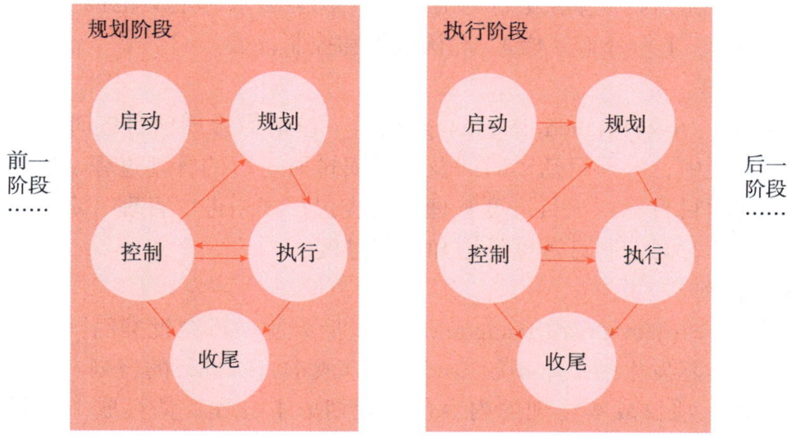

图 1-4　项目生命周期的阶段和管理工作过程的关系

同时，项目管理过程在项目的每个阶段也是按照不同的强度和层次发生的交叠活动。图 1-5 表示了在一个项目阶段中各个管理过程是如何重叠和变化的。

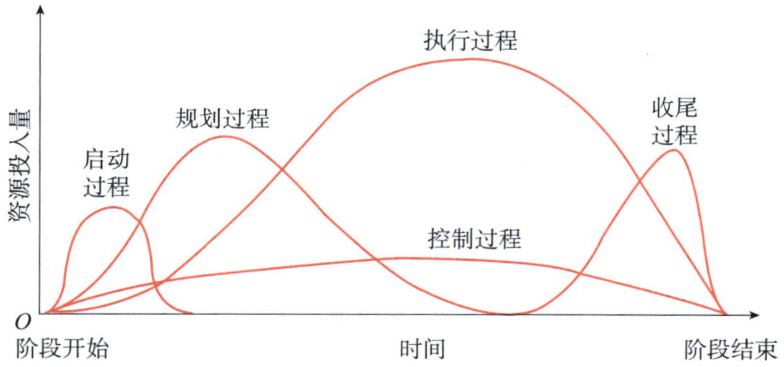

图 1-5　在一个项目阶段中各个管理过程的重叠和变化

1.2.6　项目管理的知识领域

本书参考美国项目管理协会（PMI）2018 年颁发的《项目管理知识体系指南》（PMBOK 指南）（第 6 版）对项目管理的内容进行划分。

1．项目整合管理

项目整合管理（Project Integration Management）包括识别、定义、组合、统一和协调各项目管理过程和活动所进行的工作，即保证项目各要素相互协调的全部工作和活动过程。项目整合管理是从全局、整体的角度出发，有机地协调进度、成本、质量和资源等要素，在相互影响的项目具体目标和方案中权衡利弊，从而满足项目干系人的需求和期望。项目整合管理的内容包括：制定项目章程、制订项目管理计划、指导与管理项目工作、管理项目知识、监控项目工作、实施整体变更控制、结束项目或阶段。

2．项目范围管理

项目范围管理（Project Scope Management）实质是功能管理，包括确保项目能够按要求的范围做并且仅做所需的全部工作，即对项目所要完成的工作范围进行管理和控制的过程。项目范围管理的内容包括规划范围管理、收集需求、定义范围、创建WBS（Work Breakdown Structure，工作分解结构）、确认范围和控制范围。

3．项目进度管理

项目进度管理（Project Schedule Management）包括为管理项目按时完成所需的各个过程，即在项目的进展中，对项目活动时间及日程安排所进行的管理过程，以确保项目能够在规定的时间内实现项目目标。项目进度管理的内容包括规划进度管理、定义活动、排列活动顺序、估算活动持续时间、制订进度计划和控制进度。

4．项目成本管理

项目成本管理（Project Cost Management）包括为使项目在批准的预算内完成的各项工作，即为保证项目实际发生的成本不超过项目预算成本，所进行的规划、估算、预算和控制等管理过程和活动。项目成本管理的内容包括规划成本管理、估算成本、制定预算和控制成本。

5．项目质量管理

项目质量管理（Project Quality Management）包括将组织的质量政策应用于规划、管理、控制项目和产品质量的所有工作，即为了满足项目干系人各方面的要求，项目实施组织所进行的诸如确定质量方针、目标和责任的所有活动。项目质量管理的内容包括规划质量管理、管理质量和控制质量。

6．项目资源管理

项目资源管理（Project Resource Management）包括识别、获取、管理所需资源，以便成功完成项目的各个过程，即在整个项目管理阶段，对项目资源（即劳动力、材料、设备、资金和技术等生产要素）进行优化配置和动态平衡管理。项目资源管理的内容包括规划资源管理、估算活动资源、获取资源、建设团队、管理团队和控制资源。

7．项目沟通管理

项目沟通管理（Project Communications Management）包括为确保项目信息及时且恰当地规划、收集、生成、发布、存储、检索、管理、控制、监督和最终处置所需的各个过程，即为确保项目信息合理收集和传递，对项目信息的内容、信息传递的方式、信息传递的过程等所进行的全面管理活动。项目沟通管理的内容包括规划沟通管理、管理沟通和控制沟通。

8．项目风险管理

项目风险管理（Project Risk Management）是指通过风险识别和风险评估去认识项目的风险，并在此基础上合理地使用各种风险应对措施、管理方法、技术和手段，对项目风险实行有效的应对和监控的活动和过程。项目风险管理的内容包括规划风险管理、识别风险、实施定性风险分析、实施定量风险分析、规划风险应对、实施风险应对和控制风险。

9. 项目采购管理

项目采购管理（Project Procurement Management）包括从项目团队外部采购或获取所需产品、服务或成果的各个过程，即为达到项目的目标而从项目团队的外部获取物料、工程和服务所需的过程和活动。项目采购管理的内容包括规划采购管理、实施采购和控制采购。

10. 项目干系人管理

项目干系人管理（Project Stakeholder Management）的关键目标是提升干系人的满意度，包括识别那些能影响项目或受项目影响的全部人员、群体或组织，分析干系人对项目的期望和影响，制定合适的管理策略来有效调动干系人参与项目决策和执行。项目干系人管理的内容包括识别干系人、规划干系人参与、管理干系人参与和控制干系人参与。

前文分别阐述了项目管理的工作过程和项目管理的知识领域，两者的关系如表 1-3 所示。

表 1-3 项目管理的工作过程与知识领域的关系

知识领域	启动	规划	执行	控制	收尾
项目整合管理	制定项目章程	制订项目管理计划	指导和管理项目工作 管理项目知识	监控项目工作 实施整体变更控制	结束项目或阶段
项目范围管理		规划范围管理 收集需求 定义范围 创建 WBS		确认范围 控制范围	
项目进度管理		规划进度管理 定义活动 排列活动顺序 估算活动持续时间 制订进度计划		控制进度	
项目成本管理		规划成本管理 估算成本 制定预算		控制成本	
项目质量管理		规划质量管理	管理质量	控制质量	
项目资源管理		规划资源管理 估算活动资源	获取资源 建设团队 管理团队	控制资源	
项目沟通管理		规划沟通管理	管理沟通	控制沟通	
项目风险管理		规划风险管理 识别风险 实施定性风险分析 实施定量风险分析 规划风险应对	实施风险应对	控制风险	
项目采购管理		规划采购管理	实施采购	控制采购	
项目干系人管理	识别干系人	规划干系人参与	管理干系人参与	控制干系人参与	

1.3 项目管理在我国的历史和发展

我国早在 2000 多年前就已经开始了项目管理的实践，并且创造了许多很好的传统项目管理方法。例如，我国战国时期的都江堰工程从工程项目设计和项目施工等各个方面都使用了系统思想，创造了举世公认的都江堰分洪与灌溉工程项目。在工程项目管理方面，由于宫廷建设项目的实施管理，很早就有了自己的“工料定额”和“工时”“造价”管理方法，并且许多朝代的“工部”都有相应的“国家标准”。但是，我国自宋朝开始在科技和管理方面走了下坡路，未能跟上世界科技与管理的快速发展，所以在项目管理的理论和方法方面开始落后于世界发达国家。尤其是从清朝以后到新中国成立以前，我们与世界发达国家在科技和管理方面逐步拉开了距离，从而在传统项目管理方面一直处于落后的地位。

我国的现代项目管理比国外相对来说要晚得多，20 世纪 60 年代初期，华罗庚教授结合“统筹兼顾、全面安排”的指导思想，将网络计划技术称为“统筹法”引入我国，并带领小分队深入重点工程项目中进行推广应用。1965 年 6 月 6 日的《人民日报》发表了华罗庚教授的《统筹方法》，引起了很大反响，这是我国项目管理学科的起源。20 世纪 70 年代，我国从日本引进了 13 套大化肥装置，初步认识到了对项目实施管理的重要性。1984 年，利用世界银行贷款的鲁布革水电站项目在国内第一次采用了国际招标，中标的日本建筑企业由于运用了项目管理方法，打破了长期沿用的“苏联自营制”项目管理模式，开启了工程项目管理体系改革序幕，缩短了工期，降低了造价，工程质量优良，取得了明显的经济效益。这给当时我国的整个投资建设领域带来了很大的冲击。从此现代项目管理的理论引入我国，鲁布革水电站项目管理的经验在全国许多大中型工程中得到推广。1991 年建设部在全行业全面推广项目管理。1991 年 6 月在华罗庚教授创立的中国优选法统筹法与经济数学研究会的旗帜下，集结了一批致力于中国特色项目管理研究的专业人才，成立了中国优选法统筹法与经济数学研究会项目管理委员会（PMRCC），即后来的中国项目管理研究委员会。此后，在老一辈科学家华罗庚优选法、统筹法和钱学森系统工程思想的指引下，我国项目管理逐步形成体系。此外，1994 年财政部向世界银行申请了一笔赠款，专门用于项目管理的人才培养，结合中国国情，翻译、编写了用于培训的教材，初步建立了具有中国特色的项目管理知识体系。2000 年 1 月 1 日开始，我国正式实施《中华人民共和国招标投标法》，这部法律涉及项目管理的诸多方面，为我国项目管理的健康发展提供了法律保障。

我国对项目管理的行业实践起步较晚，基本上是 20 世纪改革开放后才开始的。从项目的特点和性质来看，我国对项目管理的实际运用是从开发和生产大规模、高费用、跨行业的建筑工程、石化工程、航天、航空等复杂系统中发展起来的。如 20 世纪 90 年代初，天津涤纶厂采用网络计划技术进行年度检修优化，工期从 35 天缩短为 30 天，仅此一项当年就增加产值 335 万元。中外闻名的三峡水利枢纽工程、西气东输工程和小浪底水利枢纽工程等大型工程均实施现代项目管理的模式和方法。

项目管理在我国信息技术、制造、金融、科研、航空航天、能源化工等行业得到广泛应用，独具特色的项目管理成功案例不断涌现。我国企业也从精细化管理单一项目发展到搭建以战略目标为导向的组织级项目管理体系，项目运作能力和管理水平得到显著提升。我国项目管理在企业创新管理方法、促进管理水平科学化、推动结构转型和高质量发展、加快国际化步伐等过程中，起到了重要的促进作用。以华为、中国移动、中船重工及众多智能制造企业为代表的科技创新企业已把项目管理引入企业的创新管理中，有效地推进了企业科技创新的步伐。同时，与企业战略目标相关的一系列项目的成功完成，是企业实现转型升级的重要基础。企业通过对项目管理理论的学习和实践中的应用，在大型项目的管理中，从传统的会战指挥部模式转变为现代的组织级项目管理模式，例如中国石油、中国海油、中国石化的几乎所有大型项目均已采用项目集管理模式；低碳院、中兴通讯、金风科技等企业也形成了各具特色的最佳项目管理实践。许多企业不仅在国内的项目建设中取得了巨大成功，在海外项目中也成绩斐然。项目管理已然成为中国新型企业快速成长和转型升级的有效方法。

随着项目管理技术的发展，人们对它的有效性的认识越来越深，因此在现代工业企业中，项目管理的方法在产品开发、软件系统开发、设备大修工程、单件生产等方面也得到了广泛的应用。当代的项目管理已深入各行各业，以不同的类型、不同的规模出现。项目的应用类型也呈现宏观、微观、非重点、工程、非工程、硬项目、软项目等不同角度。例如，联想集团消费电脑事业部应用项目管理相关理论与方法，于2000年年底在“天麒”“天麟”系列产品的开发中，实施基于Project和ProjectCentral的软件方案，使该项目在8个月内完成，达到了当时全球PC技术的最高水准；华为作为全球领先的下一代电信网络解决方案供应商，十分重视项目管理，通过培养100名项目管理专业人士，把PMP认证作为项目经理的前提条件，通过有效的项目管理使该公司在同业竞争中脱颖而出。2008年奥运会、2010年上海世博会均是超大规模、子项目繁多、涉及人员众多，各个子项目之间关系密切的项目组合，都取得了巨大的成功。通过近几十年特别是21世纪以来大量的项目管理实践，我国逐步将项目管理的理论和方法应用于大型公共活动，丰富和充实了项目管理在我国的发展，成为项目管理的典范。

放眼改革开放的“中国奇迹”，世界上最大的高速公路网、高铁运营网和移动宽带网得以建成，世界上最长的跨海大桥——港珠澳大桥成功建成，世界上最长的大桥——丹昆特大桥成功通车，世界上最快的超级计算机——神威·太湖之光研发成功，世界上最大的单口径球面射电望远镜——“中国天眼”建成，载人航天工程顺利推进，094A核潜艇和航空母舰的横空出世……这一系列的突破，从概念构想到目标达成，都是通过项目或项目集实现的。项目管理水平决定着项目乃至国家战略的成功。实践证明，优秀的项目管理理念，为提升组织的核心竞争力提供了有力的支持，从而进一步促进经济社会的发展。

本章小结

本章从总体上对项目管理进行了框架描述，重点对项目与项目管理相关的基本概念进行了阐述，具体包括项目、项目生命周期、里程碑、可交付成果，以及项目管理十大知识领域。掌握这些基本概念对于后续章节的学习和理解非常重要。

自 测 题

一、判断题

1. 项目是为完成某一独特的产品、服务或任务所做的一次性努力。 ( )
2. 项目侧重于过程，它是一个动态的概念。 ( )
3. 日常工作总是在很短的时间内完成，而项目则需要跨越数年或更长的时间。 ( )
4. 一次性是项目与日常运作的最大区别。 ( )
5. 项目的生命周期可归纳为四个阶段，这种划分是唯一的。 ( )
6. 里程碑通常是指项目进程中的阶段可交付成果。 ( )

7．里程碑不占用时间，但其消耗资源。（　　）

8．可交付成果是指某种可以核实的工作成果或事项。（　　）

9．可交付成果有两个表现形式，阶段可交付成果和最终可交付成果。（　　）

10．项目生命周期与产品生命周期的含义不同（　　）

11．项目管理的主体是项目的全部任务。（　　）

12．项目管理的客体是项目经理。（　　）

二、单选题

1．项目“一次性”的含义是指（　　）。

A. 项目持续的时间很短　　B. 项目有确定的开始和结束时间

C. 项目将在未来一个不确定的时间结束　　D. 项目可以在任何时候取消

2．下列表述正确的是（　　）。

A. 项目的生命周期是指项目的开始时间和项目的结束时间这一段时间的累计

B. 不管项目阶段如何划分，一般均可归纳为启动阶段、执行阶段、收尾阶段

C. 失败的项目也存在收尾阶段

D. 项目生命周期是循环往复的一段时间

3．应对项目可交付成果负主要责任的是（　　）。

A. 质量经理　　B. 项目经理　　C. 采购经理　　D. 项目发起人

4．项目可行性研究是在（　　）阶段完成的。

A. 项目启动　　B. 项目规划　　C. 项目执行　　D. 项目收尾

三、多选题

1．下列属于项目的实例的是（　　）。

A. 举办一场晚会　　B. 开发一种新的计算机软件系统

C. 提供税务服务　　D. 管理一家工厂

2．项目的共同点有（　　）。

A. 明确的起止时间　　B. 预定目标　　C. 受到资源的限制　　D. 消耗资源

3．项目与日常工作的主要区别有（　　）。

A. 管理方法　　B. 责任人　　C. 组织机构　　D. 管理过程

4．项目的基本特征是（　　）。

A. 目的性　　B. 一次性　　C. 生产性　　D. 独特性

5．典型的项目生命周期阶段通常由（　　）阶段组成。

A. 启动　　B. 规划　　C. 执行　　D. 收尾

6．里程碑计划的表现形式有（　　）。

A. 数字法　　B. 图表法　　C. 文字法　　D. 公式法

7．项目管理的特征有（　　）。

A. 创造性　　B. 预测性　　C. 一次性　　D. 复杂性

8．项目管理的职能是（　　）。

A. 计划　　B. 组织　　C. 实施　　D. 协调

思　考　题

1．什么是项目？它与日常工作有何不同？

2．项目的基本特征有哪些？

3．项目管理的工作过程有哪些？

4. 项目生命周期阶段与项目管理过程的关系？

案 例

港珠澳大桥建设创下多项世界之最

港珠澳大桥是我国境内一座连接香港、广东珠海和澳门的桥隧工程，是“一国两制”框架下、粤港澳三地首次合作共建的超大型跨海通道，全长55公里，设计使用寿命120年，总投资约1200亿元人民币。

港珠澳大桥于2003年8月启动前期工作，2009年12月开工建设，2017年7月实现主体工程全线贯通，于2018年2月完成主体工程验收，筹备和建设前后历时达15年，于2018年10月开通营运。

港珠澳大桥东起香港国际机场附近的香港口岸人工岛，向西横跨南海伶仃洋水域接珠海和澳门人工岛，止于珠海洪湾立交；桥隧全长55km；桥面为双向六车道高速公路，设计速度100公里 / 小时。

针对跨海工程“低阻水率”“水陆空立体交通线互不干扰”“环境保护”以及“行车安全”等苛刻要求，港珠澳大桥采用了“桥、岛、隧三位一体”的建筑形式；大桥全路段呈S形曲线，桥墩的轴线方向和水流的流向大致取平，既能缓解司机驾驶疲劳，又能减少桥墩阻水率，还能提升建筑美观度。结合桥梁建设的经济性、美观性等诸多因素及通航等级要求，港珠澳大桥主桥的三座通航孔桥全部采用斜拉索桥，由多条8～23t、1860MPa的超高强度平行钢丝巨型斜拉缆索从约3000t自重主塔处张拉承受约7000t重的梁面；整座大桥具有跨径大、桥塔高、结构稳定性强等特点。

在这座超级工程的背后，凝聚着亿万同胞的民族复兴梦想，也饱含着几千名工程建设者的汗水和心血。大桥项目总设计师是孟凡超，总工程师是苏权科，岛隧工程项目总经理、总工程师是林鸣。港珠澳大桥主体工程由初步设计、设计及施工咨询、主体工程质量管理顾问、岛隧工程设计施工总承包、岛隧工程监理、桥梁工程施工图设计阶段勘察设计、桥梁工程钢箱梁采购与制造、桥梁工程土建工程施工、桥梁工程土建工程及组合梁施工、桥面铺装工程施工、桥梁钢箱梁制造监理、桥梁工程土建工程施工监理、桥梁工程桥面铺装工程施工监理、试验检测中心、测量控制中心、交通工程施工图设计、交通工程施工、交通工程施工监理、房建工程施工图设计、房建工程施工、房建工程施工监理、桥梁试桩工程施工及试验研究、主体工程桥梁埋置承台足尺模型工艺实验研究、港珠澳大桥主体工程综合信息系统开发等相关单位参与建设。在港珠澳大桥修建过程中，我国国内许多高校、科研院所发挥了重要技术支撑作用。

港珠澳大桥因其超大的建筑规模、空前的施工难度和顶尖的建造技术而闻名世界，体现了一个国家逢山开路、遇水架桥的奋斗精神，体现了我国的综合国力和自主创新能力，体现了勇创世界一流的民族志气，这是一座“圆梦桥、同心桥、自信桥、复兴桥”。

港珠澳大桥建成通车，进一步坚定了我们对中国特色社会主义的道路自信、理论自信、制度自信和文化自信！建设港珠澳大桥是我国政府支持香港、澳门和珠三角地区城市快速发展的一项重大举措，是“一国两制”下粤港澳密切合作的重大成果。作为我国从桥梁大国走向桥梁强国的里程碑之作，该桥被业界誉为桥梁界的“珠穆朗玛峰”，被称为“新世界七大奇迹”，荣获多项国际奖项。港珠澳大桥是世界上里程最长、施工难度最大、沉管隧道最长、技术含量最高的跨海大桥，在结构设计、使用年限以及防撞防震、抗洪抗风等方面均有超高标准，创造了举世瞩目的工程奇迹。㊀㊁

问题：

1. 你认为大型工程项目建设管理面临哪些挑战？
2. 列示港珠澳大桥工程的目标及可交付成果。
3. 列示港珠澳大桥工程的里程碑计划。
4. 港珠澳大桥主体工程项目干系人有哪些？
5. 港珠澳大桥的成功建成具有怎样的重要意义？

㊀ 秒懂百科．港珠澳大桥[EB/OL]．[2022-03-17]．：https://baike.baidu.com/item/%E6%B8%AF%E7%8F%A0%E6%BE%B3%E5%A4%A7%E6%A1%A5/2836012?fr=aladdin.

㊁ 林鸣，王孟钧，罗冬，等．港珠澳大桥岛隧工程项目管理探索与实践[M]．北京：中国建筑工业出版社，2019.

第 2 章

项目运行环境与组织结构

学习目标

- 理解事业环境因素的含义
- 理解组织过程资产的含义
- 理解项目组织的含义
- 理解常见的项目组织结构类型
- 掌握项目组织结构的选择
- 理解项目管理办公室的职能

导入案例

在 2008 年北京奥运会开幕式上，人们看到了长城、兵马俑、敦煌飞天、京剧、皮影、昆曲和太极等许多特色鲜明的中国“符号”。巨大的“画卷”向世界呈现了一幅中国的、历史的和文明的长卷。北京奥运会开幕式以“超常、震撼、盛大壮观”展现了中国的自信与自豪，8 月 8 日成为中国的“光荣之日”。

那么，在奥运会开闭幕式这个项目中，组织机构作为进行创意与制作的基础和保障，发挥了怎样的作用呢？㊀

2.1 运行环境影响

视频

项目所处的环境可能会对项目的开展产生有利或不利的影响，这些影响主要源于事业环境因素（Enterprise Environmental Factors，EEFs）和组织过程资产（Organizational Process Assets，OPA）两个方面，具体如图 2-1 所示。

从图 2-1 可知，事业环境因素源于组织外部的环境，也与组织内部相关。例如，事业环境因素可能对整个组织、项目组合、项目集或项目都产生影响。组织过程资产源于组织内部，可能来自组织自身、项目组合、项目集、其他已经完成的项目或这些项目的组合。

㊀ 朱虹．从奥运开闭幕式看大型活动组织运营［N］．光明日报，2008-09-12.

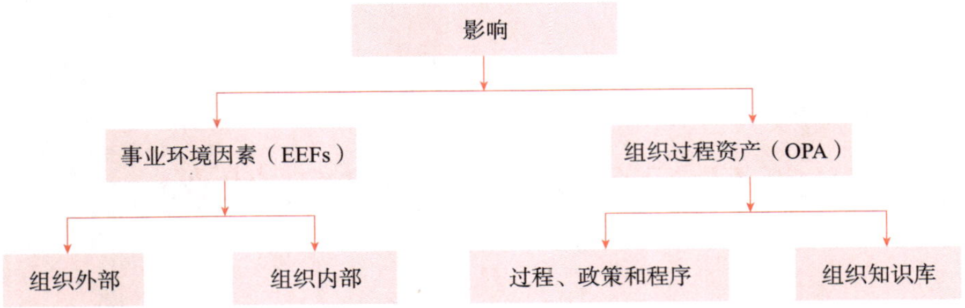

图 2-1 项目环境影响

2.1.1 事业环境因素

事业环境因素是指项目团队无法控制并对项目产生影响、限制等约束条件，这些约束条件可能来自组织的内部或外部。它们是很多项目管理过程的输入，尤其大多是规划过程的输入。它们可能会提升或限制项目管理的灵活性，并可能对项目结果产生积极或消极的影响。

从性质或类型上考虑，事业环境因素种类繁多，在项目生命周期中必须针对不同的项目管理知识领域对其进行相应地裁剪，使其有所侧重。

1. 组织内部的事业环境因素

组织内部的事业环境因素包括（但不限于）：

1）组织文化、结构和治理。例如，愿景、使命、价值观、信念、文化规范、领导风格、组织风格、道德和行为规范等。

2）设施和资源的地理分布。例如，工厂位置、虚拟团队、共享系统和云计算。

3）基础设施。例如，现有的设施、设备、组织通信渠道、信息技术硬件的可用性和功能。

4）信息技术软件。例如，进度计划软件工具、配置管理系统和工作授权系统。

5）资源可用性。例如，合同和采购的制约因素、经批准的供应商和分包商以及合作协议。

6）员工能力。例如，现有人力资源的专业知识、技能、胜任力等。

2. 组织外部的事业环境因素

组织外部的事业环境因素包括（但不限于）：

1）市场条件。例如，竞争对手、市场份额、品牌认知度与商标。

2）社会和文化影响与问题。例如，政治氛围、行为规范、道德和观念。

3）法律限制。例如，与安全、数据保护、采购有关的国家或地方法律法规。

4）商业数据库。例如，行业风险研究资料、风险数据库。

5）政府或行业标准。例如，与产品、生产、环境、质量和工艺有关的监管机构条例和标准。

6）财务考虑因素。例如，货币汇率、利率、通货膨胀率、关税和地理位置。

7）物理环境因素。例如，工作环境、天气和制约因素。

2.1.2　组织过程资产

组织过程资产是项目执行组织所特有的，并在项目管理过程中积累和应用的计划、过程、政策、程序和知识库等资源。

组织过程资产并非局限于一个项目或一个组织，它包括来自任何或所有的项目执行组织所拥有的、可用于执行或治理项目的任何工件、实践或知识，也包括来自组织以往项目的经验教训和历史信息。任何一类用于影响项目成功的资源均可被视为组织过程资产。例如，任何组织都会有若干政策、程序、计划和原则；同时也会有已完成项目的进度表、风险数据和挣值数据等。由于组织过程资产存在于组织内部，在整个项目生命周期，项目团队成员可随时对组织过程资产进行必要的更新和增补。但因行业、组织和应用领域类型的不同，组织过程资产也会有差异。

组织过程资产一般可分为如下两大类：①过程、政策和程序；②组织知识库。

第一类组织过程资产的更新通常不是项目工作的内容，而是由项目管理办公室（Project Management Office，PMO）或项目以外的其他职能部门完成的。更新工作仅需遵循与过程、政策和程序更新相关的组织政策。若组织鼓励项目团队裁剪项目的模板、生命周期及核对单等，此时，项目团队可以根据项目的需求对这些资产进行适当裁剪。第二类组织过程资产是在项目生命周期结合项目信息而更新的。例如，在整个项目期间会持续更新与财务绩效、经验教训、绩效指标和问题等相关的信息。

第一类组织过程资产包括（但不限于）以下资产。

首先，在启动和规划管理过程中包括（但不限于）：

1）指南和标准，用于裁剪组织标准流程和程序以满足项目的特定要求。

2）特定的组织标准，例如政策（人力资源政策、健康与安全政策、保密政策、质量政策、采购政策、环保政策）。

3）产品与项目生命周期，以及方法和程序，例如项目管理方法、评估指标、过程审计、改进目标、核对单等。

4）模板，例如项目管理计划、项目文件、项目登记册、报告格式、合同模板、WBS 模板、项目进度网络图模板、风险分类和风险描述模板、概率与影响的定义、概率和影响矩阵及干系人登记册模板等。

5）预先批准的供应商清单和各种协议类型，例如总价合同、成本补偿合同、单价合同。

其次，在执行和监控管理过程中包括（但不限于）：

1）变更控制程序，包括修改组织标准、政策、计划与程序（或任何项目文件）所必须遵循的步骤，以及如何批准与确认变更应遵循的步骤。

2）跟踪矩阵。

3）财务控制程序，例如定期报告、必要的开支与支付审查、会计编码，以及标准合同条款等。

4）问题与缺陷管理程序，例如定义问题与缺陷控制、识别和解决问题与缺陷，以及追踪行动方案。

5）资源的可用性控制及分配管理。

6）组织对沟通的要求，例如可用的沟通技术、允许使用的沟通媒介、记录保存政策、视频会议、协同工具以及安全要求。

7）确定工作优先顺序、批准与签发工作授权的程序。

8）模板，如问题日志、变更日志、风险登记册、风险控制程序。

9）根据项目的具体需要修改组织工作过程的指南与准则，例如标准化的指南、工作指示、建议书评价准则和绩效测量准则。

10）产品、服务或成果的核实与确认程序。

最后，在收尾管理过程中包括（但不限于）：

项目收尾指南或要求，例如项目终期审计、项目评价、可交付成果验收、合同收尾、资源分配，以及向生产或运营部门转移知识。

第二类组织过程资产包括（但不限于）：

1）配置管理知识库，包括软件和硬件组建版本，以及所有执行组织的标准、政策、程序和任何项目文件的基准。

2）财务数据库，包括人工费、发生的成本、预算，以及任何项目成本超支等信息。

3）历史信息与教训知识库，例如项目记录与文件，所有的项目收尾资料与文件记录，以前项目选择决策结果与绩效的信息，以及从风险管理活动中获取的信息。

4）问题与缺陷管理数据库，包括问题与缺陷状态、控制信息、问题与缺陷解决方案和相关行动结果。

5）过程测量数据库，用于搜集与提供过程与产品实测数据。

6）以往项目的项目档案，例如范围基准、进度基准、成本基准、质量基准、实施效果测量基准、项目日历、项目进度网络图、风险登记册、风险报告，以及干系人登记册。

2.2 项目组织结构

视频

除了上述事业环境因素和组织过程资产会对项目的运行产生有利或不利的影响外，项目所采用的组织结构也会对项目具有重要的影响。

项目组织（Project Organization）是为完成特定的项目任务而建立起来的、从事项目具体工作的载体。项目组织具有临时性、灵活性的特点。在项目管理的过程中，作为完成项目工作的载体，项目组织所起的作用是非常重要的。项目组织不仅是开展项目管理工作的基础，也是项目正常实施的保证体系。项目组织的目的是充分发挥项目管理的功能，提高项目管理的整体效率，最终达到项目确定的目标。项目组织同一般的组织一样，具有相应的领导（项目经理）、规章制度（项目章程）、相关人员（项目团队）及组织文化等。

2.2.1 项目组织结构类型

项目一旦启动，组织高层管理者就需要结合项目的特点和组织的实际情况，通过设计和选择项目组织结构类型，并确定该项目与组织之间的关系。

项目组织结构类型多种多样，不存在一种组织结构类型适用于任何组织的情况。以下重点介绍常见的三种项目组织结构：职能型组织结构、项目型组织结构和矩阵型组织结构。

1．职能型组织结构

职能型组织结构（Functional Organization）是一种传统的、松散的项目组织结构。它的出现是社会化大生产、专业化分工的结果。职能型组织结构通过在实施此项目的组织内部建立一个由各个职能部门相互协调的项目组织来完成某个特定的项目目标。在这种类型的组织结构中，高层管理者处于组织结构的最顶层，中、低层管理者逐步向下分布，组织按照各种管理职能划分为生产、财务、营销、人事和研发等若干职能部门。图 2-2 所示是一个典型的职能型组织结构。

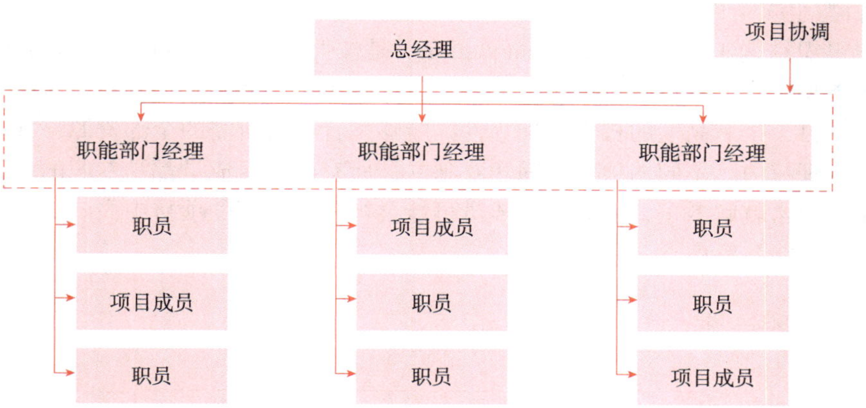

图 2-2　职能型组织结构

职能型组织结构主要承担的是组织内部项目，如管理信息系统开发、规章制度完善等，一般很少承担外部项目。当组织要进行某个项目时，由各个职能部门的职员承担相应的项目任务。通常情况下他们都是兼职的。因为这些成员在完成一定项目任务的同时，还要完成其所属职能部门的任务。项目经理可能是职能部门经理，也可能是某个部门的一般成员，主要起协调作用，没有足够的权力控制项目的进展，对项目团队成员也没有完全的支配权力。

职能型组织结构的优点有：

（1）有利于灵活地利用资源　职能型项目组织能够充分利用组织内部的人力和其他资源，可以根据项目的工作需要配备所需资源，稀缺的技术专家也可以在不同的项目中共享。当被临时抽调到项目中的专业人员完成任务后，又可以返回到原来的部门。

（2）知识共享　由于职能部门是按照职能和专业进行划分的，同一部门的专业人员可以交流知识和经验，一起钻研业务，有利于提高专业技能，并使项目获得所需的知识和技术支持。

（3）有利于保持技术及管理的连续性　当有专业人员离开项目甚至离开组织时，职能部门将成为使技术得以延续的重要依托，从而保持技术的连续性。同时，将项目交给某一具体的职能部门来运作，有利于在程序、管理和政策等方面保持连续性。

（4）项目团队成员有保障　由于项目完成后，项目团队成员可以回到原来的职能部门，该组织结构为本部门的团队成员日后的职业生涯提供了保障。

职能型组织结构的缺点有：

（1）容易忽视项目和客户的整体利益　由于项目团队成员属于原来的职能部门，他们都有自己的日常工作，项目不是其活动和关心的重点，因而可能会因为追求局部利益而忽视项目和客户的整体利益，使这种组织结构具有一定的狭隘性。

（2）项目成员责任意识淡化　由于项目团队成员通常情况下是由职能经理派遣的，属于兼职型，具有一定的流动性，因此，他们缺乏主动承担项目责任和风险的意识，导致权责难以明确，给项目管理带来一定的困难。

（3）协调难度大　项目团队成员大多来自不同的职能部门，横向联系较少，相互之间缺乏合作精神，沟通比较困难。而且，由于项目组织没有明确的项目经理，当不同的职能部门发生利益冲突时，部门经理之间很难进行协调，从而影响组织整体目标的实现。

2. 项目型组织结构

项目型组织结构（Projectized Organization）是按照项目来设置的，每个项目相当于一个微型的职能型组织，都有自己的项目经理及其下属的部门和职员，如图2-3所示。项目经理全权管理项目，享有高度的权力和独立性，能够配置项目所需的全部资源，并且对项目成员有直接的管理权力。不同的项目之间相互独立，所有的项目成员都是专职的。当一个项目结束时，团队通常就解散了，团队中的成员可能会被分配到新的项目中去。如果没有新的项目，他们就有可能被解雇。

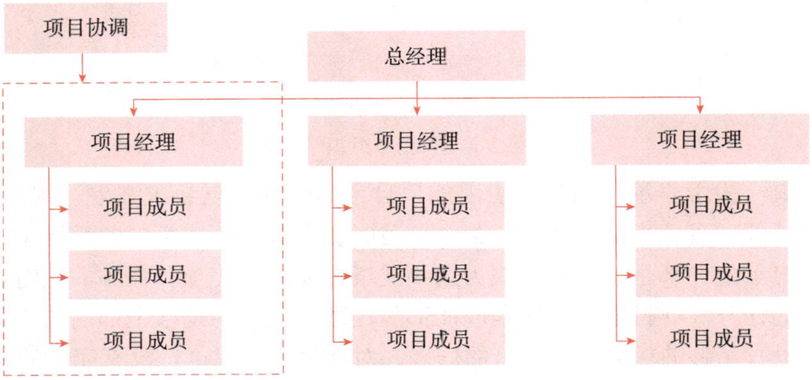

图 2-3　项目型组织结构

项目型组织中通常还设有PMO为各个不同的项目提供服务。项目型组织结构最突出的特点是“集中决策，分散经营”，即组织的总部控制着所有部门的重大决策，各部门分别独立完成其承担的项目，这也体现了组织领导方式由集权向分权的转化。项目型组织结构由于要汇集大量专业人才，且重复设置，成本较高，所以常在投资额大、时间跨度长的大型项目中使用，而不适用于人才匮乏或规模较小的组织开展的项目。

项目型组织结构的优点有：

（1）有利于统一指挥和管理　在项目型组织结构中，项目团队中的成员一般不具有双重身份，通常都是专职人员。因此，项目组织较为稳定，而且每个项目成员都能够明确自己的责任，有利于项目组织的统一指挥和管理。

（2）目标明确，有利于充分发挥团队精神　由于项目型组织都是基于项目而组建的，其首要目标就是圆满完成项目任务，项目成员能够明确理解并集中精力于这一目标，使团队精神得到充分发挥。

（3）项目经理享有最大限度的决策自主权　项目经理在实施项目管理的过程中，可以调用整个组织内部或外部的资源，在进度、成本和质量方面的控制较为灵活，能够统一协调整个组织的管理工作，而且对客户的需求和组织高层的意图可以做出快捷的响应，从而保证了项目的成功实施。

（4）沟通途径简洁，命令统一　项目从职能部门中分离出来，项目经理就可以避开职能部门直接与高层管理者沟通，既提高了沟通速度，又避免了沟通中的失真与延误。此外，在项目型组织结构中，每个成员只有一个上司，从而避免了多重领导、无所适从的局面。

（5）有利于培养全面型人才　由于项目实施时需要进行计划、组织、领导、协调与控制等管理活动，并涉及专业知识，因此项目型组织为培养全面型管理人才创造了条件。

项目型组织结构的缺点有：

（1）资源配置重复　当组织同时进行多个项目时，每个独立的项目组织都设有自己的职能部门，造成人员、设施、技术和设备等重复设置，不利于资源共享；同时由于项目各阶段的工作重点不同，而项目组之间的人力资源又不能相互协调，影响了员工的工作积极性，也会造成人力资源的浪费。

（2）专业技术知识难以共享　各项目团队的技术人员往往只注重自身项目中所需的技术，团队之间的横向沟通较少，不同的项目团队很难做到知识共享，也不利于组织专业技术水平的提高。

（3）项目团队成员缺乏事业上的保障　项目型组织是根据项目而临时组建的，项目一旦结束，项目组织也会解散，项目团队成员就有可能失去工作。由于他们担心项目结束后的生计，项目的收尾工作可能会因此被推迟，影响项目的稳定进行。

3．矩阵型组织结构

矩阵型组织结构（Matrix Organization）则是为了最大限度地利用组织中的资源而发展起来的，它是由职能型组织结构和项目型组织结构结合而成的一个混合体。它在职能型组织的垂直层次结构中叠加了项目型组织的水平结构，因此矩阵型组织结构兼有职能型组织结构和项目型组织结构的特征。

根据项目组织中项目经理与职能型组织中职能经理权限的大小，可以将矩阵型组织结构分为弱矩阵型、平衡矩阵型和强矩阵型三种类型，在不同的组织结构类型中，项目经理的权限不尽相同，具体情形如图 2-4 所示。

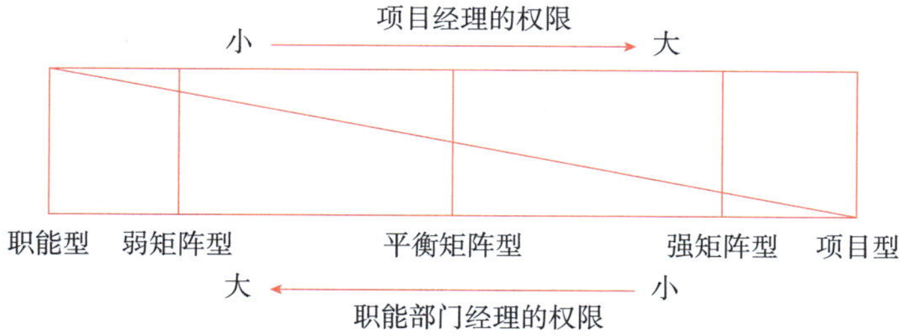

图 2-4　不同项目组织结构中项目经理权限的变化

（1）弱矩阵型组织结构　弱矩阵型组织结构（Weak Matrix Organization）基本保留了职能型组织结构的主要特征。在该组织结构中，项目经理的权力小于职能部门经理的权力。通常情况下，项目经理的角色不过是一个项目协调者或项目监督者，而不是真正意义上的项目管理者。他虽然负责协调项目的各项工作，但没有权利确定资源在各个职能部门分配的优先程度。项目成员不是从职能部门直接调派过来，而是在各职能部门兼职为项目提供服务，项目需要的各项资源也由相应职能部门提供。图 2-5 所示是一个典型的弱矩阵型组织结构。

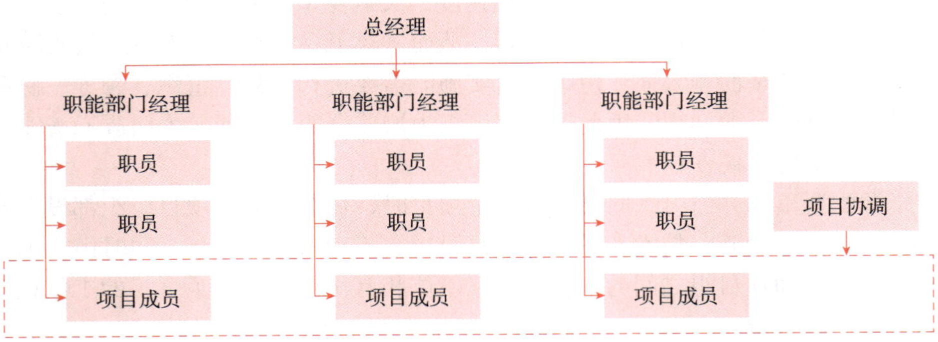

图 2-5　弱矩阵型组织结构

（2）强矩阵型组织结构　强矩阵型组织结构（Strong Matrix Organization）基本保留了项目型组织结构的主要特征。在该组织结构中，项目经理的权力大于职能部门经理的权力。一般情况下，项目经理向项目管理部门经理或总经理负责，对项目实施全权控制。资源由职能部门所有和控制，每个项目经理根据项目需要从职能部门调用，职能部门经理的任务主要是辅助项目经理工作，对项目没有直接的影响力。图 2-6 所示是一个典型的强矩阵型组织结构。

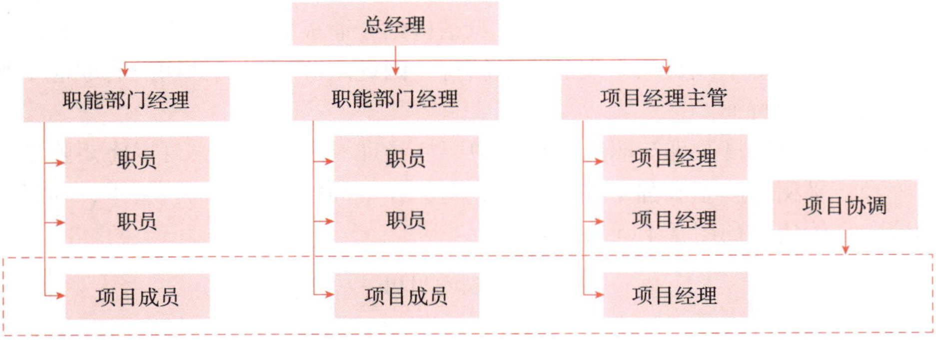

图 2-6　强矩阵型组织结构

（3）平衡矩阵型组织结构　平衡矩阵型组织结构（Balanced Matrix Organization）介于弱矩阵型组织结构和强矩阵型组织结构之间。在这种组织结构中，项目经理的权力与职能部门经理的权力大体相等。通常情况下，项目经理负责项目的进度和成本管理，监督项目的执行；各职能部门的经理除了要对本部门的工作负责外，还要负责项目的界定和质量。平衡矩阵型组织结构主要取决于项目经理和职能经理的权力的平衡程度，而平衡矩阵很难维持，容易发展成为弱矩阵型组织结构或强矩阵型组织结构。图 2-7 所示是一个典型的平衡矩阵型组织结构。

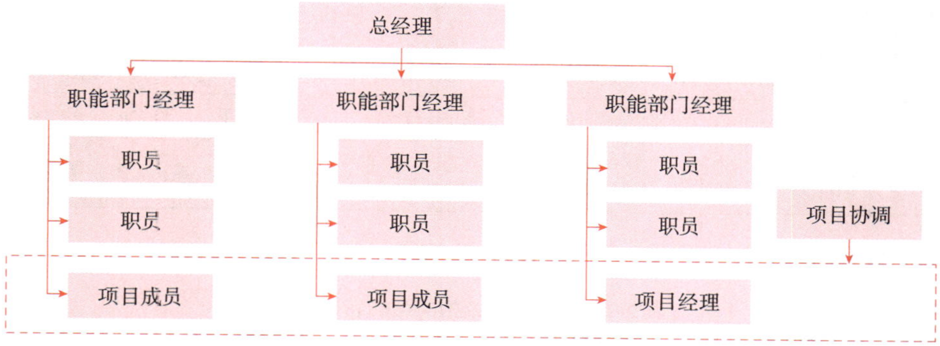

图 2-7　平衡矩阵型组织结构

矩阵型组织结构的优点有：

1）项目是工作的焦点。在矩阵型组织中，由项目经理负责整个项目的运行，在规定的时间、经费范围内完成项目，并对该项目负全责，因此项目成为工作活动的重心。

2）反应快捷灵活。矩阵型组织结构具有灵活性的特点，能够对客户和组织内部的要求做出较快的响应。

3）能够实现资源和知识共享。由于项目经理负责管理整个项目，可以从职能部门临时抽调所需的专业人员，从而可以分享各个部门的技术人才储备；而且关键技术人员能够被各个项目共用，从而避免了人员冗余的情况，可以充分利用组织内部的人力资源。

4）可以平衡资源保证多个项目的完成。当有多个项目同时进行时，组织可以对各个项目所需的资源、进度和成本等方面进行总体协调和平衡，优化整个系统的效率，保证每个项目都能按预定的目标完成。

5）能够增强决策层对项目的信任。项目团队中有来自组织行政管理部门的人员，他们能保证项目的规章制度与组织章程保持一致，从而增强组织高层管理者对项目的信任。

6）能够减少项目团队成员的忧虑。当项目结束后，项目团队成员可以回到原来的职能部门，因而不必担心日后的生计。

矩阵型组织结构的缺点有：

1）容易造成项目经理之间的矛盾。由于资源在多个项目之间流动，容易使项目经理之间发生利益冲突，因此公司要处理好资源分配、技术支持等方面的均衡问题。

2）违反了命令单一性的原则。在矩阵型组织结构中，项目团队成员可能会接受项目经理和职能部门经理的多重领导，当他们的命令有分歧时，就会使项目团队成员无所适从。

3）项目经理可能会只关心所负责项目的成败，而不以整个组织的目标为努力方向。

4）项目与职能部门的责权不清。在矩阵型组织结构中，项目经理主管项目的技术问题，职能部门经理主管项目的行政事务。如果他们之间协调不好，或对各自成员的影响力不同，都可能会影响项目的进度和职能部门的日常工作。

2.2.2　项目组织结构类型的比较

职能型组织结构、项目型组织结构和矩阵型组织结构的优缺点汇总见表 2-1。

表 2-1　项目组织结构类型的优缺点

类型	优点	缺点
职能型	没有重复活动，能够充分发挥职能作用，人员使用灵活	狭隘、不全面，反应缓慢，不注重客户
项目型	决策及时、准确，能够控制资源，能够向客户负责	效率低下，项目之间缺乏知识信息交流
矩阵型	能够有效利用资源，职能专业知识能够共享，能够促进学习和交流，沟通良好，注重客户	双层汇报关系，需要平衡权利

职能型组织结构、项目型组织结构和矩阵型组织结构的特征归纳见表 2-2。

表 2-2　项目组织结构类型的特征归纳

特征	职能型	矩阵型			项目型
		弱矩阵型	平衡矩阵型	强矩阵型	
项目经理的权限	很少或没有	有限	小到中等	中等到大	很高甚至全权
全职人员百分比	几乎没有	0～25%	15%～60%	50%～95%	85%～100%
项目经理的任务	兼职	兼职	全职	全职	全职
项目经理的角色	项目协调员	项目协调员	项目经理	项目经理	项目经理
项目管理行政人员	兼职	兼职	兼职	全职	全职

由表 2-1 和 2-2 可以看出，在职能型组织结构和弱矩阵型组织结构中，一般只有兼职的项目协调员，即使有项目经理，也只起着协调的作用。而在平衡矩阵型组织结构、强矩阵型组织结构以及项目型组织结构中，配置有全职的项目经理。项目协调员和项目经理的角色差异表现为：前者仅需综合协调项目，后者则需进行决策。职能型组织结构中几乎没有全职的工作人员，而项目型组织结构中的成员大多数都是全职服务于项目的。在矩阵型组织结构中，“强”“弱”所表示的是矩阵型组织结构中职能化集成的程度。

视频

2.2.3　项目组织结构的选择

由于不同的项目组织结构有其各自不同的特点，因此不可能有一个万能的组织结构能适用于所有的项目。项目高层管理者应该结合组织和项目的实际情况，在具体选择项目组织结构时应该运用权变管理理论的原理，在充分考虑项目的具体特性、项目组织结构的优缺点、项目所处的环境以及组织的文化氛围等方面的情况下，根据自身情况来选择适合本组织的项目组织结构。在进行项目组织结构选择之前，首先需要弄清楚选择项目组织结构类型所应考虑的关键因素，具体见表 2-3。

表 2-3　选择项目组织结构类型应考虑的关键因素

因素	职能型	项目型	矩阵型
项目风险程度	小	大	大
项目所使用的技术	标准	创新性强	复杂
项目持续时间	短	长	一般
项目投资规模	小	大	一般

一般来说，职能型组织结构适用于不确定性程度较低、项目所使用的技术标准较为规范、持续时间较短的小型项目，而不适用于环境变化较大、技术创新性很强的大型项目。因为职能型组织结构无法满足环境的快速变化要求，在这种情况下应采用项目型组织结构。与职能型组织结构和项目型组织结构相比，矩阵型组织结构融合了上述两种组织结构的优点，所以更适用于那些技术要求较为复杂、风险程度较大的大型项目。

不同类型组织结构的适用范围见表 2-4。

表 2-4　不同类型组织结构的适用范围

类型	适用项目	适用企业类型
职能型	小型简单项目 企业内部项目 内容涉及较少部门的项目	构成比较单一、综合实力比较弱的企业 总体水平虽然不是很高、但其中的部门实力较强的企业 内部少数人员素质较高的企业
项目型	非营利机构 建筑业及航空航天业 价值高、期限长的大型复杂项目 企业中的多个相似项目	组织部门完善、综合力量较强的企业 总体水平较高、职能部门拥有丰富的专业人员且素质较高的企业 项目经理素质较高、能力较强的企业 资金实力雄厚的企业
矩阵型	多工种、多部门、多技术配合的大型项目 人、财、物效率要求较高的项目 企业资源共享、广泛沟通的项目	大型综合施工企业 经营多元化、实力很强的企业 管理水平较高、沟通渠道畅通灵活、管理经验丰富的大型企业 技术和管理人员素质较高、有较为完善的企业文化的大型企业

此外，在具体项目进行中也可以根据实际情况采用混合型组织结构。混合型组织结构是指在一个组织中，同时存在职能型、项目型和矩阵型等多种组织结构类型，如图 2-8 所示。

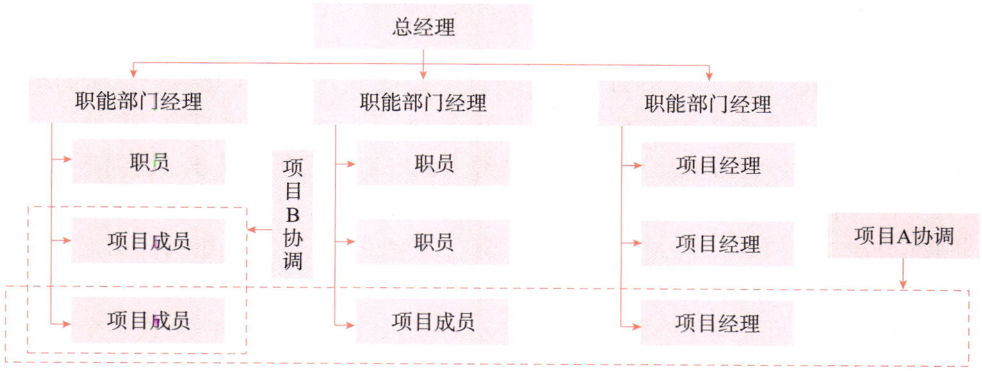

图 2-8　混合型组织结构

混合型项目组织结构的团队成员来自不同的职能部门，并且也可能存在一个项目成员同时在不同的项目中承担任务的情形。如图 2-8 中左下角的项目成员，既在项目 A（矩阵型组织结构）中负责某项工作，同时又在项目 B（职能型组织结构）中负责某项工作。

1. 混合型项目组织结构的优点

混合型组织结构让同一个专业人员在不同的项目组担任职务，能最大限度地发挥专职人员的技术优势，从而使企业的人力资源利用率达到最大化。组织可以根据具体项目与组织的具体情况确定项目管理的组织结构类型，而不受现有模式的限制，因而在发挥项目优势与人力资源优势等方面具有方便灵活的特点。项目经理可从职能部门抽调或招聘一批有专业技术特长的人员，有利于培养一专多能的人才并充分发挥其作用。

2．混合型项目组织结构的缺点

混合型项目组织结构也有缺点，例如在组织的项目管理方面容易造成混乱，项目的信息流、项目的沟通等容易产生障碍，组织管理制度不易较好地得到贯彻执行。各类人员在同一时期内所担负的管理工作任务可能会有很大差别，很容易产生忙闲不均的现象。职能部门的优势有时无法体现出来。特别是对稀缺专业人才，难以在组织内部调剂使用。

2.2.4　项目管理办公室

项目管理办公室（Project Management Office，PMO），也可称为项目管理部、项目办公室或项目管理中心等。PMI将PMO定义为：PMO是对与项目相关的治理过程进行标准化，并促进资源、方法论、工具和技术共享的一个组织部门。PMO就是为创造和监督整个管理系统而负责的组织元素，这个管理系统是为项目管理行为的有效实施和最大限度地达到组织目标而存在的。

PMO相当于准则和方法论的智囊团，其在一定的组织范围内管理和监控项目，为所有项目提供统一的管理方法，并且会提高所有领域内单一项目的绩效。PMO还起着化解资源竞争的冲突，进而确定整个组织共享资源的作用。进一步来说，PMO使得组织能够归集其所有的项目，将其作为一个或更多的相关组合进行管理，并根据一系列标准确定项目的优先级。此外，PMO还能够在项目分析、设计、管理以及评审等方面提高组织管理水平。

PMO的主要特征包括：①管理其所辖范围内所有项目所需要的共享资源；②识别和研究项目管理方法和标准；③开发和管理项目政策及其他共享文档；④项目间的协调沟通。

项目经理和PMO因自身的要求不同，可能追求不同的目标。然而，所有的努力都应该与组织的战略目标相一致。

项目经理和PMO角色的区别如下：①项目经理把精力集中在某一个具体的项目目标上，而PMO管理者把精力集中在各个项目的范围变更上，并将变更视为一种改进商业目标的潜在机遇；②项目经理控制已分配的项目资源来最好地完成项目任务，达到项目目标，而PMO致力于在所有项目范围内最大化地利用组织的共享资源；③项目经理负责管理项目的范围、进度、成本和质量，而PMO负责管理全局风险和机遇，以及组织层面上项目间的相互依赖关系。

PMO的职责范围可大可小，从提供项目支持服务、到直接管理一个或多个项目。依据对项目的控制和影响程度可以将PMO分为三种类型，支持型、控制型、指令型。

1）支持型PMO担当顾问角色，向项目提供模板、最佳实践、培训、信息通道，以及来自其他项目的经验教训。这种类型的PMO相当于一个资源库，对项目的控制程度很低。

2）控制型PMO不仅为项目提供支持，而且通过各种手段要求项目服从其领导。这种类型的PMO对项目的控制程度属于中等水平。它可能要求项目采用项目管理框架和方法，使用特定的模板、格式和工具，遵从组织治理框架。

3）指令型PMO直接管理和控制项目。项目经理由PMO任命，并且要随时向PMO报告项目管理工作。这种类型的PMO对项目的控制程度很高。

PMO 所选用的具体形式、职能和结构最终取决于所在组织和项目的需要。PMO 可能会承担整个组织范围的职责，在支持战略调整和创造组织价值方面发挥重要作用。它从组织战略项目中获取数据和信息，进行综合分析，评估高层战略目标的实现情况。它也在组织的项目组合、项目集、项目与组织考评体系（如平衡计分卡）之间建立联系。为了保证项目符合组织的业务目标，PMO 可能会在每个项目的生命周期中成为重要的干系人和关键决策者。如 PMO 在组织中担当着建立规范项目管理标准、总结最佳实践、提出相关建议、领导知识传递、解决资源冲突、协调跨项目沟通、培养项目经理团队、项目评审、终止项目、根据项目需要采取其他行动、建设组织级项目管理体系等责任。

PMO 是组织设立的一个职能机构，其可以是临时机构，也可以是永久机构。临时机构往往用来管理一些特定项目，如企业并购项目。永久性 PMO 则适用于那些基于项目运作的组织，方便管理具有固定时间周期的一组项目，或者支持组织中的项目不断进行。

本章小结

项目所处的环境可能会对项目的开展产生有利或不利的影响，这些影响主要源于事业环境因素（EEFs）和组织过程资产（OPA）两个方面。事业环境因素是指项目团队无法控制、并对项目产生影响、限制等约束条件，这些约束条件可能来自组织的内部或外部。组织过程资产是项目执行组织所特有的，并在项目管理过程中积累和应用的计划、过程、政策、程序和知识库等资源。

项目组织是为完成特定的项目任务而建立起来的、从事项目具体工作的载体。常见的项目组织结构类型有三种：职能型组织结构、项目型组织结构和矩阵型组织结构。根据项目经理与职能经理权限的大小，又可将矩阵型组织结构分为弱矩阵式、平衡矩阵式和强矩阵式三种类型。这些组织结构都有各自的优缺点以及不同的特征。在选择项目组织结构的时候应该考虑多种影响因素。

PMO 作为组织的一个职能机构，职责范围可大可小，从提供项目支持服务、到直接管理一个或多个项目。依据对项目的控制和影响程度可以将 PMO 分为三种类型：支持型、控制型、指令型。PMO 的主要职能就是通过各种方式服务于项目经理的工作。

自　测　题

一、判断题

1. 事业环境因素是指项目团队无法控制、并对项目产生影响、限制等约束条件，这些约束条件来自组织外部。（　　）
2. 组织过程资产存在于组织内部，在整个项目生命周期中，项目团队成员可随时对组织过程资产进行必要的更新和增补。（　　）
3. 职能型组织中有专门为项目工作的人员。（　　）
4. 在矩阵型组织中，弱矩阵形式的项目经理的权力比强矩阵形式的项目经理的权力大。（　　）
5. 在职能型项目组织中，团队成员往往优先考虑项目的利益。（　　）
6. 项目型与职能型的组织结构类似，其资源可实现共享。（　　）
7. 一般来说，职能型组织结构不适用于环境变化较大的项目。（　　）

8．支持型 PMO 对项目的控制程度很高。（　　）

二、单选题

1．以下属于组织内部的事业环境因素是（　　）。

A. 市场条件　　B. 团队成员能力　　C. 商业数据库　　D. 法律限制

2．以下属于第一类组织过程资产的内容是（　　）。

A. 财务数据库　　B. 配置管理知识库

C. 历史信息与教训知识库　　D. 问题与缺陷管理程序

3．相比职能型组织结构，矩阵型组织结构的最大优点是（　　）。

A. 改进了项目经理对资源的控制　　B. 团队成员有一个以上的领导

C. 沟通更加容易　　D. 报告更加简单

4．在以下组织中，最机动灵活的组织形式是（　　）。

A. 项目型　　B. 职能型　　C. 矩阵型　　D. 混合型

5．对于风险较大、创新性强、技术较为复杂的大型项目应采用（　　）。

A. 矩阵型　　B. 职能型　　C. 项目型　　D. 混合型

6．职能型组织结构适用于（　　）情况。

A. 项目的不确定因素较多，同时技术问题一般

B. 项目的规模小，但是不确定因素较多

C. 项目的规模大，同时技术创新性强

D. 项目的规模小，持续工期较短，采用的技术标准化程度高

7．在下列有关矩阵型组织结构情况的描述中，错误的是（　　）。

A. 矩阵型组织结构能充分利用人力资源

B. 项目经理和职能部门经理必须就谁占主导地位达成共识

C. 项目经理必须是职能部门的领导，这样才能取得公司总经理对项目的信任

D. 矩阵型组织结构能对客户的要求做出快速的响应

8．项目经理在（　　）中权力最大。

A. 职能型组织　　B. 项目型组织

C. 矩阵型组织　　D. 协调型组织

9．项目经理在（　　）组织结构中的角色是兼职的。

A. 职能型　　B. 项目型　　C. 强矩阵型　　D. 平衡矩阵型

10．不仅为项目提供支持，而且通过各种手段要求项目服从其领导的 PMO 属于（　　）。

A. 支持型　　B. 控制型　　C. 指令型　　D. 平衡型

三、多选题

1．以下属于组织内部的事业环境因素包括（　　）。

A. 愿景　　B. 使命　　C. 工厂位置　　D. 工作授权系统

2．以下属于第一类组织过程资产的内容包括（　　）。

A. 人力资源政策　　B.WBS 模板　　C. 跟踪矩阵　　D. 核对单

3．职能型组织的优点有（　　）。

A. 技术专家可以同时被不同的项目使用　　B. 有利于提高部门的专业化水平

C. 有效利用资源　　D. 每个项目成员都有明确的责任

4．项目型组织的缺点有（　　）。

A. 每个项目组成员有两个领导　　B. 资源配置重复，管理成本高

C. 需要平衡权力　　D. 项目成员要担心项目结束后的生计

5．采用职能型组织结构，可能会出现的情形有（　　）。

A. 任何一个成员都对每个项目直接负责

B. 项目团队成员更关注所属部门的工作，而不是项目的目的

C. 对客户的需求反应迟缓

D. 项目团队成员在项目结束后需要重新分配

6．选择项目组织结构类型应考虑的因素有（　　）。

A. 项目风险程度　　B. 项目持续时间　　C. 项目所使用的技术　　D. 项目投资规模

7．PMO 的一个主要职能就是通过各种方式服务于项目经理的工作，具体方式包括（　　）。

A. 对 PMO 所管辖的全部项目的共享资源进行管理

B. 最大限度地集中项目管理专家，提供项目管理相关的咨询与顾问服务

C. 将项目管理实践和专家知识整理成适合本组织的一套方法论，以便推广应用

D. 在组织内提供项目管理相关技能的指导、辅导、培训和监督

思　考　题

1．事业环境因素对项目的影响有哪些？

2．组织过程资产的来源有哪些？

3．职能型组织结构的优缺点都有哪些？

4．项目型组织结构的优缺点都有哪些？

5．矩阵型组织结构的优缺点都有哪些？

6．PMO 的主要职能是什么？

案　　例

A 公司组织结构的选择

A 公司是一个以国防装备设计及科研开发为主的国有企业，其主要业务是对国防事业需求的高科技武器装备进行科研开发并生产。产品的生产工艺要求高，且产品之间的共性很少。

目前该公司研发生产和制造 H 产品采用的组织结构如图 2-9 所示。由于其存在一些弊端，正在考虑是否转换为新型的组织结构，如图 2-10 和图 2-11 所示。

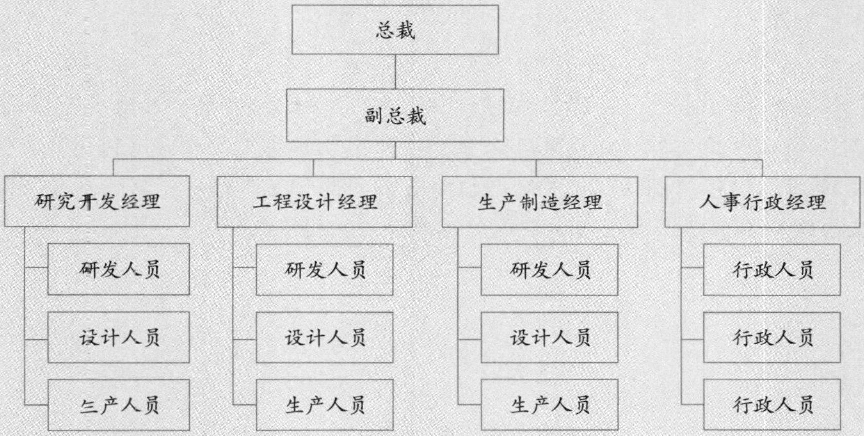

图 2-9　A 公司的组织结构

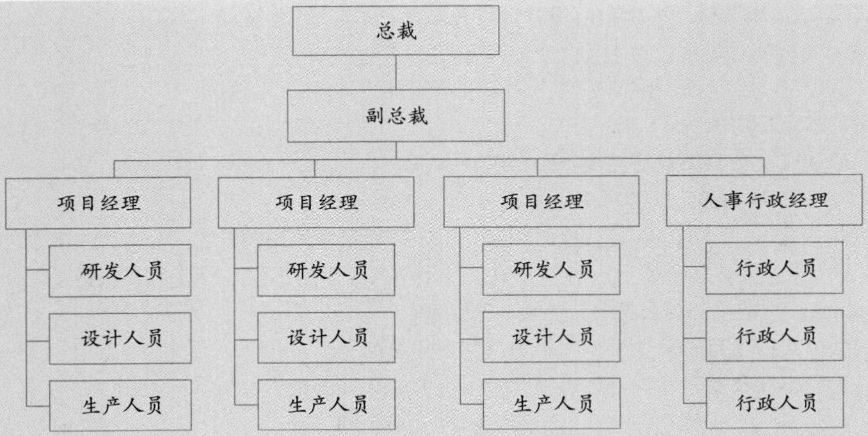

图 2-10　新型的组织结构（一）

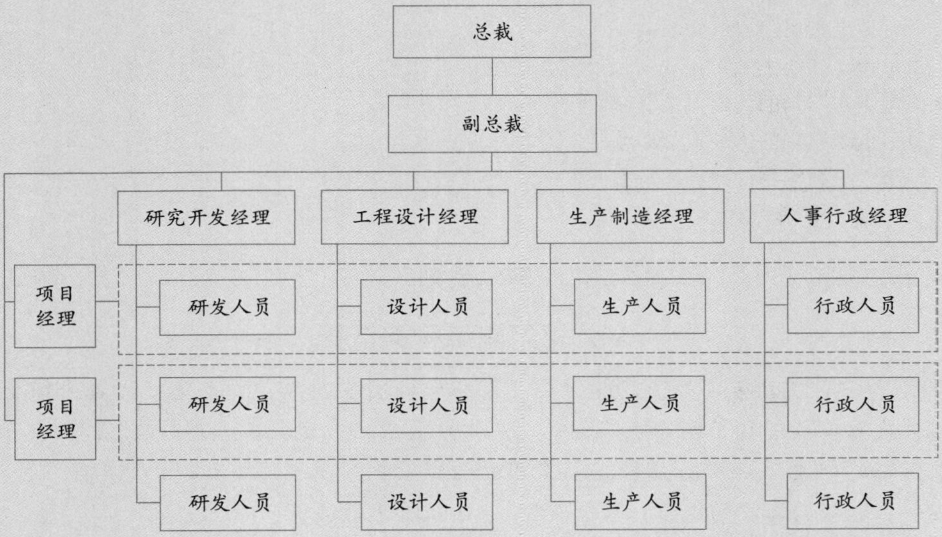

图 2-11　新型的组织结构（二）

问题：

1. 说明该公司采用的如图 2-9 所示的组织结构是何种组织结构，其缺点是什么？
2. 图 2-10 所示的是何种组织结构？若该公司采用此种组织结构，有何优缺点？
3. 图 2-11 所示的是何种组织结构？若该公司采用此种组织结构，有何优缺点？
4. 你认为该公司最适合采用何种组织结构类型？为什么？

第 3 章

项目整合管理

学习目标

- 理解项目整合管理的含义和工作过程
- 掌握制定项目章程的依据、工具和方法及结果
- 掌握制订项目管理计划的依据、工具和方法及结果
- 掌握指导与管理项目工作的依据、工具和方法及结果
- 掌握管理项目知识的依据、工具和方法及结果
- 掌握监控项目工作的依据、工具和方法及结果
- 掌握实施整体变更控制的依据、工具和方法及结果
- 掌握结束项目或阶段的依据、工具和方法及结果

导入案例

空中客车 A380 是欧洲空中客车工业公司研制生产的配有四台发动机、550 座位的超大型远程宽体客机，有空中巨无霸之称。研发伊始，这一项目就被认为是“欧洲整合工业的杰作”，它的第一次航行受到了法国总统、德国总理、英国首相、西班牙首相四国领导人共同出席的礼遇，可谓万众瞩目。但是，仅仅 10 余年的时间，这个曾经的空中巨无霸从万人期待跌至质疑重重的尴尬境地，如交付期限一拖再拖、研发费用一超再超、技术问题频频发生。在这些现象的背后究竟是什么原因，给空中客车 A380 的前途蒙上了一层阴影呢？

3.1 概　　述

视频

项目整合管理对于项目的成功起着关键作用，项目经理既是项目整合管理的责任者，也是项目管理的综合协调者。

3.1.1 项目整合管理的含义

项目整合管理（Project Integration Management）包括对隶属于项目管理过程组的各种过程和项目管理活动进行识别、定义、组合、统一和协调的各个过程。在项目管理中，整合兼

具统一、合并、沟通和建立联系的性质，这些行动汇集项目管理的各个知识领域，并贯穿于整个项目生命周期。具体说来，项目整合管理是从全局、整体的观点出发，通过有机地协调项目各个要素（进度、成本、质量和资源等），在相互影响的项目目标和备选方案中权衡利弊，为实现项目目标进行的裁剪过程，通过管理各个项目管理知识领域之间的依赖关系，以便满足项目干系人的需求和期望。项目整合管理具有综合性、全局性和系统性的特点。

3.1.2 项目整合管理的工作过程

项目整合管理的工作过程如图 3-1 所示。

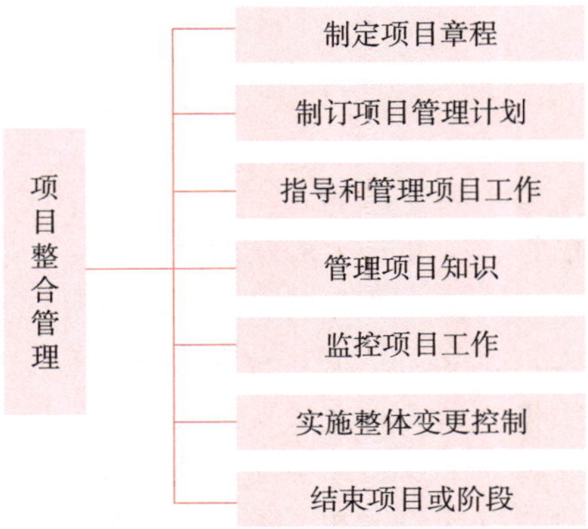

图 3-1 项目整合管理的工作过程

由图 3-1 可知，项目整合管理的工作过程包括以下 7 个方面：

1）制定项目章程，系编写一份正式批准项目并授权项目经理使用组织资源文件的过程。

2）制订项目管理计划，系编制各子计划，并将其进行整合、协调为一份项目管理计划的过程。

3）指导和管理项目工作，系将项目管理计划所确定的工作付诸实施，以实现项目目标的过程。

4）管理项目知识，系应用现有知识并生成新知识，以实现项目目标，并且帮助组织持续学习的过程。

5）监控项目工作，系对项目的进展进行跟踪、检查和控制，以实现项目管理计划中所确定的绩效目标的过程。

6）实施整体变更控制，系审核变更请求，批准变更，并将变更应用于可交付成果、组织过程资产、项目文件和项目管理计划的过程。

7）结束项目或阶段，系结束所有项目管理过程组有关活动的过程，或者结束某一个项目生命周期阶段有关活动的过程。

项目整合管理在项目的任何阶段都是必不可少的一项工作。在实际工作中，这 7 个独立的方面之间经常会相互影响、前后重叠，同时它们也会对其他项目管理知识领域产生非常重要的影响。

3.2　制定项目章程

视频

项目章程的制定对项目而言是一个非常关键的起点。这个过程通常仅进行一次，并且仅在项目的初始点进行。项目章程是整个项目管理过程中最重要的项目文件，其为项目执行组织与需求组织建立伙伴关系。在此过程中可以明确项目与组织战略目标之间的关系、正式确认项目的地位、赋予项目经理调配组织资源开展项目活动的权力、展现组织对项目的承诺。

在执行外部项目时，通常需要一份正式的合同来确立项目执行组织与需求组织的协作关系，但此时在组织内部仍需一份项目章程来明确组织内部的协作关系。项目章程并不等于合同，因为项目章程中未承诺报酬，也不是用于交换的对价。

项目章程一经批准则标志着项目的正式启动。项目是由项目以外的机构来启动的，如发起人、PMO 项目组合治理委员会主席或其授权代表等。项目启动者应具有相应的职权，并能够为项目提供资金和相应的资源。项目发起人通过项目章程授权项目经理及项目团队调拨组织内的资源并运行项目。

项目启动时应尽早确认并任命项目经理，最好的情形是在制定项目章程之前就完成项目经理的任命。项目章程可由发起人编制，也可由项目经理编制后再由项目发起人审批通过，或者由项目经理与发起机构合作编制。因为项目章程是项目执行组织（产品或服务的提供方）与项目需求组织（产品或服务的购买方）达成的一个协议，是用来回答“谁将为谁做什么”这个问题的。所以，理想的情形是由项目经理与项目发起人经过协商共同制定项目章程。通过这样的合作，项目经理可以更好地了解项目目的、目标和预期效益，以便更有效地向项目活动分配资源，即由项目章程来授权项目经理规划、执行和控制项目。

制定项目章程的主要工作见表 3-1。

表 3-1　制定项目章程的主要工作

依据	工具和方法	结果
项目管理商业文件 协议 事业环境因素 组织过程资产	专家判断法 头脑风暴法 焦点小组 访谈法 会议	项目章程 假设日志

3.2.1　制定项目章程的依据

1. 项目管理商业文件

项目管理商业文件包括项目商业论证和项目效益管理计划两类文件。虽然它们是在项目启动之前制定的，但需对其进行定期审核。在项目生命周期中，它们相互依赖且需迭代开发与完善。

（1）项目商业论证　通常，项目前期准备工作主要有需求评估、商业论证和效益管理计划这三项工作，它们的关系如图 3-2 所示。

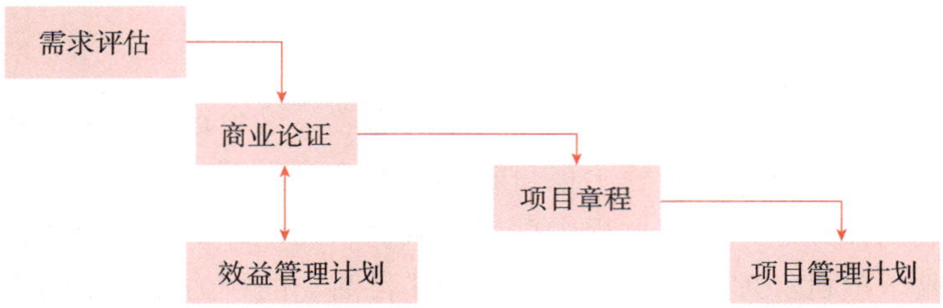

图 3-2 需求评估、商业论证和效益管理计划的关系

从图 3-2 可以看出，需求评估通常在项目商业论证之前进行，包括了解业务目的和目标、问题及机会，并提出处理建议。需求评估的结果一般会在商业论证文件中进行总结。因为编制项目商业论证报告的前提是：市场需求、业务需求、客户需求、技术进步需求、法律需求、社会需求等。

项目商业论证即可行性研究报告，其通过定义业务需要、分析形势、提出建议和定义评估标准等工作过程，提供项目是否值得投资等必要信息。商业论证报告是一种用于对尚未确定的项目备选方案的收益进行有效性论证的项目商业文件，其中列出了项目启动的目标和理由。在项目启动前，依据商业论证可做出继续还是终止项目的决策。在项目结束时，还可依据商业论证的项目目标衡量该项目是否成功。

商业论证包括（但不限于）以下内容：

1）业务需要：确定项目的动机；情况说明，记录待处理的业务问题与机会，包括能为组织创造的价值；确定受影响的干系人；确定范围。

2）分析形势：确定组织战略、目的和目标；确定问题的根本原因或机会的触发因素；分析项目所需能力与组织现有能力的差距；识别已知风险；识别成功的关键因素；确定可能用于评估各种行动方案的决策准则，如必须（必须践行的准则）、预期（希望践行的准则）、可选（非必要的准则）；建立若干备选行动方案，用于处理问题或机会。

3）推荐：对所推荐的方案加以说明，注明说明书中的内容有潜在方案的分析结果，潜在方案的制约因素、假设、风险和依赖关系，成功标准，里程碑，角色与职责。

4）评估：对如何测量项目所交付的效益进行说明。

（2）项目效益管理计划　项目效益管理计划描述了项目实现效益的方式和时间，以及效益衡量机制。项目效益是指能为发起机构和项目预期受益方创造价值的行动、行为、产品、服务等成果。项目效益管理计划是商业论证、项目章程和项目管理计划的补充性文件。

项目效益管理计划包括（但不限于）以下内容：目标效益，战略一致性，实现效益的时限，效益责任人，测量指标，假设，风险。制订项目效益管理计划需要使用商业论证和需求评估中的数据和信息。项目效益管理计划的制订和完善是一项迭代活动。项目经理与项目发起人应共同确保项目章程、项目管理计划和项目效益管理计划三者在整个项目生命周期中始终一致。

2．协议

通常协议包含的范围较为宽泛，其有多种形式，包括合同、谅解备忘录、服务水平协议、协议书、意向书、口头协议、电子邮件、其他书面协议等。

项目通常可划分为外部项目和内部项目。对外部项目而言，协议以合同形式呈现。合同是项目执行组织（如承包商）与需求组织（如客户）的协议，承包商按合同来提供产品或服务，作为回报，客户则付给承包商一定的酬金。所以，在合同中必须清楚地描述期望承包商提供的可交付成果，而且也必须注明客户必须为承包商支付相关款项的条款。

3．事业环境因素

能够影响制定项目章程过程的事业环境因素包括（但不限于）：政府或行业标准，法律和法规要求或制约因素，市场条件，组织文化和政治氛围，组织治理框架，干系人期望和风险临界值等。

4．组织过程资产

能够影响制定项目章程过程的组织过程资产包括（但不限于）：组织的标准政策、流程和程序，项目组合、项目集和项目的治理框架，项目章程模板，历史信息与教训知识库。

3.2.2　制定项目章程的工具和方法

制定项目章程的工具和方法有很多，如专家判断法、头脑风暴法、焦点小组、访谈法和会议等，其中专家判断法是制定项目章程这项工作中的最为重要的工具和方法。

1．专家判断法

（1）专家判断法的含义　专家判断法，首先将来自项目内部和外部、具备专业知识或受过专门培训的人员组成一个专家小组，再由该小组的成员凭借其专业知识和经验，依据所获得的信息进行分析和判断，以决定是否批准某项决议或采取某种措施。该方法被广泛用于项目整体管理的各个阶段。

专家判断法的一个最突出的特点是，参加的人员必须是在项目某一领域或方面的专家。就制定项目章程的过程而言，运用专家判断法可以汇集专家的判断和意见，对制定项目章程所需的各种依据进行评价。这些判断和意见可能来自组织内部的其他单位、顾问公司，包括客户和发起人在内的项目干系人、专业和技术协会、行业组织、项目管理办公室等。

（2）专家判断法的优缺点

1）专家判断法的优点：判断过程迅速，成本较低；在预测过程中，各种不同的观点都可以表达并加以调和；在缺乏足够的统计数据和原始资料的情况下，运用专家判断法可以考虑难以用数学模型量化的因素。

2）专家判断法的缺点：专家意见未必能反映客观现实，责任较为分散，一般仅适用于总体情况的估计和判断。

（3）专家判断法的具体形式　专家判断法的具体形式主要包括：专家会议法、德尔菲法、个人判断法和集体判断法。

1）专家会议法，又称专家会议调查法，是根据项目的目的和要求，向一组经过挑选的专家提供一定的背景资料，通过会议的形式对议题进行评价，在综合专家分析判断的基础上对项目做出定量估计。

2）德尔菲法本质上是一种反馈匿名函询法。它是按一定的程序，采用背对背反复函询的方式，征询专家小组成员的意见，经过几轮征询与反馈，使各种不同的意见渐趋一致，经汇总和用数理统计方法进行收敛，得出一个比较合理的结果供决策者参考。其工作过程大致如下：匿名征求专家意见—归纳、统计—匿名反馈—归纳、统计……若干轮后停止。德尔菲法具有匿名性、反馈性、收敛性三个突出的特点。

3）个人判断法。它是用规定程序对专家个人进行调查的方法。这种方法是依靠个别专家的专业知识和特殊才能来进行判断的。

个人判断法能够发挥专家个人的创造能力，不受外界影响，简单易行，成本不高。但是，依靠专家个人的判断，容易受专家个人因素的影响。专家的个人意见往往容易忽略或贬低相邻部门、相邻学科的研究成果，专家之间当面讨论又可能产生不和谐。因此，这种方法最好与其他方法结合使用，避免被调查专家之间直接联系，并给出时间让专家能够反复修正个人见解。

4）集体判断法。它是在个人判断法的基础上，通过会议进行集体分析判断，将专家个人的见解综合起来，寻求较为一致的结论的预测方法。这种方法能够集思广益，避免个人判断法的一些不足，在一些重大问题的预测方面较为可行可信。但是，集体判断的参与人员也可能受到个人因素的影响，不能充分或真实地表明自己的判断。

使用集体判断法时，会议主持人要尊重每一位与会者，鼓励与会者各抒己见，确保与会者在积极发言的同时保持谦虚恭敬的态度，对任何意见都不应发表具有倾向性的意见。同时会议主持人也应当掌握好会议的时间和节奏，当话题分散或意见相持不下时，能适当提醒或调节会议的进程等。

例如，对某图书经销商来说，可将对某一图书销售量预测视为一个项目。该经销商可采用专家判断法对该图书销售量进行预测。他首先选择若干书店经理、书评家、读者、编审、销售代表和海外公司经理组成专家小组，并将该图书和一些相应的背景材料发给各位专家，要求专家们给出该图书最低销售量、最可能销售量和最高销售量三个数字，同时说明自己做出判断的主要理由。将专家们的意见收集起来，归纳整理后返回给各位专家，然后要求专家们参考他人的意见对自己的预测重新考虑。专家们完成第一次预测并得到第一次预测的汇总结果以后，除书店经理外，其他专家在第二次预测中都做了不同程度的修正。在第三次预测中，大多数专家又一次修改了自己的看法。在第四次预测时，所有专家都不再修改自己的意见。因此，专家意见收集过程在第四次以后停止。最终预测结果为最低销售量 26 万册，最高销售量 60 万册，最可能销售量 46 万册。

2. 头脑风暴法

头脑风暴法又叫畅谈法、集思法。它通过组织各类专家相互交流意见，自由阐述观点、发表意见，刺激头脑中的智力碰撞，产生新的思想火花，使预测观点不断集中和深化，从而提炼出符合实际的方案。

头脑风暴法的开会形式与普通会议的根本区别在于：①不批评别人的意见；②提倡自由奔放地思考；③鼓励提出更多的方案；④提倡在别人方案的基础上改进完善。

依据头脑风暴法会议主题归集的不同，头脑风暴法又可分为直接头脑风暴法和质疑头脑风暴法。直接头脑风暴法是按照头脑风暴法的规则，通过一组专家会议，对所预测的问题进行创造性思维活动，从而得出满意方案的一种方法。质疑头脑风暴法是同时召开由两组专家参加的两个会议进行集体讨论，其中一个专家组会议按直接头脑风暴法提出设想，另一个专家组会议则是对第一个专家组会议所提出的各种设想进行质疑，从而形成一个更科学、更可行的预测方案。

3．焦点小组

通常由 8～12 人组成焦点小组，并在一位主持人的引领下，由焦点小组成员共同对某一主题或观点展开深入讨论。例如，焦点小组可以召集项目干系人和主题专家就项目风险、成功标准等议题展开讨论，因为通过焦点小组的形式会比一对一的访谈更有利于交流。参与者的互动作用是决定焦点小组方法成功的关键。

焦点小组的实施过程：①为焦点小组的开展进行前期准备，包括选择焦点小组访谈设备和确定参与者。②选择主持人。焦点小组对主持人的要求是：第一，主持人必须能恰当地组织一个小组；第二，主持人必须具有良好的商务技巧，以便有效地与参与者进行互动。③编制讨论指南。讨论指南是一份关于小组会中所要涉及的话题概要，它是由主持人根据调研课题和所需信息设计的，通常采用团队协作法来编制。④编写焦点小组访谈报告。访谈报告既可以是口头报告，也可以是正式的书面报告。

4．访谈法

访谈法是项目团队通过与项目干系人直接交谈来获取信息的一种方法。访谈法有正式的，也有非正式的；有逐一采访询问，即个别访谈，也有开小型座谈会，进行团体访谈的。在访谈过程中，尽管谈话者和听话者的角色经常在交换，归根结底访谈者是听话者，受访人是谈话者。访谈以一人对一人的形式为主，但也可以在集体中进行。

（1）访谈法的一般步骤

1）访谈准备：确定访谈形式、访谈对象，并设计访谈提纲。

2）访谈实施：恰当地进行提问，准确地捕捉信息，并适当地做出回应；及时作好访谈记录，一般还要录音或录像。访谈法实施的主要形式是“倾听”：①在态度层面上，访谈者应该是“积极关注地听”，而不应该是“表面地或消极地听”；②在情感层面上，访谈者要“有感情地听”和“共情地听”，避免“无感情地听”；③在认知层面上，要随时将受访者所说的话或信息迅速纳入自己的认知结构中加以理解和同化，必要时还要与对方进行对话，与对方进行平等交流，共同建构新的认识和意义。

3）访谈收尾：整理访谈记录，分析访谈结果，撰写访谈报告。

（2）访谈法的优缺点

1）访谈法的优点。

①真实性。访谈法可以获得较为真实的信息，这是因为：访谈法是访谈者与被访者直接进行语言交流，可以使被访者放松心情，消除戒备心理，表达心中的真实想法。访谈法可以有效地避免被访者不回答问题或者遗漏问题的情况发生。访谈时，能有效避免其他因素的干扰，有利于被访者客观地回答问题。

②深入性。访谈者与被访者通过面谈、电话、网络进行直接或者间接的交谈。访谈者具有适当引导和进一步追问的机会。另外，访谈者也可以观察被访者的表情、动作等，以此来窥探被访者当时的心态。

③灵活性。在实际的访谈过程中，访谈者可以根据被访者的具体反应对提纲进行调整或完善。如果被访者对提问的含义没有领会清楚，误解题意，访谈者也可以进一步对问题进行

解释说明。

2）访谈法的缺点。

①对访谈者的专业性要求高。需要访谈者具有一定的访谈常识和足够的访谈经验。另外，当无法进行录音记录时，就需要访谈者具有一定的笔录速度。

②访谈样本的限制性。由于访谈法采用面对面的谈话方式居多，所以需要安排一定的访谈地点。在访谈路上也会花费一定的开销和时间，而且还有可能发生拒绝访问或访之不遇的情况。访谈法更适合进行小样本的研究，不太适合进行大规模的研究。

③访谈结果的整理和分析难度较大。访谈法虽具有灵活性，但同时也带来了一定的随意性。由于被访者的回答内容各异，没有一定的统一标准，所以对访谈结果的整理和分析会比较困难。

5．会议

会议是指有组织、有领导、有目的的议事活动，它是在限定的时间和地点，按照一定的程序进行的。会议一般包括议论、决定、行动3个要素。

在制定项目章程时，可以通过会议的方式来识别项目目标、成功标准及主要可交付成果。根据会议的目的不同，通常会召开以下三种类型的会议：交换信息类会议、方案评估或方案设计类会议、制定决策类会议。

在每类会议召开前应做好充分准备，如预先明确参会人员（如项目经理、项目团队成员、相关干系人等）、确定会议议题、期限（会议的开始时间与结束时间）、会议地点、会议物品的准备等；会议进行的关键要素是会议主持人（控制会议进程、避免跑题或议而不决、控制会议时间）和会议座次的安排（如是采用方桌会议还是圆桌会议等）；会后要形成书面的会议纪要和行动方案，还应有专人负责相关事物的跟进。

3.2.3 制定项目章程的结果

1．项目章程

项目章程是由项目启动者或发起人发布的，正式批准项目成立，并授权项目经理使用组织资源开展项目活动的文件。

完备的项目章程可以使项目干系人预先避免许多在项目初期遇到以及随后可能出现的问题。项目章程必须由项目经理以外的高级管理人员来公布，并且应将其分发给相关的项目干系人。项目章程需确保项目干系人就项目可交付成果、里程碑计划以及每个项目参与者的角色和职责达成共识。项目章程模板见表3-2。

需要说明的是，表3-2中列示的基本要素并非是必须具备的，其详细程度取决于项目的规模和复杂程度。有些项目的章程中也会包括一些项目计划的内容，如甘特图、WBS等，但它们通常会以附件的形式出现在项目章程中。

2．假设日志

假设日志用来记录整个项目生命周期中的所有假设条件和制约因素，其是随着项目进展而逐渐生成的。

表 3-2　项目章程模板

项目发起人的详细信息		
姓名		
职务		
职权		
授权签名		
项目的战略目标：		
商业案例：		
项目范围和可交付成果：		
需求：		
假设条件：		
限制条件：		
指定的项目经理及其权限：		
参与的职能部门：		
主要风险：		
主要里程碑：		
项目的时间点：		
预定的开始日期		
预定的最终交付日期		
项目成本预算：		
物资		
人员		
外包工作		
各方职责		
项目发起人：		
项目经理：		
项目团队：		
主要的项目干系人：		
验收		
项目经理：	签字：	日期：
项目管理委员会主任：	签字：	日期：
项目发起人：	签字：	日期：
项目干系人：	签字：	日期：
项目干系人：	签字：	日期：

3.3　制订项目管理计划

视频

项目管理计划（Project Management Plan）是项目管理过程中最为重要的一项计划，也被称为项目主计划。项目管理计划是一个全面集成、综合协调项目各方面的影响和要求的整体计划，是指导整个项目实施和管理的根本依据和方案。项目管理计划确定了项目执行、监控及收尾方式等内容，因项目的复杂程度及应用领域不同，其内容也会有所变化。项目管理计划的制订是一个贯穿项目生命周期各阶段的持续工作，需要不断更新来渐进细化。

制订项目管理计划的主要工作见表 3-3。

表 3-3 制订项目管理计划的主要工作

依据	工具和方法	结果
项目章程 其他项目管理知识领域的结果 事业环境因素 组织过程资产	专家判断法 头脑风暴法 核检表法 焦点小组 访谈法 会议	项目管理计划文件

3.3.1 制订项目管理计划的依据

项目章程已在前文介绍过，这里不再赘述。

1. 其他项目管理知识领域的结果

创建项目管理计划需要整合诸多过程（范围管理、进度管理、成本管理、质量管理、资源管理、沟通管理、风险管理、采购管理、干系人管理）的工作结果。上述这些项目管理知识领域的子计划和基准都是本过程的依据。另外，随着项目的进展，这些子计划和基准的更新也会导致项目管理计划的相应更新。

2. 事业环境因素

能够影响制订项目管理计划过程的事业环境因素包括（但不限于）：政府或行业标准；法律法规要求和制约因素；基础设施，如现有的设施和重要设备；组织结构和企业文化；人事管理，如聘任和解聘制度、员工绩效考核和培训记录。

3. 组织过程资产

能够影响制订项目管理计划过程的组织过程资产包括（但不限于）：标准化的指导方针、工作说明、建议评价标准及绩效考核标准；项目管理计划模板；变更控制程序；监督和报告方法、风险控制程序，以及沟通要求等；历史项目档案；历史信息和经验教训知识库。

3.3.2 制订项目管理计划的工具和方法

在制订项目管理计划的工具和方法中，除了核检表法以外，其他方法已在前文介绍过。这里不再赘述。

核检表法是针对所要解决的问题，制成一览表，对每个项目列出有关的问题，逐一进行检查或讨论，以避免遗漏要点的一种方法。核检表法的目的主要是用于核实所要求的项目或步骤是否已得到执行，或者用于检查需求列表是否已得到满足。

核检表法的应用步骤为：

1）对所要关注的问题进行准确的表述，以确保达到意见统一。

2）确定资料来源和资料搜集人。资料来源可以是个体样本也可以是总体样本，资料搜集人要根据具体的项目而定。资料搜集人要具有相关的专业知识，以保证资料真实可靠。另外，资料搜集时间要充足，以确保搜集到的资料数据能够体现项目的客观规律。

在项目经理制订或检查项目管理计划时，可以借助核检表法确认是否已包含了所需的全部项目管理子计划。例如，项目经理确认经裁剪后的某项目管理子计划包括：范围管理计划、进度管理计划、质量管理计划、资源管理计划、沟通管理计划、风险管理计划、干系人参与计划、变更管理计划、范围基准、进度基准和质量基准等。所以，在项目经理整合项目管理计划时就需要对照上述内容来核实是否有漏项或冗余。

核检表法对不同的领域，应用各异。项目团队可以自行建立、分享或者备份所需的核检表格。项目范围核检表和项目 WBS 核检表的运用详见 4.6.2。项目质量核检表的运用详见 7.4.2。

3.3.3　制订项目管理计划的结果

制订项目管理计划的结果是项目管理计划文件，它是用于指导实施和监控项目的计划文件，其中包括整个项目实施的总体计划和安排，即项目管理计划囊括和整合了项目管理子计划和项目基准。需要说明的是，虽然项目管理子计划和项目文件都是用于管理项目的文件，但二者的内容不尽相同。

项目管理子计划包括：范围管理计划、需求管理计划、进度管理计划、成本管理计划、质量管理计划、资源管理计划、沟通管理计划、风险管理计划、采购管理计划、干系人参与计划、变更管理计划、配置管理计划等。项目基准包括：范围基准（项目范围说明书、WBS、WBS 字典）、进度基准、成本基准和质量基准。

项目文件则包括（但不限于）：活动属性、活动清单、假设日志、估算依据、变更日志、成本估算、成本预测、持续时间估算、问题日志、经验教训登记册、里程碑清单、项目日历、项目沟通记录、项目进度计划、项目进度网络图、项目范围说明书、采购文件、采购工作说明书、项目章程、质量核检表、需求跟踪矩阵、变更请求、资源分解结构、风险登记册、干系人登记册、工作绩效报告等。

3.4　指导和管理项目工作

视频

指导和管理项目工作是将项目管理计划中所确定的工作付诸实践，以达到项目要求的过程。指导和管理项目工作这一过程的活动有：①实施活动以满足项目要求，创造项目可交付成果，对分配到项目的团队成员进行配备、培训和管理；②获取、管理和使用包括材料、工具、设备和设施在内的各类资源；③将设计方案和标准付诸实施，在项目团队内外建立沟通渠道并对其进行管理；④生成成本、进度、技术等项目数据；⑤发布变更请求并将批准的变更应用于项目范围、计划和环境；⑥管理风险并实施风险应对活动；⑦管理供应商；⑧收集和记录所得的经验教训，并实施批准的过程改进活动等。

此外，指导和管理项目执行还包括实施经过批准的变更请求，主要包括：①使得预期的项目绩效与项目管理计划保持一致的纠正措施；②降低潜在消极后果概率的预防措施；③更正质量过程中发现的产品缺陷的请求。

指导和管理项目工作的主要工作见表 3-4。

表 3-4 指导和管理项目工作的主要工作

依据	工具和方法	结果
项目管理计划 项目文件 批准的变更请求 事业环境因素 组织过程资产	专家判断法 项目管理信息系统 会议	可交付成果 工作绩效数据 问题日志 变更请求 项目管理计划更新 项目文件更新 组织过程资产更新

3.4.1 指导和管理项目工作的依据

项目管理计划已在前文介绍过，这里不再赘述。

1．项目文件

在指导和管理项目工作这一过程中，可以作为依据的项目文件有：变更日志，记录所有的变更请求状态；经验教训登记册；里程碑清单；项目沟通记录；项目进度计划；需求跟踪矩阵；风险登记册；风险报告。

2．批准的变更请求

我们由第 1 章可知，项目管理各工作过程组之间存在着相互交叉、相互作用的关系，因而在项目整合管理这一知识领域中，“指导和管理项目工作”“监控项目工作”“实施整体变更控制”这三项工作内容也是如此。批准的变更请求可以是实施整体变更控制这一工作过程的结果，同时随着项目的进展，它是在项目执行阶段实现的，因而批准的变更请求也是指导和管理项目工作这一工作过程的依据。

由项目经理或变更控制委员会审查和批准的变更请求通常是由项目经理安排项目团队付诸实施。批准的变更请求可能会导致方针、项目管理计划、程序、成本或预算的修改，以及进度的修订。

3．事业环境因素

能够影响指导和管理项目工作这一过程的事业环境因素包括（但不限于）：组织结构、组织文化、管理实践和可持续性，基础设施，人事管理制度，干系人的风险容忍度。

4．组织过程资产

能够影响指导和管理项目工作这一过程的组织过程资产包括（但不限于）：组织的标准政策、流程和程序，问题和缺陷管理程序，问题和缺陷管理数据库，绩效测量数据库，变更控制和风险控制程序，历史项目文档。

3.4.2 指导和管理项目工作的工具和方法

专家判断法和会议已经在前文介绍过，这里不再赘述。在此重点介绍项目管理信息系统。

项目管理信息系统是由信息、信息流和信息处理各方面的总和组成的。它是计算机辅助项目管理的工具，为项目目标的实现提供了强有力的帮助。项目管理信息系统能够帮助项目团队进行成本估算并计算挣值、协调进度和资源优化配置，还能够帮助项目团队进行风险分析。

项目管理信息系统是建立在项目管理流程和项目实施流程的基础上的，它们之间互相联系又互相影响。项目管理信息系统的建立需要明确以下几个基本问题：

（1）信息的需要　项目管理者和各职能部门为了决策、计划和控制需要哪些信息？以什么形式、何时、从何种方式取得信息？上层系统和周边组织在项目过程中需要什么信息？不同层次的管理者对信息的内容、精度、综合性有不同的要求。

（2）信息的收集和加工　在项目实施过程中，每天都要产生大量的原始资料。谁来负责这些原始资料的收集？这些资料的内容、结构、准确程度如何？如何获得这些原始资料？这些原始资料覆盖面广、数量庞大、形式丰富多彩，必须经过信息加工才能符合不同层次项目管理者的要求。

（3）编制索引和存储　为了查询、调用的方便，建立项目文档管理系统，将所有信息分类、编码。作为项目的历史资料和实施情况的证明，信息必须被妥善保存，一般要保存到项目结束，有些则要长期保存。按不同的使用和存储要求，数据和资料储存于一定的信息载体上，要做到既安全可靠，又使用方便。

（4）信息的使用和传递渠道　信息的传递是信息系统活性和效率的表现。信息传递的特点是仅传输信息的内容，而保持信息结构不变。在项目管理中，要设计好信息的传递路径，按不同的要求选择快速、误差小、成本低的传输方式。

例如，某省高速公路信息管理系统一期工程自 2000 年 9 月 1 日开工以来，从第一阶段 480 公里到第二阶段 880 公里每次联网运行都是一次成功开通并平稳运行的。据统计，仅一期工程共建设 1 个总中心、4 个中心、22 个分中心、114 个收费站、793 个车道，涉及施工单位及供货商 100 多家。面对如此巨大的工程，总承包商在项目的系统设计、系统集成等各个环节，采取项目管理的计划管理方法，通过制订和执行周密的项目概要计划、项目控制计划、产品控制计划、运行维护计划，提高了对项目执行中事件和变化的管理能力。在系统开发中采用了海量信息处理、数据挖掘等先进技术 20 多种，实现了全省高速公路收费、监控、通信的自动化管理，保证了高速公路的畅通无阻和高效运行。

3.4.3　指导和管理项目工作的结果

1. 可交付成果

可交付成果是在某一过程、阶段或项目完成时，必须产出的独特的、可核实的产品、成果或服务。可交付成果通常就是项目的结果。

2. 工作绩效数据

工作绩效数据是在项目进展过程中，项目团队成员从每个正在执行的活动中收集到的原始观察结果和测量值。例如，可交付成果的状况、进度进展情况、实际发生的成本、变更请求的数量、缺陷的数量等。后续这些数据将由其他工作过程的项目团队成员做进一步分析和提炼。

3．问题日志

问题日志是一种记录和跟进项目生命周期中所有问题的项目文件。其中包括：问题类型、问题的提出者及提出时间、问题描述、问题优先级、问题解决责任人、目标解决日期、问题状态和问题最终解决情况。问题日志可以帮助项目经理有效地跟进和管理项目进展中出现的问题，确保这些问题得以及时解决。由于在项目期间的任何时候都可能发生问题，所以项目经理需随时监控项目活动，并不断更新问题日志。

4．变更请求

项目整合管理过程（“指导和管理项目工作”“监控项目工作”“实施整体变更控制”）的工作结果都会产生变更请求。变更请求是关于修改项目文件、可交付成果或基准的正式提议，包括：需要对项目政策和程序、项目范围、项目成本预算、项目进度计划、项目可交付成果的质量等进行修改的提议。变更请求还包括为消除消极影响所采取的纠正措施、预防措施或缺陷补救，其可以是直接或间接的，也可以是内部或外部的，还可以是选择的或法律（合同）强制的。

如果变更不会影响项目基准，或者仅限于项目基准之内，此类变更可由项目经理决定。对于那些会影响项目基准的变更，通常应在变更请求中说明执行变更的成本、所需的计划日期修改、资源需求以及相关的风险。这类变更则由变更控制委员会（Change Control Board，CCB）客户或发起人审批。只有经过批准的变更才能纳入修改后的基准。

5．项目管理计划更新

项目管理计划的任何变更都应以书面变更请求的形式提出，并通过组织的变更控制过程进行处理。例如，沟通管理计划、资源管理计划、进度管理计划、成本管理计划、需求管理计划、项目基准等更新。

6．项目文件更新

在指导和管理项目工作这一过程需要更新的项目文件包括（但不限于）：活动清单、假设日志、经验教训登记册、需求文件、风险登记册、干系人登记册等。

7．组织过程资产更新

可在指导和管理项目工作这一过程更新前一章节所列示的任何组织过程资产。

3.5 管理项目知识

视频

管理项目知识是2018年修订的《项目管理知识体系指南》（PMBOK指南）（第6版）新增加的内容。管理项目知识是指应用现有知识并生成新知识，以实现项目目标，并且帮助组织学习的过程，即运用组织已经积累的知识来创造或改进项目成果，并使当前项目创造的知识可以用于支持组织的运营和未来的项目或阶段之中。也就是说，组织中的项目经理要确保项目团队和其他干系人的技能、经验和专业知识，在项目开始之前、进展期间和项目结束之后均能很好地得到应用。因此，管理项目知识这项工作需要在企业所有项目生命周期中开展，而并非仅是贯穿于某个项目生命周期的全过程。鉴于项目的特点，项目人员的流动性和不稳定性都很高，为了能将在整个项目生命周期中所累积的知识传承下去，避免其流失或断档，进行项目知识的规范管理也是非常必要之举。

迈克尔·波兰尼（Michael Polanyi）认为："人类的知识有两种。通常被描述为知识的，即以书面文字、图表和数学公式加以表述的，这是一种类型的知识。而未被表述的知识，像我们在做某事的行动中所拥有的知识，这是另一种类型的知识。"他把前者称为显性知识（Explicit Knowledge），而将后者称为隐性知识（Tacit Knowledge）。显性知识较为容易被人们学习和掌握。隐性知识和显性知识相对，是指那种我们知道但难以言述的知识。进一步来说，从技能和认识角度可将企业隐性知识划分为两类：技能类（包括那些非正式的、难以表达的技能、技巧、经验和诀窍等）、认识类（包括洞察力、直觉、感悟、价值观、心智模式、团队的默契和组织文化等）。

长期以来，知识特别是隐性知识对组织越来越重要，它是企业创新的源泉，能够不断为企业带来竞争利益。企业隐性知识是指存在于员工个体和企业内各级组织（团队、部门、企业层次等）中难以规范化、难以言明和模仿、不易交流与共享，也不易被复制或窃取、尚未编码和显性化的各种内隐性知识，同时还包括通过流动与共享等方式从企业外部有效获取的隐性知识。

企业层次拥有的隐性知识是在对员工个体、群体和从企业外部获取的各种知识有效转化、整合和长期实践的基础上形成的，它涌现出单个个体或群体所无法具有的知识特质。它表现为只有企业层次才具有的企业文化、价值体系、企业惯例等，这些是难以清晰说明，但发挥着重要作用的知识。它也包括能被企业层次掌握的诀窍、经验和协作能力等。

本章中的"管理项目知识"所指的知识既包括显性知识又包括隐性知识。知识管理的重要环节就是在组织中营造一种相互信任的氛围，激励团队成员分享知识和关注他人的知识。

管理项目知识的主要工作见表 3-5。

表 3-5　管理项目知识的主要工作

依据	工具和方法	结果
项目管理计划 项目文件 可交付成果 事业环境因素 组织过程资产	专家判断法 会议 焦点小组 项目管理信息系统 人际关系技能	经验教训登记册 项目管理计划更新 组织过程资产更新

3.5.1　管理项目知识的依据

管理项目知识这一工作的依据主要有：项目管理计划、项目文件、可交付成果、事业环境因素和组织过程资产。其中，项目管理计划已在前文进行了介绍，可交付成果是指导和管理项目工作的结果之一，这里均不再赘述。在此仅介绍项目文件、事业环境因素和组织过程资产。

1．项目文件

作为管理项目知识这一工作依据的项目文件包括（但不限于）：经验教训登记册、项目团队派工单、资源分解结构、干系人登记册。

2．事业环境因素

能够影响管理项目知识这一过程的事业环境因素包括（但不限于）：组织文化、相关方文化和客户文化，设施和资源的地理分布，组织中的知识专家，法律法规要求和制约因素。

3．组织过程资产

能够影响管理项目知识这一过程的组织过程资产包括（但不限于）：①组织的标准政策、流程和程序；②人事管理制度；③组织对沟通的要求；④正式的知识分享和信息分享程序。

3.5.2 管理项目知识的工具和方法

管理项目知识的工具和方法有很多，其中专家判断法、会议、焦点小组、项目管理信息系统均已经在前文介绍过，这里不再赘述。下文仅介绍人际关系技能这一工具和方法。

人际关系技能（Interpersonal Relationship Skill）是管理技能之一。它是指理解、改变、领导、激励他人行为并与他人共事的能力。该技能可以通过教育和培训获得，也可以从经验中获得。项目经理经常需要运用人际关系技能管理项目团队以及干系人的期望。常用的人际关系技能包括：人际交往、人际网络构建、积极聆听、引导技术等。

1．人际交往

人际交往是指人与人交往关系的总称，包括非正式的社交和在线社交。人是社会动物，每个个体均有独特的思想、背景、态度、个性、行为模式及价值观，因此人际交往对每个人的情绪、生活、工作有很大的影响，甚至对组织气氛、组织沟通、组织运作、组织效率及个人与组织的关系均有极大的影响。

美国学者赖斯·吉布林（Rice Giblin）教授等人，曾经提出一条在人际交往中成为受欢迎的人的“3A”法则：①A（Accept）：接受对方；②A（Appreciate）：重视对方；③A（Admire）：赞美对方。借助人际交往这一工具，项目经理和项目团队可以与项目干系人建立非正式的联系和关系，为显性知识和隐性知识的分享创造条件。

2．人际网络构建

人际网络是指为达到特定目的，人与人之间进行信息交流的关系网。它基本上是由结点和联系两部分构成的。结点是项目组织中的人或部门，联系则是交流的方式和内容。

通过人际网络的构建，可以增进项目成员与他人进行有效沟通的能力，如了解沟通的障碍并且尽可能对其加以改善，以对方的立场和观点去设想问题，用心灵去倾听对方的想法与感受，善解人意，加强对自己的了解，善于处理自己的情绪。

人际关系网络的构建方式有正式和非正式两种。正式的方式主要有组织之间的公函来往、组织内部的文件传达、召开会议、组织规定的汇报制度等。非正式的方式主要有午餐会、私下交流，小道消息等。

3．积极聆听

积极聆听是一门艺术，也是一种沟通技巧。良好有效的沟通始于聆听，聆听有利于消除团队成员之间的隔阂，从而减少误会。沟通成功的前提条件是和谐的气氛，以便搭建相互信任的桥梁。选择沟通时机、寻找沟通的“切入点”也很重要。人一般在心情愉快时比较乐于和他人交流，也相对容易接受外界信息。即便在沟通中遇到矛盾和问题，应以宽容大度的胸怀赢得对方的理解和支持，使项目成员间的感情在有效的沟通中得以巩固和加强。

项目经理或项目团队在与项目干系人进行交流的时候，需要仔细认真地听对方说话，同时也要做出适当的反应。在聆听时应集中注意力、表情自然，经常与对方交流目光，适当地用点头，或是用微笑来表示你很乐意倾听。这样，对方才会更有信心继续讲下去。如有疑问，我们也可以提出一些富有启发性的问题，从而使对方感到你对他的话很重视。只有这样才能够很准确地理解和领会对方想要表达的思想，以及说话的目的。同时，项目经理或项目团队也才能够准确地表达自己的思想、观点，达到事半功倍的效果。

4．引导技术

引导技术是指团体领导者诱发团体成员积极发言的方法。项目经理通过在项目团队中运用引导技术，可以实现：①促使项目成员更好更多地参与团队的活动；②协助那些在团队中分享、表达有困难的成员，使其从交谈中获益并提升其自信心；③促进项目成员在团体中更深层次的自我探索；④提供项目团队焦点转移和保持的一种有效途径。

常用的引导方法有：①直接询问法；②活动导入法，如运用配对、绕圈发言、书写活动；③肢体语言导引法，如项目经理通过眼神暗示、特殊动作等肢体语言引导项目成员发言。

3.5.3　管理项目知识的结果

1．经验教训登记册

项目团队在项目初始阶段就会建立经验教训登记册。在后续的项目进展中，经验教训登记册即可作为诸多过程的依据，也可作为诸多过程的结果而不断地更新。

2．项目管理计划更新

在本过程中，项目团队可以更新项目管理计划的任一组成部分。

3．组织过程资产更新

所有项目都会产生新的知识。通过管理项目知识这一过程，许多新的知识或者被嵌入可交付成果，或者被用于改进过程和程序。在本过程中，项目团队可以对任一项组织过程资产进行更新。

3.6　监控项目工作

视频

监控项目工作是跟踪、审查和报告项目整体进展，使之符合项目管理计划所确定的绩效目标的过程。本过程的作用是便于项目干系人及时了解项目的当前状态，并认可项目经理与团队为处理绩效问题已采取的若干行动；同时通过成本和进度预测，使项目干系人及时了解未来项目的状态。作为项目整合管理的工作过程之一，监控项目工作将贯穿于项目的始终。监控项目工作过程涉及的主要内容如下：

1）将实际项目绩效与项目管理计划进行比较。

2）评价项目绩效，判断是否出现了需要采取纠正或预防措施的情况，并在必要的时候提出采取措施的建议。

3）分析、跟踪并监督项目风险，确保项目团队能够识别项目风险，报告其状况，并实施适当的风险应对措施。

4）建立一个与项目产品及其相关文件有关的准确而及时的信息库，并保持到项目结束。

5）为状态报告、进展测定和预测提供信息支持。

6）为更新当前的成本和进度信息提供预测。

7）监督已批准项目变更的执行情况。

监控项目工作的主要工作见表3-6。

表3-6　监控项目工作的主要工作

依据	工具和方法	结果
项目管理计划 项目文件 工作绩效信息 协议 事业环境因素 组织过程资产	专家判断法 备选方案分析 成本效益分析 挣值分析 趋势分析 差异分析	工作绩效报告 变更请求 项目管理计划更新 项目文件更新

3.6.1　监控项目工作的依据

1．项目管理计划

项目管理计划已在“制订项目管理计划”中进行了介绍，这里不再赘述。

2．项目文件

可以作为本过程依据的项目文件包括（但不限于）：假设日志、估算依据（说明不同估算是如何得出的，用于决定如何应对偏差）、成本预测、问题日志、经验教训登记册、里程碑清单、质量报告、风险登记册、风险报告、进度预测等。

3．工作绩效信息

工作绩效信息与工作绩效数据的内涵不同。工作绩效数据是原始值或测量值；工作绩效信息源于各控制过程信息的收集、整合和分析，它是基于工作绩效数据进一步生成的，即通过将工作绩效数据（原始值或测量值）与项目管理计划、项目文件等进行比较、分析后得到的绩效信息，如可交付成果的状态、变更请求的落实情况及预测的完工尚需估算。

4. 协议

协议作为制定项目章程的依据，前面已经介绍，这里不再赘述。

5．事业环境因素

能够影响监控项目工作这一过程的事业环境因素包括（但不限于）：项目管理信息系统；基础设施，如现有的设备、设施等；项目干系人的期望与风险容忍度；政府或行业标准。

6．组织过程资产

能够影响监控项目工作这一过程的组织过程资产因素包括（但不限于）：组织的标准政策和程序、财务控制程序、监督和报告方法、问题管理程序、缺陷管理程序、组织知识库。

3.6.2　监控项目工作的工具和方法

专家判断法已在前文介绍过，这里不再赘述。挣值分析，又称为挣得值法或偏差分析法，它是对项目进度和成本进行综合控制的一种有效方法，这种方法将在第6章项目成本管理中进行详细介绍。

1．备选方案分析

在项目管理过程中，项目团队会经常遇到决策问题，进行备选方案分析。备选方案分析主要有两部分内容：①探寻备选方案，②对不同备选方案进行衡量和比较。

备选方案通常是由项目团队提出的。依据备选方案之间的关系可以分为三种类型：

（1）独立型　独立型是指各个方案的现金流量相互独立，并且任一方案的采用与否都不会影响其他方案，如某公司卡车与小轿车的购置方案。

（2）互斥型　互斥型是指各方案之间具有排他性，所有备选方案中只能选择一个，如技改方案中的两个互斥的工艺方案。

（3）混合型　混合型是指独立方案与互斥方案混合的情况，如在资源约束条件下有若干独立投资方案，在这些独立方案中又分别包含着若干互斥方案，这样所有的方案之间就是混合型的关系。例如，某公司现有的工厂需要进行技术改造，同时还需要新建一个分厂。这两个方案相互独立。技术改造所需设备的 2 个选型就是互斥方案，分厂有 3 个项目建设地址的选择也是互斥方案。

经济效果通常是评价和选择不同备选方案的依据，因此在构建出相应的备选方案以后，项目团队就可以运用如净现值、投资回收期等决策评价指标进一步对其进行衡量和比选。

2．成本效益分析

成本效益分析（Cost-benefit Analysis）作为一种经济决策方法，是通过比较项目的全部成本和全部效益来评估项目价值的一种方法，其目的在于决定一个特定的项目或者行为是否值得进行。在项目出现偏差时采用成本效益分析有助于确定成本支出最低的纠正措施。

在进行成本效益分析时，首先要分别衡量项目的效益和成本，然后在此基础上评估其经济效益。一般来说，经济效益和经济效率的表达式如下：

$$\text{经济效益} = \text{效益} - \text{成本} \tag{3-1}$$

$$\text{经济效率} = \text{效益} / \text{成本} \tag{3-2}$$

由式（3-1）、式（3-2）可知，经济效益是投资的总体效果，经济效率是投资的单位效果。只有备选方案的经济效益＞0 或经济效率＞1，即效益＞成本时，该方案才具有可行性。

3．趋势分析

趋势分析是根据以往结果来推测未来绩效的一种方法。项目团队可以通过对比两期或连续数期项目进展中的相同指标（进度、质量或成本等），由此确定其增减变动的方向、数额和幅度，以之预测项目绩效的变动趋势，同时依据趋势分析的结果提出必要的预防措施和建议。

趋势分析是根据历史数据并利用数学模型预测未来结果的一种分析技术。趋势分析旨在审查项目绩效随时间的变化情况，以判断绩效是正在改善还是正在恶化。趋势分析主要应用在监控项目工作、控制范围、控制进度、控制成本、控制资源、控制采购等项目管理的控制工作中。

趋势分析根据以往结果预测未来绩效，可以提前让项目经理意识到项目后期可能出现的问题。应该在足够早的项目时间内进行趋势分析，使项目团队有时间分析和纠正任何异常。可以根据趋势分析的结果，提出必要的预防措施。例如，它可以预测项目的进度延误，提前让项目经理意识到，按照既定趋势发展，后期进度可能出现的问题。

趋势分析经常采用趋势图（运行图）进行分析，图3-3是一个软件项目质量管理中用以记录缺陷的趋势图，项目团队从图3-3中可以发现该软件质量发展变化的趋势。

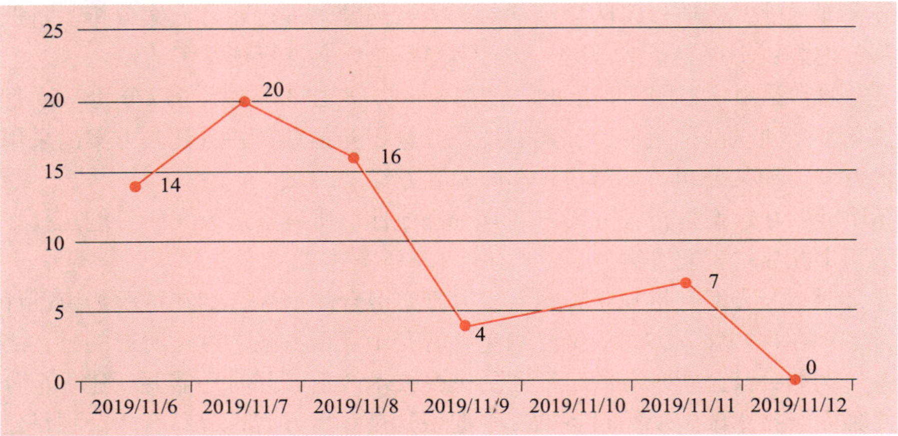

图3-3 一个软件项目质量管理中记录缺陷的趋势图

4．差异分析

差异分析是审查目标绩效与实际绩效的差异（或偏差）的一种方法。差异分析可以通过比较计划目标与最终结果来改进组织的测量指标，可以涉及持续时间估算、成本估算、资源使用、资源费率、技术绩效和其他测量指标。项目团队可以在每个知识领域，针对特定变量，开展差异分析。在监控项目工作过程中，通过差异分析对成本、进度、技术和资源偏差进行综合分析，以了解项目的总体差异（或偏差）情况。这就便于采取合适的预防或纠正措施。其中，成本和进度的差异分析最为常见，但项目范围、资源、质量和风险与计划的差异分析也具有实际意义。通过对造成差异（或偏差）的原因和程度分析，决定是否需要采取纠正或预防措施。因为随着项目接近尾声，差异（或偏差）的可接受范围将逐步缩小。

项目团队可借助以下多种工具进行差异分析：

（1）横道图 采用横道图进行进度差异分析时，可以使用不同颜色的横道分别标识已完工程计划进度、拟完工程计划进度和已完工程实际进度，并且横道的长度与其进度成正比例。采用横道图进行差异分析具有形象、直观、一目了然等优点，但反映的信息量较少。

（2）表格 采用表格进行差异分析时，是将项目编号、名称、各技术或资源参数以及差异（或偏差）数值综合归纳入一张表格中，并且直接在表格中进行比较。由于各差异（或偏差）参数都在表中列出，使投资管理者能够综合地了解并处理这些数据。采用表格进行差异分析具有灵活、适用性强，信息量大，便捷的优点。

（3）挣值曲线 挣值曲线（详见第6章）是用成本累计曲线（S形曲线）来进行成本差异分析的一种方法，其中一条曲线表示实际支出曲线，另一条表示计划成本曲线，两条曲线之间的竖向距离表示成本差异（或偏差）。采用挣值曲线进行成本差异分析同样具有形象、直观的特点，但这种方法很难直接用于定量分析。

3.6.3 监控项目工作的结果

1．工作绩效报告

工作绩效报告是由项目团队出于制定决策、提出问题、采取行动或引起关注等目的、在工作绩效信息的基础上所编制而成的项目文件，它是对项目活动、项目完成情况、里程碑事件及发现的问题的详细说明。例如，状态报告用于汇报关键信息，包括目前的状态、本阶段取得的重大成绩、安排的活动及存在的问题等。

2．变更请求

变更请求是监控项目工作的结果之一，在项目进展中，通过对比计划结果和实际结果，相关的项目干系人和项目经理或许会提出变更请求。关于变更请求已经在前文介绍过。

3．项目管理计划更新

项目管理计划的任何变更均应由更新请求的形式提出，并且通过组织的变更控制过程进行处理。在监控项目工作这一过程提出的变更将对整体项目管理计划产生影响。

4．项目文件更新

在本过程更新的项目文件包括（但不限于）：成本预测、进度预测、问题日志、经验教训登记册、风险登记册等。

3.7　实施整体变更控制

视频

实施整体变更控制，即审核所有的变更请求、批准变更，管理可交付成果、项目文件和项目管理计划的变更，并对变更结果进行沟通的过程。本过程的主要作用是确保对已经记录在案的变更进行综合评审。本过程的工作将贯穿项目生命周期始终。

实施整体变更控制工作过程包括的变更管理活动如下：①识别已发生和将发生的变更；②审核并批准变更请求；③确保执行那些经过批准的变更；④管理发生的变更；⑤公布已批准变更，以保持基准的完整；⑥审核、评估和选择备选的纠正和预防措施；⑦在整个项目实施过程中对变更进行协调；⑧记录变更请求的全部影响。

与项目有关的任何干系人都可能会提出变更请求，变更请求通常要求以书面形式提交。项目组织内部的权威机构（如项目经理）或外部的组织（如变更控制委员会）负责批准或否决变更请求。若项目是依照合同进行的，则由客户按合同决定是否批准变更请求。变更会导致项目管理计划、子计划及项目文件的调整。变更控制的应用水平取决于具体项目的要求、实施背景、应用领域和复杂程度。

实施整体变更控制的主要工作见表 3-7。

表 3-7　实施整体变更控制的主要工作

依据	工具和方法	结果
项目管理计划 项目文件 工作绩效报告 变更请求 事业环境因素 组织过程资产	专家判断法 变更控制程序 备选方案分析 成本效益分析 会议	批准的变更请求 项目管理计划更新 项目文件更新

3.7.1　实施整体变更控制的依据

1. 项目管理计划

在本过程的项目管理计划组件包括（但不限于）：变更管理计划、配置管理计划、范围基准、进度基准和成本基准。

2. 项目文件

可作为本过程依据的项目文件包括（但不限于）：估算依据、需求跟踪矩阵和风险报告。

3. 工作绩效报告

用于实施整体变更控制的工作绩效报告包括：资源可用情况、进度和成本数据、挣值报告和燃尽图。

4. 变更请求

如前所述，变更请求产生于任何控制过程或项目整合管理过程。变更请求包括：纠正措施、预防措施和缺陷补救措施。

5. 事业环境因素

能够影响实施整体变更控制这一过程的事业环境因素包括（但不限于）：法律限制、政府或行业标准、法律法规要求及制约因素、组织治理框架、合同和采购制约因素。

6. 组织过程资产

能够影响实施整体变更控制这一过程的组织过程资产包括（但不限于）：变更控制程序、批准与签发变更的程序、配置管理知识库。

3.7.2　实施整体变更控制的工具和方法

专家判断法、备选方案分析、成本效益分析和会议已在前文做过介绍，在此不再赘述。以下重点介绍变更控制程序的运用。

通常，项目团队或项目干系人在项目进展中，结合项目实际，针对变更内容的识别与影响进行分析后，会做出是否需要变更的决定。若确定需要采取变更则应提出相应的变更申请，由变更控制委员会（CCB）负责召开变更控制会议，并对变更请求进行审核，决定批准或否决这些请求。

变更控制委员会一般由数位高层级领导组成，通常也需要邀请关键干系人加入。该机构具有最高决定权，能批复项目变更。变更控制委员会的作用和职责需要预先明确规定，并得到所有干系人的许可。变更控制委员会所有决策均应进行书面记载，并传达给相关的项目干系人以获取进一步的信息。

鉴于变更控制的侧重点是识别、记录、批准或否决项目文件、可交付成果或基准的变更，因此在变更控制中要格外关注沟通，并遵循如图 3-4 所示的程序。

由图 3-4 可知，变更控制程序如下：①识别需要变更的内容，识别并选择过程或项目文件的变更项；②对是否需要变更进行分析，记录变更，将变更表述为适宜的变更请求；③做出变更决定，审查变更，批准、否决、推迟对项目文件、可交付成果或基准的变更；④跟踪变更，确认变更已经登记、评估、批准、跟踪并向相关的项目干系人传达最终结果。

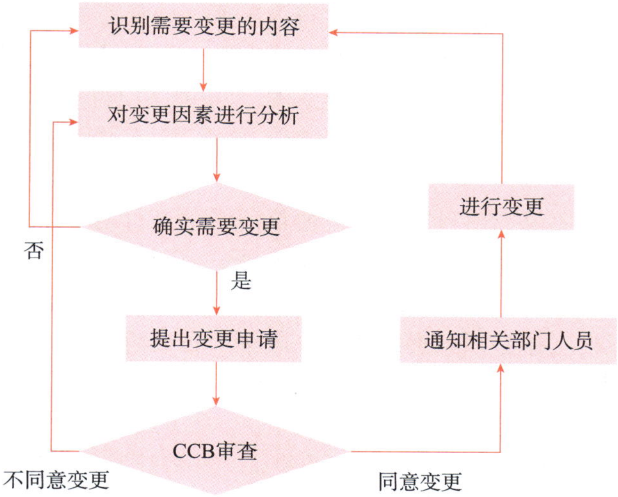

图 3-4　变更控制程序示意图

3.7.3　实施整体变更控制的结果

1．批准的变更请求

批准的变更请求应是实施整体变更控制的结果之一，其在指导和管理项目工作的这一过程中实施。

2．项目管理计划更新

项目管理计划需要更新的部分包括：任一子计划及受实施整体变更控制影响的项目基准。

3．项目文件更新

可能需要更新的项目文件包括：任何受变更控制过程影响的所有文件。通常在本过程需要更新的项目文件就是变更日志。变更日志用来记录项目过程中出现的变更情况，包括曾被否决的变更请求，变更对项目时间、成本和质量等的影响程度，和全部变更请求的处理结果。

3.8　结束项目或阶段

视频

当项目的阶段目标或最终目标已经实现，或者项目的目标无法实现时，项目就进入了收尾阶段。项目收尾是指终结项目、阶段或合同所有活动的过程。

结束项目工作是项目整合管理的最后一个环节，它对项目的圆满结束具有重要意义。结束项目也是一项烦琐费时的工作，项目经理和项目团队需要投入大量精力，密切关注工作中的细节。只有通过结束项目或阶段这个工作环节，项目干系人才可终止他们为完成项目所承担的责任和应尽的义务，并从项目中获益；项目团队才得以完成项目或阶段的信息存档工作；在结束项目时，项目经理需要回顾项目管理计划，确保所有项目工作都已经完成，以及项目目标均已实现。

结束项目或阶段进行的活动包括（但不限于）：

1）为达到项目完工或退出标准所必须进行的工作：确保所有文件和可交付成果都已经是最新版本，并且所有问题都已经得到解决；确认项目可交付成果已经交付给客户，并已获得客户的正式验收；确保所有的成本均已记入账，并关闭项目账户；重新分配项目团队人员，处理剩余的项目材料，并重新分配项目设施、设备和其他资源；根据组织政策编制详尽的最终项目报告。

2）为终止项目合同协议或项目阶段合同协议所必须进行的工作：确认项目或阶段符合发起人、客户或其他干系人的要求，所有工作均已通过正式验收；最终处置未决索赔；对项目的信息记录进行更新，以保证其反映的是最后结果；存档相关信息供未来使用。

3）关于为完成下列工作必须开展的活动：收集项目或阶段的相关信息记录；核查项目成功或失败；管理知识分享和传递；总结经验教训，存档项目信息以供组织未来使用。

4）将项目产品或服务移交至下一阶段，转入生产和（或）经营所需开展的活动。

5）收集关于改进或更新组织政策和程序的建议，并将其发送给相应的组织部门。

6）衡量相关项目干系人的满意程度。

如果项目在完工前就提前终止，项目经理在结束项目或阶段过程时还需制定一个工作程序，并邀请相应的项目干系人一起调查和记录项目提前终止的原因。

结束项目或阶段的主要工作见表 3-8。

表 3-8 结束项目或阶段的主要工作

依据	工具和方法	结果
项目章程 项目管理计划 项目文件 验收的可交付成果 商业文件 协议 采购文档 组织过程资产	专家判断法 趋势分析 差异分析 会议	项目文件更新 最终产品、服务或成果的移交 最终报告 组织过程资产更新

3.8.1 结束项目或阶段的依据

作为结束项目或阶段的依据，项目章程、项目管理计划、商业文件、协议均已在前文介绍过，这里不再赘述。

1. 项目文件

可作为本过程依据的项目文件包括（但不限于）：假设日志、估算依据、变更日志、问题日志、经验教训登记册、里程碑清单、项目沟通记录、质量控制测量结果、质量报告、需求文件、风险登记册和风险报告。

2. 验收的可交付成果

验收的可交付成果是指在项目范围确认过程中，客户或项目发起人正式接收并签字确认的可交付成果。具体内容详见项目范围确认。

3．采购文档

采购文档包含用于管理采购过程的完整记录，如工作说明书、支付信息、承包商工作绩效信息、计划、图纸和其他往来函件。

为了完成合同，需要收集全部采购文档，并建立索引和归档。在项目结束时，应将“实际执行的”计划（图纸）或“初始编制的”文档、手册、故障排除文档及其他技术文档视为采购文档的组成部分。这些信息可用于总结经验教训，并作为今后签署合同时评价承包商的依据。

4．组织过程资产

能够影响结束项目或阶段这一过程的组织过程资产包括（但不限于）：项目或阶段收尾指南或要求、配置管理知识库。

3.8.2　结束项目或阶段的工具与方法

结束项目或阶段的工具与方法主要有：专家判断法、趋势分析、差异分析和会议，这些方法均在前文介绍过，这里不再赘述。

3.8.3　结束项目或阶段的结果

1．项目文件更新

可在本过程更新所有的项目文件，并标记为最终版本。

2．最终产品、服务或成果的移交

最终产品、服务或成果的移交是在签订完项目验收鉴定书后，项目团队将项目产品和相关的技术档案资料的所有权移交给客户的行为。项目移交需完成以下工作：准备需要移交的项目产品和文件资料；由项目团队负责进行项目产品的试运营；办理好项目产品的移交手续，包括收到一份合同项目已被满足的正式声明；处理好项目运营后的技术服务和人员培训工作。

3．最终报告

最终报告中包含的信息包括：项目或阶段的概述；范围目标、范围的评估标准，以及证明达到完工标准的证据；质量目标、项目和产品质量的评估标准、相关核实信息和实际里程碑交付日期以及偏差原因；成本目标；最终产品、服务或成果的确认信息的总结；进度计划目标包括成果是否实现项目所预期的效益；关于最终产品、服务或成果如何满足商业计划所述业务需求的概述；关于项目过程中发生的风险或问题及其解决情况的概述。

4．组织过程资产更新

能够影响实施整体变更控制这一过程的组织过程资产包括（但不限于）：项目管理计划与项目文件、运营和支持文件、项目或阶段收尾文件、经验教训知识库。

本 章 小 结

本章首先介绍了项目整合管理的含义和工作过程，然后分别从制定项目章程、制订项目管理计划、指导和管理项目工作、管理项目知识、监控项目工作、实施整体变更控制、结束项目或阶段7个工作过程依次展开讨论，其中详尽地介绍了各个过程的依据、可采用的工具和方法以及得出的结果。

自 测 题

一、判断题

1．项目发起人是项目整合管理的责任者，也是项目的综合协调者。 （ ）

2．项目整合管理的7个工作过程是彼此独立的。 （ ）

3．项目章程的制定对项目而言是一个关键的起点。 （ ）

4．制定项目章程的过程通常可以重复进行。 （ ）

5．项目章程是用来回答“谁将为谁做什么”这个问题的。 （ ）

6．虽然项目管理计划和项目文件都是用于管理项目的文件，但二者涵盖的内容有所不同。 （ ）

7．工作绩效数据是原始值或测量值。 （ ）

8．变更请求产生于任何控制过程或项目整合管理过程。 （ ）

9．显性知识是指那些难以表达的技能、技巧、经验和诀窍等。 （ ）

二、单选题

1．在项目整合管理的7个工作过程中，使用频率最高的技术和方法是（ ）。

A. 专家判断法　B. 观察调研法　C. 偏差分析技术　D. 计划评审技术

2．项目章程是由（ ）发布的。

A. 项目团队　B. 项目发起人　C. 客户　D. 项目经理

3．（ ）是整个项目实施和管理的总体安排。

A. 项目章程　B. 项目范围说明书　C. 项目管理计划　D. 项目工作说明书

4．可交付成果的生产或提供的目的是（ ）项目。

A. 启动　B. 执行　C. 控制　D. 完成

5．由（ ）来安排已获得批准的变更请求的实施。

A. 项目团队　B. 项目发起人　C. 客户　D. 项目经理

6．（ ）是计算机辅助项目管理的工具。

A. 计划评审技术　B. 项目管理信息系统　C. 项目管理软件　D. 方案识别技术

7．项目绩效报告是由（ ）负责编制的。

A. 项目团队　B. 项目发起人　C. 客户　D. 项目经理

三、多选题

1．项目整合管理具有的特点包括（ ）。

A. 综合性　B. 全局性　C. 系统性　D. 统一性

2．项目章程可以由（ ）来颁发。

A. 项目发起人　B. 项目团队　C. 项目经理　D. 高级管理层

3．承担项目章程编制工作的人员可以是（ ）。

A. 项目发起人　B. 项目经理　C. 项目团队　D. 客户

4．制定项目章程时的影响因素包括（ ）。

A. 政府标准　B. 行业标准　C. 组织的基础设施　D. 市场发展情况

5．项目章程基本要素的详细程度取决于项目的（ ）。

A. 规模　B. 持续时间　C. 复杂程度　D. 重要性

6．德尔菲法的特点包括（ ）。

A. 匿名性　B. 间接性　C. 反馈性　D. 收敛性

7. 协议具有多种形式，包括（ ）。

A. 合同 B. 意向书 C. 电子邮件 D. 谅解备忘录

8. 专家判断法的具体形式包括（ ）。

A. 专家会议法 B. 头脑风暴法 C. 德尔菲法 D. 集体判断法

9. 项目基准包括（ ）。

A. 范围基准 B. 进度基准 C. 成本基准 D. 质量基准

10. 项目文件包括（ ）。

A. 估算依据 B. 经验教训登记册 C. 项目进度计划 D. 风险管理计划

11. （ ）可能会提出变更请求。

A. 项目发起人 B. 客户 C. 项目经理 D. 项目团队成员

思考题

1. 项目整合管理包括哪些工作过程？
2. 制定项目章程的一般步骤有哪些？
3. 专家判断法有什么优缺点？包括哪些具体形式？
4. 项目管理计划所包括的内容有哪些？
5. 项目文件所包括的内容有哪些？
6. 实施整体变更控制包括哪些变更管理活动？

案例

一推再推，A380项目何时扭亏为盈？

2014年3月3日，空中客车公司（以下简称空客）与国际著名航空公司签订了足以维持A380持续生产超过两年的大订单。尽管如此，A380仍然陷入了叫好不叫座的尴尬境地。

A380项目计划总投资107亿美元，2004年5月开始总装，2006年首飞并正式交货，每架A380售价在2.63亿～2.86亿美元之间。空客推出A380这个耗资百亿美元的巨无霸项目曾引起不少人担忧。空客则认为大型客机市场还是一块无人争斗的黄金宝地，同时为了完善空客的民机系列，占据更有利的位置与波音竞争，值得冒巨大的商业风险。通过空客公司积极的宣传，交货前一年半（2004年）空客已有129架的订单，这让空客对A380的启动充满了信心。然而，第一架A380亮相的2005年，原本应该是空客享受梦幻般荣耀的一年，却由于诸多原因变成了失望声不断、股价暴跌、空客信誉饱受质疑的一年，主要原因包括：

首先，制造流程上的障碍造成项目进度拖延。由法国、德国、英国、西班牙四国共同组建的空客，更像一个负责销售和市场营销的合资企业，一些股东甚至对空客详细的财务和运营情况都不知晓。A380进行全球招标，零部件来自40多个国家的数百家厂商，任一环节的问题都会对整个项目造成严重影响。A380的生产分布在4个国家的16个独立工厂，就算来自40多个国家的数百家厂商零部件悉数到达，各种制造组装工厂之间的沟通和组织效率也着实令人担忧。空客在A380巨大项目上表现出来的设计、生产、管理效率是低下的。辗转于各个国家的一些烦冗的请示、核准、沟通，使飞机设计时间比竞争对手长两年，直接增加了25%的管理成本，而在不同工厂搬运部件更浪费了不少时间和金钱。供应链的管理不善，导致了A380项目进程缓慢。

其次，新技术应用过于激进。A380的设计理念就是摒弃波音747传统老旧的结构设计，将诸多新材料、系统和工业工艺技术应用在这一型号的飞机上。种种新技术的采用，给A380带来的并非是跨时代的技术进步，而是在并未充分验证技术可靠性的情况下，加紧总装，造成A380研究开发可靠性差。因飞机的电路系统以及研发工程师的软件问题，2006年6月空客不得不将A380的交付时间推迟6～7个月。原定2007年交付数量将由20～25架减少到9架，2008年在原订单基础上减少5～9架，2009年在原订单基础上减少5架。直接导致欧洲宇航防务集团的股价顷刻暴跌26%，市值缩水55亿欧元，超过25%，欧洲宇航防务集团首席执行官弗加德和空客CEO洪博达引咎辞职。A380的客户均因技术原因或购买波音公司飞机而重新考虑订单，导致空客损失超过100亿美元。其后又爆出澳航使用的A380客机因发动机漏油起火、在法国图卢兹静力测试发现A380客机机翼最大承重未达标、一些处于运营状态的A380型客机机翼部件出现裂纹、A380机身庞大产生湍流问题……

最后，成本超支。成本超支的主要原因是研发成本超支、赔偿客户的巨额违约金、全球市场原材料价格上涨和美元持续疲软。A380整个研发项目历时数年，共耗资约170亿美元，比最初预计的120亿美元超支了50亿美元，每架飞机的单价约为3.19亿美元。空客两任CEO均因为研发超支问题主动请辞。

当A380获得飞行许可时，空客声称交付第250架飞机时可收回成本开始盈利。几年过去了，这一数字已经被调整到需要卖500架飞机才能实现盈利。交货日期的三次推迟，催生了三位倒霉的CEO，使A380项目成了史上项目管理的最大失败案例。㊀

问题：

1. 该项目的项目目标及最终可交付成果是什么？
2. 该项目是否实现了预期的目标？
3. 从项目整合管理的视角出发，分析空客A380研发项目失败的具体原因。
4. 空客A380研发项目给我们的启示是什么？

㊀ 人人文库网．A380项目管理惨败案例［EB/OL］．［2022-03-17］．https://www.renrendoc.com/p-25568530.html.

第 4 章

项目范围管理

学习目标

- 理解项目范围和项目范围管理的定义
- 了解项目范围管理的工作过程
- 理解规划范围管理的依据、工具和方法及结果
- 理解收集需求的依据、工具和方法及结果
- 理解定义范围的依据、工具和方法及结果
- 理解创建 WBS 的依据、工具和方法及结果
- 理解确认范围的依据、工具和方法及结果
- 理解控制范围的依据、工具和方法及结果

导入案例

历史上建造历时最长的科隆大教堂始建于 1248 年，1880 年宣布“竣工”，历时 632 年。若非政治原因，这栋哥特式的经典制作恐怕永无完成之日。精益求精的德国人为建造一座世界第一教堂不惜成本。仅保持垂直线型设计风格的工作就花费了几十年时间。为保证纤细的镂花立柱能够支撑教堂拱顶，设计师又进行了数年科技攻关。在不具备现代几何学和力学知识的前提下，设计师反复研究每一个细节。无休无止地加高、加宽……㊀

从项目管理的角度来看，是什么原因导致了科隆大教堂建设要花费如此长的时间？

4.1 概　　述

项目组织要想成功地完成某个项目，在明确了项目的预定目标后，必须开展一系列的工作或活动。这些必须开展的工作构成了项目范围。项目范围包括项目的最终产品或服务、实现该产品或服务所需要做的各项具体工作。因此，项目范围管理就是为成功地实现项目的目标，规定或控制哪些方面是项目应该做的，哪些是不应该做的，从而定义项目的范畴。

㊀ 夸克商学院．项目管理七杯茶[M]．北京：中国经济出版社．2012．

4.1.1 项目范围管理的含义

1．项目范围的含义

项目范围（Project Scope）是指为了成功地实现项目目标必须完成的全部且最少的工作。该定义包含如下两层含义：

1）全部的——是指实现该项目目标进行的“所有工作”。任何工作都不能遗漏，否则将会导致项目范围“萎缩”。

2）最少的——是指实现该项目目标规定的“必要的、最少量的”工作，不进行此项工作就无法最终完成项目。工作范围不包括那些超出项目可交付成果需求的多余工作，否则将导致项目范围“蔓延”。

2．产品范围和项目范围的区别

产品范围是指客户对项目最终产品或服务期望包含的特征和功能的总和。项目范围是指为了交付满足产品范围要求的产品或服务必须完成的全部工作的总和。项目范围最终是以产品范围为基础而确定的，产品范围对产品要求的深度和广度决定了项目工作范围的深度和广度。产品范围的完成情况是参照客户的要求来衡量的，而项目范围的完成情况则是参照计划来检验的。

3．项目范围管理的含义

项目范围管理（Project Scope Management）是对项目所要完成的工作范围进行管理和控制的过程和活动，包括确保项目能够按要求的范围完成所涉及的所有过程，实质上是一种功能管理。

4.1.2 项目范围管理的工作过程

视频

项目范围管理的工作过程如图 4-1 所示。

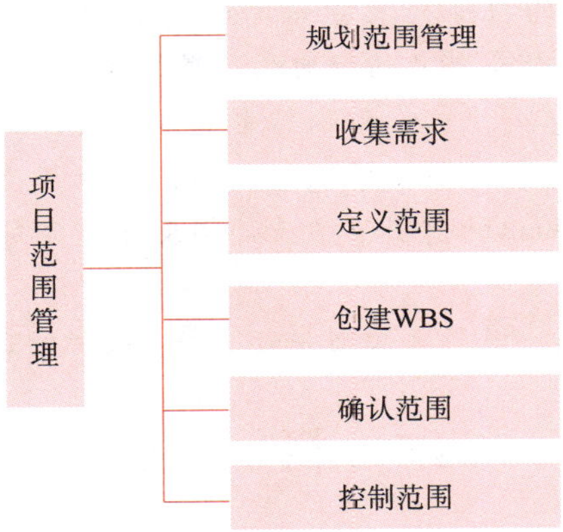

图 4-1 项目范围管理的工作过程

（1）规划范围管理 规划范围管理就是制订范围管理计划和需求管理计划、以及用文字表述将如何定义、确认和控制项目范围的过程。

（2）收集需求 收集需求是为实现项目目标，将满足客户需求和预期的项目或产品的特征及功能确定并记录下来的过程。

（3）定义范围　定义范围是制定一份关于项目和产品的详细说明的过程。

（4）创建 WBS　创建 WBS 是将项目可交付成果和项目工作细分为更小的、可操作的部分的过程。

（5）确认范围　确认范围是正式接受完工可交付成果的过程。

（6）控制范围　控制范围是监督项目范围状况，并管理范围基准变更的过程。

尽管在图 4-1 中对每个独立的工作过程进行了明确的界定，但是在实践中它们是以各种形式重叠并相互影响的。

4.2　规划范围管理

在项目过程中，规划范围管理为如何管理范围提供指南和方向。如前所述，规划范围管理实际上就是制订范围管理计划和需求管理计划，并用文字明确将如何进行定义范围、创建 WBS、确认和控制项目范围的过程。

规划范围管理的主要工作见表 4-1。

表 4-1　规划范围管理的主要工作

依据	工具和方法	结果
项目章程 项目管理计划 事业环境因素 组织过程资产	专家判断法 备选方案分析 会议	范围管理计划 需求管理计划

4.2.1　规划范围管理的依据

1．项目章程

项目章程记录项目目的、项目概述、假设条件、制约因素，以及项目意图实现的高层级需求。

2．项目管理计划

项目管理计划包括（但不限于）：质量管理计划、项目生命周期描述和开发方法（定义项目究竟是采用瀑布式、迭代型、适应型、敏捷型中的任一种开发方法，还是混合型开发方法）。

3．事业环境因素

能够影响规划范围管理过程的事业环境因素包括（但不限于）：组织文化、基础设施、人事管理制度和市场条件。

4．组织过程资产

能够影响规划范围管理过程的组织过程资产包括（但不限于）：政策和程序、历史信息和经验教训知识库。

4.2.2　规划范围管理的工具和方法

专家判断法、备选方案分析和会议已在前文介绍过，方法的具体应用详见第 3 章。

4.2.3 规划范围管理的结果

1. 范围管理计划

范围管理计划是由项目经理和其团队编制的。项目范围管理计划用于指导如何对项目范围进行定义、记录、确认和控制。范围管理计划是制订项目管理计划过程和其他范围管理过程的基础。范围管理计划是项目管理计划的子计划，其可以是正式的或非正式的，既可以非常详细也可以高度概括，具体可依据项目的实际情况来定。

范围管理计划应对如下工作的管理过程做出规定：

制定详细的项目范围说明书；根据详细的项目范围说明书创建WBS；维护和批准WBS；正式验收已完成的项目可交付成果；在实施整体变更控制过程的同时，对详细项目范围说明书进行相应的变更。

2. 需求管理计划

需求管理计划也是项目管理计划的组成部分，它是一份描述在整个项目中如何分析、记载和管理项目阶段的各种需求的文档。

需求管理计划的主要内容包括：

如何规划、跟踪和报告各种需求活动，如何安排配置管理活动，如何对不同需求按照优先顺序进行排序，如何制定产品测量指标以及为何使用这些指标，用来规定哪些需求属性将被列入跟踪矩阵中的维度。

4.3 收集需求

需求是根据特定协议或某些强制性规范所确定的项目必须满足的条件或能力，也可以是产品、服务或成果所必须具备的条件或能力。需求承载着包括发起人、客户和其他干系人在内的需要和期望。需求是后续项目工作的基础，如创建WBS，成本、进度和质量规划，采购工作等。

收集需求即项目团队为了实现项目目标，详尽挖掘、分析和记录包括发起人、客户和其他干系人在内的需要和期望的工作过程。收集需求始于对项目章程、项目干系人登记表和干系人管理计划的详细分析。

收集需求的主要工作见表4-2。

表4-2 收集需求的主要工作

依据	工具和方法	结果
项目章程 项目管理计划 项目文件 商业文件 协议 事业环境因素 组织过程资产	专家判断法 头脑风暴法 访谈法 焦点小组 名义群体法 德尔菲法 心智图法 群体决策技术 观察调研法 实物模型法	需求文件 需求跟踪矩阵

4.3.1　收集需求的依据

1．项目章程

项目章程记录项目概述以及将用于制定详细需求的高层级需求。

2．项目管理计划

项目管理计划主要包括范围管理计划、需求管理计划和干系人参与计划。

3．项目文件

可作为本过程输入的项目文件包括（但不限于）：假设日志、经验教训登记册和干系人登记册。

4．商业文件

影响收集需求过程的商业文件是商业论证，它描述了为满足业务需要而应该达到的必要、期望及可选标准。

5. 协议

协议包含项目和产品需求。

6．事业环境因素

影响收集需求过程的事业环境因素包括（但不限于）：组织文化、基础设施、人事管理制度和市场条件。

7．组织过程资产

影响收集需求过程的组织过程资产包括（但不限于）：政策和程序、包含以往项目信息的历史信息和经验教训知识库。

4.3.2　收集需求的工具和方法

收集需求的工具和方法有很多，其中专家判断法、头脑风暴法、访谈法、焦点小组、德尔菲法在前文已有相关介绍，在此不再赘述。其他方法具体介绍如下：

1．名义群体法

名义群体法是由安德鲁·戴贝克（Andre L. Delbecq）和安德鲁·范德温（Andrew H.Van de Ven）提出的。该方法通过一个有组织的群体会议，来实现将个体想法和个体判断整合的目的。与参加传统会议一样，团队成员（以 5～10 人为宜）也需要出席会议，但他们在会议前期并不进行直接交流，而是独立思考。

名义群体法一般是由主持者做记录，从问题的表述开始，要求团队成员准备个人备选方案列表，这一阶段被称为“沉默—产生”阶段。此过程结束后，主持者召集每个参与人轮流陈述其方案列表上的想法，并将每个人的阐述记录下来。最后，用投票的方式来决定最优方案，达到了根据投票结果产生团队一致意见的目的。

通常，该方法的程序如下：

1）个体沉默产生想法，即不进行任何讨论，团队成员各自写出其对问题的看法。

2）个体轮流反馈并记录想法。团队成员将各自的想法提交给主持者，并逐一说明自己的想法。

3）澄清团队成员的想法。团队成员就彼此的想法展开讨论并做出评价。

4）个体表决并分级优化已有想法。

5）团队意见汇总。

2．心智图法

心智图法能够将各种想法以及它们之间的关联性以图像视觉的景象呈现，即能够将一些核心概念、事物与另一些概念、事物形象地组织起来，并对这些复杂的概念、信息、数据进一步加工，以更形象易懂的形式展现出来。它是将中心概念与关联概念连接起来的一种方法，通过训练运用全脑思考来刺激人们的想象力和创造力，具有简单易用、可视化、容易记忆、提纲挈领等优点。

3．群体决策技术

群体决策技术是指由一个群体，在对项目活动方案进行分析、评价、比较的基础上，最终做出方案选择的一种工具。该技术由决策者（项目经理和项目团队）、决策对象（项目方案）、决策信息（项目信息系统）、决策的理论和方法（项目团队决策方法）以及决策结果（最终选定的方案）等基本要素构成。

群体决策技术具体的实施过程如下：

1）分析客户需求状况及存在的问题。

2）确定项目团队决策系统的目标。

3）拟定项目团队的决策方案。

4）对决策方案进行选择和比较。

4．观察调研法

观察调研法是在不提出任何问题和不与被观察者交流的情况下，凭借调查人员的直观感觉，或借助某些设备和仪器，分析、记录被观察者的行为模式、调研客体和所发生事件的过程。观察调研法既包括观察人，又包括观察现象。为确保成功，所需信息必须是通过观察得到的，被调查的行为必须是重复性的、经常性的，并且在一定程度上是可预测的。此外，被观察的行为应具有相对短的持续时间。

5．实物模型法

通过实物模型来揭示项目产品原型的形态、特征和本质的方法称为实物模型法。实物模型法是借助与项目产品原型相似的物质模型或抽象反映项目产品原型本质的思想模型，间接地研究项目产品原型的性质和规律。也就是说，它是通过引入实物模型（能方便解释那些难以直接观察到的事物的内部构造、事物的变化以及事物之间的关系的符号、公式、表格、实物等）将物理问题实际化。

在收集客户需求的过程中，通过建立一个能反映客户主要需求的实物模型，可以让客户真实地看见项目完成后的可交付成果的概貌，以便判断哪些是符合的，哪些是需要改进的，然后将该实物模型反复改进，最终获得能够很好地反映客户产品需求的相关信息。

4.3.3 收集需求的结果

1．需求文件

需求文件描述各种单一需求将如何满足与项目相关的业务需求。一开始可能只有高层级的需求，然后随着有关需求信息的增加而逐步细化。只有明确的（可测量和可测试的）、可跟踪的、完整的、相互协调的，并且主要相关方愿意认可的需求，才能作为基准。需求文件的格式多种多样，既可以是一份按相关方和优先级分类列出全部需求的简单文件，也可以是一份包括内容提要、细节描述和附件等的详细文件。

许多组织把需求分为不同的种类，如业务解决方案和技术解决方案。前者是指相关方的需要，后者是指如何实现这些需要。把需求分成不同的类别，有利于对需求进行进一步完善和细化。需求的类别包括：

（1）业务需求　业务需求是指整个组织的高层级需要，例如解决业务问题或抓住业务机会，以及实施项目的原因。

（2）相关方需求　相关方需求是指相关方或相关方群体的需要。

（3）解决方案需求　解决方案需求是指为满足业务需求和相关方需求，产品、服务或成果必须具备的特性、功能和特征。解决方案需求又进一步分为功能需求和非功能需求。

（4）过渡和就绪需求　过渡和就绪需求描述了从“当前状态”过渡到“将来状态”所需的临时能力，如数据转换和培训需求。

（5）项目需求　项目需求是指项目需要满足的行动、过程或其他条件，例如里程碑日期、合同责任、制约因素等。

（6）质量需求　质量需求是指用于确认项目可交付成果的成功完成或其他项目需求实现的任何条件或标准，例如测试、认证、确认等。

2. 需求跟踪矩阵

需求跟踪矩阵是贯穿项目生命周期的、动态的、实时跟踪干系人需求的一种方法。该方法的目的是保证在干系人需求文档中列示的需求能够在项目结束时得以实现，并保证项目干系人的每项需求都能通过与业务或项目目标的连接产生价值。此外，需求跟踪矩阵也是管理产品范围变化的一种方法。需求跟踪矩阵以表格形式跟踪在整个项目生命周期内的干系人需求变化，其内容通常包括：业务需要、机会、目的和目标，项目目标，项目范围 /WBS 可交付成果，产品设计，产品开发，测试策略和测试情景，高级需求到详细需求，等等。

在需求跟踪矩阵中所列示的需求属性可以帮助项目团队辨识每个需求的关键信息。典型的需求属性包括唯一标识、需求的文字描述、记录该需求的理由、来源、优先级、当前状态（如进行中、已取消、已推迟、新增加、已批准、被分配和已完成）和状态日期。需求跟踪矩阵示例见表 4-3。

表 4-3　需求跟踪矩阵示例

项目名称							
责任中心							
项目描述							
编号	关联编号	需求描述	业务需要	项目目标	可交付成果	产品设计	测试用例
001	1.0						
	1.1						
	1.2						
	1.2.1						
002	2.0						
	2.1						
	2.1.1						

4.4　定义范围

定义范围是以项目的实施动机为基础，确定项目范围并编写项目范围说明书的过程。项目范围说明书表明了进行该项目的目的、项目的基本内容和结构，规定了项目文件的标准格式，其形成的项目结果核对清单既可作为评价项目各阶段成果的依据，也可作为项目计划的基础。项目范围说明书是项目团队和项目客户就项目的工作内容达成共识的结果。

定义范围的主要工作见表4-4。

表4-4　定义范围的主要工作

依据	工具和方法	结果
项目章程 项目管理计划 项目文件 事业环境因素 组织过程资产	专家判断法 产品分析 项目方案识别技术	项目范围说明书 项目文件更新

4.4.1　定义范围的依据

1．项目章程

项目章程中包含对项目的高层级描述、产品特征和审批要求。

2．项目管理计划

项目管理计划组件包括（但不限于）范围管理计划，其中记录了如何定义、确认和控制项目范围。

3．项目文件

可作为本过程输入的项目文件包括（但不限于）：假设日志、需求文件和风险登记册。

4．事业环境因素

影响定义范围过程的事业环境因素包括（但不限于）：组织文化、基础设施、人事管理制度和市场条件。

5．组织过程资产

能够影响定义范围过程的组织过程资产包括（但不限于）：用于制定项目范围说明书的政策、程序和模板，以往项目的项目档案，以往阶段或项目的经验教训。

4.4.2　定义范围的工具和方法

定义范围的工具和方法有3项，其中专家判断法前文已有相关介绍，在此不再赘述。其他方法具体介绍如下：

1．产品分析

产品分析是定义范围常用的工具，它可以加深项目团队对项目成果的理解，由项目产品的功能和特性着手分析，反向推导项目的工作范围，目的是使项目团队开发出一个更好、更明确的项目产品。产品分析技术包括产品分解、系统分析、需求分析、系统工程、价值工程等方法。对项目成果进行分析时，可以综合运用不同的分析方法。本节仅介绍系统工程和价值工程方法。

系统工程是一种方法论，即必须用系统的观点来分析和研究事物。它也是一种组织管理技术，即通过对系统设计、组织与控制，巧妙利用系统元素之间的联系，提高系统的总体水平，以求得系统的最优设计、最优控制与最优管理。

价值工程有几种不同的称谓，如价值工程、价值分析、价值管理等，在实际应用中可以相互替代。价值工程是通过有组织地进行产品功能分析，以求用最低的成本，切实可靠地实现产品或服务的必要功能。产品的必要功能是为了满足客户需求所必须具备的作用或功能。如果项目产品的功能过低，则无法满足客户的需求；但若项目产品的功能过高，就使客户在项目产品使用过程中会有一些多余的功能用不上，即客户为这些多余的功能付出了不必要的代价。

2．项目方案识别技术

项目方案识别技术一般是指用于提出项目目标方案的所有技术，如头脑风暴法等，目的是针对项目的每个问题提出尽可能多的备选方案，在此注重的是方案的数量而不是方案的质量。将所有备选方案都记录下来以后，再运用各种经济评价方法，找出最佳方案，从而根据该方案制订项目的范围计划。

4.4.3 定义范围的结果

1．项目范围说明书

项目范围说明书定义了项目组织应该执行和应该剔除的工作，详细地说明了项目的可交付成果和为提交这些可交付成果而必须开展的工作。它在项目干系人之间建立了一个对项目范围的共识，并将其作为未来变更控制和项目决策的基准。

项目范围说明书的主要内容包括：

（1）项目目标　项目目标是指可测量的项目成功标准。项目目标包括成本、时间、技术和质量等目标。每一个项目目标都必须有计量属性，应遵循“SMART”原则。SMART 是英文单词 Specific（具体性）、Measurable（可考核性）、Attainable（可达到性）、Result-oriented/Relevant（关注结果、相关性）和 Time-based（时间性）首字母的缩写。

（2）产品范围说明书　产品范围说明书说明了项目应创造的产品、服务或成果的特征。

（3）项目可交付成果　项目可交付成果既包括由项目产品、服务或成果组成的结果，也包括附带结果，如项目管理报告和文件。对可交付成果可以概括，也可以详细说明，具体视项目范围说明书的情况而定。

（4）项目边界　项目边界通常明确哪些事项属于项目的内容。如果某干系人认为某一具体产品、服务或成果是项目的组成部分，那么项目边界清楚地说明了哪些事项不包括在项目之内。

（5）项目要求说明书　项目要求说明书说明了项目可交付成果为满足合同、标准、技术规定说明书或其他正式强制性文件的要求，而必须满足的条件或必须具备的能力。对干系人所有需要、愿望和期望所做的干系人分析结果，要按照轻重缓急和重要性大小反映在项目要求说明书中。

（6）产品验收准则 产品验收准则确定了验收已完成产品的过程和原则。

（7）事业环境因素 事业环境因素列出并说明同项目范围有关并限制项目团队选择的具体事业环境因素。

（8）项目假设 项目假设列出并说明同项目范围有关的具体项目假设，以及其在不成立时可能造成的潜在后果。项目团队经常识别、记载并验证假设，这项工作属于项目团队规划过程的一部分。详细的项目范围说明书列出的假设一般都比项目章程列出的多而详细。

2．项目文件更新

需要根据项目实际情况对干系人需求文档、需求管理计划、需求跟踪矩阵等文档进行及时更新。

视频

4.5 创建WBS

工作分解结构（Work Breakdown Structure，WBS）是指把项目整体任务分解成较小的、易于管理和控制的若干子任务或工作单元，并由此组织和定义整个项目的工作范围。国际项目管理协会（PMI）给WBS的定义是：WBS归纳和定义整个工作范围，将项目分解成更小、更便于管理的工作单元，WBS每向下分解一个层次就代表对项目工作的进一步详细定义。

WBS是将项目团队为实现项目目标创造必要的可交付成果而执行的工作进行分解之后得到的一种层次结构。WBS将项目目标分解为许多可行的、逐步细化的、相对短期的任务，将需要完成的项目按照其内在工作性质或内在结构划分为相对独立、内容单一和易于管理的工作单元。WBS定义和组织了项目的全部范围。

WBS总是处于计划过程的中心，是制订进度计划、资源需求计划、成本预算计划、风险管理计划和采购计划等的重要基础，同时还是控制项目变更的重要基础。所以，WBS也是一个项目的综合工具。WBS主要有以下作用：

1）WBS能保证所有任务都被识别出来，并把项目要做的所有工作都展示出来，不至于漏掉任何重要任务。

2）WBS清晰地给出可交付成果，明确具体任务及相互关联，为不同层级的管理人员提供适合的信息。高层管理人员处理主交付物，一线主管处理更小的子交付物或工作包，使项目团队成员更清楚任务的性质，明确要做的事情。

3）WBS对每项分解出的活动估计所需时间、所需成本，可应用于计划、进度安排和预算分配，也可将小工作包的预算与实际成本汇总成更大的实际元素。

4）WBS可以确定完成项目所需要的技术、人力及其他资源。

5）WBS为管理人员提供了计划、监督和控制项目工作的数据库，能够对项目进行有效的跟踪、控制和反馈。

6）WBS定义了沟通渠道，有助于理解和协调项目的多个部分。WBS列示了工作和负责工作的组织单位，问题可以得到很快的处理和协调。

创建WBS的主要工作见表4-5。

表 4-5 创建 WBS 的主要工作

依据	工具和方法	结果
项目管理计划 项目文件 事业环境因素 组织过程资产	分解技术 专家判断法	项目范围基准 项目文件更新

4.5.1 创建 WBS 的依据

视频

1．项目管理计划

项目管理计划组件包括（但不限于）范围管理计划。范围管理计划定义了如何根据项目范围说明书创建 WBS。

2．项目文件

可作为本过程输入的项目文件包括（但不限于）：项目范围说明书和需求文件。

3．事业环境因素

影响创建 WBS 过程的事业环境因素包括（但不限于）项目所在行业的 WBS 标准。这些标准可以作为创建 WBS 的外部参考资料。

4．组织过程资产

能够影响创建 WBS 过程的组织过程资产包括（但不限于）：用于创建 WBS 的政策、程序和模板，以往项目的项目档案，以往项目的经验教训。

4.5.2 创建 WBS 的工具和方法

创建 WBS 的工具和方法包括分解技术和专家判断法。专家判断法已在前文详细介绍，这里重点介绍分解技术。分解技术的应用核心在于处理好以下三个问题：① WBS 层级分成几层比较适宜？②以什么样的方式进行分解？③如何对 WBS 进行编码？

1．WBS 的分层原则

分解技术是创建 WBS 的主要工具。采用分解技术可以把项目可交付成果分成较小的、便于管理的组成部分。

WBS 分层的原则如下：

1）层级必须有效，层级太多不易于有效管理。一般情况下设计 4～6 个层级就足够了。表 4-6 是一个典型的四层 WBS。

表 4-6 典型的四层 WBS

层级	WBS 内容	描述
第一层（最高层）	项目	当前开发的整个项目
第二层	可交付成果	主要的项目组成部分
第三层	子可交付成果	更小的项目组成部分
第四层（最底层）	工作包	独立的项目活动

2）必须保证信息在各层级之间能顺畅、有效地交流。

3）必须使 WBS 具有足够的灵活性。

最常见的 WBS 是按照项目各工作任务范围的大小从上到下逐步分解的，其框架如图 4-2 所示。

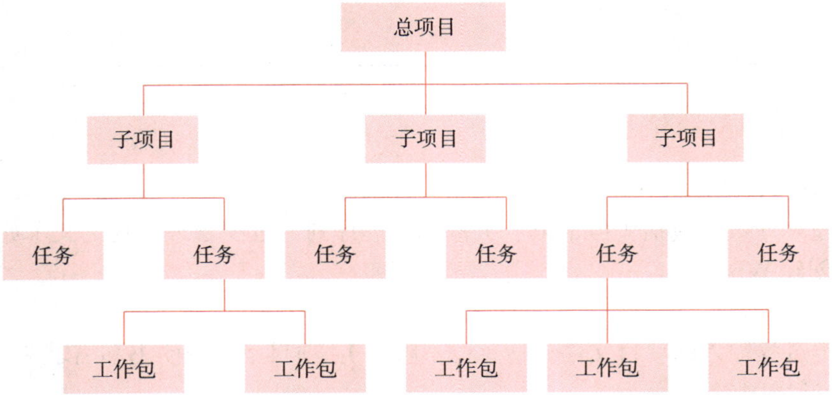

图 4-2　最常见的 WBS 框架

进行 WBS 分解时必须清楚：要完成该项目必须完成哪些主要活动？要完成这项活动，必须完成哪些具体子任务？在从上往下排列的过程中，WBS 的每一层都变得更为具体，最终形成一个类似树状的结构。在图 4-2 所示的 WBS 框架中可以看出，总项目工作已被分成较小和更便于管理的多项工作，并且每下降一个层级就意味着对项目工作做更详尽的说明。这时项目团队需要对 WBS 规划的详细程度做出权衡，既不能太粗，也不能太细，具体详细程度因项目的规模与复杂程度、项目团队的控制能力而异。原则上，应该将项目工作任务最终分解到可操作和可计量的水平，即其已经达到了足以估算费用和时间的要求，也就是工作包层级。

WBS 的最低层级的项目可交付成果称为工作包（Work Package），它是完成一项具体的工作任务所要求的一个特定的、可确定的、可交付以及独立的基本工作单元。工作包不仅为项目控制过程提供了充分和适宜的管理信息，也代表着项目团队和主要干系人对管理项目所要求的最低控制水平。项目团队必须借助具体的工作包来估算项目所需要的费用和时间。工作包具有以下特点：

1）工作包可以分配给另一位项目经理进行计划和执行。

2）工作包可以通过子项目的方式进一步分解为子项目的 WBS。

3）工作包可以在制订项目进度计划时，进一步分解为活动。

4）工作包可以由唯一的一个部门或承包商负责。工作包用在组织之外分包时，称为委托包（Commitment Package）。

工作包的定义应考虑 80 小时法则（80-Hour Rule）或两周法则（Two Week Rule），即任何工作包的完成时间应当不超过 80 个小时。在每个 80 小时或少于 80 个小时结束时，只报告该工作包是否完成。通过这种定期检查的方法，可以控制项目的变化。

工作包的下一个层级是单个任务或活动，这些通常不被认为是 WBS 的一部分。这是 WBS 的一个显著特点：定义工作包及定义活动和任务（也就是具体工作）是分离的。也就是说，WBS 的最底层定义是工作包，它搭建起一个建立计划的框架，由“定义活动和任务”来填充、丰满这个框架。另外，我国的习惯叫法与国际项目管理协会（PMI）定义的称谓也有些不同。我国习惯的分类梯次是活动或任务、工作（或工序），而国际项目管理协会（PMI）的定义是工作包、活动、任务。

在进行项目工作分解的时候，一般遵从以下几个主要步骤：

1）明确并识别项目的各主要组成部分，即明确项目的主要可交付成果。一般来讲，项目的主要组成部分包括项目的可交付成果和项目管理本身。在进行这一步时需要解答的问题是：要实现项目的目标需要完成哪些主要工作？

2）确定每个可交付成果的详细程度，核实其是否已经达到编制恰当的费用估算和活动历时估算的要求。若是则进入第四步，否则接着进入第三步。

3）确定可交付成果的组成要素。组成要素应当用切实的、可验证的结果来描述，以便进行绩效测量。这一步要解决的问题是：要完成上述各组成部分，有哪些更具体的工作要做。

4）核实 WBS 分解的正确性，需要回答下列问题：

①最底层项对项目分解来说是否必需而且充分？如果不是，则必须修改组成要素（添加、删除或重新定义）。

②每项工作的定义是否清晰完整？如果不完整，则需要修改或扩展描述。

③各子项间的工作界面是不是很清晰；是否能够分配到接受职责并能够圆满完成这项工作的具体组织单元（例如，部门、项目团队或个人）？如果不能，需要做必要的修改，以便提供合适的管理控制。

④每项工作任务是否都能够恰当地编制进度计划、是否能得到有效的跟踪和控制。

⑤成本是否便于进行预算、跟踪并得到有效控制。

⑥质量是否能得到有效地跟踪和控制。

⑦是否能够准确地识别出项目的里程碑事件。

⑧能否识别出项目风险源，对风险源能否进行有效的跟踪和控制。

⑨能否支持项目的采购任务。

⑩能否支持项目的分包任务。

2. WBS 的分解方式

目前尚没有统一的普遍认可的分解方法、规则和技术术语。它随项目的特点而变化，基本上是依靠项目管理者的经验和技能而定。分解结果的优劣也只有在项目设计、计划、实施和控制过程中才能体现出来。常见的 WBS 分解方式如下：

（1）基于可交付成果的划分　这种分解方式具有如下特点：上层一般以可交付成果为导向，下层一般为可交付成果的工作内容。图 4-3 是基于可交付成果划分的 WBS 图示例。

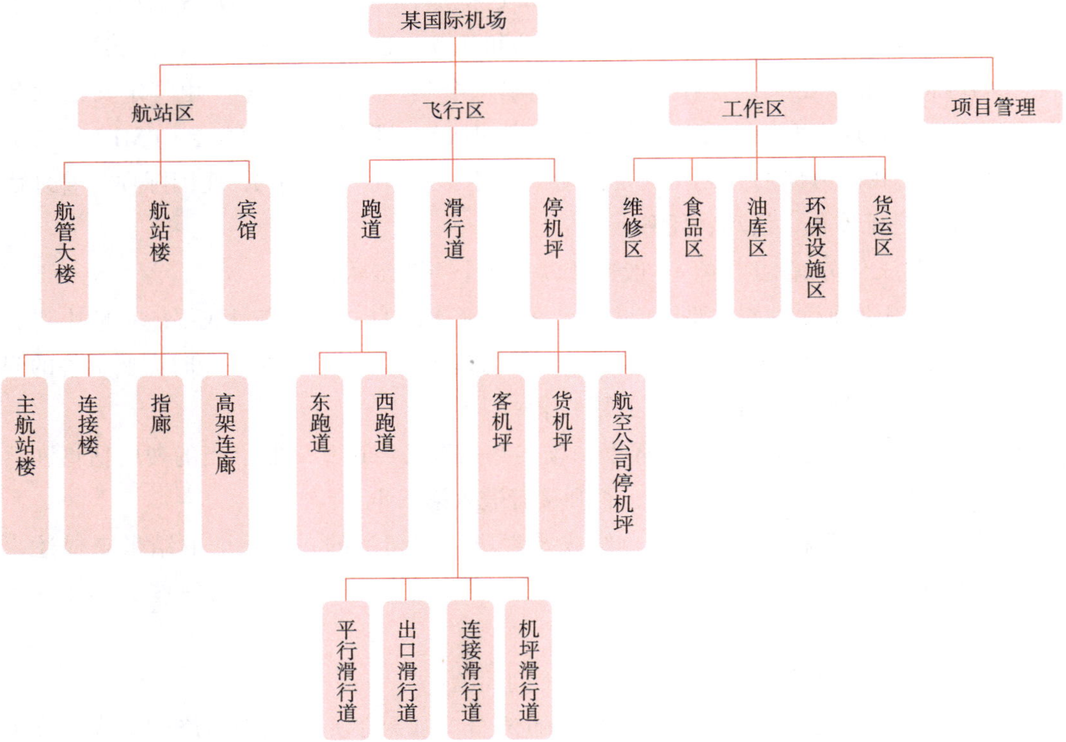

图 4-3　基于可交付成果划分的 WBS 图示例

（2）基于产品或项目功能的划分　功能是项目完成后应具有的效用，它是在一定平面和空间上发挥作用的，所以有时又被称为“功能面”。功能面包括各个专业要素，可以按这些专业要素分解。例如，厂房结构可分解为基础、柱、墙体、屋顶及饰面等。又如，一个工业厂房的功能可划分为生产功能和服务功能，如毛坯生产、机械加工、冲压、装配、油漆包装和运输、办公、仓储等。图 4-4 是基于产品或项目的功能划分的 WBS 图示例。

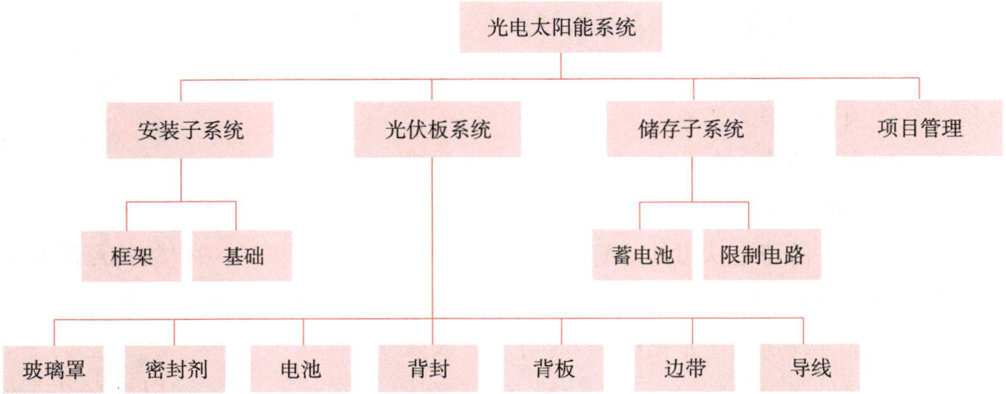

图 4-4　基于产品或项目的功能划分的 WBS 图示例

（3）基于工作过程的划分　一般情况下，这种分解方式上层按照工作的流程分解，下层按照工作的内容划分。图 4-5 是基于工作过程划分的 WBS 图示例。

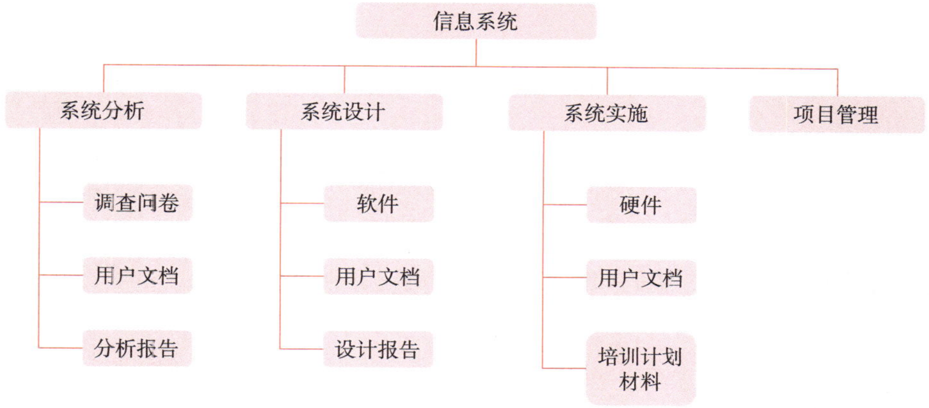

图 4-5　基于工作过程划分的 WBS 图示例

此外需要说明的是，并非 WBS 中所有的分支都必须分解到同一水平，而且各分支的分解方法也可以不同。以上每种分解方法都有其优缺点，一般情况下，在确定项目的 WBS 时可以将它们组合运用，即在不同的层级可以使用不同的分解方法，但是在 WBS 每个分支的同一层级应该采用同一种分解方法。

3．WBS 的编码

编码是最显著和最关键的 WBS 构成因子，用于将 WBS 彻底结构化。通过编码体系，我们可以很容易识别 WBS 元素的层级关系、分组类别和特性。由于近代计算机技术的发展，编码实际上使 WBS 信息与组织结构信息、成本数据、进度数据、合同信息、产品数据、报告信息等紧密地联系起来。

WBS 中的每一项工作都被准确而唯一地确定了一个编码。这个编码有两个信息：①这项工作的类属，编码上直接能够读出该工作的分级等次，其往上各层的推演关系；②编码是一个 WBS 系统内部各项工作逻辑关系的基本识别信息。所以，WBS 的编码不仅是分辨工作跟踪码，也是标注逻辑关系的依据码。

有了编码，无论一个单独的项目还是一个项目群，也无论项目的承包和分包关系、项目分配的责任关系多么复杂，以及工作的数量级在百、千、万甚至更多，都可以很方便地识别一项具体工作，WBS 为项目沟通提供了基准平台。

有多个编码系统，例如会计编码、序号等。推荐使用十进制编码，因为从实用的角度讲，序号容易标注，但也最不方便使用。例如，在修改和完善的时候，有一个改动就会几乎涉及整体，如果采用编码，被改动的仅仅是那一个类块或者那一条“树枝”上的编码和“紧前工作”项中那些有关系的地方。另外，序号没有结构和系统意义，除了在比较小、分解工作数量不多的项目中外，尽量不使用它。图 4-6 中说明了应如何对一个 4 层的 WBS 进行编码的过程。

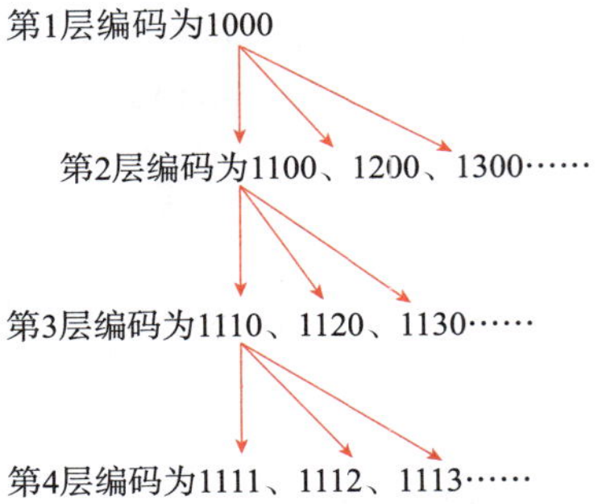

图 4-6　WBS 进行编码的过程

制造机器人项目的 WBS 编码如图 4-7 所示（编码在括号里表示）。

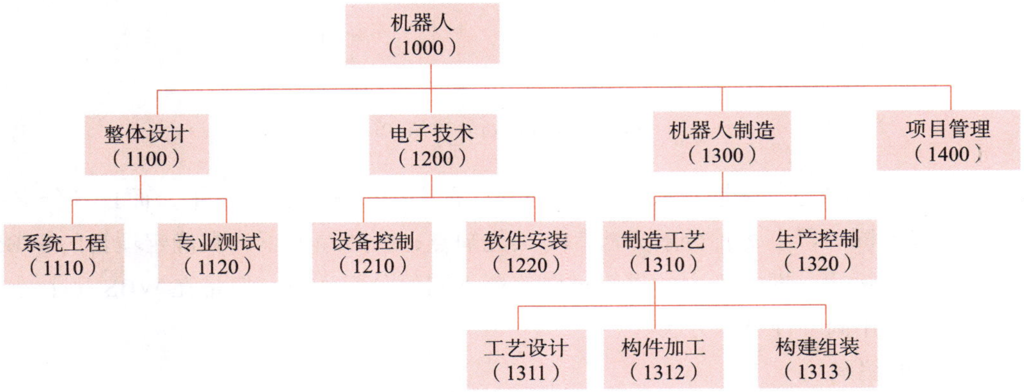

图 4-7　制造机器人项目的 WBS 编码

4.5.3　创建 WBS 的结果

创建 WBS 的结果包括项目范围基准和项目文件更新。项目范围基准包括详细项目范围说明书与对应的 WBS 以及 WBS 字典。项目文件更新和项目范围说明书已在前文详细介绍，这里仅重点介绍 WBS 文档和 WBS 字典。

1．WBS 文档

WBS 文档是 WBS 过程中生成的关键文件。WBS 不应与其他用来表示项目信息的“分解”结构混为一谈。在某些应用领域或其他知识领域使用的其他结构包括：

1）组织分解结构（OBS）是按照层次将工作细目与组织单位形象地、有条理地联系起来的一种项目组织安排图形。

2）材料清单（BOM）是将制造产品所需的实体部件、组件和组成部分按照组成关系以表格形式表现出来的正式文件。

3）风险分解结构（RBS）是按照风险类别形象而又有条理地说明已经识别的项目风险的层次结构的一种图形。

4）资源分解结构（RBS）是按照种类和形式对将用于项目的资源进行划分的层级结构。

2．WBS 字典

管理的规范化、标准化一直是众多公司追求的目标，WBS 字典就是这样一种工具。它用于描述和定义 WBS 元素中的工作文档。WBS 字典相当于对某一 WBS 元素的规范，即 WBS 元素必须完成的工作，以及对工作的详细描述；工作成果的描述和相应规范标准；元素上下级关系以及元素成果输入输出关系等。同时 WBS 字典对于清晰地定义项目范围也有着巨大的规范作用，它使 WBS 易于理解和被组织以外的参与者（如承包商）接受。在建筑业，工程量清单规范就是典型的工作包级别的 WBS 字典。

对 WBS 中的每项工作给予定义，具体描述该工作任务所含的全部工作内容的文件，叫作 WBS 字典。WBS 字典中包含的主要内容有工作任务编码、工作任务名称、工作活动描述、工作任务的负责人，以及该工作任务的进度计划、费用预算和质量标准等。表 4-7 是 WBS 字典的一个模板。

表 4-7　WBS 字典模板

<table>
<tr><td colspan="5">项目名称：</td><td colspan="2">项目负责人：</td></tr>
<tr><td colspan="5">单位名称：</td><td colspan="2">制表日期：</td></tr>
<tr><td colspan="7">WBS</td></tr>
<tr><td>任务编码</td><td>任务名称</td><td>活动描述</td><td>负责人</td><td>进度计划</td><td>成本预算</td><td>质量标准</td></tr>
<tr><td>1000</td><td></td><td></td><td></td><td></td><td></td><td></td></tr>
<tr><td>1100</td><td></td><td></td><td></td><td></td><td></td><td></td></tr>
<tr><td>1200</td><td></td><td></td><td></td><td></td><td></td><td></td></tr>
<tr><td>1×00
1×10
1×11
1×12</td><td></td><td></td><td></td><td></td><td></td><td></td></tr>
<tr><td colspan="7">项目负责人审核意见：

签名：日期：</td></tr>
</table>

此外，WBS 字典中也可以包括里程碑、合同信息，以及有助于实施工作的技术参考文献等信息，以便在需要时方便查阅。

4.6　确 认 范 围

视频

确认范围是指项目干系人最终认可和接受项目工作范围的过程。在确认范围工作中，需要对定义范围的工作结果进行审查，确保项目范围包含了所有的工作任务。确认范围所覆盖的内容可宽可窄、较为灵活，既可针对项目的整体范围进行确认，也可针对某个项目阶段的范围进行确认。

确认范围的目的是通过审核项目范围所界定的工作内容，确保所有的、必需的工作都包括在项目 WBS 中，而一切与实现项目目标无关的工作均不包括在项目范围中，以保证项目范围的准确性。

确认范围的主要工作见表 4-8。

表 4-8　确认范围的主要工作

依据	工具和方法	结果
项目管理计划 项目文件 核实的可交付成果 工作绩效数据	核检表法 群体决策技术	验收的可交付成果 变更请求 工作绩效信息 项目文件更新

4.6.1　确认范围的依据

1．项目管理计划

项目管理计划组件包括（但不限于）：范围管理计划、需求管理计划和范围基准。

2．项目文件

可作为本过程输入的项目文件包括（但不限于）：经验教训登记册、质量报告、需求文件和需求跟踪矩阵。

3．核实的可交付成果

核实的可交付成果是指已经完成，并被控制质量过程检查为正确的可交付成果。

4．工作绩效数据

工作绩效数据可能包括符合需求的程度、不一致的数量、不一致的严重性或在某时间段内开展确认的次数。

4.6.2　确认范围的工具和方法

确认范围的常用工具和方法有核检表法和群体决策技术。群体决策技术在前文已经介绍过，这里重点介绍核检表法。常用的两张核检表即项目范围核检表和项目 WBS 核检表，实践证明它们在项目范围管理中是十分有效的。

1．项目范围核检表

1）项目目标是否完整和准确。

2）项目目标的衡量标准是否科学、合理和有效。

3）项目的约束条件、限制条件是否真实并符合实际。

4）项目的假设前提是否合理、不确定性的程度是否较小。

5）项目的风险是否可以接受。

6）项目成功的把握是否很大。

7）项目的范围界定是否能够保证上述目标的实现。

8）项目范围所能产生的收益是否大于成本。

9）项目范围界定是否需要进一步开展辅助性研究。

2．项目 WBS 核检表

1）项目目标描述得是否清楚明确。

2）项目产出物的各项成果描述得是否清楚明确。

3）项目产出物的所有成果是否都是为实现项目目标服务的。

4）项目的各项成果是否以 WBS 为基础。

5）项目 WBS 中的工作包是否都是为形成项目某项成果服务的。

6）项目目标层次的描述是否清楚。

7）项目 WBS 的层次划分是否与项目目标层次的划分和描述相统一。

8）项目工作、项目成果与项目目标的关系是否一致和统一。

9）项目工作、项目成果、项目目标与项目总目标之间的逻辑是否正确、合理。

10）项目目标的衡量标准是否有可度量的数量、质量或时间指标。

11）项目 WBS 中的工作是否有合理的数量、质量和时间度量指标。

12）项目目标的指标值与项目工作绩效的度量标准是否匹配。

13）项目 WBS 的层次分解得是否合理。

14）项目 WBS 中各个工作包的工作内容是否合理。

15）项目 WBS 中各个工作包之间的相互关系是否合理。

16）项目 WBS 中各项工作所需的资源是否明确与合理。

17）项目 WBS 中各项工作的考核指标是否合理。

18）项目 WBS 的总体协调是否合理。

项目干系人应用上述两张检查表进行范围确认。如果检查结果符合项目范围规定或在可接受范围内，那么结果为“接受”；否则为“拒绝”。如果结果为“拒绝”，客户或发起人应说明拒绝的理由，项目团队根据检查结果采取相应的纠偏措施。如果客户或发起人和项目团队未能就检查结果达成一致，那么可以委托双方认可的第三方进行独立检查。

4.6.3　确认范围的结果

1．验收的可交付成果

验收的可交付成果是指经客户或项目发起人签字确认已经收到的可交付成果。在项目的各个阶段点上，即在每个项目阶段收尾的时候，必须进行确认范围工作。确认范围文档包括收到来自客户或项目发起人的证明文件，以及记载干系人验收项目可交付成果的实际情况。

确认范围的最终目标就是客户或项目发起人对项目可交付成果和工作结果的正式接受。确认范围强调的是“工作结果的可接受性”。确认范围过程不仅记载那些通过验收的已完成可交付成果，也应该记载未通过验收的已完成可交付成果及原因。

2．变更请求

在确认范围过程中，项目干系人可能提出一些项目范围变更请求，并提请项目变更控制委员会进行审查与批准。产生于确认范围过程中的项目范围变更请求一般包括缺陷补救请求。在项目整体变更控制过程中对这些项目范围变更请求进行审核和处理。

3．工作绩效信息

工作绩效信息包括项目进展信息，例如哪些可交付成果已经被验收，哪些未通过验收及其原因。这些信息应该被记录下来并传递给干系人。

4．项目文件更新

可在本过程更新的项目文件包括（但不限于）：经验教训登记册、需求文件和需求跟踪矩阵。

4.7 控制范围

在项目执行时，进度、成本、质量以及客户需求等各种因素的变化都会导致项目范围的改变。项目干系人也常常出于各种原因要求对项目范围进行修改，即项目范围变更。造成范围变更的主要原因如下：

1）项目的外部环境发生变化，如政府的有关规定发生变化。

2）在进行项目范围计划或定义时出现错误或遗漏。

3）项目团队提出了新的技术、手段或方案。

4）实施项目的组织本身发生了变化。

5）客户对项目或项目产品的要求发生变化。

控制范围是指当项目范围发生变化时对其采取纠正措施的过程，以及为使项目朝着目标方向发展而对某些因素进行调整所引起的项目范围变化的过程。

控制范围的主要工作见表 4-9。

表 4-9 控制范围的主要工作

依据	工具和方法	结果
项目管理计划 项目文件 工作绩效数据 组织过程资产	差异分析 趋势分析	工作绩效信息 变更请求 项目管理计划更新 项目文件更新

4.7.1 控制范围的依据

1．项目管理计划

项目管理计划组件包括（但不限于）：范围管理计划、需求管理计划、变更管理计划、配置管理计划、范围基准和绩效测量基准。

2．项目文件

可作为本过程输入的项目文件包括（但不限于）：经验教训登记册、需求文件和需求跟踪矩阵。

3．工作绩效数据

工作绩效数据可能包括收到的变更请求的数量、接受的变更请求的数量，或者核实、确认和完成的可交付成果的数量。

4．组织过程资产

能够影响控制范围过程的组织过程资产包括（但不限于）：现有的、正式和非正式的，与范围控制相关的政策、程序和指南；可用的监督和报告的方法与模板。

4.7.2 控制范围的工具和方法

差异分析和趋势分析这两种方法已在前文详细介绍，本章不再赘述。

4.7.3　控制范围的结果

1．工作绩效信息

本过程产生的工作绩效信息是有关项目和产品范围实施情况（对照范围基准）的、相互关联且与各种背景相结合的信息，包括收到的变更分类、识别的范围偏差和原因、偏差对进度和成本的影响，以及对将来范围绩效的预测。

2．变更请求

分析项目绩效后，可能会就范围基准和进度基准，或项目管理计划的其他组成部分提出变更请求。变更请求需要经过实施整体变更控制过程的审查和处理。

3．项目管理计划更新

一旦范围变更被批准，就必须对项目管理计划进行更新。如果批准的变更请求对项目范围有影响，那么相应的部分文件与项目管理计划的成本基准和进度基准将在修改之后重新发布，以便反映该批准的变更，并作为未来范围控制的新基准。

4．项目文件更新

可在本过程更新的项目文件包括（但不限于）：经验教训登记册、需求文件和需求跟踪矩阵。

本章小结

本章首先对项目的范围管理进行概述，主要有项目范围管理的含义、项目范围管理的工作过程等。随后详细介绍了项目范围管理的 6 个过程即规划范围管理、收集需求、定义范围、创建 WBS、确认范围和控制范围的依据、可采用的工具和方法以及各自的结果。本章中最重要的知识点为创建 WBS 的分解技术。

自　测　题

一、判断题

1．项目只能在进行可行性研究之后才可以启动。（　　）

2．项目执行时只要出现偏差就要采取纠偏措施。（　　）

3．项目范围变化一般不会影响项目的成本、进度、质量或其他项目目标。（　　）

4．在定义范围过程中，要对项目的工作任务进行分解。（　　）

5．确认范围可以针对一个项目的整体进项确认，也可以针对某一个项目阶段的范围进行确认。（　　）

6．项目范围说明书是定义范围的工作结果。（　　）

7．项目章程是由项目经理签发的。（　　）

8．范围管理计划是由项目干系人编制的。（　　）

二、单选题

1．下列有关项目范围的表述正确的是（　　）。

A. 确认项目施工地点的范围　　B. 确定项目干系人和施工地点的范围

C. 确定项目都要干什么工作　　D. 确定项目产品的范围

2．定义范围时经常使用的工具是（　　）。

A.WBS　　B. 需求分析　　C. 可行性研究　　D. 网络图

3．项目范围变更申请可以是（　　）。

A. 口头的或书面的　　B. 直接的或间接的

C. 由外部或内部引发的　　D. 以上各项皆是

4．确认范围关心的是（　　）。

A. 改善项目成本和进度的精确性　　B. 检查项目交给客户前的最后活动

C. 记录项目产品或服务的特征　　D. 接受而不是纠正定义范围的工作结果

5．一个项目的目标变更已经完成，现在项目经理正在更新项目技术文档，下一步需要做的工作是（　　）。

A. 提请项目变更控制委员会进行审查和批准　　B. 通知公司的管理系统

C. 从项目的发起人和客户那里得到正式的认可　　D. 准备一份业绩报告

三、多选题

1．定义范围对于以下活动是十分必要的（　　）。

A. 项目完工时的评价　　B. 改善项目进度及资源估计的准确性

C. 评价项目的执行情况　　D. 明确责任分派

2．规划范围管理的结果有（　　）。

A. 范围管理计划　　B. 干系人需求文档

C. 需求管理计划　　D. 项目范围说明书

3．下列选项中属于范围变更控制的工具和方法的是（　　）。

A. 项目范围变更控制系统　　B. 核检表

C. 绩效测量　　D. 项目范围计划调整

4．项目范围变更的原因有（　　）。

A. 项目范围计划出现遗漏　　B. 项目团队提出了新的技术

C. 项目外部环境发生了变化　　D. 客户需求发生了变化

5．项目范围说明书的内容包括（　　）。

A. 项目的合理性说明　　B. 项目范围的稳定性

C. 项目目标的实现程度　　D. 项目成果的计量标准

四、分析设计题

假设你要组织同寝室同学通过云南自助游的形式进行毕业旅行，那么你需要完成的工作有：

（1）为了更好地完成旅游组织，你需要向所有的人准确地描述项目需要达到的目标。

（2）考虑基于工作过程进行分解，制定该项目的 WBS。

思　考　题

1．项目范围管理的工作内容有哪些？

2．规划范围管理的工作过程？

3．收集需求的工具和方法有哪些？

4．干系人需求文档包括哪些内容？

5．项目范围说明书主要包括哪些？

6．WBS 的作用是什么？

7．进行项目工作分解时应遵从哪些步骤？

8．WBS 分解方式有哪些？

案 例

许继集团实施ERP失败探因

许继集团（以下简称许继）是以电力系统自动化、保护及控制设备的研发、生产及销售为主的国有控股大型企业，国家520户重点企业和河南省重点组建的12户企业集团之一。为更好地适应市场的竞争环境，改善管理，1997年许继希望通过ERP项目的实施解决三个方面的问题：①规范业务流程；②信息的收集整理更通畅；③产品成本的计算更准确。

在ERP选型时，许继接触过包括SAP、Symix、浪潮通软、利玛等国内外ERP厂商。许继开始想用SAP的产品，但是SAP的出价是200万美元，软件费100万美元，实施服务费100万美元。当时许继上ERP的预算只有500万元人民币。国外ERP软件用不起，但许继并没有把目光转向国内软件企业。因为在考察了浪潮和利玛等几家国内厂商之后，许继觉得国内软件厂商的设计思路和自己企业开发设计软件已实现的功能相差不大。挑来选去，许继最终选择了Symix，一家面向中型企业的美国管理软件厂商。许继当时的产值是15亿元，与美国的中小型企业相当，而Symix在中小型企业中做得不错，价位也比较适中。

从1998年年初签单，到同年7月，许继实施ERP的进展都很顺利，包括数据整理、业务流程重组，以及物料清单的建立。厂商的售后服务工作也还算到位，基本完成了产品的知识转移。另外，在培养许继自己的二次开发队伍方面也做了一定的工作。如果这样发展下去，或许许继会成为国内成功实施ERP企业的典范。然而，计划赶不上变化。

到了1998年8月，许继内部为了适应市场变化，开始进行重大的机构调整。许继原来没有设立企业内部事业部，而是以各个分厂的形式存在。机构大调整的结果是将这些零部件分厂按照模拟法人的模式来进行运作。许继的想法是给这些零部件厂商两到三年的时间，如果还生存不下去，再考虑其他办法。如工人下岗、企业转产、倒闭等。

企业经营结构变了，而当时所用的ERP软件流程却已经定死了，Symix厂商也无能为力，想不出很好的解决方案。于是许继不得不与Symix公司友好协商，项目暂停，虽然已经运行了5个月，但是继续运行显然已经失去了意义。Symix的ERP现在只是在许继一些分公司的某一些功能上还在运行。

但是，关于该项目失败的原因还有其他声音。“其实并不像很多文章所论述的那样，BPR（业务流程重组）是许继信息化失败的关键和偶然因素”，谈到许继信息化的问题时，许继方面工作人员的第一句话就颇让人意外。“如果我们当时有更多资金，用了SAP或者其他厂商的产品，结果也许会不一样——我们首次ERP失败的症结其实是选型失误。”对于这样的说法，另一位在某外企长期从事ERP咨询工作的信息化专家也表示了赞同：“许继的案例业界都知道。其实BPR导致失败的说法根本站不住脚，应该说是托词。因为业务流程发生改变对于任何一家企业来说都是再正常不过的事情了，难道仅仅因为这个就会导致ERP失败？”㊀

㊀ CSDN．河南许继集团ERP失败案例[EB/OL]．[2022-03-17]．https://blog.csdn.net/cqwmy840702/article/details/1003817831.

问题：

1. 从项目范围管理的角度分析许继集团ERP项目失败的原因。
2. 试结合案例指出项目范围管理的工作要点。
3. 如果许继重启ERP项目，你有什么其他建议？

第 5 章 项目进度管理

学习目标

- 了解项目进度管理的含义
- 理解项目进度管理的工作过程
- 掌握规划进度管理的依据、工具和方法及结果
- 掌握定义活动的依据、工具和方法及结果
- 掌握排列活动顺序的依据、工具和方法及结果
- 掌握估算活动持续时间的依据、工具和方法及结果
- 掌握制订进度计划的依据、工具和方法及结果
- 掌握控制进度的依据、工具和方法及结果

导入案例

在美剧《越狱》中，为搭救蒙冤即将被执行死刑的哥哥，主人公迈克尔·斯科菲尔德（Michael Scofield）精心设计了一个越狱计划。他对越狱行动的活动进行了明确的划分，详细估计了每项活动的持续时间，有些环节的时间计量甚至精确到秒。虽然整个越狱过程惊心动魄，还出现了一些意外，如萨拉·唐科里迪（Sara Tancredi）因紧张忘记在放风前将水箱的螺丝拧下、D·B 库珀尔突然倒下都造成时间迟延……但最终他们还是得以顺利逃脱。由此看来该越狱计划的成功实施离不开项目进度管理方法的恰当应用。你是否想知道他们是如何运用项目进度管理方法的呢？㊀

5.1 概　　述

5.1.1 项目进度管理的含义

项目进度管理是项目管理的重要组成部分之一，它和项目成本管理、项目质量管理并称为项目管理的“三大管理”。

㊀ 百度文库．项目管理案例分析[EB/OL]．[2022-03-17]．http://wenku.baidu.com.

项目进度管理是指在项目的进展过程中，为了确保能够在规定时间内实现项目的目标，对项目活动进度及日程安排进行的管理过程。具体说来，对项目开展进度管理就是在规定的时间内，制订出合理、经济的进度计划，然后在该计划的执行过程中，检查实际进度是否与进度计划相符。若出现偏差，便需要及时找出原因，采取必要的补救措施。如有必要，还要调整原进度计划，从而保证项目按时完成。

视频

5.1.2 项目进度管理的工作过程

项目进度管理的工作过程如图 5-1 所示。

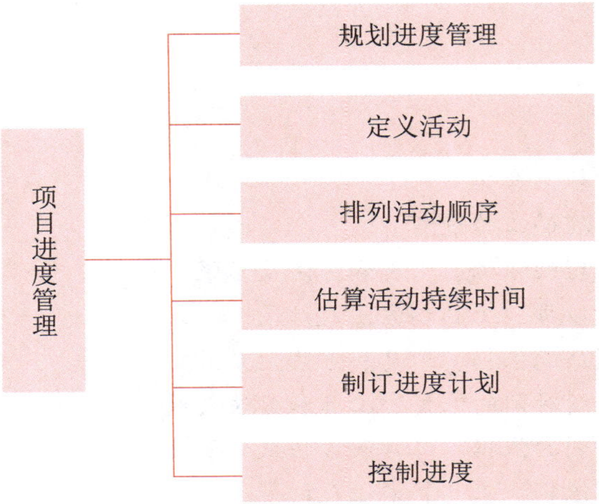

图 5-1 项目进度管理的工作过程

（1）规划进度管理 规划进度管理围绕进度管理计划的编制展开工作，为项目进度管理确定大致框架。

（2）定义活动 定义活动是根据需要对 WBS 中的工作任务和工作包进一步细化和明确的过程。

（3）排列活动顺序 排列活动顺序即合理安排各项活动次序的过程。

（4）估算活动持续时间 估算活动持续时间是根据资源估算的结果，估算完成单项活动所需时间的过程。

（5）制订进度计划 制订进度计划是通过分析活动顺序、持续时间、资源需求和进度制约因素后，创建项目进度模型的过程。

（6）控制进度 控制进度是监督项目活动状态，更新项目进展，管理进度基准变更的过程。

5.2 规划进度管理

规划进度管理是制定如何编制、执行和控制项目进度管理的政策、程序和文档的过程，其为如何管理项目进度提供指南和方向。

规划进度管理的主要工作见表 5-1。

表 5-1　规划进度管理的主要工作

依据	工具和方法	结果
项目章程 项目管理计划 事业环境因素 组织过程资产	专家判断法 备选方案分析 会议	进度管理计划

5.2.1　规划进度管理的依据

1. 项目章程

项目章程中规定的总体里程碑进度计划会影响项目的进度管理。

2. 项目管理计划

项目管理计划组件包括（但不限于）：

1）范围管理计划。范围管理计划描述如何定义和制订范围，并提供有关如何制订进度计划的信息。

2）开发方法。开发方法有助于定义进度计划方法、估算技术、进度计划编制工具以及用来控制进度的技术。

3. 事业环境因素

能够影响规划进度管理过程的事业环境因素包括（但不限于）：组织文化和组织结构；团队资源可用性、技能以及物质资源可用性；进度计划软件；指南和标准；商业数据库，如标准化的估算数据。

4. 组织过程资产

能够影响规划进度管理过程的组织过程资产包括（但不限于）：历史信息和经验教训知识库，现有与制订进度计划以及管理和控制进度相关的正式和非正式的政策、程序和指南，模板和表格，监督和报告工具。

5.2.2　规划进度管理的工具和方法

规划进度管理的工具和方法包括专家判断法、备选方案分析、会议。这三种方法均已在第 3 章介绍过，这里不再赘述。

5.2.3　规划进度管理的结果

规划进度管理的结果是得到一份进度管理计划，它是项目管理计划的组成部分，为编制、监督和控制项目进度建立准则和明确活动。根据项目需要，进度管理计划可以是正式的或非正式的，详细的或高度概括的，其中应包括合适的控制临界值。

进度管理计划中一般会做出如下规定：

1）制定项目进度模型的具体方法和工具。

2）规定估算活动持续时间的可接受区间，以及允许的应急储备数量。

3）规定每种资源的计量单位。

4）规定如何保证 WBS 框架与进度计划的协调。

5）规定如何在项目进度模型中更新项目状态，记录项目进展。
6）规定用于监督进度绩效的偏差临界值，通常用百分数来表示。
7）规定用于进度绩效测量的方法，如挣值管理。
8）规定各种进度报告的格式和编制频率。
9）规定如何对每个进度管理过程以书面形式进行过程描述。

5.3 定义活动

定义活动是项目进度管理的首要基础工作。定义活动是一个过程，它涉及确认和描述一些特定的活动，完成了这些活动便意味着完成了 WBS 中的工作任务和工作包。通过定义活动这一过程可使项目目标体现出来。

定义活动的主要工作见表 5-2。

表 5-2 定义活动的主要工作

依据	工具和方法	结果
项目管理计划 事业环境因素 组织过程资产	活动分解技术 模板法 滚动计划法 专家判断法 会议	活动清单 活动属性 里程碑清单 变更请求 项目管理计划更新

5.3.1 定义活动的依据

1．项目管理计划

作为定义活动依据的项目管理计划组件包括（但不限于）：进度管理计划和范围基准。其中，进度计划方法、滚动式规划的持续时间、项目可交付物、限制条件以及范围基准（包括批准的详细项目范围说明书、与其对应的 WBS 和 WBS 字典）都需要在定义活动时加以考虑。

2．事业环境因素

任何一个项目都会有各种各样、或多或少的制约因素，这些因素是定义活动时必须考虑的关键因素。例如，一个新药开发项目会受到缺乏相关专业人员的限制，所以在定义活动时就要对现有的人力资源因素（如技能、专业与知识、设计、开发、法律、合同发包与采购）予以考虑。

此外，影响项目活动定义的职业因素还包括项目管理信息系统与进度管理软件工具、组织的人事管理（如聘用与解聘政策、员工业绩评价与培训记录）、市场情况、干系人风险承受力和商业数据库（如标准的费用估算数据、行业风险研究信息与风险数据库）等。

3．组织过程资产

组织过程资产包括同活动规划有关的正式与非正式方针、程序与原则，这些因素都需要在活动定义中给予考虑。同时，通过以往类似项目吸取的经验教训和相关活动清单的历史信息，都可以在确定项目活动时予以参考。

5.3.2　定义活动的工具和方法

规划进度管理的工具和方法包括活动分解技术、模板法、滚动计划法、专家判断法和会议。专家判断法和会议已在第 3 章介绍过，这里重点介绍活动分解技术、模板法、滚动计划法。

1．活动分解技术

WBS 的底层——工作包，通常还应进一步细分为更小的组成部分——活动，这是为完成工作包而必须开展的工作。活动是估算成本、编制进度计划以及执行和监控项目工作的基础。项目活动分解技术是为了使项目更易管理，以项目 WBS 为基础，按照一定的层次结构把项目工作逐步分解为更小的、更易操作的工作单元。这种方法有助于找出实现 WBS 规定的可交付成果所需完成的所有活动，并且可以对这些活动进行更有效的管理。

例如，王女士采取包工包辅料的装修方式聘请东方装修公司为其进行家居装修。该装修公司在确定了具体的家装任务后，首先绘制了家居装修项目 WBS，如水暖、厨卫、客厅、卧室分别为不同的子项；然后在此基础上依据 WBS 中的工作任务进一步细分为更小的活动，如以厨房一项为例，又细分为选购整体橱柜、测量、设计及确认、改水改电、送货安装、地板铺设等几项活动，这样更便于制订进度计划。

2．模板法

模板法是使用已经完成的类似项目的活动清单或部分活动清单，作为一个新活动定义的模板。根据新项目的实际情况，在模板上调整项目活动，从而定义出新项目的所有活动。模板中的信息可能包括资源需求、风险识别、预期的可交付成果以及其他文字说明资料等。此外，模板法还可以用来识别典型的项目进度里程碑。

例如，某公司常年开展管理信息系统开发业务。当其近日又为某客户开发一个管理信息系统时，就会运用模板法定义活动。该公司在原有方案基础上结合新项目的特点进行了一些局部调整和补充，完成了新项目的活动定义。

3．滚动计划法

根据计划编制的出发点和特征不同，计划编制方法可分为定期计划法和滚动计划法两大类。定期计划法是在编制计划时以不变的会计期间（如日历年度）作为计划期的一种编制计划的方法。

滚动计划法也叫滑动计划法，是计划逐步完善的一种表现形式。它是一种动态的计划编制方法，将计划期与会计年度脱离开，随着计划的执行不断延伸补充计划，逐期向后滚动，使计划期永远保持为一个固定期间。根据项目的实际特点，计划编制和滚动的时间单位可以灵活变化，如可分为逐月滚动、逐季滚动和混合滚动等方式。

例如，路桥公司承接了一个立交桥改扩建项目，历时 1 年，其任务为拆除旧桥并在原址上建一座三层走向的新立交桥，其在项目时间规划的编制上引入了滚动计划法。因拆除旧桥要在较短的时间内（1 个月）快速完成，工作内容比较详细具体，如包括安装围挡、实施爆破、粉尘控制、清理现场、安全管理等，所以该工作计划的编制可以细致到每周。其后的立交桥架设修筑（如地基勘测、材料采购、梁柱浇筑、桥体合拢、管道铺设、路面铺设）计划编制可以较为粗略、笼统，但会随着工期进行相应调整，即在每次按照计划的执行情况和环境变化逐步调整、修订未来的计划时，均将后续计划按时间顺序向前推进一个计划期，也就是向前滚动一次，从而使制订出来的工作计划更加符合实际，极大地提高了工作计划的准确性。

该立交桥改扩建项目的滚动计划法编制过程，如图 5-2 所示。

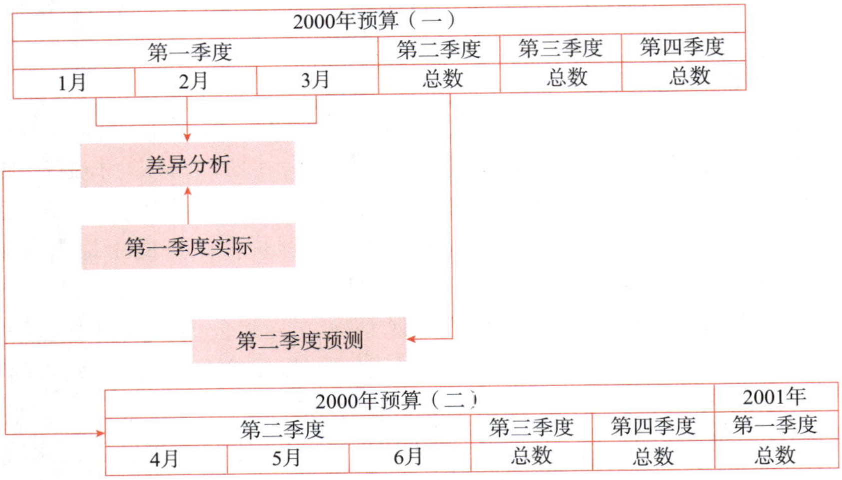

图 5-2　立交桥改扩建项目的滚动计划法编制过程

5.3.3　定义活动的结果

1．活动清单

作为 WBS 的补充，活动清单包括项目所要进行的全部计划活动。在活动清单中需对每个活动做出详细的说明，从而保证项目团队明确项目需要进行的所有活动。同时，在项目清单中，每项活动的工作范围一般附有实体数量，如应安装的管道长度、设计图纸张数、计算机程序语句行数等。

2．活动属性

活动属性即一项活动的多方位、多角度特性，是对该活动进行的扩展表述。活动属性除了包括活动标志、活动编号、活动名称、紧前活动、紧后活动、逻辑关系、提前与滞后时间量、资源要求、强制性日期、制约因素和假设条件等，还可以包括工作执行负责人、实施工作的地区或地点，以及计划活动的类型等。上述这些活动属性可以用于制订项目进度计划，并且依据活动属性的不同，还可以在项目文件中对项目活动进行排序和分类。

3．里程碑清单

里程碑清单列出了项目中所有的里程碑，并指明了该里程碑是强制性的（如合同要求的），还是可选择的（如根据项目要求或历史信息确定的）。

4．变更请求

一旦定义项目的基准后，在将可交付成果渐进明细为活动的过程中，可能会发现原本不属于项目基准的工作，这样就会提出变更请求。在这种情况下，应该通过实施整体变更控制过程对变更请求进行审查和处理。

5．项目管理计划更新

项目管理计划的任何变更都以变更请求的形式提出，并且通过组织的变更控制过程进行处理。可能需要变更请求的项目管理计划组成部分包括（但不限于）：进度基准和成本基准。

5.4　排列活动顺序

在定义活动完成后，项目进度管理的下一步工作就是排列活动顺序，它是进一步编制进度计划的基础。排列活动顺序工作包括审查 WBS 中的活动、产品说明书、假设和约束条件等，以便决定活动之间的相互关系和依赖关系。在理清活动清单中各项活动的相互关系后，再根据这些活动的先后进行排序。只有对项目活动进行正确的排序，下一步才有可能制订出切实可行的进度计划。

排列活动顺序的主要工作见表 5-3。

表 5-3　排列活动顺序的主要工作

依据	工具和方法	结果
项目管理计划 项目文件 事业环境因素 组织过程资产	箭线图法 节点图法 进度网络模板 活动依赖关系 提前量和滞后量	项目进度网络图 项目文件更新

5.4.1　排列活动顺序的依据

排列活动顺序依据的项目管理计划主要包括进度管理计划和范围基准；项目文件包括活动清单、活动属性、里程碑清单、假设日志等；事业环境因素和组织过程资产的相关内容上一节已经讲述，虽然侧重点不同，但大体一致，在此不再重复。

活动排序工作可由计算机执行（利用计算机软件）或用手工进行。对小型项目手工排序很方便，对大型项目的早期（此时项目细节了解甚少）用手工排序也是很方便的，但是随着项目的进展，手工排序就难以满足需要，这时就需要手工排序和计算机排序结合使用。

5.4.2　排列活动顺序的工具和方法

1．箭线图法

箭线图法（Arrow Diagramming Method，ADM）又称为双代号网络图法，它用箭线来代表活动，用节点表示活动之间的关系。双代号网络图由工作、节点、线路三个基本要素组成：

（1）工作（活动、作业或工序）　在双代号网络图中，工作用一根箭线和两个圆圈来表示。工作的名称写在箭线的上面，完成工作所需要的时间写在箭线的下面，箭尾表示工作的开始，箭头表示工作的结束。圆圈中的两个号码代表这项工作的名称。

在顺序关系中，一项工作只有在另一项工作完成以后方能开始，并且中间不插入其他工作，则称另一项工作为该工作的紧前工作；反之，当一项工作只有在它完成以后，另一项工作才能开始，并且中间不插入其他工作，则称另一项工作为该工作的紧后工作。

工作通常可以分为两种：第一种需要消耗时间和资源，用实箭线表示；第二种既不消耗时间，也不消耗资源，称为虚工作，用虚箭线表示。虚工作是人为的虚设工作，只表示相邻前后工作之间的逻辑关系。

引入虚工作的三种情况：

1）平行作业。当从某个结点出发有两道以上的平行作业，并且它们均要在完工之后才能进行下道工作时，则必须引用虚工作。例如，在图 5-3a 中，虚工作 a、b 工作平行作业完工后转入 c 工作。选择 a、b 两工作中时间较长的一道工作与下一道工作衔接，而其他工作则通过虚工作与下一道工作衔接。

2）交叉作业。对需要较长时间完成的相邻几道工作，只要条件允许，可不必等待紧前工作全部完工后再转入下一道工作，而是分批分期地将紧前工作完成的部分工作转入下一道工作，这种方式称为交叉作业，如图 5-3b 所示。

3）平行作业后等待。工作 a、b 平行作业，当工作 a 完工后，工作 c 开始；而当工作 b、c 完工后，工作 d 开始。如图 5-3c 所示。

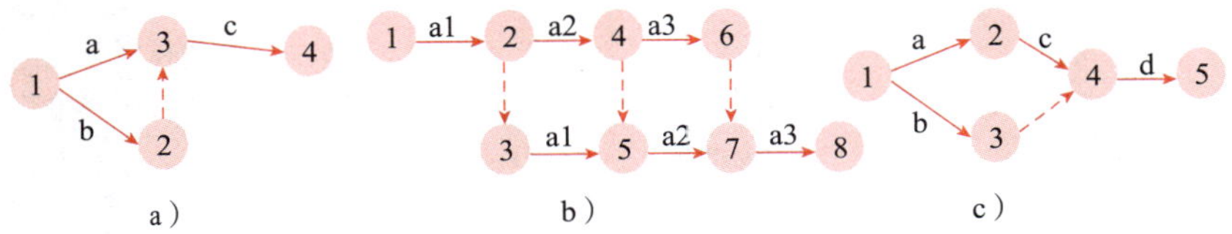

图 5-3 虚工作的三种情况

（2）节点（结点或事件） 在网络图中，箭线的出发和交汇处画上圆圈，用以标识该圆圈前面一项或若干项工作的结束和允许后面一项或若干项工作开始的时间点称为节点。在双代号网络图中，节点不同于工作，它不需要消耗时间或资源，它只标识工作的结束和开始的瞬间，起着连接工作的作用。

开始节点是指网络图的第一个节点，表示执行项目计划的开始，没有内向箭线。结束节点是指达到了项目计划的最终目标，它没有外向箭线。除开始节点和结束节点外，其余节点称中间节点，它既表示完成一项或几项工作的结果，又表示一项或几项紧后工作开始的条件。

（3）线路 在网络图中，从开始节点开始，沿箭线方向连续通过一系列箭线与节点，最后到达结束节点的通路称为线路。

网络图的编制过程其实就是网络模型的建立过程，它是利用网络图编制网络计划，以实现对项目时间及资源合理利用的第一步。

双代号网络图的绘制原则如下：

1）必须正确地表达各项工作之间的相互制约和相互依赖关系。

2）网络图应只有一个开始节点和一个结束节点（多目标网络计划除外）。除结束节点和开始节点外，不允许出现没有内向箭线的节点和没有外向箭线的节点。如图 5-4a 所示就为错误的情况。

3）在网络图中除了始点和终点外，其他所有事件前后都要用箭线连接起来，不可中断，在图中不可有缺口。如图 5-4b 所示就为错误的情况。

4）在网络图中不允许出现从一个节点出发顺箭线方向又回到原出发点的循环回路。如图 5-4c 所示就为错误的情况。

5）在网络图中不允许出现重复编号的节点。一条箭线和其相关的节点只能代表一项工作，不允许代表多项工作。

6）网络图中的箭线应保持自左向右的方向，不应出现箭头向左或偏向左方的箭线。

7）网络图中不允许出现没有箭尾节点的箭线和没有箭头节点的箭线。

8）网络图中所有节点都必须编号，并应使箭尾节点的代号小于箭头节点的代号。

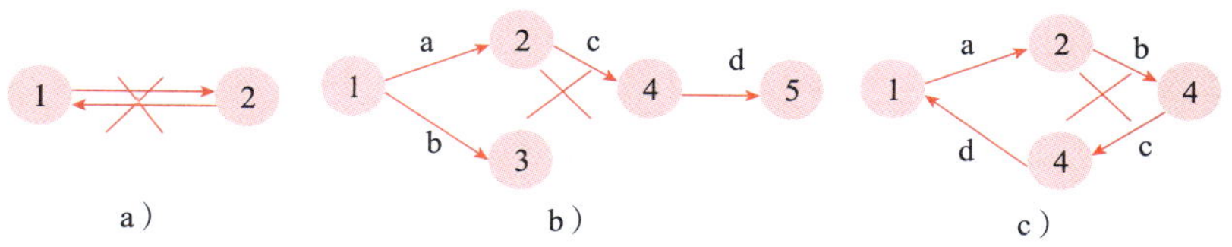

图 5-4　双代号网络图的几种错误情况

双代号网络图的绘制步骤如下：

1）根据已知的紧前工作确定紧后工作。

2）从左到右确定各工作的始节点位置号和终节点位置号。

3）根据节点位置号和逻辑关系绘出初步网络图。

4）检查逻辑关系有无错误，如与已知条件不符，则可加虚工作进行改正。

现举例说明双代号网络图的画法，某项目的活动关系见表 5-4。

表 5-4　某项目的活动关系

活动名称	紧前活动	紧后活动
A	—	B、E
B	A	C
C	B	D
D	C	F
E	A	F
F	D、E	—

根据表 5-4 的资料，用箭线表示出活动之间的关系，如图 5-5 所示。

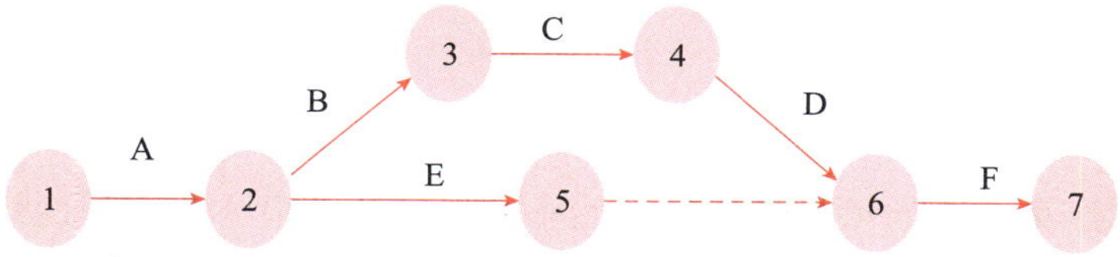

图 5-5　某项目的箭线图

在箭线图中，活动是由两个节点中间的箭线来表示的，所以项目活动可以由两个节点的数字来表示，如活动 B 可以表示为活动（2，3），活动 C 可以表示为活动（3，4）。由于活动 D 和 E 分别完成于节点 6 和 5，所以用一个虚活动（表示不存在的活动，有助于表示其他活动的关系）把它们连接起来，表示活动 F 要在 D 和 E 完成之后才能进行。

2．节点图法

节点图法（Precedence Diagramming Method，PDM）又称顺序图法或单代号网络图法。

单代号网络图用节点表示活动，用箭线表示事件，其中箭线仅表示各个活动之间的先后顺序，所以称为单代号网络图，如图 5-6 所示。单代号网络又可分为普通单代号网络和搭接网络。

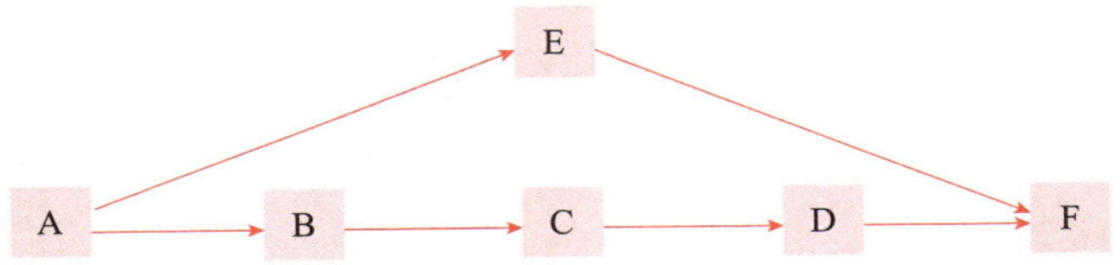

图 5-6　单代号网络图

在使用单代号网络图的过程中，当有多个活动不存在前导活动的时候，通常把它们表示成从一个叫作"开始"的节点引出。类似地，当多个活动没有后续活动时，通常把它们表示成从一个叫作"终止"的节点上。

相邻两项工作同时开始即为平行关系。如相邻两项工作先后进行即为顺序关系。如前一项工作结束，后一项工作马上开始则为紧连顺序关系。如后一项工作在前一项工作结束后隔一段时间才开始则为间隔顺序关系。

单代号网络中，活动之间的依赖关系包括四种类型：

1）结束—开始（FST）：A 活动结束后延迟一定的时间，B 活动才能开始，如图 5-7a 所示。

2）开始—开始（SST）：A 活动开始后延迟一定的时间，B 活动才能开始，如图 5-7b 所示。例如，对于某一项目管理活动，时间管理活动开始时，成本管理必须开始，至少要同时开始。

3）结束—结束（FFT）：A 活动结束后延迟一定的时间，B 活动才能结束，如图 5-7c 所示。

4）开始—结束（SFT）：B 活动在 A 活动开始之前（或 A 活动开始延迟一定的时间）不能结束，如图 5-7d 所示。

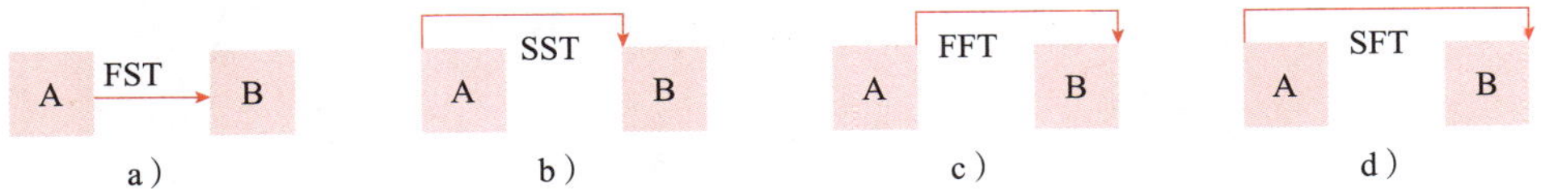

图 5-7　四种依赖关系图

在节点图中，结束—开始型最常用，开始—开始型和结束—结束型是最自然的，开始—结束型完全是理论上的，现实中很少见。

单代号网络图相比双代号网络图更加直观。单代号网络图绘制原则如下：

当网络图中有多项开始工作或结束工作时，应在网络图的两端分别设置一项虚拟的工作作为该网络图的开始节点和结束节点。

其他绘制原则与双代号网络图的绘制原则相同。其绘制步骤如下：

1）列出工作清单，包括工作之间的逻辑关系，找出每一项工作的紧前工作。

2）根据工作清单，先绘制没有紧前工作的工作节点。

3）逐个检查工作清单中的每一项工作，如该工作的紧前工作节点已全部绘制，则绘制该工作节点，并用箭线和紧前工作连接起来。

4）重复上述步骤，直至绘制出整个计划的所有工作节点。

5）绘制没有紧后工作的工作节点。

6）绘制开始节点和结束节点。

现举例说明节点图的画法，某项目的活动关系见表 5-5。

表 5-5　某项目的活动关系

活动名称	紧前活动	紧后活动	搭接关系
A	—	B E	
B	A	C	SS2
C	B	D	
D	C	F	FF3
E	A	F	
F	D、E	—	

根据表 5-5 的资料，用节点图表示出活动之间的关系，如图 5-8 所示。

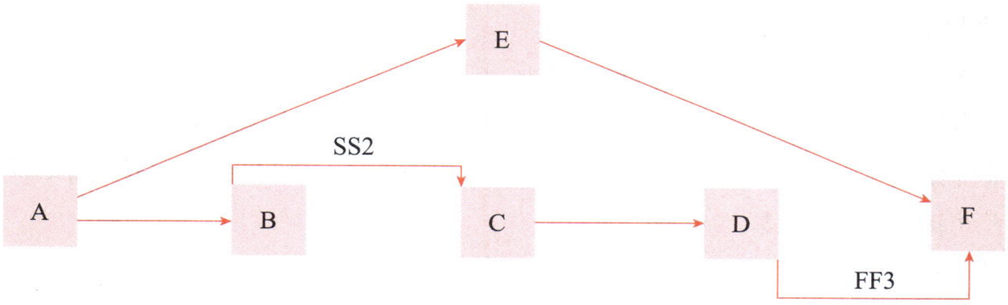

图 5-8　项目的节点图

3．进度网络模板

项目团队可以用一些标准的网络图或者过去完成的项目网络图作为新项目网络图的模板，根据新项目的实际情况来调整这些模板，这样可以高效、准确地画出新项目的网络图。网络图模板可能包括整个项目的网络或子网络。子网络对整个项目网络图的编制是非常有用的。一个项目可能包括若干个相同的或者相近的部分，它们就可以用类似的子网络加以描述。

4．活动依赖关系

项目活动之间的关系包括逻辑关系、组织关系和外部制约关系。

（1）逻辑关系　逻辑关系是活动相互关系确定的基础，它是活动之间存在的内在关系，通常是不可调整的。所以，必然的依存关系的确定相对比较明确、容易，通常由技术人员和管理人员沟通就可以完成。例如，建造一座楼，需要先打好地基，然后才能进行上部结构的施工。

（2）组织关系　活动的组织关系是指那些无逻辑的关系。由于其活动先后关系具有随意性、人为性，活动组织关系的确定一般比较难，它通常取决于项目管理人员的知识和经验，因此项目管理人员必须科学、合理地确定项目活动的组织关系。

（3）外部制约关系　项目活动的外部制约关系是指项目活动和非项目活动之间的关系，例如项目的某些活动需要政府的同意才能动工，因此，在项目活动计划的安排过程中也需要考虑外部活动对项目活动的一些制约及影响。

5．提前量与滞后量

提前量和滞后量是网络分析中使用的一种调整方法。通过调整紧后活动的开始时间来编制切实可行的进度计划。提前量用于在条件许可的情况下提前开始紧后活动，是相对于紧前活动，紧后活动可以提前的时间量。在进度计划软件中，提前量往往表示为负滞后量。滞后量是在某些限制条件下，在紧前活动和紧后活动之间增加一段不需工作或资源的自然时间，是相对于紧前活动，紧后活动需要推迟的时间量。

项目管理团队要确定可能要求加入时间提前量与滞后量的依赖关系，以便准确地确定逻辑关系。时间提前量与滞后量，以及有关的假设都应形成文件。利用时间提前量可以提前开始紧后活动，而利用时间滞后量可以推迟后续活动。

例如，在建筑工程中，为了保证混凝土有 10 天的养护期，可以在结束开始关系中加入 10 天的滞后时间，这样一来，后续活动就只能在紧前活动完成之后才开始。

5.4.3　排列活动顺序的结果

视频

1．项目进度网络图

项目进度网络图是表示项目进度活动之间的逻辑关系（也叫依赖关系）的图形。图 5-7 是项目进度网络图的一个示例。项目进度网络图可手工绘制或借助项目管理软件来绘制，可包括项目的全部细节，也可只列出一项或多项概括性活动。项目进度网络图应附有简要文字描述，说明活动排序使用的基本方法。

2．项目文件更新

可在本过程更新的项目文件包括（但不限于）：活动属性、活动清单、假设日志和里程碑清单。

5.5　估算活动持续时间

活动持续时间的估算，也称为活动工期估计，是依据项目范围、资源和相关信息，对完成项目的各种活动所需要的时间做出估算。

在对项目时间进行估算时，首先应分别估算项目中的各项活动所需时间，然后根据项目活动的排序来确定整个项目所需时间。在估算活动持续时间时，需要考虑活动工作范围、所需资源类型及数量、资源日历等因素。在此应遵循的一项重要原则是，估算活动持续时间的工作应由项目团队中那些熟悉项目活动特征的人员来承担。同时，估算活动持续时间既要考虑活动消耗的实际工作时间，也要考虑间歇时间。若项目活动时间估算过短，则会使项目团队处于被动、紧张状态；若项目活动时间估算过长，则项目会延迟完成。

估算活动持续时间的主要工作见表 5-6。

表 5-6　估算活动持续时间的主要工作

依据	工具和方法	结果
项目管理计划 项目文件 事业环境因素 组织过程资产	专家判断法 类推估算法 参数估算法 三点估计法 储备分析 会议	项目活动持续时间估算 估算依据 项目文件更新

5.5.1　估算活动持续时间的依据

1．项目管理计划

项目管理计划包括（但不限于）：进度管理计划和范围基准。

2．项目文件

可作为本过程输入的项目文件包括（但不限于）：活动属性、活动清单、假设日志、经验教训登记册、里程碑清单、项目团队派工单和资源分解结构。

3．事业环境因素

能够影响估算活动持续时间过程的事业环境因素包括（但不限于）：持续时间估算数据库和其他参考数据、生产率测量指标、发布的商业信息和团队成员的所在地。

4．组织过程资产

参与项目的组织可能保留了以往项目结果的记录，而许多已经完成的类似项目对估算现有项目的持续时间的确很有帮助。现有的项目组织过程资产也可以用来估算活动持续时间，如项目日历（编排开展计划活动的工作日或轮流班次，以及不开展计划活动的非工作日的日历）。

5.5.2　估算活动持续时间的工具和方法

控制成本方法中的专家判断法和会议已在第 3 章介绍过，在此不再重复，这里介绍其他方法。

1．类推估算法

在估算活动持续时间时，类推估算是将过去类似项目活动的实际时间作为估算未来活动时间的基础，通过类比来推测和估算当前项目活动所需的时间，通常在项目资料和信息有限的情况下使用。在下列两种情况下，类推估算的结果是比较可信的：

1）以前的活动和现在的活动在本质上类似而不仅仅是表面上相似。

2）类推专家具有丰富的经验。

2．参数估算法

在估算活动持续时间时，采用参数估算法将应当完成的工作量乘以生产率，就可以估算出活动持续时间了。

3. 三点估计法

三点估计法（Three-point Estimates）经常作为计划评审技术的一部分，它涉及正常时间、最乐观时间和最悲观时间，利用这三种估算的活动持续时间的平均值，就可以算出该项活动的持续时间。这个平均值通常比单点估算的最可能持续时间更准确。

4. 储备分析

储备分析是指在进度和成本管理中，为预防风险而进行应急储备并对其管理所包含的一系列工作。应急储备与已经确定或未能确定的风险相关。应急储备的表现形式分为应急储备量（以时间为单位）和应急储备金（以金额为单位）。项目团队应在进度管理中合理估算应急储备量，在成本管理中合理估算应急储备金。

在进度管理中，应急储备量是包含在进度基准中的一段时间，既可用来应对已经接受的已识别风险，也可用于应对完成未知的工作量。例如，可以预知有些项目可交付成果需要返工，却不知道返工的工作量是多少。可以预留应急储备来应对这些未知数量的返工工作。小至某个具体活动，大到整个项目，任何层级都可有应急储备量。应急储备量可取活动持续时间估算值的某一百分比或某一固定的时间段，也可把应急储备量从各个活动中剥离出来并汇总。随着项目信息越来越明确，可以动用、减少或取消应急储备量，并且应该在项目进度文件中清楚地列出应急储备量。在进行风险管理时，项目团队可在总的项目进度表中以“应急时间”“时间储备”或“缓冲时间”的形式来应对进度风险，应急时间的长短与项目的进展程度密切相关。

为应对项目成本的不确定性，成本估算中需要考虑应急储备金（有时称为“应急费用”）。应急储备金是成本基准的一部分，也是项目整体资金需求的一部分，为此应在成本文件中清楚地列出应急储备金。应急储备金可取成本估算值的某一百分比、某个固定值，或者通过定量分析来确定。同样，随着项目信息的越发明晰，项目团队也可根据实际情况动用、减少或取消应急储备金。

应急储备金一般分为实施应急储备金和价格保护应急储备金两类。实施应急储备金用于补偿估算和实施过程中的不确定事件，价格保护应急储备金用于预防通货膨胀和价格波动所造成的不确定事件。应急储备金分类示意如图 5-9 所示。

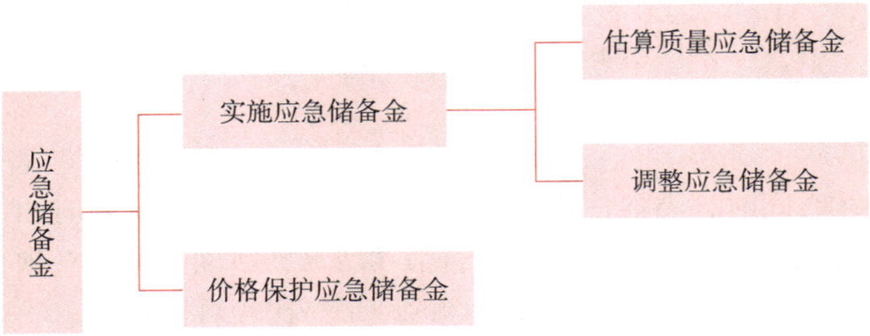

图 5-9 应急储备金分类示意

（1）实施应急储备金 实施应急储备金包括估算质量应急储备金和调整应急储备金。

估算质量应急储备金主要用于弥补由预算过程本身的不完善造成的不确定性。例如，预算时间过短、预算人员缺乏经验、计算出现误差等。可以通过对以往项目的历史资料来估算这部分应急储备金提取的数量，或者估算出应急储备金占直接材料费用、直接人工费用、其他直接费用和间接费用等之和的百分比。

一般情况下，一个项目需要多次试运行调整才能达到设计的要求。调整应急储备金主要用于支付试运行调整期间的各项成本。如系统调试成本、某零部件的返工、重新组装等。

（2）价格保护应急储备金　价格保护应急储备金用于补偿询价和实际订货期间隐含的通货膨胀因素。在项目报价有效期届满之后、实际订货之前，供应单位有可能会因为通货膨胀而提高价格。成本估算人员应该预测价格上涨的幅度，把有可能增加的部分列入价格保护应急储备金。

例：一项目需要购买一批原材料，向若干厂家询价，报价最低的为 60 万元，有效期为 30 天。项目团队从收到报价、编制出项目成本估算到预期购买这批原材料，有 4 个月的时间。届时，厂家报价失效，价格可能上涨，尤其是在通货膨胀时期。假设这段时间年通货膨胀率为 10%（每月为 0.83%），试估算这批原材料价格保护应急储备金。

解：该原材料的价格保护应急储备金为

$$0.83\% \times (4-30/30) \times 60=1.49（万元）$$

在项目控制过程中，可以采用储备分析来监督项目中应急储备量和应急储备金的使用情况，从而判断是否还需要这些储备，或者是否需要增加额外的储备。随着项目工作的进展，这些储备可能已按计划用于支付风险或其他应急情况的进度和成本；反之，如果抓住机会节约了进度和成本，节约下来的时间和资金可能会增加到应急储备中，或者作为时间盈余和盈利 / 利润从项目中剥离。

如果已识别的风险没有发生，就可能要从项目预算中扣除未使用的应急储备，为其他项目或运营腾出时间、资源和成本。同时，在项目中进一步开展风险分析，可能会发现需要为项目预算申请额外的储备。

5.5.3　估算活动持续时间的结果

1．项目活动持续时间估算

项目活动持续时间估算是对完成某项活动所需要的工作时间进行定量的估计，并且还标示项目活动时间的变动范围。例如，3 周 ±2 天（每周 5 个工作日）表示该活动至少需要 13 天，至多需要 17 天。超过 3 周的概率为 10%，表示该活动在 3 周内完成的概率为 90%。

2．估算依据

活动持续时间估算所需的支持信息的数量和种类，因应用领域而异。不论其详细程度如何，支持性文件都应该清晰、完整地说明活动持续时间估算是如何得出的。活动持续时间估算的支持信息可包括：关于估算依据的文件（如估算是如何编制的）；关于全部假设条件的文件；关于各种已知制约因素的文件；对估算区间的说明（如“±10%”），以指出预期活动持续时间的所在区间；对最终估算的置信水平的说明；有关影响估算的单个项目风险的文件。

3．项目文件更新

项目团队在估算时间后，活动属性及用以估算活动持续时间的假设条件等可能需要更新。还可以通过增加能够有效和高效地估算人力投入和持续时间的技术等方式更新经验教训登记册。

5.6 制订进度计划

制订进度计划是根据项目的活动定义、活动排序及活动持续时间估算的结果和所需的资源进行的进度计划编制工作。制订进度计划的主要任务是确定各项活动的起始和完成日期、具体的实施方案和措施。在制订进度计划时，项目经理应邀请有关职能部门参加。另外，在编制项目进度计划时应考虑各方面因素的影响，尤其要综合考虑持续时间估算和费用估算。项目进度计划是随着持续时间估算和费用估算过程的修正而不断调整的。制订进度计划通常是借助网络计划技术来实现的。

制订进度计划的主要工作见表 5-7。

表 5-7 制订进度计划的主要工作

依据	工具和方法	结果
项目管理计划 项目文件 协议 事业环境因素 组织过程资产	关键路径法 关键链法 资源均衡分析 假设场景分析 利用时间提前量和滞后量 进度压缩 计划评审技术 图表评审技术	进度基准 项目进度计划 进度数据 项目日历 变更请求 项目管理计划更新 项目文件更新

5.6.1 制订进度计划的依据

1. 项目管理计划

项目管理计划组件主要包括（但不限于）：范围管理计划和开发方法。

2. 项目文件

项目文件主要包括（但不限于）：活动属性、活动清单、假设日志、估算依据、活动持续时间估算、经验教训登记册、里程碑清单、项目进度网络图、项目团队派工单、资源日历、资源需求和风险登记册。

3. 协议

协议主要体现为合同承诺的详细信息。

4. 事业环境因素

能够影响制订进度计划过程的事业环境因素包括（但不限于）：组织文化和组织结构；团队资源可用性、技能以及物质资源可用性；进度计划软件；指南和标准，用于裁剪组织标准过程和程序以满足项目的特定要求；商业数据库，如标准化的估算数据。

5. 组织过程资产

能够影响制订进度计划过程的组织过程资产包括（但不限于）：历史信息和经验教训知识库，现有与制订进度计划以及管理和控制进度相关的正式和非正式的政策、程序和指南，模板和表格，监督和报告工具。

5.6.2　制订进度计划的工具和方法

1. 关键路径法

关键路径法（Critical Path Method，CPM）是一种运用特定的、有顺序的网络逻辑来预测总体项目历时的项目网络分析技术，它可以确定项目每项活动的最早开始时间、最早完成时间、最迟开始时间和最迟完成时间四个参数。

（1）活动的开始时间和完成时间　活动的开始时间和完成时间可分为以下两种：

1）最早开始时间（Early Start Date，ES）：某项活动开始的最早时间。

2）最早完成时间（Early Finish Date，EF）：某项活动能够完成的最早时间。

计算网络图中各项活动的最早开始时间或最早完成时间的具体原则：

1）一开始就进行的活动，其最早开始时间为 0。

2）某项活动的最早开始时间必须相同或晚于直接指向这项活动的所有活动的最早完成时间中的最晚时间。

3）计算每项活动的最早开始时间和最早完成时间以项目预计开始时间为参照点进行正向推算。中间活动的最早开始时间就是其前置活动的最早完成时间中的最晚时间。

4）根据项目的最早开始时间来确定项目的最早完成时间。最早完成时间可在这项活动最早开始时间的基础上加上这项活动的工作持续时间（Duration，DU）进行计算，即：EF=ES+DU，如图 5-10 所示。

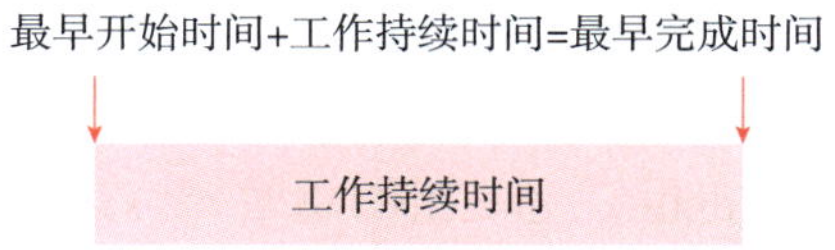

图 5-10　最早开始时间与最早完成时间的关系

（2）活动的最迟完成时间和最迟开始时间　活动的最迟完成时间和最迟开始时间可分为以下两种：

1）最迟完成时间（Late Finish Date，LF）：在完工时间内为完成活动必须完成的最迟时间。

2）最迟开始时间（Late Start Date，LS）：在完工时间内为完成活动必须开始的最迟时间。

计算网络图中各项活动的最迟开始时间和最迟完成时间的具体原则如下：

1）没有紧后工作的活动，其最迟完成时间就是项目规定的完工日；如果没有规定完工日，就假定通过最早完成时间计算得到的项目结束时间为项目完工日。

2）某项活动的最迟完成时间必须相同或早于该活动直接指向的所有活动最迟开始时间的最早时间。

3）计算每项活动的最迟开始时间和最迟完成时间以项目预计完成时间为参照点进行逆向计算。中间活动的最迟完成时间就是其后置活动的最迟开始时间的最早时间。

4）最迟开始时间可在该活动最迟完成时间的基础上减去该活动的工作持续时间得出。

即：LS=LF−DU，如图 5-11 所示：

计算出项目各项活动的最早开始时间、最早完成时间、最迟开始时间和最迟完成时间后，若采用节点法绘制网络图时，每项节点规定的格式，如图 5-12 所示。

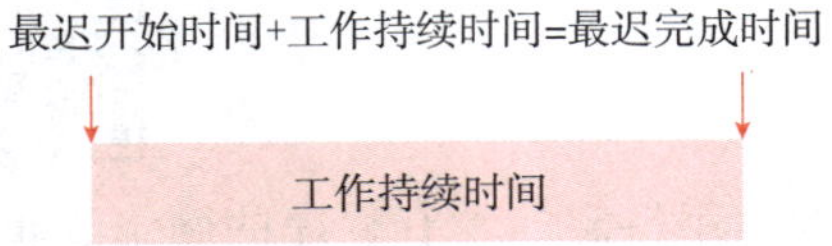

图 5-11 最迟开始时间与最迟完成时间的关系

ES	N	EF
活动名称		
LS	T	LF

图 5-12 节点格式

其中 ES——最早开始时间；
EF——最早完成时间；
LS——最迟开始时间；
LF——最迟完成时间；
N——节点序号；
T——任务工期。

注意：此处的节点序号只起编号作用，并不代表活动完成的先后次序。

（3）时差 时差也称为“浮动时间”或“宽裕时间”，它表明项目活动或整个项目的机动时间。时差分为两种：活动总时差和自由时差。活动总时差是指在不影响项目在规定时间内完成的情况下，项目活动最迟开工时间和最早开工时间的间隔；活动自由时差则是在不影响下一个活动最早开工时间的前提下，该活动的完成所拥有的机动时间，可见总时差是自由时差的综合，当然不是自由时差的简单加总。在实际项目中，对这两个时差没有特意地区分，统称为时差。时差越大，则表示项目的时间潜力越大。时差可以通过式（5-1）来表示：

$$时差（F）=LF-ES-DU \tag{5-1}$$

或

$$时差（F）=LF-EF$$

若项目某条路径的总时差为正值，这一正的总时差可以由该路径上所有的活动来共用，如果该路径上的某项活动不能按期完成时，就可以利用该路径的总时差，而不必担心影响项目的进度；如果项目某条路径的总时差为负值，就表明该路径上的各项活动要加快进度，减少在该路径上花费的时间总量，否则项目就不能在规定的时间范围内顺利完成；如果项目某条路径的总时差为零，就表明该路径上的各项活动不用加速完成，但是也不能拖延时间。

（4）项目的关键路径 若将项目网络图中每条路径所有活动的历时分别相加，最长的路径就是关键路径，即活动时间相加最长的路径为关键路径。另外，关键路径上的活动的总时差具备数值最小这一特征，构造从项目开始到结束具有“时差最小值”的活动组成的路径也可以获得关键路径。如果将项目的最早结束时间作为完工期，那么从开始到结束有一条各项活动总时差都为 0 的路径，这条路径构成了关键路径。关键路径上的活动称为关键活动，关键路径的节点称为关键节点。因此，关键路径就是网络图中由一系列活动构成的活动工期最长的那条路径，如果关键路径上的某项活动未如期完成，所有处于其后的工作活动都要往后拖延，最终的结果是项目不能按计划完成。反之，如果关键路径上的某项活动能够提前完成，那么整个项目也有可能提前完成。由此可知，在编制项目进度计划时，关键路径上的活动是关注的重点。

除找出所有活动的历时相加最长的路径外，还有一种常用的方法是找出那些具有最小时差的活动，即用每项活动的最迟完成时间减去最早完成时间，然后找出时差值最小的各活动，所有这些活动都是关键路径上的活动。

（5）确定关键路径的举例说明　某项目的网络图如图 5-13 所示，各活动的工作持续时间如各活动上标所示（单位：天），规定该项目的计划完工时间为 42 天。

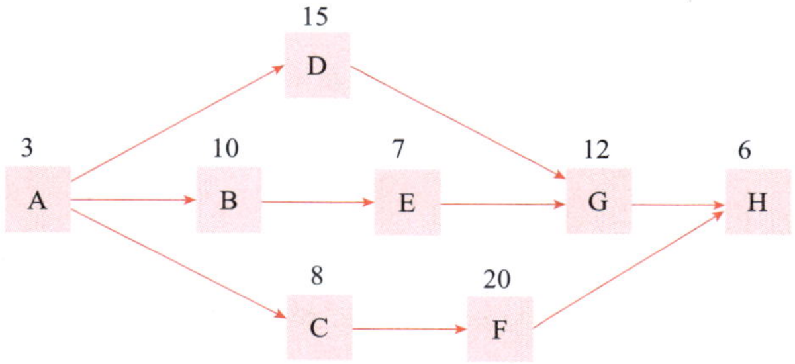

图 5-13　某项目的网络图

活动 A 的最早开始时间为 0，加上它的工作持续时间 3，得到活动 A 的最早完成时间为 3；活动 B 是活动 A 的紧后工作，活动 B 的开始依赖活动 A 的完成，因此活动 B 的最早开始时间等于活动 A 的最早完成时间 3，加上活动 B 的工作持续时间 10，得到活动 B 的最早完成时间为 13。以此类推，从活动 A 开始进行正向推算可以求得整个项目所有活动的最早开始时间和最早完成时间，见表 5-8。

该项目没有紧后工作的是活动 H（最后一项工作），由于该项目假定完工时间为 42 天，因此活动 H 的最迟完成时间为 42，减去活动 H 的工作持续时间 6，得到活动 H 的最迟开始时间为 36；活动 G 最迟完成时间为不能影响活动 H 的最迟开始时间，活动 G 的最迟完成时间为 36，减去活动 G 的工作持续时间，得到活动 G 的最迟开始时间为 24。以此类推，从活动 H 开始进行逆向推算可以求得整个项目所有活动的最迟完成时间和最迟开始时间，见表 5-8。

总时差可以通过活动的最迟开始（完成）时间与最早开始（完成）时间的差值得到，例如活动 B 的最迟开始时间为 7，最早开始时间为 3，活动 B 的总时差为两者差值 4。自由时差可以通过紧后活动的最早开始时间与本活动的最早完成时间的差值获得，例如活动 E 为活动 B 的紧后工作，活动 E 的最早开始时间为 17，减去活动 B 最早完成时间 13，得到活动 B 的自由时差为 4。以此类推，可以求得整个项目所有活动的总时差和自由时差，见表 5-8。

表 5-8　项目活动情况表

活动	活动工期	最早		最迟		总时差	自由时差
		开始时间	完成时间	开始时间	完成时间		
A	3	0	3	4	7	4	4
B	10	3	13	7	17	4	4
C	8	3	11	8	16	5	5
D	15	3	18	9	24	6	6
E	7	13	20	17	24	4	4
F	20	11	31	16	36	5	5
G	12	20	32	24	36	4	4
H	6	32	38	36	42	4	4

在求得开始时间、完成时间和总时差后，可以分别采用“时差最小值”和“活动时间相加最长的路径”两种方法确定该项目的关键路径。

由表 5-8 中的总时差值可看出，活动 A、B、E、G 和 H 具有正的最小时差，因此活动 A、B、E、G 和 H 构成了网络图的关键路径；运用“活动时间相加最长的路径”来确定项目的关键路径：由图 5-13 可以看出，该项目共有三条路径 A—D—G—H、A—B—E—G—H 和 A—C—F—H，这三条路径的活动的时间相加依次为 36 天、38 天和 37 天，其中路径 A—B—E—G—H 活动时间相加是最多的，所以其为关键路径。

2．关键链法

关键链法（Critical Chain Method）是由艾利·高德拉特（Eliyahu Goldratt）提出的，其在关键路线法（Critical Path Method，CPM）的基础上引入了 TOC 制约法的思想。

（1）关键链法的含义　关键链法也是一种进度网络分析技术，可以根据有限的资源对项目进度计划进行调整。关键链法结合了确定性与随机性办法。开始时利用进度模型中活动持续时间的估算，根据给定的依赖关系与限制条件绘制项目进度网络图，然后计算关键路径。在确定关键路径后，将资源的有无与多寡情况考虑进去，确定资源限制进度计划。

关键链法在网络图中增加作为“非工作进度活动”的持续时间缓冲，用来应对不确定性。放置在关键链末端的缓冲称为项目缓冲，用来保证项目不会因关键链的延误而延误。其他的缓冲，即接驳缓冲，则放置在非关键链与关键链接合点，用来保护关键链不受非关键链延误的影响。一般是根据相应路径上各活动持续时间的不确定性，来决定每个缓冲的时间长短。一旦确定了“缓冲进度活动”，就可以按可能的最晚开始与最晚完成时间来安排计划活动。这样一来，关键链法就不再管理网络路径的总浮动时间，而是重点管理剩余的缓冲持续时间与剩余的任务链持续时间之间的匹配关系。

（2）关键链法产生的背景　在传统关键路径方法中，关键路径被定义为项目中最长的路径，关键路径上的任何任务延迟，都会导致整个项目的延期。加快非关键路径上的任务，也不能使项目完成日期提前。如果要优化计划，缩短工期，就必须缩短关键路径上的任务工期。但是，传统的关键路径方法没有考虑以下两个问题：

1）没有考虑任务工期的不确定性问题。不确定因素是所有项目的典型特征，而在所有项目中，不确定因素就是大部分问题的主要根源，所以人们为此增加了很多安全时间作为保障。如果我们画一条估算时间与完成概率的关系曲线，基本上会像图 5-14 一样。之所以曲线后面的部分比较长是因为上面提到的不确定因素。不确定因素的概率越高，分布图的尾巴就会越长。

视频

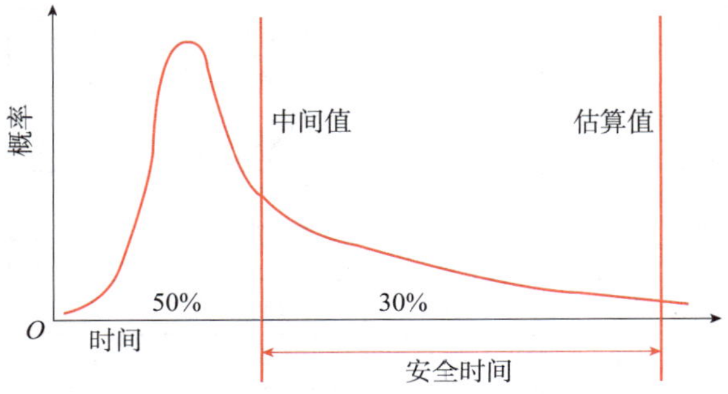

图 5-14　估算时间与完成概率的关系曲线

传统工期估计出于规避不确定因素的需要，往往会将完成概率较高的时间作为工期估计（图 5-14 右侧的线）。涉及管理层时，每层都会加上各自的安全时间。同时，预料到高层会削减整体完工时间，个人还会预先加大安全时间以自保。同时，在传统工期估计方法中，安全时间包含在任务工期内，所有安全时间的损耗，到底是因为意外造成的，还是拖拉消磨掉的，因为任务没有延期，不容易被项目经理注意到。同时，传统项目的绩效考核方式是存在问题的，其根源在于局部最优的评价方法。它考虑每个任务需要准时完成，其基本假设为：要准时完成项目计划，必须要求项目的每一作业任务都在其时限内准时完成。其假设可能在理论上没有问题，但现行的评价体系却没有办法保证这一假设在绝大多数情况下成立，从而导致在实践上不可行。

2）没有考虑资源约束。如图 5-15 所示，在关键路线法中，任务 A、D、E、F 组成了项目的关键路线，但如果考虑资源限制，假设任务 C 和任务 E 需要同一种资源，例如需要同一台设备进行加工，而该设备一次只能执行一项作业，那么事实上任务 C 和任务 E 是不能同时进行的。因此，在考虑资源约束的情况下，项目的关键任务为 A、D、E、C、F，这五个任务就构成了项目的关键链。可见，是关键链而不是关键路线，决定了项目在给定的紧前关系和资源条件下完成项目所需的最短时间。

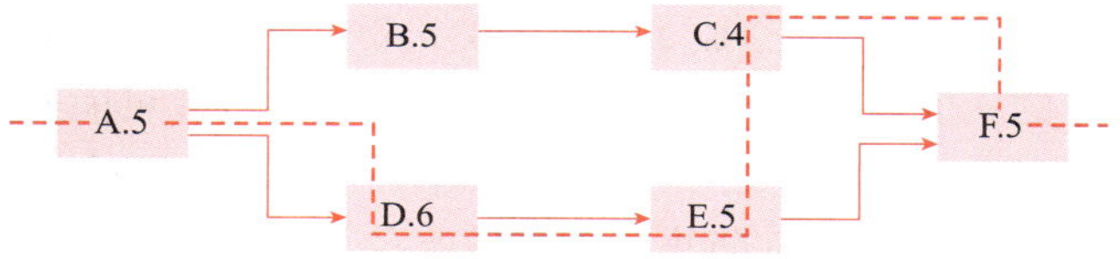

图 5-15　关键路线法

（3）基于约束理论的关键链法　约束理论在项目管理，尤其是项目进度管理上的应用，导致了关键链项目管理方法的产生。高德拉特定义关键链是既考虑工作间的依赖关系又考虑资源间依赖关系的最长的工作序列。如果将一个项目看作一个系统，那么依据约束理论，系统必然存在约束，通过关键链对项目管理的改进也遵循聚焦五步法。

1）找出系统中的约束因素。因为传统进度管理中没有考虑任务工期的不确定性和资源约束这两个约束因素。

2）挖掘约束因素的潜力。如果将关键链看作项目的“约束”因素，那么应用约束理论的第二步就是要考虑如何来挖掘该约束因素的潜力，即如何缩短关键链所需的时间，因为关键链所需的时间正是完成项目所需的时间。在关键路线法中，为了保证任务能够有较高的概率在计划时间内完成，同时也由于项目组成员普遍存在的风险规避心理，一般的计划时间都大于完成任务所需的平均时间，也可以看作在任务所需的平均时间上增加了一块“安全时间”（Safety Time，ST）。这样的处理方式具有正负两个方面的效果：正面效果是提高了管理的不确定因素的能力，负面效果则是延长了完成项目所需的时间。关键链法采取了另一种方式，用任务所需的平均时间作为最终的计划时间，但考虑到任务内在的不确定性，在关键链的末端附加整块的安全时间，也就是项目的缓冲时间（Project Buffer，PB）。可以认为关键链法是重新配置了关键路线法中分散存在的安全时间，但这样的重新配置能够缩短项目所需的时间，因为根据概率理论，在整合安全时间后，在相同概率下，只需要较少的时间就可以完成所有任务。图 5-16 直观地说明了关键链法在这方面的优越性。

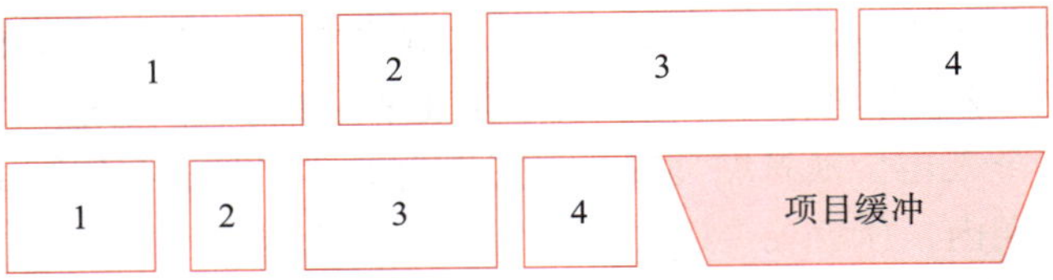

图 5-16 关键链法的优越性

3）使系统中所有其他工作服从于第二步的决策。在完成关键链的进度安排后，还需要保证所有关键链上的任务（关键任务）不受其他非关键任务的影响，以保证项目能够按计划及时完成。在项目实践中，虽然采用了增加安全时间的方法，但仍然有大量的项目未能按期完成。造成项目延期的原因有很多。第一，紧前任务的延迟会导致后续任务的延迟。第二，当存在多个紧前任务时，延迟最久的任务起了决定性作用，导致项目的延迟，而提前完成的任务并不能使后续任务提前开始。第三，由于任务时间包含了安全时间，导致项目组成员在心理上觉得还有充裕的时间，结果使任务启动过晚。调查还发现，项目成员总是倾向于完全消耗掉任务分配到的时间。其中第三个原因也是关键链法采用平均时间的理由，以期推动项目组成员能够全力以赴地开展工作。前两个原因则使关键链法引入了接驳缓冲（Feeding Buffer，FB）这一概念。

如图 5-17 所示，任务 1、2、3、4 组成了项目的关键链，而任务 A1、B1、B2 为非关键任务。由于任务 B2 是任务 4 的紧前任务，为了防止任务 A1 和任务 B2 可能发生的延迟导致任务 4 不能按时开始，因此需要在任务 B2 之后安排一定的缓冲时间，或者说让任务 A1 和任务 B2 有一定的提前量。这样就可以有效地防止非关键任务对关键链产生负面影响。与项目的缓冲时间类似，接驳缓冲整合与压缩了所有非关键链任务的安全时间。

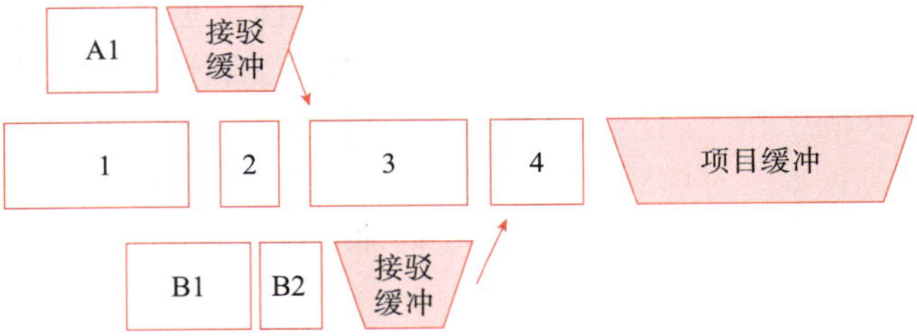

图 5-17 接驳缓冲

接驳缓冲能够保护项目按计划进行，不受任务的不确定因素影响，同时还可以作为一种预警机制。如果紧前任务因为不确定因素而没有在计划时间内完成，那么其后续任务就无法按计划时间启动，结果就是缓冲时间被占用。缓冲时间被占用得越多，就说明越有可能延误后续的关键任务。因此，当占用比例达到一定程度时，例如 1/3 或 2/3，就需要发出一个警告信号来提醒项目经理对延迟的任务加以关注，并考虑是否采取措施防止任务进一步延期。

虽然接驳缓冲可以保护关键链任务不受非关键链任务的影响，但还需要考虑资源约束对关键链的影响，尤其是同一资源在不同任务间切换常常需要一定的准备时间。如图 5-18 所示的计划标记了 × 的都是需要资源 × 来完成的工作任务，该网络图中虽然考虑了接驳缓冲和项目缓冲，但没有考虑项目任务受到资源的约束。当考虑到资源约束的情况时，不是简单地通过缓冲可以平衡的，关键路径已经不再是简单地根据历时最长而计算出来的路径了。

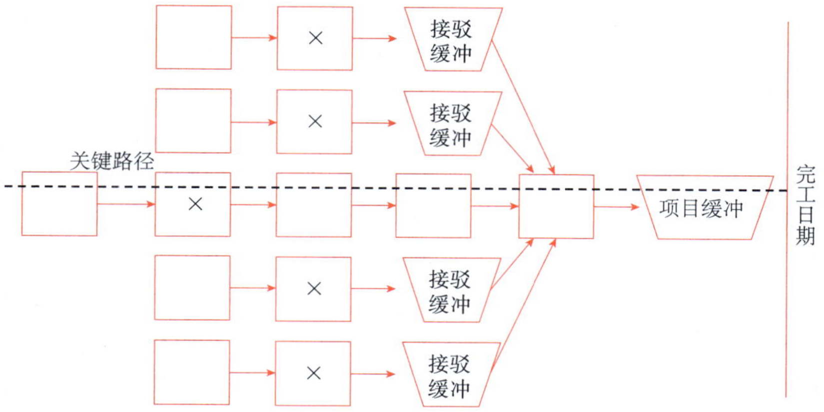

图 5-18　未考虑资源约束的关键链

因此，关键链法引入了资源缓冲（Resource Buffer）的概念，以防止关键链任务因资源没有及时到位而发生延误。与缓冲时间不同，资源缓冲本质上是一种警示信号，用来提醒项目经理或者部门经理保证资源及时到位。关键链法要求在关键任务所需的资源被紧前的非关键任务占用时，应当提前一定的时间在项目进度计划上标识资源缓冲，以便及时提醒项目经理协调资源，防止因资源不能及时到位而延误关键任务，如图 5-19 所示。

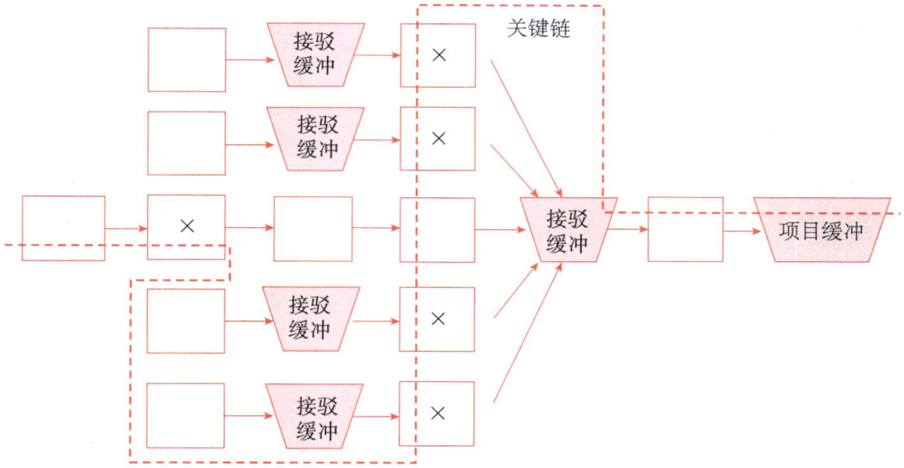

图 5-19　考虑资源约束的关键链

4）给约束因素松绑。就项目而言，一般都是一次性活动，有预计的完工日期要求。按照上述聚焦法设计的关键链管理方法和传统项目管理方法相比，总能更有效地完成项目。但如果由于某些原因导致项目发生变更，如完工日期要求提前，则需要安排更多的资源在关键链上，给约束因素松绑。

5）若该约束因素已经转化为非约束性因素，则回到第一步。一般情况下，如果项目发生较大的变更，导致关键链发生变化，就需要重新分析关键链。

（4）应用关键链法需要进一步考虑的问题

1）工期时间估计。尽管关键链法在理论与实践上都取得了巨大成功，但仍然有待进一步研究。对关键链法的批评主要集中在其过于简单化的时间估算方法上。首先，高德拉特主张以项目成员所提供的估算时间的一半作为任务的平均时间，该做法过于偏激和简化。在多数工程项目中，这样“切一半”的方法是不可行的，很可能直接导致项目质量出现问题。其次，高德拉特建议以关键链或非关键链时间长度的一半作为其缓冲时间的长度，无疑这样的估算方法也过于简化，在很多实际项目中会导致缓冲时间过长，从而产生不必要的资源浪费或丧失商机。因此，一些研究者提出了其他方法来改进缓冲时间的估算。例如，朗讯公司假设任务时间的最乐观估计和最悲观估计之差为任务所需时间的变动量，然后采用所有关键链上任务的变动量的平方和的平方根作为所需的缓冲时间。

2）缓冲时间管理。关键链法的另一个有待改进之处在于对缓冲时间的管理。虽然缓冲时间有助于控制项目的不确定性，但也增加了项目进度管理的复杂性。首先，非关键链的总时差可能不足以容纳所需的缓冲时间，这时问题就出现了。如果保持非关键链上的任务进度不变，那么后续的关键任务很可能因为缓冲时间被完全占用而不得不延期，这样就违背了设置缓冲时间的意义。或者考虑提前开始非关键链任务，但这样又非常可能和其他任务发生资源冲突，甚至可能会发现原先的关键链已经不是项目中最长的任务路线了。

3．资源均衡分析

在前面的分析中，假设资源可在需要的时候随处获得，但是在实际中，几乎任何项目都不可能达到前面假设的条件，因此在项目进展中需要考虑资源的可获得性、资源的功能以及它们与项目进度之间的关系等问题。也就是说，项目团队不得不考虑成本、时间和员工的熟练程度等相关因素对项目的制约，即资源的约束问题。因此，资源均衡分析的首要工作就是进行资源约束分析。

（1）活动之间的技术限制分析　可以通过网络图表示出各个活动之间的逻辑关系，从而来配置资源。从技术的角度看，这些活动应该是按照顺序进行的。例如，图5-20表示了必须按顺序进行的制造设备的三种活动——购买材料、加工零件和组装设备。在技术上，这三种活动必须按先后顺序进行，组装设备不可能在购买材料和加工零件之前进行。

图5-20　必须按顺序进行的制造设备的三种活动

（2）资源限制分析　项目网络图除了表明活动之间的技术限制以外，也必须考虑资源限制的问题。例如，图5-21表示了在无资源约束的情况下可以同时进行的三种活动——装修房间、装修厨房、装修花园，即这些活动的开始是不依赖其他活动的完成的。但是如果该装修项目只由一个施工队来装修的话，并假设这个施工队不可能同时进行三种装修活动，那么这三种装修活动就不能同时开始，必须有先后次序（图5-22表示出了其中一种可能性），因而就出现了资源约束问题。

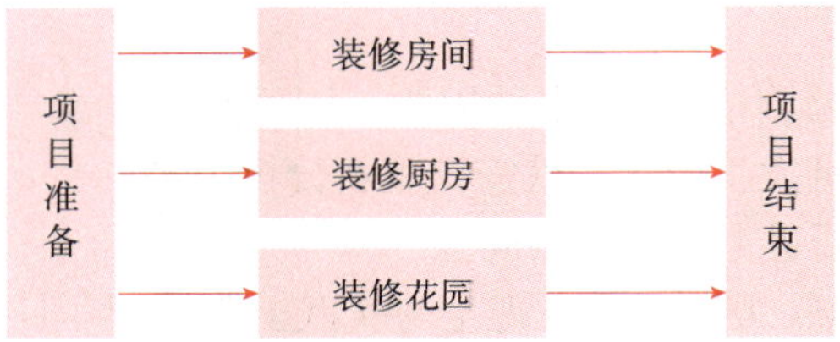

图5-21　无资源约束的活动网络图

图 5-22 有资源约束的活动网络图

上述讨论用于资源约束分析的思路，对仅需几种资源的小型项目来说十分奏效，但对需要很多种资源的大中型项目就因其过于复杂而不宜采用了。

在资源约束分析完成之后，就可以进行资源均衡分析的第二步工作，即绘制资源需求甘特图。资源需求甘特图是揭示某个特定项目所需的人工、材料等各种资源在项目生命周期的每个时间段的需求或占用情况的一种图形，此图上表示的每类资源都可以表示为时间（项目进度）的函数，形式如图 5-23 所示。在这种表示方式的图中，对应着每一种资源，均需要绘制出一幅独立的资源需求甘特图。虽然这种形式的图比较容易理解，但绘图的工作量较大，不适用于资源需求种类很多的项目。

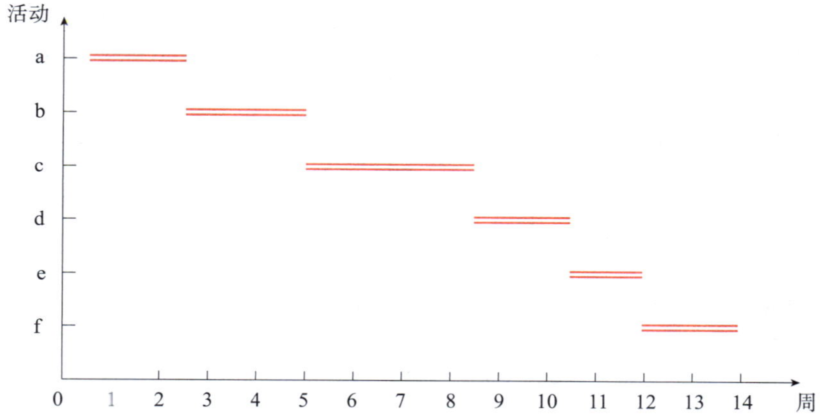

图 5-23 资源需求甘特图

资源均衡分析是指在某种特定资源的需求频繁波动时，在不延长项目工期的条件下，如何使资源配置得尽可能均衡，即使资源需求的波动最小化的一项工作。

以某豪华别墅装修项目为例，讨论如何在网络图的基础上绘制资源需求甘特图的方法。假设图 5-24 是根据某豪华别墅装修项目的进度计划绘制的网络图，根据图 5-24 所揭示的信息，可以进一步编制出豪华别墅装修项目的资源需求甘特图，如图 5-25 所示。

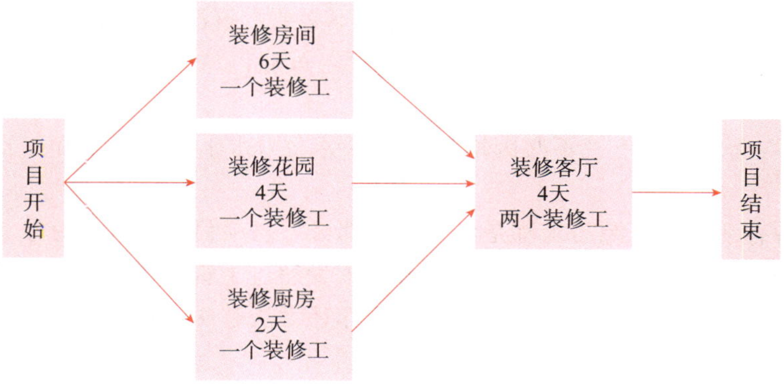

图 5-24 某豪华别墅装修项目资源需求的网络图

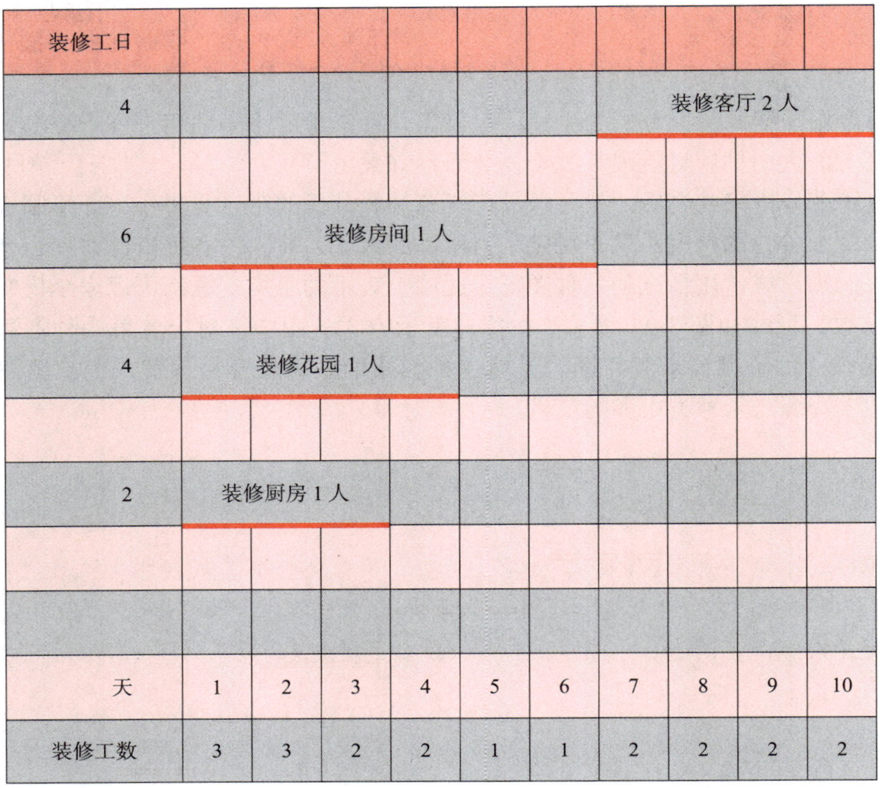

图 5-25　某豪华别墅装修项目资源需求的甘特图

从图 5-25 看出，在该项目四个活动（从开始到结束）时间段内，每天需要的装修工人数依次为：第 1～2 天需要 3 个装修工人，第 3～4 天需要 2 个装修工人，第 5～6 天需要 1 个装修工人，第 7～10 天需要 2 个装修工人，累计需要 3×2+2×2+1×2+2×4=20 个工作日。同时也可以发现该项目的装修工人这一人力资源的配置很不均衡，如何优化配置这些装修工人就是资源平衡法所要解决的根本问题之一。

资源均衡分析是指在某种特定资源的需求频繁波动时，在不延长项目工期的条件下，如何使资源配置尽可能的均衡，即使资源需求的波动最小化的一项工作。其优点如下：

1）在资源均衡的情况下，可以减少大量的、不必要的资源传送管理工作。

2）在资源均衡的情况下，可以使用“零库存”策略，从而减少库存成本和供货量出现的失误。

3）在资源均衡的情况下，不必因增加或减少劳动力水平而在人事和工资等相关问题上伤脑筋。

如果项目所有活动的资源需求都是已知的，那么一旦项目已经计划好了，就可以从总体上计算、分析项目的资源使用情况。如果资源需求量超过了资源供应量，就应进一步调整进度计划以减少资源的需求。如果通过资源均衡工作还无法解决上述矛盾，就只能延长该项目的工期了。

反复试验法是在资源均衡分析时经常使用的一种方法。反复试验法主要是通过推迟那些非关键活动的最早开始时间，经过反复多次的试验，从而实现在不延长项目预计完工计划的情况下使资源均衡配置的一种方法。如上例（假设所有的活动都是在其最早时间开始的）中的装修工人这一人力资源的配置就很不平衡。但是，如果将装修厨房的活动延迟 4 天，于是该项目每天都需要 2 个装修工人，这样资源的配置就平衡了，如图 5-26 所示。

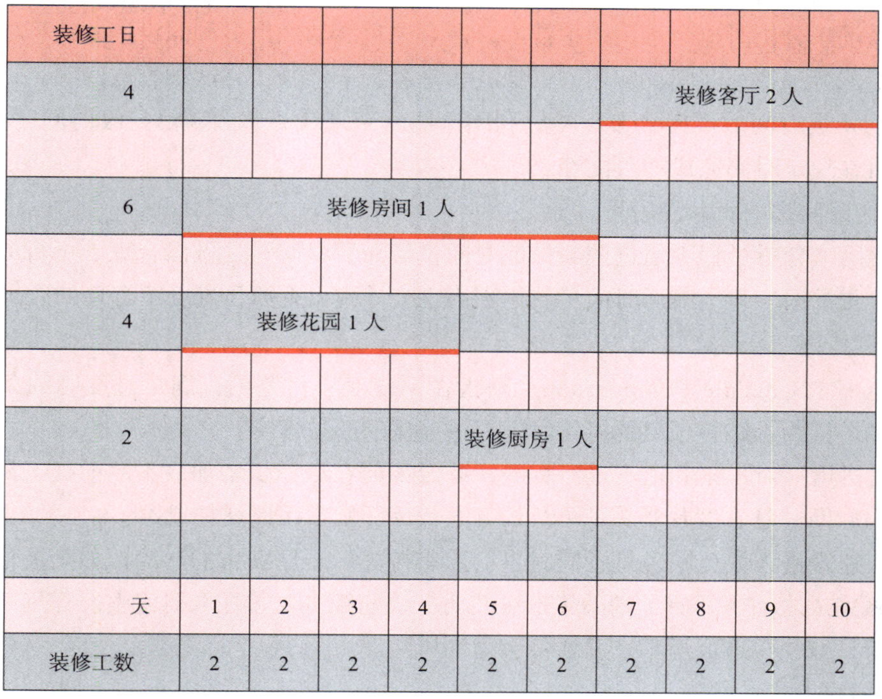

图 5-26　某豪华别墅装修项目的资源需求甘特图

在进行资源均衡分析时，如果项目网络图不是很复杂，并且仅有几种类型的资源时，资源均衡分析的过程可以通过手工来完成；但如果项目网络图很大且资源需求种类很多时，资源均衡分析工作就变得十分复杂，手工平衡则非常困难，此刻只能是借助项目管理软件来辅助资源均衡分析的工作了。

资源均衡分析的最后一步是进行资源约束进度安排。

资源约束进度安排是在各种资源有限，而且又不准超过该资源约束的情况下，制定最短进度的一种方法。由于资源约束进度安排必须遵守资源约束条件，所以应用这种方法时就会导致项目的完工时间延长，这也是一种在最小时差原则下反复地将资源分配给各个活动的方法。

假设上例中装修厨房的时间需要 3 天，同时该项目此刻只有两个装修工，因而装修房间、装修客厅和装修厨房就不可能同时进行，这将会导致项目的完工时间延长 1 天，即项目的完工时间从 10 天延长到 11 天。

对需要多种资源的大中型项目而言，由于每种资源获取的限制不尽相同，资源的约束进度计划也是十分复杂的，此时也可以借助各种项目管理软件来完成。

综上，资源均衡分析可通过为特定工作包、进度里程碑或 WBS 等规定时间限制条件来实现。进度计划的重新调整将影响资源的分配。如果在进度计划制订过程中以资金作为限制性资源，就可根据新规定的日期限制条件重新进行该过程。

4．假设场景分析

假设场景分析就是对“某一情景出现时应当如何处理”这样的问题进行分析，即基于已有的项目进度计划考虑各种不同的情景，如某项设计的延期，某产品交付日期的拖延等。假设情景分析的结果可用于评估项目进度计划在不利条件下的可行性，以便编制相应的应急计划。在假设场景分析时也会运用模拟技术，即对项目活动做出多种假设，并计算项目在各种假设前提下的各种持续时间。常用的模拟技术是蒙特卡洛分析，这种方法为每一计划活动确定一种活动持续时间的概率分布，然后利用这些分布来计算整个项目持续时间的概率分布，以判断项目在规定时间完成的可能性。

5．利用时间提前量和滞后量

在进度网络分析过程中通过调整提前时间量与滞后时间量，做出合理、可行的项目进度表。但是，提前时间量与滞后时间量使用不当也会导致出现项目进度不合理的后果。

6．进度压缩

进度压缩（Schedule Compression）是指在不改变项目范围，满足进度制约条件或其他进度目标的前提下，缩短项目的持续时间。进度压缩的技术有：

（1）赶进度　对成本和进度进行权衡，确定如何在尽量少增加成本的前提下最大限度缩短项目所需时间。赶进度并非总是可行的方案，反而常常因此增加成本。

（2）快速跟进　快速跟进是指同时进行原来按先后顺序安排的活动，如某液化气储气罐在设计图纸完成之前就开始了基础施工。然而，快速跟进要求在取得完整、详细的信息之前就开始进行，往往会造成返工，并通常会增加风险。

7．计划评审技术

计划评审技术（Program Evaluation and Review Technique，PERT）是项目进度管理的另一项技术。当项目的某些或者全部活动历时估算存在很大的不确定性时，可以使用计划评审技术估计项目历时。这种网络分析技术适用于不可预知因素较多、从未做过的新项目和复杂项目。

视频

计划评审技术网络图的画法与前面介绍的网络图画法是相同的，区别主要是在于活动的时间估计和分析。PERT经常基于三点估算法估计时间。

三点估算法是以一定的假设条件为前提，计算出多种活动时间的估算方法。其步骤是首先确定项目各个活动所需要的时间分布，进而利用各个活动时间分布的结果来确定各个活动可能的时间分布。三点估算法首先估计出项目各个活动的三种可能时间：

（1）最乐观时间（T_a）　最乐观时间是指在任何事情都进行得很顺利，没有遇到任何困难的情况下，完成某项工作所需的时间。

（2）正常时间（T_b）　正常时间是指在正常情况下完成某工作最经常出现的时间。如果某项工作已经做过很多遍，最经常发生的实际工期可以用作正常时间估计。

（3）最悲观时间（T_c）　最悲观时间是指某工作在最不利的情况下能够完成的时间。

在PERT中，对每项工作都用三个时间估计时，是假设这三个时间服从β分布（Beta Probability Distribution）。根据β分布函数，运用概率方法得出各项活动时间的平均值，则有：

活动时间的期望值

$$t=\frac{T_a+4T_b+T_c}{6} \tag{5-2}$$

活动时间的标准差

$$\sigma=\frac{T_c-T_a}{6} \tag{5-3}$$

活动时间的期望值表示项目活动耗费时间的多少，活动时间的标准差表示该活动在期望的时间内完成的概率。活动时间的标准差越小则表明在期望时间内完成的概率就越大，活动时间的标准差越大则表明在期望的时间内完成的概率就越小。

例 5-1：某一简单项目有三个活动 A、B、C 组成，其项目网络结构图如图 5-27 所示。活动 A、B、C 在正常情况下的工作时间分别是 20 天、18 天、24 天，在最有利的情况下工作时间分别是 15 天、16 天、20 天，在最不利的情况下工作时间分别是 28 天、30 天、36 天，那么该项目各活动和整个项目的最可能完成时间是多少？

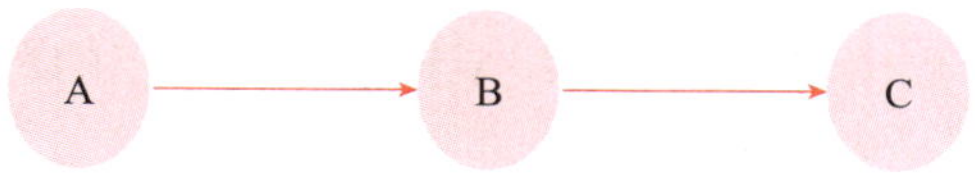

图 5-27　项目网络结构图

解：

根据公式有

$$\text{活动A最可能完成时间}=(15+4\times20+28)/6=20.5\text{（天）}$$

$$\text{活动B最可能完成时间}=(16+4\times18+30)/6=19.7\text{（天）}$$

$$\text{活动C最可能完成时间}=(20+4\times24+36)/6=25.3\text{（天）}$$

所以，整个项目最可能完成时间为 20.5+19.7+25.3=65.5（天）

网络图中关键路径上各项活动的总概率服从正态分布，其平均值等于各项活动时间期望值之和，标准差等于各项活动时间标准差之和。所以，可以利用这些关系估算出项目完成时间的平均值，以及项目在规定时间内完成的概率。

在计算项目在规定时间内完成的概率时，可依据下列公式：

$$z=\frac{r-e}{\sigma} \tag{5-4}$$

式中　r——项目要求的完工时间（最迟完工时间）；

e——项目关键路径所有活动时间的平均值（正态分布的均值）；

σ——项目关键路径所有活动时间的标准方差（正态分布的标准方差）。

通过查正态分布表就可以得到在平均值和要求完工的时间内完成的概率，然后把这一概率加上在项目完工期望值内完成的概率 50%，就得到在项目规定时间内完成的概率。

现将活动持续时间估算的例子稍加修改来说明如何确定项目在规定时间内完成的概率。

例 5-2：试分析例 5-1 中的项目在 68 天内完成的概率？

解：

根据公式有

活动 A 时间的标准差 =（28−15）/ 6=2.17（天）

活动 B 时间的标准差 =（30−16）/ 6=2.33（天）

活动 C 时间的标准差 =（36−20）/ 6=2.67（天）

整个项目完成时间的标准差 = $\sqrt{2.17^2+2.33^2+2.67^2}$ =4.15

于是有

$$z=\frac{68-65.5}{4.15}=0.6$$

查表得到

$$p_{(Z)}=22.6\%$$

所以在规定的 68 天内完成的概率为 22.6%+50%=72.6%。

8．图表评审技术

图表评审技术（Graphical Evaluation and Review Technique，GERT）也称随机网络技术。它可以对网络逻辑关系和时间估算进行概率处理，对项目活动的处理有很大的随机性：有的活动可能根本不实施，有的活动可能实施好几次，还有一些活动只实施一部分。它主要由节点和箭线组成。

（1）节点　GERT 的节点由输入和输出组成，它表示一定的逻辑关系，从而可以处理活动的复杂关系，节点的类型见表 5-9。

表 5-9　GERT 节点的类型

类型	“互或斥”关系	“可兼或”关系	“与”关系
肯定型	|◁	◁	○
概率型	|◇	◇	▷

1）输入表示三种内向活动与节点的关系，包括：

①“互或斥”关系表示几个内向活动中只有一个能够实现，当该活动完成后，节点才能实现。

②“可兼或”关系表示任何内向活动完成后，就可使节点实现，因此完成的内向活动的结束时刻就是该节点的实现时刻，但该节点的其他内向活动仍在进行。

③“与”关系表示所有内向活动结束时，节点才能实现。因此，最后完成的内向活动的结束时刻是该节点的实现时刻。此时，该节点的外向（输出）才能开始进行。CPM 和 PERT 的节点输入都表示“与”关系。

2）节点输出与外向活动的关系包括：

①肯定型，是指节点的实现使所有的外部活动都能开始进行，CPM 和 PERT 的节点输出是肯定型的，每个外向活动的实现概率都是 1。

②概率型，是指节点外向活动中只有一个能进行，且有一定的实现概率。这种节点所有外向活动的概率之和为 1。

（2）箭线　箭线表示活动情况的变化，主要标注活动发生的概率、续时间和成本等因素。

GERT 与节点图、箭线图相似，不同点是 GERT 允许出现回路。这在节点图、箭线图中是不允许的。GERT 估算活动的时间非常复杂，难以借助数学方法加以分析，一般要借助计算机来完成，在此不再介绍。

GERT 的优点在于，它试图将风险与历时的估计联系起来。GERT 的缺点在于，由于需要几个历时估计值，所以工作量较大。

CPM、PERT 和 GERT 三种项目进度规划方法的比较见表 5-10。

表 5-10　CPM、PERT 和 GERT 三种项目进度规划方法的比较

进度规划方法	类型	活动的流向	活动的时间	逻辑关系
CPM	肯定型	所有活动均由始点流向终点，无回路	确定	所有的活动都必须实现
PERT	概率型	所有活动均由始点流向终点，无回路	服从概率分布，用平均值来表示	一般的活动必须实现，但条件变化时可预测概率
GERT	随机型	活动的流向不受限制，允许存在回路	服从概率分布，按照随机变量分析	节点与活动有不同的逻辑关系，不一定都实现

5.6.3　制订进度计划的结果

1．进度基准

进度基准是根据对进度模型进行的进度网络分析，提出的一种特殊形式的项目进度表。该进度表在项目管理团队认可与批准之后，当作进度基准使用，标明基准开始日期和基准完成日期。

2．项目进度计划

项目进度计划至少包括每项计划活动的计划开始日期与计划完成日期。如果早期阶段进行了资源规划，在资源分配未确认、计划开始与计划完成日期未确定之前，项目进度表始终属于初步进度表。

项目进度表可以对每个计划活动确定目标开始日期与目标完成日期。项目进度表可以简要概括，这种形式有时候叫作总进度表或里程碑进度表，亦可详细具体。虽然可用表格形式，但更常见的做法是用以下一种或多种格式的图形表示。

（1）甘特图　甘特图（Gantt Chart，GC）又称横道图、条形图，它通过日历形式列出项目活动工期及其相应的开始和结束日期，为反映项目进度信息提供了一种标准格式。

在甘特图中，项目活动在左侧列出，时间在表的顶部列出，可以依据计划的详细程度，以年、月、周、天或小时来作为度量项目进度的时间单位。以表 5-4 所表示的活动关系为例，画出该项目活动的甘特图，如图 5-28 所示，来说明甘特图的作用。

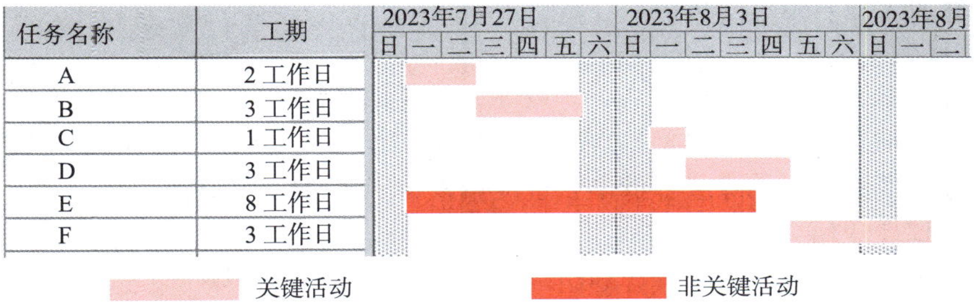

图 5-28　某项目的甘特图

甘特图可以明显地表示出各活动所持续的时间，横道线显示了每项活动的开始时间和完成时间，横道线的长短代表了活动持续时间的长短。其优点是简单、明了、直观、易于编制和计算，但是没有指出影响项目进度的关键所在。因此，甘特图一般适用于比较简单的小型项目。对复杂的项目来说，甘特图就显得难以应对了。

（2）里程碑图　里程碑图与横道图类似，但仅标示出主要可交付成果以及关键的外部接口的规定开始日期与完成日期，如图 5-29 所示。

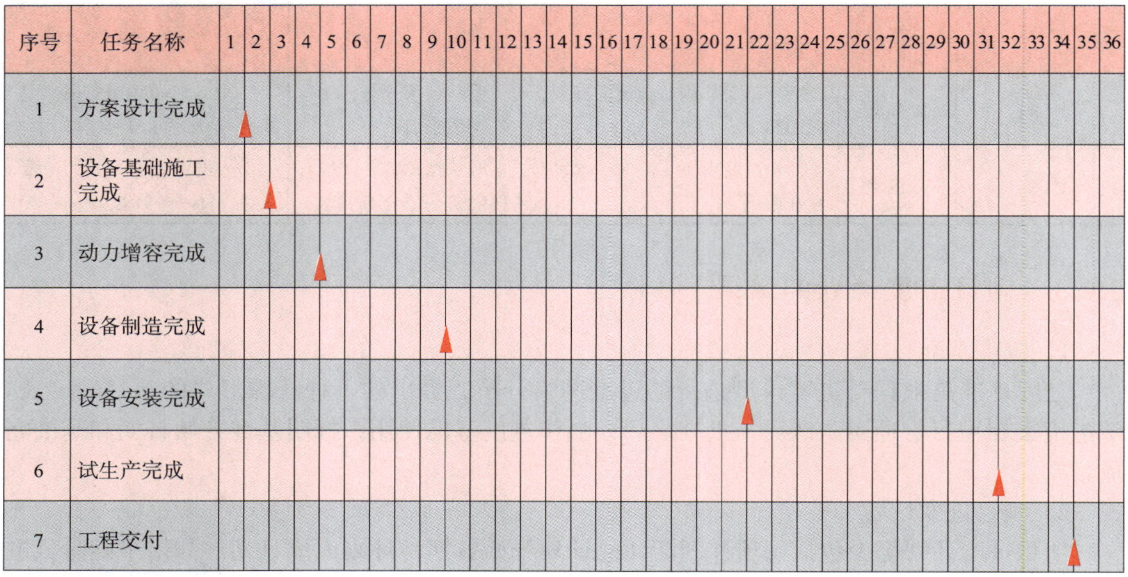

图 5-29　某项目的里程碑图

3．进度数据

项目进度表的辅助数据至少应包括进度里程碑、活动清单、活动属性，以及所有已经识别的制约因素与假设条件的文字性记录。这些数据都可以称为进度数据。例如，在软件开发项目中，进度数据可能包括人力资源直方图、现金流量预测，以及订货与交货进度表等。

4．项目日历

在项目日历中规定可以开展进度活动的可用工作日和工作班次，它把可用于开展进度活动的时间段（按天或更小的时间单位）与不可用的时间段区分开来。在一个进度模型中，可能需要采用不止一个项目日历来编制项目进度计划，因为有些活动需要不同的工作时段。因此，可能需要对项目日历进行更新。

5．变更请求

修改项目范围或项目进度计划之后，可能会对范围基准和（或）项目管理计划的其他组成部分提出变更请求，应该通过实施整体变更控制过程对变更请求进行审查和处理。预防措施可包括推荐的变更，以消除或降低不利进度偏差（SV）的发生概率。

6．项目管理计划更新

可能需要变更请求的项目管理计划组成部分主要包括（但不限于）进度管理计划和成本基准。

7．项目文件更新

可在本过程更新的项目文件包括（但不限于）：活动属性、假设日志、持续时间估算、经验教训登记册、资源需求和风险登记册。

5.7　控 制 进 度

项目进度计划为项目的实施提供了科学、合理的依据，目的是确保项目可以如期完成。但是，由于外部环境的变化以及一些出乎预料的事情发生，在进度计划的实施过程中，项目的实际进度经常会与进度计划发生偏差。如果不能及时纠正这些偏差，就可能导致项目延期完成，甚至影响项目目标的实现。

控制进度（Control Schedule）就是根据项目进度计划对项目的实际进展情况进行对比、分析和调整，从而确保项目进度目标的实现。其主要内容包括：

1）确定项目的进度是否发生了变化。如果发生了变化，找出变化的原因。如果有必要，就采取措施加以纠正。

2）对影响项目进度变化的因素进行控制，从而确保这种变化朝着有利于项目目标实现的方向发展。

控制进度的主要工作见表 5-11。

表 5-11　控制进度的主要工作

依据	工具和方法	结果
项目管理计划 项目文件 工作绩效数据 组织过程资产	进度报告 进度比较横道图 差异分析 假设场景分析 提前量和滞后量 进度压缩 项目管理信息系统	工作绩效信息 进度预测 变更请求 项目管理计划更新 项目文件更新

5.7.1　控制进度的依据

1．项目管理计划

项目管理计划的进度基准信息可用于实施进度控制。进度基准是进度控制的主要依据，为衡量进度的执行情况提供了基准尺度。

2．项目文件

可作为本过程输入的项目文件包括（但不限于）：经验教训登记册、项目日历、项目进度计划、资源日历、进度数据。

3．工作绩效数据

工作绩效数据提供了有关进度绩效的信息，如哪些计划日期已按期完成，哪些还未按期完成。工作绩效数据还可以提醒项目团队注意将来可能在进度实施方面出现的问题。

4. 组织过程资产

组织过程资产详细解释见项目范围管理的相关内容。在此，组织过程资产包括现有的与成本控制相关的正式或非正式的准则、程序，同进度管理、进度控制工具及监控和报告方法等相关的内容。

5.7.2 控制进度的工具和方法

控制进度的工具和方法很多，其中假设场景分析、差异分析、进度压缩、提前量和滞后量、项目管理信息系统在前面章节已做详细介绍，在此不再赘述。

1. 进度报告

进度报告及当前进度状态包括如下一些信息，如实际开始日期与完成日期，以及未完成计划活动的剩余持续时间。如果使用了挣值分析等绩效测量方法，则进度报告也可能含有正在进行的计划活动的完成百分比。为了便于定期报告项目的进度，组织内参与项目的各个单位可以在项目生命周期内自始至终使用统一的模板。模板可以用纸，也可以用计算机文件。

例如，A公司研制和生产移动通信设备，现进行一项新产品开发。为有效地跟踪和控制该项目，公司的产品研发团队形成了“日填、周报、月总结”的机制，他们每天填写日志；周末把自己的工作日志分类汇总，交给项目经理，项目经理再汇总到项目周报中；月末进行总结，形成报告。通过这一机制，每个项目成员每天都会参照项目计划关注自己的进度完成情况，所以实际进展与进度计划能够保持一致。

2. 进度比较横道图

为了节省分析项目进度的时间，使用进度比较横道图很方便。图中每一计划活动都画两条横道。一条表示当前实际状态，另一条表示经过批准的项目进度基准状态。这种方法直观地显示出何处绩效符合计划，何处绩效已经延误。

5.7.3 控制进度的结果

1. 工作绩效信息

工作绩效信息包括与进度基准相比的项目工作执行情况。可以在工作包层级和控制账户层级，计算开始日期和完成日期的偏差以及持续时间的偏差。对于使用挣值分析的项目，进度偏差（SV）和进度绩效指数（SPI）将记录在工作绩效报告中。

2. 进度预测

进度更新即进度预测，是指根据已有的信息和知识，对项目未来的情况和事件进行的估算或预计。随着项目执行，应该基于工作绩效信息，更新和重新发布预测。这些信息基于项目的过去绩效，并取决于纠正或预防措施所期望的未来绩效，可能包括挣值绩效指数，以及可能在未来对项目造成影响的进度储备信息。

3. 变更请求

进度差异分析、对进度绩效报告的审查、绩效测量结果，以及对项目进度模型的修正都会对项目进度基准提出变更请求。请求的变更是通过整体变更控制过程来审查和处理的。

4. 项目管理计划更新

项目管理计划的任何变更都以变更请求的形式提出，并且通过组织的变更控制过程进行处理。可能需要变更请求的项目管理计划组成部分包括（但不限于）：进度管理计划、进度基准、成本基准、绩效测量基准。

5．项目文件更新

可在本过程更新的项目文件包括（但不限于）：假设日志、估算依据、经验教训登记册、项目进度计划、资源日历、风险登记册和进度数据。

本章小结

本章首先介绍了项目进度管理的含义和进度管理的工作过程，之后较为详尽地阐述了规划进度管理、定义活动、排列活动顺序、估算活动持续时间、制订进度计划和控制进度各个过程的依据、采用的工具和方法以及得到的结果。本章应重点掌握的方法是节点法、箭线图、甘特图、关键路径法、关键链法和计划评审技术等方法。

自测题

一、判断题

1．在节点图中，箭线代表活动。（　　）

2．在箭线图中，虚工作不占用时间和资源。（　　）

3．估算活动持续时间仅考虑活动所消耗的实际工作时间。（　　）

4．计划评审技术的活动工期不是固定的，而是用期望值表示的。（　　）

5．计划评审技术的活动工期估算比关键路径法更符合实际。（　　）

6．关键链法中考虑了不确定性因素。（　　）

7．CPM 和 PERT 在时间的估计和分析上是相同的。（　　）

二、单选题

1．下列表述正确的是（　　）。

A. 活动排序就是把要完成的活动按工作量大小排好，以便一项一项地完成

B. 活动排序就是确定各活动之间完成的先后顺序

C. 活动排序就是按照各种计划一项一项地完成

D. 活动排序是按照活动的必然依存关系进行排序的

2．某项任务工期的最乐观时间为 3 天，正常时间为 6 天，最悲观时间为 9 天，此任务的预期工期为（　　）。

A. 3 天　　B. 6 天　　C. 9 天　　D. 8.5 天

3．应用进度变更控制系统的一个好处是它包含（　　）。

A. 进度变更所必须遵循的程序　　B. 对报告进度执行情况的需要

C. 评估进度变更偏差的方法　　D. 对测量进度执行情况的需要

4．在 CPM 网络中，A 为 B 的紧前活动，则表示（　　）。

A. 活动 A 完成后 B 马上就要开始　　B. 活动 A 完成是 B 开始的充分条件

C. 活动 B 在活动 A 完成后才能开始　　D. 活动 A 和 B 同为关键路径或非关键路径

5．项目进度计划控制过程将集中于哪些活动上（　　）。

A. 比计划开始早的　　B. 比计划开始晚的

C. 与项目计划有偏离而无论早或晚的　　D. 只是关键路径上的

6．在关键链的末端附加整块的安全时间被称作（　　）。

A. 项目缓冲　　B. 接驳缓冲　　C. 弹性时间　　D. 资源缓冲

7．活动逻辑关系中的“结束（A）—开始（B）”关系是指：（ ）。

A. 活动A不结束，活动B不能开始　B. 活动A结束时，活动B必须已经开始

C. 只有活动B开始后，活动A才能结束　D. 活动A结束与活动B开始必须同时进行

8．有关关键路径的正确描述是（ ）。

A. 关键路径是指在项目开始到完成的多条路径中耗时最多的那条路径

B. 关键路径是指在项目开始到完成的多条路径中耗时最短的那条路径

C. 网络图中最多存在一条关键路径

D. 关键路径上的某活动延误一天，不影响整个项目的完工时间

9．某项活动T的工期为5天，其前置活动有A、B、C三个活动。如果活动A、B、C的最早完成时间分别为第4天、6天、5天，则下面正确的描述是（ ）。

A. 活动T的最早完成时间是第6天　B. 活动T的最早完成时间是第11天

C. 活动T的最迟开始时间是第4天　D. 活动T的最迟完成时间是第11天

10．你正在改造你的厨房并决定为此项目准备一个网络图，你必须购买好用具并于橱柜建成时准备安装。这种情况下，购买用具与建橱柜的关系是（ ）。

A. 开始—结束　B. 开始—开始　C. 结束—开始　D. 结束—结束

三、多选题

1．活动持续时间估算的主要工具和方法有（ ）。

A. 专家判断法　B. 类推估算　C. 时间序列法预测　D. 回归分析法

2．下列表述正确的是（ ）。

A. 最早完成时间可在这项活动最早开始时间的基础上加上这项活动的工期估计

B. 最迟完成时间以项目预计完成时间为参照点进行逆向计算

C. 最迟完成时间可在后置活动的最迟开始时间基础上计算出来

D. 最迟开始时间可在该活动最迟完成时间的基础上加上该活动的工期得出

3．在制订进度计划时，常用的工具是（ ）。

A.WBS　B. 计划评审技术　C. 甘特图　D. 关键路径法

4．PERT计划适用下列哪些项目（ ）。

A. 不可预知因素较多的项目　B. 过去未做过的新项目

C. 复杂的项目　D. 研制新产品的项目

5．（ ）是属于网络计划的方法。

A. WBS　B. CPM　C. PERT　D. 甘特图

6．对比关键路径法和计划评审法，下列表述正确的是（ ）。

A. 关键路径法主要应用于以往在类似项目中已取得一定经验的项目

B. 计划评审法更多地应用于经验较少的研究与开发项目

C. 如果任务工期无法正确估计，一般采用计划评审法

D. 关键路径法属于非肯定型方法，计划评审法属于肯定型方法

7．下列表述错误的是（ ）。

A. 如果进度计划进行了修改，关键路径不会发生变化

B. 如果时差为负，表示将在预定时间内提前完成项目

C. 如果时差为正，表示将在预定时间内提前完成项目

D. 如果时差为正，表示在预定时间内无法完成项目

四、计算题

某项目的网络图，如图5-30所示，各活动的工作持续时间如各活动上标所示（单位：周）。

1．求解所有活动的最早开始时间、最早完成时间、最迟开始时间、最迟完成时间、总时差和自由时差。

2．指出该项目的关键路径。

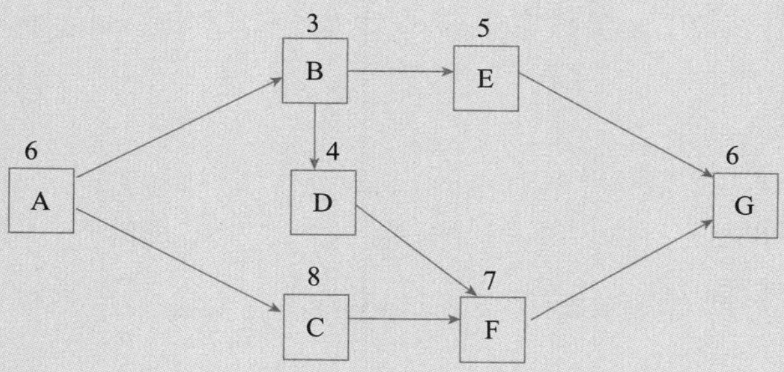

图 5-30　某项目的网络图

思　考　题

1．项目进度管理的工作内容有哪些？
2．定义活动的工具和方法都有哪些？
3．箭线图和节点图有哪些异同点？
4．什么是三点估算法？
5．制订进度计划的工具和方法都有哪些？
6．什么是关键链法？
7．什么是计划评审技术？

案　例

韦氏世帆赛参赛准备的进度计划

每年，许多国家的帆船代表队会参加历时 9 个月的韦氏世界帆船赛。近年来，大约有 14 个国家在这一竞赛中投入了帆船。每年参赛的帆船都代表着每个国家拥有的最新技术和人员技能。

比约恩·埃里克森被选为项目经理（以下简称 B），这是因为他曾作为舵手获得了“世界上最好的竞赛帆船设计者”的美誉。项目的主要目标是在开始比赛之前的 45 周时间里，造出比赛用船，并选拔船员，让船员做好参赛准备。

B 邀请工程师卡杯（以下简称 C）和舵手特里格维（以下简称 T）与他一同参与该项目的所有工作。

C 主要负责造船工作，从设计、建造和检验帆船所需的主要活动描述和排序开始。C 最初注意到船体、甲板、桅杆等的设计只需 6 周。在设计完成后，船体建造需要 12 周，桅杆、帆布等需要 29 周的交货期，假设桅杆、帆布在设计前即可订货。建造完船体，建造甲板、船体密封等共需要 10 周，安装桅杆等需要 8 周。所有工作完成后这艘船就可以试航，还需要 5 周。

同时，T 作为舵手着手组建和训练比赛团队。他要选择 12 名船员，他认为船员全身心投入和安排住宿需要 9 周，日常航行和维修、订购设备、船员培训分别需用 15 周、7 周、10 周，而初步试航还需用7周。

B对C和T展现出来的专业技能很满意，然而他认为该项目还需要建立一个关键路径网络，以便查看他们是否能够保证满足竞赛开始时间的最终期限，并通过制订项目进度计划压缩项目的进度。两周后，C和T提交了每项活动的相应的时间估计，并列出了项目的关键路径。[⊖]

问题：

1. 他们可以采用哪些方法估计项目中的各项活动的持续时间？
2. 试结合案例利用双代号网络图法绘制该项目的关键路径图。
3. 试计算完成该项目的最短时间是多少？

⊖ 格雷，拉森．项目管理教程[M]．王立文，徐涛，张择，译．北京：人民邮电出版社，2005.

第6章

项目成本管理

学习目标

- 理解项目成本管理的含义及其理念
- 了解项目成本管理应考虑的因素及工作过程
- 掌握规划成本管理的依据、工具和方法及结果
- 掌握估算成本的依据、工具和方法及结果
- 掌握制定预算的依据、工具和方法及结果
- 掌握控制成本的依据、工具和方法及结果

导入案例

众所周知，悉尼歌剧院是一个非常宏伟壮观的建筑，是澳大利亚主要的艺术中心，还是著名的旅游胜地。然而，当年悉尼歌剧院的设计和建造却是件十分棘手的事情。

悉尼歌剧院从20世纪50年代开始构思兴建，1955年起公开搜集设计作品，至1956年共有32个国家233个作品参选。经评委评选，丹麦建筑师约恩·乌松（Jørn Utzon）的设计“屏雀”入选。这个“屏雀”方案最初的项目估算成本是700万美元。但在建造过程中，各种预想不到的因素使悉尼歌剧院项目在工程和资金方面出现了诸多困难，耗时长达16年，并耗费了1.07亿美元（比最初估计超出1亿美元），直至1973年10月20日才正式投入使用⊖。你一定很想知道如何才能避免项目中出现的上述失误吧？通过学习本章的项目成本管理，或许这个问题会迎刃而解。

6.1 概　　述

视频

在完成任何一个项目的过程中，必然要发生各种物化劳动和活劳动的消耗，这种耗费的货币表现就是项目成本（Project Cost）。项目成本构成如图6-1所示。

（1）项目决策和定义成本　项目决策和定义成本是指在项目启动过程中，用于信息收集、可行性研究、项目选择以及项目目标确定等一系列的决策分析活动所花费的成本费用。

⊖ 秒懂百科．悉尼歌剧院［EB/OL］．［2022-03-17］．http://baike.baidu.com/view/14473.html.

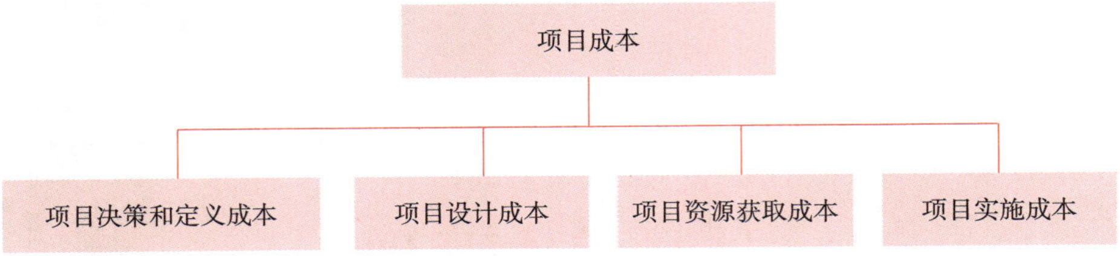

图 6-1　项目成本构成

（2）项目设计成本　项目设计成本是指用于项目设计工作所花费的成本费用，如项目施工图设计费用、新产品设计费用等。

（3）项目资源获取成本　项目资源获取成本是指为了获取项目所需的各种资源而花费的成本费用，如对项目所需物资设备的询价、供应商选择、合同谈判与合同履约等的管理所需发生的费用（人力、物力、财力），但不包括所获资源的价格成本。

（4）项目实施成本　项目实施成本是指为达到项目的目标而耗用各种资源时发生的费用，它是项目总成本的主要构成部分。项目实施成本具体包括：人力资源成本、物料成本、设备成本、顾问费用，以及其他不可预见费用。

在以下的讨论中，我们主要考虑项目的实施成本。

项目成本管理（Project Cost Management）是指为保证项目实际发生的成本不超过项目预算成本所进行的规划成本管理、估算成本、制定预算和控制成本方面的管理过程和活动。通过项目成本管理可以使项目团队及时发现和处理项目执行中出现的成本方面的问题，以便达到有效节约项目成本的目的。

项目成本管理的工作过程，如图 6-2 所示。

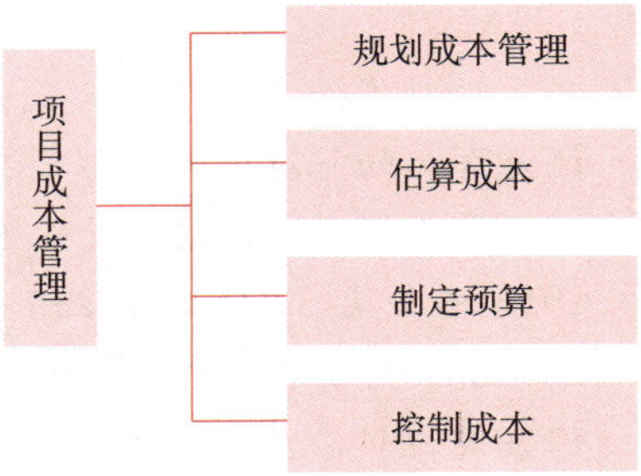

图 6-2　项目成本管理的工作过程

（1）规划成本管理　规划成本管理是确定如何开展项目成本管理工作的过程，包括规定采用的相关政策、程序、工具和技术，以及相应的文件内容、格式等事宜。

（2）估算成本　估算成本是对完成项目需要使用的资金进行估算的过程。

（3）制定预算　制定预算是在估算成本的基础上，将成本估算的结果分配到单项活动或工作包上，确定成本基准的过程。

（4）控制成本　控制成本是按照先前确定的成本基准监督项目状态，以更新项目成本，进行成本基准变更的过程。

需要注意的是，虽然在图 6-2 所示的工作过程之间有明确的界限，但在项目的具体实践中，上述过程之间是相互作用的，并且与项目的其他管理也可能交叉重叠、互相影响。对于某些项目，特别是一些中、小型项目，成本估算、成本预算和成本控制之间联系尤其紧密。

6.2　规划成本管理

规划成本管理是确定如何估算、预算和控制项目成本的过程。本过程的目的是为整个项目期间如何管理项目成本提供指南和方向。本过程仅开展一次。

规划成本管理的工作过程见表 6-1。

表 6-1　规划成本管理的工作过程

依据	工具和方法	结果
项目章程 项目管理计划 事业环境因素 组织过程资产	专家判断法 备选方案分析 会议	成本管理计划

6.2.1　规划成本管理的依据

1．项目章程

项目章程规定了预先批准的财务资源，可据此确定详细的项目成本。项目章程所规定的项目审批要求，也对项目成本管理有影响。

2．项目管理计划

项目管理计划组件包括（但不限于）：进度管理计划，风险管理计划。

3．事业环境因素

能够影响规划成本管理过程的事业环境因素包括（但不限于）：

1）能够影响成本管理的组织文化和组织结构。

2）市场条件，决定着在当地及全球市场上可获取哪些产品、服务和成果。

3）货币汇率，用于换算发生在其他国家的项目成本。

4）发布的商业信息，可以从商业数据库中获取资源成本费率及相关信息，跟踪具有相应技能的人力资源成本数据，也提供材料与设备的标准成本数据；还可以从卖方公布的价格清单中获取相关信息。

5）项目管理信息系统，可为管理成本提供多种方案。

6）不同地区的生产率差异，可能会对项目成本造成巨大影响。

4．组织过程资产

能够影响规划成本管理过程的组织过程资产包括（但不限于）：财务控制程序（如定期报告、必需的费用与支付审查、会计编码及标准合同条款等），历史信息和经验教训知识库，财务数据库，目前与成本估算和预算有关的政策、程序和指南。

6.2.2　规划成本管理的工具和方法

规划成本管理的工具和方法包括：专家判断法、备选方案分析、会议。这些内容均已在前面章节详细介绍了，这里不再重复。

6.2.3　规划成本管理的结果

规划成本管理工作结束后将得到一份由项目经理和其团队编制的项目成本管理计划。在该项计划中，应明确规定项目成本估算、预算和控制等工作的程序、所采用的工具和方法、文档的统一格式等事项。例如，应确定成本估算的精确程度（如何取整）、计量单位、WBS

框架与项目成本的协调性、控制阈值（如应急储备）、挣值分析规则、报告格式、编制频率以及成本管理过程的书面描述等。

项目成本管理计划是项目管理计划的子计划，其可以是正式的或非正式的，既可以非常详细也可以高度概括，具体可依据项目的实际情况来定。

6.3 估算成本

估算成本是指为实现项目的目标，根据项目活动资源估算所确定的资源需求，以及市场上各项资源的价格信息，对项目所需资源的全部成本进行的估算。

项目成本估算通常比较复杂，特别是对持续时间比较长的项目来说。因为随着项目的进行可能会出现新的可用的资源，况且原来资源的价格也可能发生变化，所以项目成本估算应随着项目的进展而进行适当的调整，以确保项目的实施能以项目成本估算为依据。项目成本估算还要考虑各种不同的成本替代方案对项目产生的影响。例如，在设计阶段增加额外工作量会增加项目的设计成本，但是高质量的设计可能会减少项目的实施成本。所以，在成本估算过程中必须考虑在设计阶段多增加的设计成本能否和实施阶段节约的成本相抵，仔细地分析这两种成本的此消彼长关系对项目总成本的影响程度，在不影响项目质量和时间等因素的前提下，尽量使项目的总成本最小。

此外，项目成本估算和项目报价是两个既有区别又有联系的概念。项目成本估算是项目组织对其提供产品或服务产生的成本总和；项目报价则是一项经营决策，即项目组织就其所提供的产品或服务，向客户收取的、应得的收入总和。项目报价中不仅包括项目成本，还包括从事项目的组织应获取的报酬。项目成本估算是项目组织进行项目报价时所需考虑的重要因素之一，即项目成本估算是项目报价的基础。

项目成本估算是项目成本管理的核心内容，一般编制项目成本估算的三个步骤是：

1）识别和分析项目成本的构成要素，即项目成本由哪些资源类别构成。

2）估算每项项目成本构成要素的单价和数量。

3）分析成本估算的结果，识别各种可以相互代替的成本，协调各种成本的比例关系。

估算成本的主要工作见表 6-2。

表 6-2 估算成本的主要工作

依据	工具和方法	结果
项目管理计划 项目文件 事业环境因素 组织过程资产	专家判断法 储备分析 自上而下估算 参数模型估算法 自下而上估算 三点估算法 项目管理信息系统	成本估算 估算依据 项目文件更新

6.3.1　估算成本的依据

1．项目管理计划

项目管理计划组件包括（但不限于）：成本管理计划、质量管理计划、范围基准、项目范围说明书、WBS、WBS 字典。

2．项目文件

可作为本过程输入的项目文件包括（但不限于）：经验教训登记册、项目进度计划，以及资源需求和风险登记册。在这里主要说明资源需求和风险登记册。

（1）资源需求　决定项目成本估算的主要因素是资源的类型和数量，以及这些资源用于项目工作的持续时间。活动资源估算涉及确定完成计划活动所需人员、设备、材料的数量和其可用性。如果项目估算考虑了包括利息等的融资成本和在计划活动持续时间内按时使用资源，则活动持续时间估算将影响项目成本估算。

（2）风险登记册　在编制项目成本估算时，项目团队将考虑项目风险应对方面的信息。当项目遭遇不利风险时，不但项目成本增加，而且项目进度也会延迟。

3．事业环境因素

会影响估算成本过程的事业环境因素包括（但不限于）：市场条件、商业数据库、汇率和通货膨胀率。

4．组织过程资产

在编制项目成本管理计划时，将考虑已有的计划、方针、程序和指导原则，选择适用的成本估算工具、监测和报告方法。

6.3.2　估算成本的工具和方法

视频

估算成本方法中的专家判断法、储备分析和项目管理信息系统分别在第 3 章和第 5 章详细叙述，本节不再赘述，这里介绍其他方法。

1．自上而下估算法

自上而下估算法（Top-Down Estimating）也称类比估算法，其过程是由上到下一层层地进行的，它是一种最简单的成本估算方法，实质上也是专家评定法。通常在项目的初期或信息不足时采用此种方法。它是将以前的类似项目的实际成本的历史数据作为估算依据，并以此来估算项目成本的一种方法。采用类比估算法所需的成本通常低于其他方法，但其精确度通常也较差。

例如，某办公楼装修工程估算所需成本为 500 万元，大致分为两项，即内装修（活动 1）和外装修（活动 2），内装修又分为墙体地面装修（活动 3）和水电管网改造（活动 4），如图 6-3 所示。还可以继续细分，这种方法的主要步骤为：

1）由项目的中上层管理人员收集类似项目成本的相关历史数据。

2）项目的中上层管理人员通过有关成本专家的帮助对项目总成本进行估算。

3）按照 WBS 图的层次把项目总成本的估算结果自上而下传递给下一层的管理人员。在此基础上，基层管理人员对自己负责的子项目的成本进行估算。

4）继续向下逐层传递上层的估算，一直传递到 WBS 图的最底层为止。

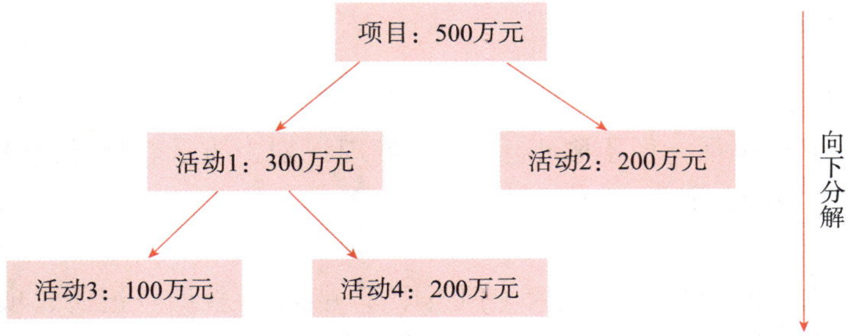

图 6-3 自上而下估算法

自上而下估算法的优点主要包括：

1）简单易行、花费少，尤其适合在项目的详细资料难以获取时使用。

2）在总成本估算上具有较强的准确性。

3）对各活动的重要程度有清楚认识，从而可以避免过分重视某些不重要的活动或忽视某些重要的活动。

但自上而下估算方法也存在一些局限性。当项目总成本按照 WBS 图的路径逐级向下分配时，可能会出现基层人员认为一些下层活动分到的成本不足，难以完成相应任务的情况，然而碍于权力的威严，基层人员未必会立即表达自己对此估算的不同看法，也不可能就合理的估算分配方案与上一级管理人员进行沟通，只能等待上一级管理人员自己发现其中的问题才能进行纠正，这样就会使项目的进度拖延，造成资源浪费，甚至导致项目失败。

2. 参数模型估算法

参数模型估算法（Parametric Modeling）是一种比较科学的、传统的估算方法，它是把项目的一些特征作为参数，通过建立一个数学模型来估算项目成本的方法。参数模型估算法在估算成本时，只考虑对成本影响较大的因素，对成本影响较小的因素则忽略不计，因而用此法估算的成本精确度不高。

采用参数模型估算法时，如何建立一个合适的模型，对于保证成本估算结果的准确性非常重要。为了保证参数模型估算法的实用性和可靠性，在建立模型时，必须注意如下几点：

1）用来建模所参考的历史数据的精确性。

2）用来建模的参数是否容易量化。

3）模型是否具有通用性。

例 6-1：某安装项目的工艺设备已经选定，其他的活动还未设计，所以采用参数模型估算法来估算该安装项目成本。通过分析，设计该安装项目的成本估算模型如下：

$$Y = EW \tag{6-1}$$

式中 Y——新项目所需要的投资额；

E——参数（通过以前的历史数据分析得到）；

W——已知项目的投资额。

假设已知与被估算设备类似的 G 设备的投资额为 W，又已知 G 设备及其安装费与设备投资额的关系式为 B=1.22W，还已知 G 设备总建设费与设备及其安装费的关系式为 Y=1.54B。

则总建设费 $Y=1.54B=1.54\times1.22W=1.88W$

此时的参数 E 为 1.88，当获知了 G 设备的投资额 W 后，就可以估算出新项目的总建设费了。

3．自下而上估算法

自下而上估算法（Bottom-Up Estimating），也称工料清单估算法，其首先估算各个活动的独立成本，然后将各个活动估算成本自下而上地汇总，从而估算出项目的总成本。

采用自下而上估算法估算项目成本时，由于参加估算的部门和需估算的活动较多，有必要将各项活动资源的度量单位加以统一。自下而上估算法的优点在于它是一种参与管理型的估算方法，比起那些没有亲身参与工作的上级管理人员，基层管理人员往往会对资源的成本估算有着更准确的认识。另外，由于基层管理人员直接参与具体的成本估算工作，还可促使他们更乐于接受估算成本的最终结果，从而提高了估算成本工作的效率。

在实际工作中，自下而上估算法应用得非常少，上层管理人员一般不会相信基层管理人员收集汇报的成本估算信息，认为他们会夸大自己负责的活动的资源需求，片面强调自己的工作的重要性。另外，有些高层管理人员认为估算成本是组织控制项目的最重要工具，从而不信任下属的工作能力和经验。自下而上估算法最大的缺陷还在于，该方法存在一个独特的管理博弈过程。基层管理人员可能会过分夸大自己负责的活动的成本估算，因为他们担心日后因实际成本高于估算成本而受到惩罚，同时也期望因实际成本低于估算成本而获得奖励。高层管理人员则会按照一定的比例削减基层人员所做的成本估算，从而使所有的参与者陷入一个博弈怪圈。

4．三点估算法

项目成本管理中的三点估算法类似于项目时间管理中的三点估算法。在充分考虑估算中的不确定性程度后，使用三种估算值来界定活动成本的近似区间：

（1）最可能成本 C_M　最可能成本表示在正常情况下所估计的最现实的估算成本。

（2）最乐观成本 C_O　最乐观成本表示在最理想情况下所估计的最低的项目活动成本。

（3）最悲观成本 C_P　最悲观成本表示在最坏情况下所估计的最高的项目活动成本。

基于项目活动成本在三种估算区间的假定分布情况，可以使用公式估计成本 C_E。基于三角分布和贝塔分布的常用公式为

$$\text{三角分布}\ C_E=(C_O+C_M+C_P)/3 \tag{6-2}$$

$$\text{贝塔分布}\ C_E=(C_O+4C_M+C_P)/6 \tag{6-3}$$

6.3.3　估算成本的结果

1．成本估算

成本估算是对实施项目的各项工作所需成本的量化说明，既可以是对成本总额的估算，也可以是对分项的估算。成本计量通常以货币单位（如元、欧元、美元等）表示，但有时为了方便也可用人 / 天或人 / 小时等单位。成本估算应涵盖项目所有活动所需的全部资源（包括人力、财力、物力），并考虑通货膨胀或意外事项等。

2．估算依据

因应用领域差异，估算成本时所采用的数量计量尺度和依据的信息类型会有所不同。估

算成本所依据的信息包括：活动工作范围的描述，估算成本编制的依据，以及所做假设、制约条件和估算范围的文字记载。

3．项目文件更新

在估算成本时可能还需要根据情况对风险登记册等进行更新。

6.4 制定预算

制定预算（Project Cost Budget）是一项确定项目各项活动的成本定额，并确定项目应急准备金的标准和使用规则，从而为测量项目实际绩效提供标准和依据的管理工作。制定预算是进行项目成本控制的基础，也是项目成功的关键因素，其中心任务是将项目成本估算结果分配到项目的各项活动上，估计项目各项活动的资源需要量。

制定预算的内容一般包括直接人工成本预算、咨询服务成本预算、资源采购成本预算和应急储备金预算。其中，需要关注的预算项目是应急储备金预算。应急储备金是指为项目在实施过程中发生意外情况而准备的保证金，提高应急储备金估计的准确性可以减轻项目中意外事件的影响程度。在项目进展的实际过程中，应急储备金的储备是非常必要的，特别是大中型项目必须准备充足的应急储备金。

应急储备金可以作为制定预算的底线，如果在每个项目条款中都能清楚地确定应急储备金的水平，那么项目实际的应急储备金水平将可以容易获得，其最终的结果是将所有条款中应急储备金的数量加以汇总，从而确定其占整个成本预算的比重。

制定预算的主要工作见表 6-3。

表 6-3 制定预算的主要工作

依据	工具和方法	结果
项目管理计划 项目文件 商业文件 协议 事业环境因素 组织过程资产	专家判断法 项目成本累计汇总 储备分析 资源均衡分析	成本基准 项目资金需求 项目文件更新

6.4.1 制定预算的依据

1．项目管理计划

项目管理计划组件包括（但不限于）：成本管理计划、资源管理计划、范围基准。

2．项目文件

可作为本过程依据的项目文件包括（但不限于）：估算依据、项目进度计划、风险登记册等。

3．商业文件

可作为本过程依据的商业文件包括（但不限于）：商业论证、效益管理计划。

4. 协议

在制定预算时，需要考虑将要或已经采购的产品、服务或成果的成本，以及适用的协议信息。

5. 事业环境因素

会影响估算成本过程的事业环境因素包括（但不限于）汇率。对于持续多年、涉及多种货币的大规模项目，需要了解汇率波动并将其纳入预算制定过程。

6. 组织过程资产

会影响制定预算过程的组织过程资产包括（但不限于）：已有的与成本预算有关的政策、程序和指南，历史信息和经验教训知识库，成本预算工具报告方法。

6.4.2　制定预算的工具和方法

制定预算的工具和方法中的专家判断法、储备分析和资源均衡分析已经在前面章节叙述，故本节不再赘述。以下仅对项目成本累计汇总方法进行介绍。

项目成本累计汇总的目的是编制项目成本基准，具体流程如下。

1. 分摊项目活动估算成本

项目活动估算成本分摊的目的是将成本估算的结果分配到 WBS 中的各个工作包之中。首先，可将估算成本的结果按一定的比例分配到各大类成本要素（如人工、原材料、设备等）中；然后，再分别按每大类的成本要素细分至 WBS 中的工作包。具体分配方法有两种：一种是自上而下法，即在总项目成本（即人工、原材料、设备等）之内按照每个工作包的工作范围，以总项目成本的一定比例分摊到各个工作包中；另一种是自下而上法，它是依据与每一工作包有关的具体活动而做成本估计的方法。

例如，某广场安装音乐喷泉，该项目成本估计约为 1000 万元，其中人工费 35%，材料费 25%，设备费 40%，即人工费 350 万、材料费 250 万、设备费 400 万。在成本估算过程中，还应加上 100 万元的应急储备金，项目成本总估算为 1100 万元。项目估算按活动细化为设计施工（活动 1）、设备采购（活动 2）、安装调试（活动 3）进行分配。在设备采购（活动 2）中又按喷水（工作包 1）和音响（工作包 2）继续细化，预算具体金额如图 6-4 所示。

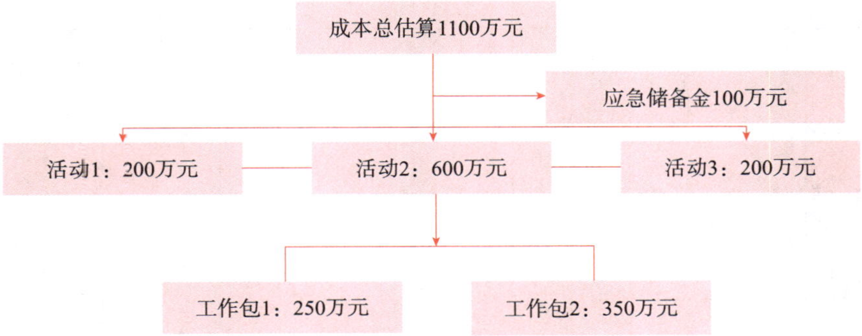

图 6-4　成本预算分摊示意图

这里为防止遗漏，也可以编制成本分摊结构表进行成本预算。表 6-4 是一个堤坝建设工程的成本分摊结构表示例。

表 6-4 成本分摊结构表示例

（单位：元）

编码	项目名称	人工费	材料费	机械使用费		其他费	其他直接费	现场经费	间接费	利润	税金	临时工程摊销	合计
				一类	二类								
3.1	堤身填筑	99826		371668	405113	36700	36535	47500	37994	72472	35669	22867	1166347
3.1.1	1+300～1+800	51216		286925	263526	19200	24835	32285	25829	49267	24249	15547	792882
3.1.1.1	挖、装、运，汽运 2km	11381		253765	186433	9600	18446	23981	19186	36595	18014	11549	588950
3.1.1.2	拖拉机压实 d=1.65	39835		33160	77096	9600	6389	8304	6643	12672	6235	3998	203932
3.1.2	1+800～2+300	48610		84743	141587	17500	11700	15215	12165	23205	11420	7320	373465
3.1.2.1	推运 60m	7115		50201	61279	7500	5045	6565	5245	10005	4925	3155	161035
3.1.2.2	拖拉机压实 d=1.65	41495		34542	80308	10000	6655	8650	6920	13200	6495	4165	212430
3.2	堤基处理	2205		16662	20340	3120	1693	2200	1761	3358	1654	1042	54035
3.2.1	1+300～1+800	1043		8053	9830	1650	823	1069	856	1632	804	515	26275
3.2.1.1	推运 40m	1043		8053	9830	1650	823	1069	856	1632	804	515	26275
3.2.2	1+800～2+300	1162		8609	10510	1470	870	1131	905	1726	850	527	27760
3.2.2.1	推运 50m	1162		8609	10510	1470	870	1131	905	1726	850	527	27760
3.3	填塘固基	2939		22695	27702	4650	2319	3013	2412	4601	2266	1476	74073
3.3.1	1+300～1+800	1327		10249	12511	2100	1047	1361	1089	2078	1023	680	33465
…	…	…	…	…	…	…	…	…	…	…	…	…	…

2．制定累计成本预算基准

在整个项目实施期间，对每个工作包的成本预算进行分配，即确定各项成本预算支出的时间，以及每一个时点所发生的累计成本支出额度。通过将每一阶段的总预算成本分摊到项目实施的各期间，就能确定这一期间应该支出的成本预算额度。这个数字用截至某期的每期预算成本总和表示。这一合计数，也称作累计预算成本基准，其也是分析项目成本绩效的基准。

制定累计成本预算基准过程中的核心工作是建立成本基准。成本基准是按时间分段的预算，通常以 S 曲线的形式表示。成本基准是项目管理计划的一个组成部分。成本基准的建立步骤如下：

1）选定恰当的成本累计区间。

2）将每项任务的成本或每个工作包的总预算成本（Total Budget Cost，TBC）分摊到成本累计区间。

3）对截至某一期间的预算成本加总，得到某期为止的工程预算值，也称累计预算成本（Cumulative Budgeted Cost）。由累计预算成本形成的一条 S 形曲线，即成本基准，如图 6-5 所示。

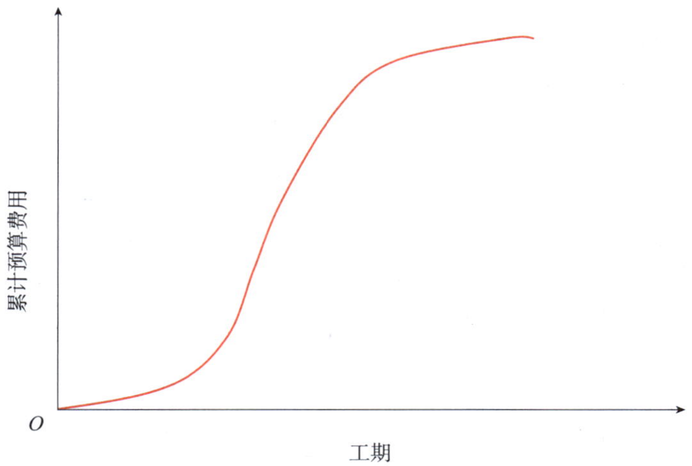

图 6-5　累计预算成本 S 形曲线图

在编制成本预算时要填写预算单，完成成本预算。预算单上需要包括劳动力、分包商和顾问、专用设备和工具、原材料等内容。

例 6-2：某公司生产并安装一台大型机床，成本估算的结果是 130 万元。要求：编制该项目的成本预算。

分析：成本预算的编制首先要对成本估算进一步精确、细化并按 WBS 分配到项目各组织部分直至各工作包，以最终确定成本预算；其次要将预算成本按项目进度计划分摊到项目的各个阶段，建立每一阶段的项目预算成本，以便在项目实施阶段利用其进行成本控制，故制定预算包括两个步骤：一是确定并分摊预算总成本，二是制定累计预算成本。具体操作如下：

首先，分摊预算总成本。上述大型机床预算总成本分摊如图 6-6 所示。

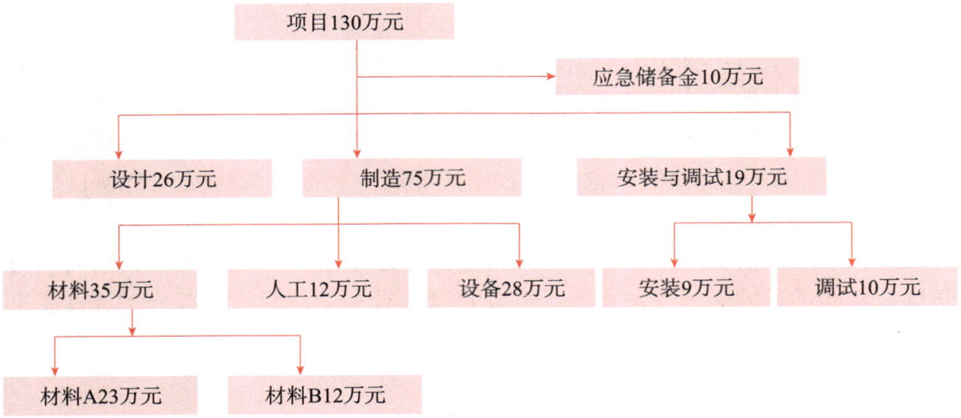

图 6-6　预算总成本分摊示意图

图 6-6 表明了把 120 万元的项目成本分摊到 WBS 中的设计、制造、安装与调试各个阶段的情况。

其次，制定累计预算成本。在制定累计预算成本时，要编制大型机床项目每期预算成本表见表 6-5。

对于大型机床项目，表 6-5 表示了估计工期如何把每一阶段的预算总成本分摊到各工期，也表示了整个项目的每期预算成本及其累计预算成本。

根据表 6-5 的数据，可以绘出累计成本 S 形曲线图，如图 6-7 所示。

表 6-5　机床项目每期预算成本表　（单位：万元）

阶段	合计	周											
		1	2	3	4	5	6	7	8	9	10	11	12
设计	26	5	5	8	8								
建造	75					9	9	15	15	14	13		
安装与调试	19											10	9
合计	120	5	5	8	8	9	9	15	15	14	13	10	9
累计		5	10	18	26	35	44	59	74	88	101	111	120

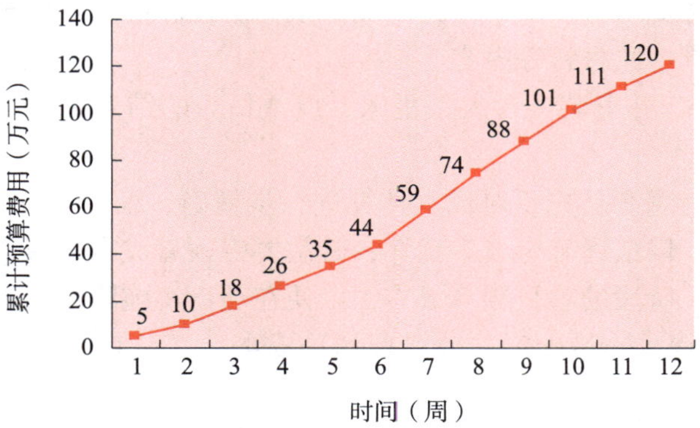

图 6-7　累计成本 S 形曲线图

6.4.3　制定预算的结果

制定预算的结果包括成本基准、项目资金需求和项目文件更新。

1．成本基准

成本基准是经过批准，而且按照时间段确定的资源支出说明，即为每个时间段的成本预算之和，通常用 S 曲线的形式表示。成本基准一经确定不能随意改动，只有通过正式的变更程序才能变更。成本基准可用于测量、监督和控制项目的总成本绩效。

项目预算内容的构成，如图 6-8 所示。

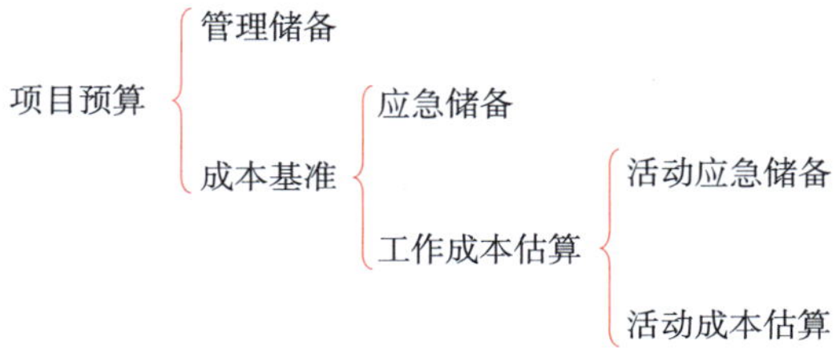

图 6-8　项目预算内容构成

其中，管理储备与先前所说的应急储备内涵有所不同。管理储备是出于管理控制的目的所预留的预算，主要用于应对项目范围中不可预见的工作，如原先未能识别的工作包所需的预算。在成本基准中不包含管理储备。当动用管理储备资助项目中不可预见的工作时，需将所动用的管理储备增加至成本基准之中，由此也将导致成本基准变更。

2．项目资金需求

无论是总体需求还是阶段性需求，项目资金需求都与成本基准有关。项目资金需求通常以成本基准为基础。项目资金需求与成本基准的关系，如图 6-9 所示。由于项目的资金支出往往不是连续的，而是渐增的，所以资金需求呈现阶梯结构。项目所需的资金总额应与项目预算相等，即等于成本基准和管理储备二者之和。管理储备可在每个阶段末加入，或可在需要时才动用，这主要取决于项目组织的政策。

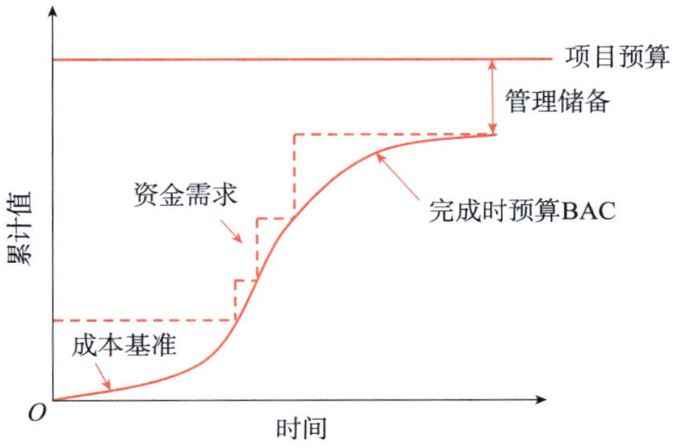

图 6-9　项目资金需求与成本基准的关系

3．项目文件更新

项目团队需要根据项目进展情况对风险登记册、成本估算、成本预算和项目进度等文件进行更新。

6.5 控制成本

控制成本（Control Project Cost）是按照事先确定的成本基准，通过各种方法的运用，对项目实施过程中所耗费资源的使用情况进行管理控制，以确保项目的实际成本限定在成本预算范围内的过程。

控制成本的主要目的是对实际成本与成本基准之间偏差的因素施加影响，保证其向有利的方向发展，同时对与成本基准已经发生偏差和正在发生偏差的各项成本进行管理，以保证项目的顺利进行。控制成本主要包括如下内容：

1）检查成本实际执行情况。

2）识别实际成本与预算成本的偏差。

3）确保所有已核准的变更都列入成本基准之中，并把变更后的成本基准通知相关的项目干系人。

4）分析成本绩效，确定需要采取纠正措施的活动，并最终决定采取哪些有效的纠正措施。

需要强调的是，控制成本的过程必须和项目的其他控制过程（如项目范围的变更、进度计划变更和项目质量控制等）紧密结合，防止单纯控制项目成本而出现项目范围、项目进度、项目质量等方面的问题。

此外，项目成本控制中的工作绩效数据表述的是项目成本的原始信息，而工作绩效信息是在项目绩效数据基础上，运用专门的分析工具和方法处理后所得到的信息。换言之，通过对工作绩效数据加工处理后就可以得到工作绩效信息。

控制成本的主要工作见表 6-6。

表 6-6 控制成本的主要工作

依据	工具和方法	结果
项目管理计划 项目文件 项目资金需求 工作绩效数据 组织过程资产	专家判断法 挣值分析 偏差分析 趋势分析 储备分析 项目管理信息系统 关键比值法	工作绩效信息 成本预测 项目管理计划更新 项目文件更新

6.5.1 控制成本的依据

1. 项目管理计划

可作为本过程依据的项目管理计划组件包括（但不限于）：成本管理计划、成本基准、绩效测量基准。

2. 项目文件

可作为本过程依据的项目文件包括（但不限于）经验教训登记册。在项目早期获得的经验教训可以运用到项目后期，以改进成本控制。

3．项目资金需求

项目资金需求包括预计支出及预计债务。

4．工作绩效数据

工作绩效数据包含关于项目状态的数据，包括已完成的和还未完成的可交付成果、授权和发生的成本、未完成的计划活动所需成本估算、计划活动的完工百分比等数据。

5．组织过程资产

影响控制成本过程的组织过程资产包括（但不限于）：已有的与成本控制相关的政策、程序和指南，成本控制工具，可用的监督和报告方法。

6.5.2　控制成本的工具和方法

在控制成本的工具与方法中，专家判断法、偏差分析、趋势分析、储备分析、项目管理信息系统已经分别在第 3 章和第 5 章详细叙述，本节不再赘述。

1．挣值分析

挣值分析（Earned Value Analysis，EVA），是评价项目成本实际开销和预算进度情况的一种方法，通过测量和计算计划工作预算成本、已完成工作的实际成本和已完成工作的预算成本，得到有关计划实施的进度和成本偏差（CV），从而达到衡量项目成本执行情况的目的。

挣值分析的核心思想是通过引入一个关键性的中间变量——挣值（已完成工作的预算成本），来帮助项目管理者分析项目成本和进度的实际执行情况同计划的偏差程度。运用挣值分析要求计算每个活动的关键值。

首先，要确定挣值分析的三个基本参数。

1）计划工作量的预算成本（Budgeted Cost for Work Scheduled，BCWS），即根据批准认可的进度计划和预算，到某一时点应当完成的工作所需投入资金的累计值。我国习惯把它称作“计划投资额”。

2）已完成工作量的实际成本（Actual Cost for Work Performed，ACWP），即到某一时点已完成的工作实际花费的总金额。我国习惯把它称作“消耗投资额”。

3）已完成工作量的预算成本（Budgeted Cost for Work Performed，BCWP），是指项目实施过程中某阶段实际完成工作量按预算定额计算出来的成本，即挣值（Earned Value，EV），挣值反映了满足质量标准的项目实际进度。我国习惯把它称作“实现投资额”。

挣值分析主要通过计算成本偏差（CV）、进度偏差（SV）、进度执行指数（SPI）和成本执行指数（CPI）来实现其评价目的。

1）CV=BCWP−ACWP，当 CV 为负数时，表明项目成本处于超支状态，反之项目成本处于节约状态。

2）SV=BCWP−BCWS，当 SV 为负数时，表明项目实施落后于进度计划，反之项目进度超前。

3）SPI=BCWP/ BCWS，当 SPI 大于 1 时，表明项目实际完成的工作量超过了计划工作量，反之项目实际完成的工作量少于计划工作量。

4）CPI=BCWP/ ACWP，当 CPI 大于 1 时，表明项目实际成本少于计划成本，反之项目实际成本超过计划成本。

挣值分析不仅可以用来衡量项目的成本执行情况，而且可以用来衡量项目的进度。在项目实施过程中，可根据项目进度在项目成本曲线 BCWS 图中画出 BCWP 曲线和 ACWP 曲线，在每个检查日均可比较三个参数的值，进而求出评价指标，如图 6-10 所示。

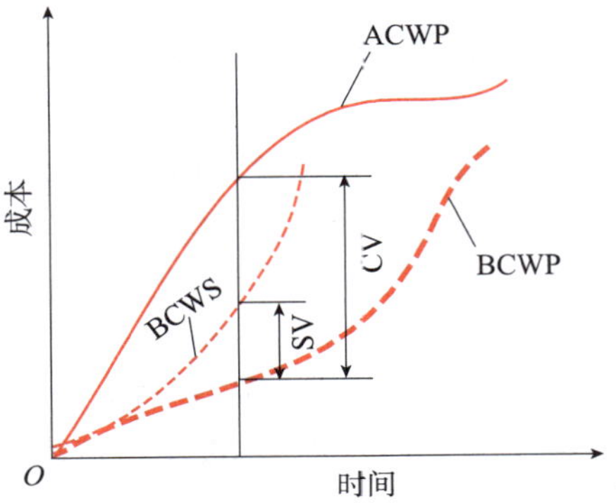

图 6-10 挣值分析的评价图

例 6-3：某项目由四项活动组成，各项活动的时间和成本见表 6-7：总工时 4 周，项目最初估算的完成项目所需要的完成时预算（Budget at Completion ，BAC）为 10000 元，以下是第 3 周末的状态。

表 6-7 各项活动的时间和成本表

活动	预计时间和成本	第 1 周	第 2 周	第 3 周	第 4 周	第 3 周末的状态
计划	1 周，2000 元	完成				活动已完成，实际支付成本 2000 元
设计	1 周，2000 元		完成			活动已完成，实际支付成本 2500 元
编程	1 周，3000 元			50%		活动仅完成 50%，实际支付成本 2200 元
测试与实施	1 周，3000 元			未开始		尚未开始

要求回答以下问题：

1）成本偏差（CV）是多少？

2）进度偏差（SV）是多少？

3）进度执行指数（SPI）是多少？

4）成本执行指数（CPI）是多少？

5）进度执行指数（SPI）和成本执行指数（CPI）说明了什么？

解：

1）BCWS=2000（第 1 周）+2000（第 2 周）+3000（第 3 周）=7000（元）

BCWP=2000（第 1 周全部完成）+2000（第 2 周全部完成）+1500（第 3 周完成 50%）=5500（元）

ACWP=2000（第 1 周）+2500（第 2 周）+2200（第 3 周）=6700（元）

CV=BCWP-ACWP=5500 元 -6700 元 =-1200 元

2）SV=BCWP-BCWS=5500 元 -7000 元 =-1500 元

项目成本处于超支状态，项目实施落后于进度状态。

3）SPI= BCWP/ BCWS=5500/7000=0.79

4）CPI= BCWP/ ACWP=5500/6700=0.82

项目进度落后而且成本超支，但进度比成本落后更多。

应用挣值分析还可以根据已知的项目执行和绩效过程中获得的工作绩效信息，对项目未来状况更新并重新发布估算和预测。所涉及的参数主要有：

1）完成时预算（Budgeted At Completion，BAC），是指完成某个项目的全部预算额之和。

2）实际已发生成本（Actual Cost of Work Performed，ACWP）。

3）已完成工作量的预算成本（Budgeted Cost of Work Performed，BCWP）。

4）成本执行指数（Cost Performance Index，CPI）。

5）完工估算（Estimate At Complete，EAC），是指完成某项工程或者某个工作包的预计总成本，是截至某一个时刻直接成本和间接成本的总和再加上所有确认的剩余工作量的估算成本。

因此，预测 EAC 的通用公式可以表达为

$$EAC=ACWP+\text{到完成时的估算}$$

有很多方法可以用来预测 EAC，下面介绍常用的三种方法：

1）数学推算的 EAC。这种预测 EAC 的方法是，不管过去已有的项目或工作包的效率如何，其余剩下的工作都将以完美的绩效完成，即以 CPI 值为“1”的状态完成。计算公式可以表示为

完工估算 = 完成时预算 − 已完成工作量的预算成本 + 已完成工作量的实际成本

即

$$EAC=BAC-BCWP+ACWP$$

对于例 6-3 进行完工估算计算，结果如下：

$$EAC=6700+(10000-5500)=11200\text{（元）}$$

2）CPI 推算的 EAC 。这种预算 EAC 的方法假设剩余工作量将按照到目前为止已完成工作量的效率去进行。这种方法是被多数人普遍接受的 EAC 方法。其计算公式如下：

完工估算 = 实际已发生成本 +（完成时预算 − 挣值）/ 成本执行指数

即

$$EAC= ACWP + (BAC-BCWP)/CPI$$

用此方法对上面的例 6-3 进行完工估算计算，结果如下：

$$EAC=6700+(10000-5500)/0.82=12188\text{（元）}$$

3）剩余成本重估的 EAC。这种估算方法将对剩余的工作量的成本进行重新估算。然后再把重新估算的值与已完成工作量的实际成本相加。其计算公式如下：

EAC= 已完成工作量的实际成本（ACWP）+ 重新估算的剩余工作量成本

用此方法对例 6-3 进行完工估算计算，假设项目经理计算出重新估算的剩余工作量成本是 6000 元，则结果如下：

$$EAC=6700+6000=12700\text{（元）}$$

这种估算方法一般是在认为项目实际与计划有较严重的背离时采用，或者为了达到一定

的项目指标有必要调整当前的工作效率时采用。采用这种方法的缺点也是很明显的，可能需要额外投入较多的资源重新估算剩余工作量的成本。

在前面的挣值分析中，介绍了CPI这个指数，它可以看成是对已完成工作量的绩效评价，然而当我们关注将来的工作的绩效时，就需要引入一个新的指数——待完成绩效指数（To-Complete Index，TCPI）。TCPI能够告诉我们为了实现未来的财务目标，项目应该达到一个怎样的绩效指数，它的计算方法是用“剩余工作价值”（通常是用BAC减去BCWS）除以“剩余资金”。

在这里用了笼统的“资金”，因为根据不同的财务目标，“资金”就会有不同的意义。下面提供两个计算TCPI的计算公式。

1）用完工预算（BAC）计算TCPI。

$$TCPI=(BAC-BCWP)/(BAC-ACWP)$$

2）用完工估算（EAC）计算TCPI。

$$TCPI=(BAC-BCWP)/(EAC-ACWP)$$

第一种方法相对应的财务目标是：完工时候的总成本保持在公司高管批准的完成时预算（BAC）之内。第二种方法是在项目执行过程中项目经理认为BAC的目标不能实现，其会根据项目的实际情况制定出新的EAC，一旦新的EAC获得了批准，财务目标就被更新了，项目组开始转而追求完工时总成本不超过EAC的目标。

继续沿用例6-3来计算这两种情况的TCPI：

情况1： $TCPI=(10000-5500)/(10000-6700)=1.36$

情况2：这里用CPI推算的EAC来计算TCPI：

$$TCPI=(10000-5500)/(12188-6700)=0.82$$

2．关键比值法

在大项目控制中，常常通过计算一组关键比值进行分析。关键比值法是指通过计算一组指标比值的乘积（关键比值），并以此进行项目状态控制的一种分析方法。

我们选取成本比值和进度比值作为项目控制的指标比值来说明关键比值法的应用。

我们可以把“预算成本/实际成本”称为成本比值；把“实际进度/计划进度”称为进度比值，这里的关键比值就是成本比值与进度比值二者的乘积。

在此需要注意的是：

1）关键比值计算中的指标比值可以根据项目执行工作过程中所需控制的指标设定。

2）指标比值中分子与分母排列应按“越大越好”的原则排列。如成本比值中的“预算成本/实际成本”，就是按“越大越好”（预算成本应大于实际成本）的原则进行排列的。

关键比值的计算公式如下：

$$关键比值=（预算成本/实际成本）\times（实际进度/计划进度）$$

在项目实施过程中，无论是成本比值还是进度比值，大于1都表示它们的实际状况好于计划指标，小于1则表示它们的实际状况没有达到计划指标的要求。对单一指标比值而言，据此我们很容易判断出项目实施状态的好坏，但在项目实施过程中，影响项目成败的因素不止一个。如果有若干个指标比值，而且它们的指标比值有的大于1，有的小于1，这时对项目实施的状态又如何分析呢？在此以表6-8为例进行讨论。

表 6-8　关键比值计算表

任务	预算成本	实际成本	实际进度	计划进度	关键比值
1	4	4	8	8	1.0
2	8	6	4	5	1.07
3	6	6	4	3	1.33
4	6	8	4	4	0.75
5	6	8	3	4	0.56
6	8	6	4	3	1.78

从表 6-8 的关键比值数据中，可以得出如下分析结论：

1）任务 1，成本和进度都与计划指标相符，项目此时执行情况良好。

2）任务 2，成本比值大于 1，进度比值小于 1，项目此时尽管成本节约了，但项目进度延迟，最终的成本仍有超出计划指标的可能。

3）任务 3，成本比值等于 1，进度比值大于 1，说明尽管进度提前，但是并没有因此而增加成本，项目此时执行情况仍然良好。

4）任务 4，成本比值小于 1，进度比值等于 1，说明项目进度与计划指标相符，但是成本已经超支，项目此时执行情况比较差。

5）任务 5，成本比值小于 1，进度比值小于 1，说明项目成本超支，进度又延迟，项目此时执行情况非常不好。

6）任务 6，成本比值大于 1，进度比值大于 1，说明既节约了成本，又提前进度，项目此时执行情况非常好。

一般来说，关键比值在 1 附近，不需要采取任何控制行动。如第 1、2 项任务关键比值等于 1 或者在 1 附近，就不需要采取控制行动；第 3、6 项任务关键比值远大于 1，也不需采取控制行动，但是在项目团队有余力的情况下需要调查其原因；第 4、5 项任务关键比值都小于 1，不但要调查原因而且应采取控制行动。另外，任务 5 和任务 6 实际执行情况与计划差距很大，也有可能是计划制订得不合理所致。

关键比值的控制范围可视具体的项目而定。例如，某个项目的关键比值的控制范围是这样设定的：关键比值在 0.9～1.1 可以忽略；关键比值在 0.7～0.9 让项目的技术人员仔细关注；对关键比值小于 0.7 的情况应立即进行调查，找出执行情况与计划差距大的原因，并及时通知公司管理人员；关键比值在 1.1～1.3 可在项目团队有余力的情况下进行调查；当关键比值大于 1.3 时则应立即进行调查，可着重分析计划指标制订得是否合理等原因。关键比值控制的重点应是关键比值小于 1 时的情况。

6.5.3　控制成本的结果

1．工作绩效信息

工作绩效信息包括有关项目工作实施情况的信息（对照成本基准），可以在工作包层级和控制账户层级上评估已执行的工作和工作成本方面的偏差。对于使用挣值分析的项目，CV、CPI、EAC、VAC 和 TCPI 将记录在工作绩效报告中。

2．成本预测

运用前面提到的预测方法可以计算不同情况下的EAC，完工预测是指书面记录计算的EAC数值或实施组织报告的EAC数值，运用前面提到的预测方法可以计算不同情况下的EAC，并将这个数值通知干系人。

3．项目管理计划更新

项目管理计划的任何变更都以变更请求的形式提出，并且通过组织的变更控制过程进行处理。可能需要变更请求的项目管理计划组成部分包括（但不限于）：成本管理计划、成本基准、绩效测量基准。

4．项目文件更新

可在本过程更新的项目文件包括（但不限于）：假设日志、估算依据、成本估算、经验教训登记册、风险登记册。

本章小结

本章首先介绍了项目成本管理的含义、理念、需要考虑的因素和四个工作过程：规划成本管理、估算成本、制定预算、控制成本；其次分节详尽地阐述了这四个工作过程的依据、工具和方法以及结果。本章应掌握的重点内容是项目成本汇总、挣值分析、关键比值法等工具和方法。

自测题

一、判断题

1．一般情况下，估算成本和制定预算可以采用同样的方法。（　　）

2．可以无限使用的资源对项目成本的影响不是很大，所以对这类资源不用进行严格的跟踪管理。（　　）

3．在项目成本决策时，既要考虑制订更加精细的计划增加的成本，也要考虑这样会减少以后的实施成本。（　　）

4．应急储备金不可以充当制定预算的底线。（　　）

5．估算成本是制定预算的基础。（　　）

6．在由下至上进行成本估算时，相关具体人员考虑到个人或本部门的利益，他们往往会降低估计量。（　　）

7．项目成本文件中标明了潜在的应急储备金。（　　）

8．当一个项目按合同进行时，成本估算和报价的意思是一样的。（　　）

二、单项选择题

1．（　　）通过估算最小任务的成本，再把所有任务的成本向上逐渐加总，从而计算出整个项目的总成本。

A. 总分预算估算法　　B. 自下而上估算法　　C. 参数模型估算法　　D. 自上而下估算法

2．下列表述错误的是（　　）。

A. 应急储备金有实施应急储备金和经济应急储备金两类

B. 一般大、中型项目没有必要准备充足的应急储备金

C. 实施应急储备金用于补偿估算和实施过程中的不确定事件

D. 价格保护应急储备金用于预防通货膨胀和价格波动所造成的不确定事件

3．大部分项目成本累计曲线呈（　　）形。

A. S　　B. L　　C. T　　D. Y

4．在一个项目中，需要把成本分配到各阶段，应该（　　）。

A. 准备成本绩效计划　　B. 准备详细和精确的成本估计

C. 把项目进度作为成本预算的依据　　D. 确定要分配成本的项目组成部分

5．若已知 BCWS＝220 元、BCWP＝200 元、ACWP＝250 元、BAC＝1000 元，如果根据挣值分析，则此项目的 SV 和项目状态是（　　）。

A. 20 元，项目提前完成　　B. −20 元，项目比原计划滞后

C. −30 元，项目提前完成　　D. 800 元，项目按时完成

6．若已知 BCWS＝220 元、BCWP＝200 元、ACWP＝250 元、BAC＝1000 元，则此项目的 CPI 和项目的成本绩效是（　　）。

A. 0.2，实际成本与预算一致　　B. 0.8，实际成本比预算成本低

C. 0.8，实际成本超过预算成本　　D. 1.2，实际成本比预算成本低

7．若已知 BCWS＝220 元、BCWP＝200 元、ACWP＝250 元、BAC＝1000 元，则此项目的 CV 是（　　）。

A. 30　　B. 50　　C. −30　　D. −50

8．若已知 BCWS＝220 元、BCWP＝200 元、ACWP＝250 元、BAC＝1000 元，则此项目的 EAC 及其含义是（　　）。

A. 1250，项目的原始预算　　B. 1000，项目的原始预算

C. 1250，对项目成本修正过的估计值　　D. 1000，对项目成本修正过的估计值

9．如果一个工作包原计划花费 1500 元于今天完成，但是到今天花费了 1350 元却只完成了 2/3，则成本偏差是（　　）。

A. 150 元　　B. −350 元　　C. −150 元　　D. −500 元

10．通过观察累计成本曲线，项目经理能监控（　　）。

A. BCWP　　B. CV　　C. BCWS　　D. CPI

11．如果你的项目进度的 BCWS 为 100、BCWP 为 110，这表明你项目目前状态为（　　）。

A. 落后于进度计划　　B. 超前于进度计划

C. 超出预算　　D. 在预算之内

12．下列选项（　　）表明你的项目超过预算 20%。

A. BCWS=100，BCWP=120　　B. ACWP=120，BCWP=100

C. BCWS=100，ACWP=120　　D. ACWP=100，BCWP=120

13．挣值是（　　）。

A. 已完成工作量的预算成本　　B. 计划工作量的预算成本

C. 完成工作量的实际成本　　D. 到工作完成时的成本

三、多项选择题

1．如果进度偏差与成本偏差是一样的，两者都大于 0，那么下列表述错误的是（　　）。

A. 项目实际成本比计划低　　B. 项目成本超支

C. 项目进度滞后　　D. 项目进度比计划提前

2．当采用自下而上估算法来估算项目成本时，下列表述正确的是（　　）。

A. 下层人员会夸大自己负责活动的预算

B. 自下而上估算法估算出来的成本通常在具体任务方面更为精确一些

C. 高层管理人员会按照一定的比例削减下层人员所做的预算

D. 自下而上估算法是一种参与管理型的估算方法

3．下列关于参数模型估算法的表述正确的是（　　）。

A. 参数模型估算法考虑了所有对成本影响的因素

B. 用来建模的所参考的历史数据应该是很准确的

C. 用来建模的参数容易进行定量化处理

D. 模型对大型项目适用，经过略微调整后也对小型项目适用

4．下列表述正确的是（　　）。

A. 资源平衡的目的就是使资源需求波动最小化

B. 在资源平衡的情况下，可以使用“零库存”策略

C. 如果资源平衡，就不需要大量的资源传送管理工作

D. 在资源不能平衡的情况下，就应该考虑延长项目的工期

5．如果项目制定更加详细的决策，就会导致增加项目的决策成本，但是也会减少项目的实施成本，在下列情况下制定更加详细的决策可行的是（　　）。

A. 增加的决策成本是1000元，但是减少项目的实施成本为1200元

B. 增加的决策成本是900元，但是减少项目的实施成本为800元

C. 增加的决策成本是500元，但是减少项目的实施成本为600元

D. 增加的决策成本是2000元，但是减少项目的实施成本为1800元

6．在影响项目成本的因素中，下列表述正确是（　　）。

A. 延长项目的工期会减少项目的成本

B. 项目质量的要求越高，则项目的成本就会越大

C. 项目完成的活动越复杂，则项目的成本就会越大

D. 在项目所耗资源的数量和单价两个要素中，资源的数量对项目成本的影响较大

四、计算题

1．某公路修建项目，预算单价为200元/m。计划用20天完成，每天修建100m。开工后5天测量，已完成450m，实际付给承包商14万元。计算：

（1）成本偏差（CV）和进度偏差（SV）分别是多少？这都说明了什么？

（2）进度执行指数（SPI）和成本执行指数（CPI）分别是多少？这都说明了什么？

2．表6-9是一个大型设备的每期成本预算。

表6-9　某大型设备的每期成本预算　　（单位：万元）

成本	1周	2周	3周	4周	5周	6周	7周	8周	9周
设计	4	3							
建造			2	3	1				
安装						2	2		
调试								1	2
合计	4	3	2	3	1	2	2	1	2

试计算该项目的累计预算成本并绘制累计成本预算曲线。

思　考　题

1．项目成本管理的工作内容有哪些？

2．项目成本估算有哪些步骤？

3．估算成本的工具和方法有哪些？
4．项目成本汇总的流程是什么？
5．项目预算主要由哪些内容构成？
6．控制成本主要包括哪些内容？
7．控制成本的工具和方法有哪些？

案 例

中国铁建沙特项目巨亏“内幕”

2009 年 2 月 10 日，中国铁建与沙特阿拉伯王国城乡事务部签署了《沙特麦加萨法至穆戈达莎轻轨合同》。根据合同，中铁建将负责该轻轨项目的设计、采购、施工、系统（包括车辆）安装调试，以及从 2010 年 11 月 13 日起的三年运营和维护。合同要求 2010 年 11 月 13 日开通运营，达到 35% 的运能，2011 年 5 月完成所有调试，达到 100% 的运能。沙特麦加地铁项目是沙特政府为缓解交通压力而专门建造的。该项目为设计、施工、采购、运营、维护一体化运作的总承包项目，合同造价 17.73 亿美元，建设工期 22 个月，计划 2010 年 10 月开通。麦加地铁项目全线长 17.77km，共设 9 座车站，全线土石约 484 万 m^3，桥梁总长约 14km，房屋面积约 10 万 m^2，无砟轨道单线长 38km，包含系统工程、联调联试和运营管理。

该项目采用 EPC 模式，EPC 意味着中国铁建拥有项目设计权、采购权、施工权，设备采购都应由中国铁建进行调度。中国铁建管理层介绍，在实际执行过程中，尤其是在工程分包过程中，设计是由国外公司负责的。由国外设计，意味着标准、订货存在一些问题，可能由设计公司指定。沙特的制度和我国存在很多差异，项目采购清单中很多设备都预先指定了供货公司。

在项目执行过程中，沙特方面不但提出了新的功能需求，还缩短了工期。中国铁建管理层表示，项目图纸变更，是按照沙特方面要求更改的，增加了工程量。“项目工期非常紧，时间提前了，所有的成本都要增加。例如，原先 5 个月的采购周期变成 3 个月，货来不了，就要临时调度，这时候就要增加成本。”

在项目分包过程中，有许多非中国企业参与，这些企业普遍按照 8 小时工作制来推进工期，“一些工人甚至执行不了 8 小时工作制”。事实上，这个项目工期原本就非常紧张。国内工程企业做工程时，许多执行 24 小时工作制，实行三班倒。国外的工作习惯严重制约了工期的进展。除此以外，中国铁建在项目推进过程中，沙特负责的地下管网和征地拆迁严重滞后，很多拆迁他们都不能按期完成，一直拖延到项目后期他们才完成拆迁工作。

中国铁建的公告显示，该项目可能导致中国铁建亏损 41.53 亿元。沙特项目无疑是中国铁建本年度最为失误的项目。㊀

问题：

1. 你认为中国铁建在该项目的成本管理方面出现了哪些问题？
2. 对于该项目而言，你认为中国铁建现在可能通过哪些途径减少亏损？
3. 如果你是该项目的负责人，在项目开始时你会如何进行项目成本管理呢？

㊀ 第一财经．中国铁建详解沙特项目亏损原因［EB/OL］．［2022-03-17］．https://www.yicai.com/news/581078.html.

第 7 章 项目质量管理

学习目标

- 了解质量的含义及其特性
- 了解项目质量管理的含义
- 理解项目质量管理的理念
- 了解项目质量管理的工作过程
- 掌握规划质量管理的依据、工具和方法及结果
- 掌握管理质量的依据、工具和方法及结果
- 掌握控制质量的依据、工具和方法及结果

导入案例

1986 年 1 月 28 日上午，美国航天飞机“挑战者”号从佛罗里达州卡纳维拉尔角肯尼迪航天中心的发射架上升空，73 秒后突然爆炸，价值 12 亿美元的航天飞机被炸成碎片坠入大西洋，7 名机组人员全部遇难。

挑战者号的意外事故是由右侧固体火箭推进器尾部一个密封接缝的 O 型环失效导致的。O 型环失效的主要原因是设计上的缺陷。更明确地说，就是美国航空航天局（NASA）与承包商对项目质量管理的疏忽。那么可以规避这一意外事故的项目质量管理方法应该如何运用呢？⊖

7.1 概　述

视频

7.1.1 质量的含义

根据《项目管理知识体系指南》（PMBOK 指南）（第 6 版），质量作为实现的性能或成果，是“一系列内在特性满足要求的程度”（ISO 9000）。

美国质量管理学家约瑟夫·朱兰（Joseph M. Juran）博士认为，质量就是产品的适用性，

⊖ 科兹纳．项目管理案例集［M］．罗卿，胡勇，译．北京：电子工业出版社．2008.

即产品在使用时能够满足用户需要的程度。这一定义说明了两个方面的内容：一是产品只要适用，满足目的，就是达到了质量要求；二是产品质量的高低取决于其能够满足用户需求的程度，好的质量并不等于高质量，此处强调的是满足用户需求。由此可以看出，产品的质量是由客户定义的，而不是由生产者定义的。

国际标准化组织（International Standard Organization，ISO）在其《质量管理与质量保障术语》中认为，质量是反映实体（产品、过程或活动等）满足明确的和隐含的需要的能力特性的总和。

根据上述定义，我们可以进一步理解质量的含义：

1）所谓“实体”，是指承载质量属性的具体事物。质量的实体包括产品、过程和活动三个方面。产品是指为人们提供一定功能的有形实体，过程是指满足人们需求的某种服务，活动是指人们在生产产品和提供服务的过程中所进行的工作。

2）质量是一个相对的概念，质量的高低并不取决于实体的能力特性优劣，只要其能力特性能够满足用户的需要即可。这里的需要包括“明确的和隐含的”两类。“明确的需要”一般是指在标准、规范、图样、技术要求或其他相关的文件（如合同）中明确标示的需要；“隐含的需要”一般是指被人们公认的、不言而喻的、不必明确的需要，如空调必须具备制冷和低噪声的基本功能。这类需要通常是通过市场调查或用户调查来加以识别和确定的，在项目范围内，质量管理的重要方面是通过项目管理把隐含的需要转变成明确的需要。

3）对于不同的实体来说，质量的实质内容是不尽相同的。对于产品来说，质量是指产品能够满足用户使用要求所具备的功能和特征，一般包括产品的性能、寿命、安全性、经济性、外观等；对于服务过程而言，质量主要是指服务能够满足用户期望的程度，服务质量取决于客户对服务的期望与客户对服务的实际体验两者的匹配程度；对于活动来说，质量一般是由工作的结果来衡量的，工作的结果既可以是产品，也可以是服务，因此工作质量可以用产品或服务的质量来度量。

7.1.2　质量管理的含义

关于质量管理（Quality Management）有许多不同的定义，较为典型的有日本的质量管理学家谷津进和国际标准化组织对质量管理的定义，他们从不同的角度诠释了质量管理。

谷津进认为：“质量管理就是向消费者或客户提供高质量产品与服务的一项活动。这种产品和服务必须保证满足需求、价格便宜和供应及时。”这一定义明确了质量管理的根本目的是向客户和消费者提供高质量的产品与服务。质量管理的目标和作用是使产品和服务符合“满足需求、价格便宜和供应及时”这三项要求。

国际标准化组织认为：“质量管理是确定质量方针、目标和职责，并在质量体系中通过诸如质量规划、质量控制和质量改进，使质量得以实现的全部活动。”从这个定义可以看出，质量管理是一项具有广泛含义的企业管理活动。

国际化标准组织给出了质量管理方面相关术语的解释如下：

（1）质量方针　质量方针（Quality Policy）是由项目组织的最高管理者颁发的关于该组织总的质量宗旨和方向，它是项目质量管理的起点。项目质量管理必须贯彻组织的质量方针。

（2）质量管理体系　科学完善的质量管理体系（Quality Management System）是全面开

展质量管理的基础，它主要包括质量管理过程中所需要的组织结构、程序和资源等。

此外，根据《项目管理知识体系指南》(PMBOK 指南)(第 6 版)，按有效性递增排列的五种质量管理水平如下：

1）一般来说，代价最大的方法是让客户发现缺陷，但可能会导致担保问题、召回、商誉受损和返工成本。

2）控制质量过程包括先检测和纠正缺陷，再将可交付成果发送给客户。该过程会带来相关成本，主要是评估成本和内部失败成本。

3）通过质量保证检查并纠正过程本身，而不仅是特殊缺陷。

4）将质量融入项目和产品的规划和设计中。

5）在整个组织内创建一种关注并致力于实现过程和产品质量的文化。

7.1.3 项目质量管理的含义

项目质量是指项目的可交付成果能够满足客户需求的程度。项目质量管理是指为了保证项目的可交付成果能够满足客户的需求，围绕项目的质量而进行的计划、协调和控制等活动。它包括如下几方面的内容：

1）项目质量管理贯穿从企业质量方针政策的制定到用户对项目产品质量的最终检验的全过程，它是专门针对保障和提高项目质量而进行的管理活动。

2）项目质量管理需要所有项目干系人的共同努力，它包括：项目客户、项目所属的组织和项目经理等关于质量目标、方针和职责的制定；项目管理人员根据上面所制定的质量目标、方针，制订项目的质量计划；项目团队关于项目质量计划的具体实施方案。

3）项目质量管理不仅包括项目产品的质量管理，而且包括制造项目产品过程中工作质量的管理，因为项目最终产品的质量是由产品生产过程保证的，只有保证高质量的生产过程，才能生产出高质量的产品。

项目质量管理的主要目的是确保项目的可交付成果满足客户的需求。项目团队必须与客户建立良好的关系，理解他们明确的需求与隐含的需求，因为客户是项目质量是否达到要求的最终裁判者。

项目质量管理与质量管理二者的概念有许多相同之处，其不同之处是由项目一次性这一特性决定的。质量管理是针对日常运作进行的活动，日常运作是重复做某件事情，一旦过程设计好了，只需以保守的态度采用诸如统计过程控制等方法进行监控即可，其质量管理的重点是在监控上。在质量管理的日常运作管理中，通常会采用破坏性的测试，测试之后产品就会报废。例如，每 100 件产品可能会抽取一件进行测试。但在项目质量管理中，由于只有一次机会去完成项目，无法进行上述的破坏性测试。

7.1.4 项目质量管理的理念

1. 以客户满意为中心

客户的满意程度是衡量项目质量优劣的基本尺度，项目质量管理工作必须面向客户，充分了解客户的需求，把满足客户需求放在项目质量管理工作的首位。

2. 质量管理必须坚持“二全管理”

“二全管理”是指全员管理和全过程管理。项目的质量管理不仅需要项目经理的正确领导，而且依赖全体团队成员的参与，每个团队成员的工作都会在一定程度上影响项目可交付成果的质量，所以项目经理要提高项目团队全员的质量意识。全过程管理是指必须对质量形成的全过程中的各项工作进行全面的管理，把影响质量的因素和可能造成不合格产品的因素消灭在萌芽中。

3．持续改进

为了能够保证向客户提供符合要求的可交付成果，项目组织必须不断地对质量进行改进。因此，项目质量改进工作可以运用戴明环这一思维方式。戴明环也称为 PDCA 循环。P（Plan）代表计划，即通过市场调研来确定质量管理的目标以及为实现此目标所需的各种方法和对策；D（Do）代表执行，即将制定的方法和对策付诸实施；C（Check）代表检查，即对实施的结果进行检查；A（Action）代表处理，即对检查出来的问题进行控制，并总结经验。此外，项目组织也可以采取其他质量改进措施，诸如全面质量管理和六西格玛质量管理方法等。

7.1.5　项目质量管理的工作过程

项目质量管理包括把组织的质量政策应用于规划、管理、控制项目和产品质量要求，以满足相关项目干系人目标的各个过程。项目质量管理的工作过程如图 7-1 所示。

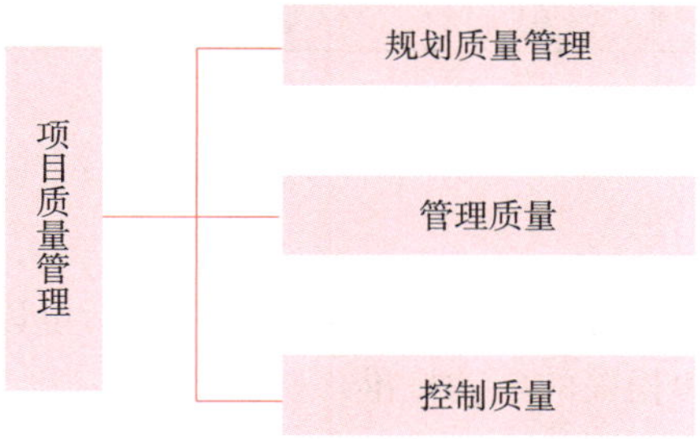

图 7-1　项目质量管理的工作过程

（1）规划质量管理　规划质量管理是识别项目及其可交付成果的质量要求和（或）标准，并书面描述项目将如何证明符合质量要求和（或）标准的过程。

（2）管理质量　管理质量是把组织的质量政策用于项目，并将质量管理计划转化为可执行的质量活动的过程。

（3）控制质量　控制质量是为了评估绩效，确保项目输出完整、正确，并满足客户期望，而监督和记录质量管理活动执行结果的过程。

上述过程不仅彼此相互作用，而且与其他知识领域总的过程相互作用。

7.2　规划质量管理

视频

规划质量管理即为实现项目的目标，确定项目所要达到的质量标准，以及如何达到该质量标准的项目质量管理计划的工作，它包括制定项目质量的目标、确定采用的质量体系及其所要求的活动等。规划质量管理的主要作用是为在整个项目期间如何管理和核实质量提供指南和方向。项目质量管理的基本宗旨是“质量出自计划，而非出自检查”。

在项目质量计划的编制中，重要的是确定每个独特项目活动的相关质量标准，把质量规划纳入项目的产品和管理过程中。首先必须确定项目的范围、中间产品和最终产品，然后明确中间产品和最终产品的有关规定、标准，确定可能影响产品质量的技术要点，并找出能够确保高效满足相关规定、标准的过程及方法。

规划质量管理的主要工作见表 7-1。

表 7-1 规划质量管理的主要工作

依据	工具和方法	结果
项目章程 项目管理计划 项目文件 事业环境因素 组织过程资产	专家判断法 标杆对照 头脑风暴法 质量成本分析 成本效益分析 流程图 测试与检查的规划 六西格玛管理法 质量功能展开 力场分析 会议	质量管理计划 质量测量指标 项目管理计划更新 项目文件更新

7.2.1 规划质量管理的依据

1．项目章程

项目章程包含对项目和产品特征的高层级描述，还包括可以影响项目质量管理的项目审批要求、可测量的项目目标和相关的成功标准。

2．项目管理计划

可以作为本过程依据的项目管理计划组件包括（但不限于）：需求管理计划、风险管理计划、干系人参与计划和范围基准。

3．项目文件

可作为本过程依据的项目文件包括（但不限于）：假设日志、需求文件、需求跟踪矩阵、风险登记册和干系人登记册。

4．事业环境因素

能够影响规划质量管理过程的事业环境因素包括（但不限于）：政府法规，特定应用领域的相关规则、标准和指南，地理分布，组织结构，市场条件，项目或可交付成果的工作条件或运行条件，文化观念。

5．组织过程资产

能够影响规划质量管理过程的组织过程资产包括（但不限于）：项目质量方针、组织的质量管理体系、质量模板、历史数据库和经验教训知识库。

7.2.2 规划质量管理的工具和方法

在规划质量管理的工具和方法中，专家判断法、头脑风暴法、成本效益分析、会议已在前面介绍，在此不再赘述。

1．标杆对照

标杆对照，也称基准比较（Benchmarking）、参照管理方法，是指组织在同行业或组织内部选择优秀的学习榜样，以其为标杆，作为努力的方向，通过比较发现自身劣势，进而尽可能地消除自身的劣势，或将其转化为优势的一种策略。在参照标杆项目的质量方针、质量标准、质量管理计划、质量工作说明文件等文件时，必须结合项目的实际情况编制其质量计划。例如，需要特别注意标杆项目实际已发生的质量问题，在制订项目质量计划时，要采取一些防范措施和应急计划，以避免类似问题的再次发生。

2．质量成本分析

项目质量成本（Cost of Quality）是指实施项目质量管理活动所需支出的有关费用，如一切防止质量缺陷的支出、评估及确保产品达到质量标准要求的支出，以及出现质量问题后善后工作的各项支出等。

项目质量成本一般包括以下内容：

（1）预防成本　预防成本是预防特定项目的产品、可交付成果或服务质量低劣所带来的相关成本。换言之，预防成本是为打造高质量的产品或为减少质量损失而发生的各种成本，如质量管理活动费、质量改进措施费、质量教育培训费、新产品评审费、质量情报费及工序控制费。

（2）评估成本　评估成本是评估、测量、审计和测试特定项目的产品、可交付成果或服务的质量水平所带来的成本。

（3）故障成本　故障成本是因产品、可交付成果或服务与相关干系人需求或期望不一致而导致的成本。故障成本包括内部故障成本和外部故障成本。

内部故障成本是项目验收前因产品未能满足质量要求而造成的损失，如废次品损失和返修费用等。

外部故障成本是在项目结束后由于产品质量问题而造成的各种损失，是客户发现的故障，如担保、责任赔偿、违约损失等。

$$总质量成本 = 预防成本 + 评估成本 + 故障成本 \tag{7-1}$$

通常情况下，预防成本、评估成本、内部故障成本、外部故障成本之间是此消彼长的关系，质量成本分析的目的在于寻求一种平衡，使这四种成本相加的总和最小，也就是总质量成本最小。

项目质量管理需要实施两方面的工作：一是质量保证工作，二是质量纠正工作。这两方面的工作涉及两类成本，即质量保证成本（由预防成本和评估成本组成）和质量纠正成本（由内部故障成本和外部故障成本组成）。这两类成本呈反方向变动：质量保证成本越高，质量纠正成本就越低；反之亦然。图 7-2 是一个典型的质量成本示意图。

例如，M 房地产公司分析其正在进行的某房地产项目时，发现由于该项目存在质量管理问题而使整个项目的经济效益面临损失的风险。为了进一步查明原因，项目负责人对该项目的质量成本进行了调查。调查小组对项目质量成本进行收集、归类和统计后，编制了项目质量成本统计表见表 7-2。

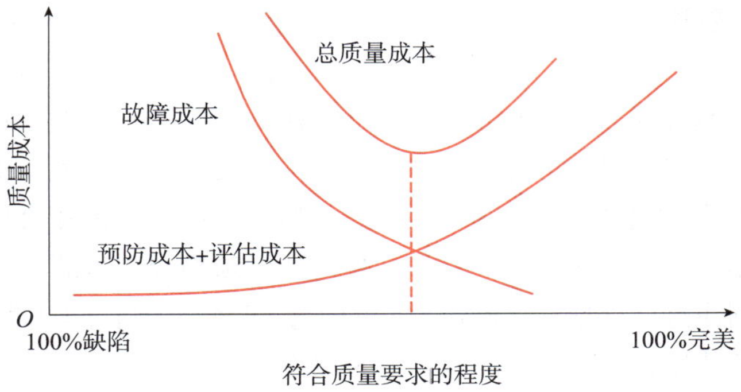

图 7-2 质量成本示意图

表 7-2 某房地产项目质量成本统计表

成本科目	金额（元）	占质量总成本的比例
预防成本	420000	6.60%
评估成本	648000	10.18%
内部故障成本	2530000	39.74%
外部故障成本	2768000	43.48%
总质量成本	6366000	100.00%

根据以上数据，该房地产项目负责人发现，在总质量成本中，预防成本和评估成本所占的比例偏小，分别为 6.60% 和 10.18%，而内部故障成本和外部故障成本所占的比例偏大，分别为 39.74% 和 43.48%。因此，该项目应加大在预防成本和评估成本上的投入来减少由于故障成本而带来的质量损失。

3．流程图

流程图（Flowcharting）也称过程图，它提供了项目的工作流程以及各活动之间的相互关系。借助流程图，项目团队可以发现项目的工作流程及各活动之间可能产生质量问题的工作环节，方便项目经理估计未来将在何时、何地可能发生质量问题，从而及时制定应对策略，提出解决质量问题的方法和措施。图 7-3 是一个设计复查程序的流程图示例。

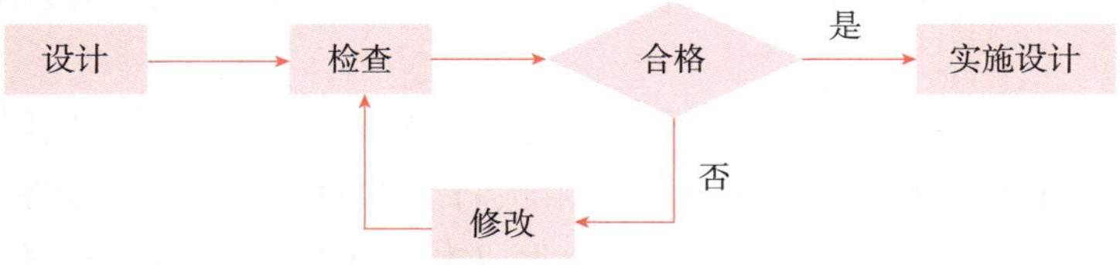

图 7-3 设计复查程序的流程图示例

4．测试与检查的规划

在规划质量管理时，项目经理和项目团队需要决定如何测试或检查产品、可交付成果或服务，以满足项目干系人的需求和期望，以及如何满足产品的绩效和可靠性目标。不同行业有不同的测试与检查，可能包括软件项目的 α 测试和 β 测试、建筑项目的强度测试、制造和实地测试的检查，以及工程的无损伤测试。

5．六西格玛管理法

六西格玛（6σ）管理法是一种统计评估法，其核心是追求零缺陷生产，防范产品责任风险。六西格玛管理法既着眼于提高项目、产品、服务质量，又关注过程的改进。

σ 是希腊文的字母，是用来衡量一个总数里标准误差的统计单位。6σ 是一种质量尺度和追求的目标，也是一套科学的工具和管理方法，运用 DMAIC（改善）或 DFSS（设计）的过程进行流程的设计和改善。一般产品的瑕疵率大约是 3～4 个西格玛，以 4 西格玛而言，相当于每 100 万个机会里，有 6210 次误差。如果企业不断追求品质改进，达到 6σ 的程度，绩效就几近于完美地达到客户要求，在 100 万个机会里，只找得出 3.4 个瑕疵。

6．质量功能展开

质量功能展开（Quality Function Deployment，QFD）是把客户对产品的需求进行多层次的演绎分析，转化为产品的设计要求、零部件特性、工艺要求、生产要求的质量工程工具，用来指导产品的健壮性设计和质量保证。目的是使产品能以最快的速度、最低的成本和最优的质量占领市场。其基本原理就是用“质量屋”的形式，来分析项目的需求与产品性能参数的关系。图 7-4 是质量屋的典型形式。

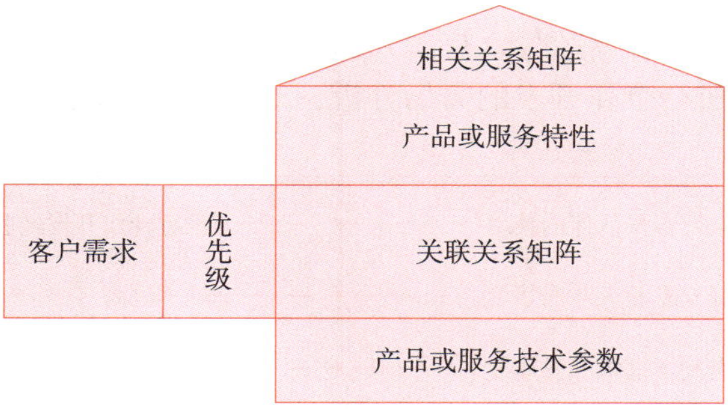

图 7-4　质量屋的典型形式

其中，客户需求是指客户意见或客户的期望，往往涉及客户希望得到的产品或服务是什么。

优先级是客户对各项要求的重视程度，通常由客户定义，但是客户的优先考虑一般也是项目的优先考虑。

相关关系矩阵是指产品或服务的多种特性之间的相互关系，根据它们之间的相互影响关系，通常用正相关或负相关来表示。

产品或服务特性是指为了满足客户需求，在产品设计或服务提供等方面必须具备的特性，这些特性是由项目组织确定的。

关联关系矩阵是指客户需求和产品或服务特性之间的关联关系，通常用强、中等、弱三种定性关系来确定。

产品或服务技术参数是指产品或服务的质量性能参数，用可以测量的客观标准来衡量。依照这些技术参数来设计产品和提供服务，才能准确无误地满足客户的需求。

一般的产品开发过程包括规划阶段、综合设计阶段、工艺阶段和生产计划阶段。在应用 QFD 方法时要先建立各阶段的质量屋，再进行需求变换，最后形成明确的生产要求，从而完成产品开发的质量功能展开全过程。例如，某工程规划阶段的质量屋如图 7-5 所示。

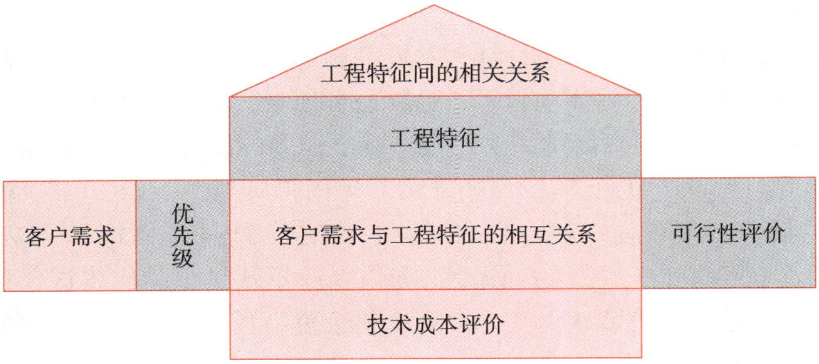

图 7-5 某工程规划阶段的质量屋

7. 力场分析

力场分析可以帮助项目组织分析赞成和反对意见的来源，评估这些意见对规划质量管理影响力的大小，以便有针对性地制定相应的措施来增加和扩大赞成意见的积极作用，排除和削弱反对意见的消极影响，或者将反对意见转化成中立甚至赞成意见，从而使项目组织成员达成共识，确保项目的顺利进行。

某软件公司决定开发一种新软件，自主开发及寻找合作伙伴合作开发对项目和公司的影响不同，经过调查，其进行合作开发的力场分析，如图 7-6 所示。

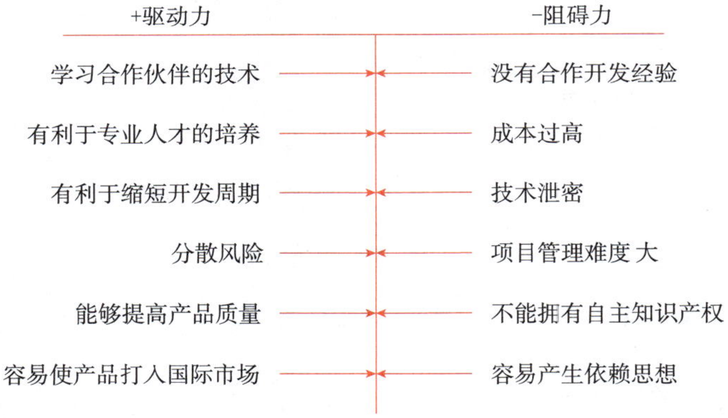

图 7-6 软件合作开发力场分析

通过以上分析，项目团队可以找到赞成和反对软件合作开发的各种力量，然后进行分析和讨论，制定出解决各种阻碍力的措施，进而达成独立开发或合作开发的共识。

7.2.3 规划质量管理的结果

规划质量管理的结果包括质量管理计划、质量测量指标、项目管理计划更新、项目文件更新。

1. 质量管理计划

质量管理计划作为项目管理的子计划，描述了如何实施适用的政策、程序和指南以实现质量目标，还描述了项目管理团队为实现一系列项目质量目标所需的活动或资源。质量管理计划奠定了整个项目开展质量管理活动、进行质量控制的基础。应该在项目早期就对质量管理计划进行评审。

质量管理计划的内容包括（但不限于）：项目采用的质量标准；项目的质量目标，包括项目总质量目标和具体目标；质量角色与职责；需要质量审查的项目可交付成果和过程；为项目规划的质量控制和质量管理活动；项目使用的质量工具；与项目有关的主要程序，例如处理不符合要求的情况、纠正措施程序，以及持续改进程序。

2．质量测量指标

质量测量指标专门用于描述项目或产品属性，以及如何通过控制质量过程验证其符合程度。例如，按时完成任务的百分比、以 CPI 测量的成本绩效、故障率、识别的日缺陷数量、每月总停机时间、每个代码行的错误、客户满意度分数，以及测试计划所涵盖的需求百分比（即测试覆盖度）。

3．项目管理计划更新

可能需要在本过程更新的项目管理计划组件包括（但不限于）：风险管理计划；范围基准，如果需要增加特定的质量管理活动，需要变更范围基准，同时也可能需要更新 WBS 字典记录的质量要求。

4．项目文件更新

规划质量管理时需要更新的项目文件包括（但不限于）：经验教训登记册、需求跟踪矩阵、风险登记册和干系人登记册。

视频

7.3　管 理 质 量

管理质量是把组织的质量政策用于项目，并将质量管理计划转化为可执行的质量活动的过程。管理质量的主要作用是提高实现质量目标的可能性，以及识别无效过程和导致质量低劣的原因。管理质量使用控制质量过程的数据和结果向项目干系人展示项目的总体质量状态。管理质量工作需要在整个项目期间开展。

管理质量有时被称为“质量保证”，但“管理质量”的定义比“质量保证”更广，因其可用于非项目工作。在项目管理中，质量保证着眼于项目使用过程，旨在高效地执行项目过程，包括遵守和满足标准，向项目干系人保证最终产品可以满足他们的需求、期望和要求。

因此，项目质量保证（Project Quality Assurance）是为保证项目质量计划的顺利实施，经常性地对项目质量计划的执行情况进行评估、核查和改进的过程，使项目质量能够满足客户的要求。项目质量保证相当于疾病预防，其目的是防止缺陷的发生，以确保项目一次性成功。

项目质量保证包括项目内部质量保证和外部质量保证。内部质量保证是向项目团队提供的质量保证；外部质量保证是向客户和其他项目干系人提供的质量保证。项目质量保证主要包括以下内容：

（1）制定科学、合理、可行的质量标准　在评估项目质量计划的执行情况时，制定科学、合理的质量标准是非常必要的。项目质量标准可以根据以前的项目经验、国家或地区的质量标准来制定。

（2）建立项目质量保证体系　项目质量保证体系是指实施项目质量管理所需的组织结构和质量管理程序。为了使项目顺利实施，保证各项质量要求达到预期的目标，项目要建立完善的质量保证体系。

（3）开展有计划的质量改进活动 质量改进是为了提交符合客户质量要求的项目可交付成果，在项目组织内部开展的旨在提高项目质量的各项活动。实际上，质量改进活动是一种持续的、不断完善的项目活动，它包括对项目产品、项目活动、项目作业、项目管理等各方面质量的不断完善。质量改进的开展，可基于质量控制过程的发现和建议、质量审计的发现，或管理质量过程的问题解决。管理质量包括所有质量保证活动，还与产品设计和过程改进有关。

管理质量的主要工作见表 7-3。

表 7-3 管理质量的主要工作

依据	工具和方法	结果
项目管理计划 项目文件 组织过程资产	备选方案分析 亲和图 因果图 流程图 矩阵图 质量审计 过程分析 面向 X 的设计	质量报告 测试与评估文件 变更请求 项目管理计划更新 项目文件更新

7.3.1 管理质量的依据

1．项目管理计划

本过程的项目管理计划包括（但不限于）质量管理计划。

2．项目文件

可作为本过程依据的项目文件包括（但不限于）：经验教训登记册、质量控制测量结果、质量测量指标和风险报告。

3．组织过程资产

能够影响管理质量过程的组织过程资产包括（但不限于）：政策、程序及指南的组织质量管理体系，质量模板，以往审计的结果，包含类似项目信息的经验教训知识库。

7.3.2 管理质量的工具和方法

在管理质量的工具和方法中，备选方案分析和流程图在前文已介绍，在此不再赘述。

1．亲和图

亲和图又称 KJ 图，它是通过把大量收集到的事实、意见或构思等语言资料，按其相互亲和性（相近性）归纳整理，使问题进一步明确，求得统一认识和协调工作，以利于问题解决的一种方法。

亲和图与心智图相似。针对某个问题，构成具有建设性的各种创意，其实施步骤一般包括：①明确目的及语言资料来源；②记录收集到的语言资料；③将语言资料进行整理；④依据语言的亲和性归类，分成若干组；⑤将不同组的内容加以归纳，并以关键术语表达。

2．因果图

因果图又称鱼骨图（Fish Bone），它可以从不同的侧面找出影响项目质量问题的各种原因，并通过对这些原因进行分类而为制定项目质量问题对策提供基础和依据。在绘制因果图时，要注意收集各种必要的信息和实际情况，要将所有的项目活动都包括在内，从而确定影响项目质量的所有原因。图 7-7 是一种常用的因果图示例。

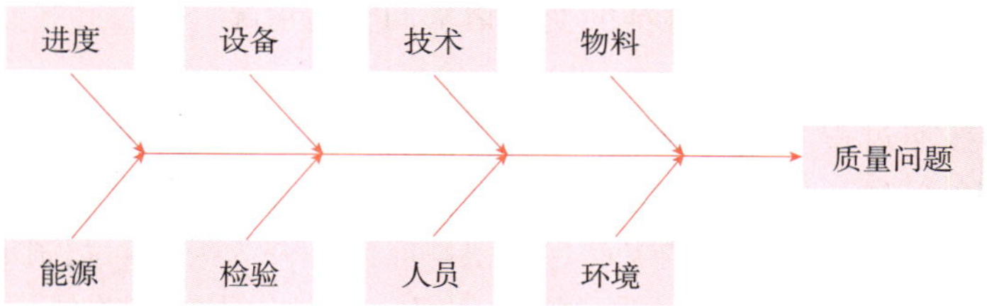

图 7-7　常用的因果图示例

3．矩阵图

矩阵图是一种使用矩阵结构对数据进行分析的质量管理工具，在行列交叉的位置展示因素、原因和目标之间的关系强弱。根据可用来比较的因素的数量，可使用不同形状的矩阵图，如 L 形、T 形、Y 形、X 形、C 形和屋顶形矩阵。

L 形矩阵图是最基本的矩阵图，它把若干成对的事项（目的—手段、结果—原因）用行和列排成二元表形式的矩阵图，如图 7-8 所示。

B	A		
	a1	a2	a3
b1			
b2			
b3			

图 7-8　L 形矩阵图

T 形矩阵图是由 A 因素和 B 因素、A 因素和 C 因素的两个 L 形矩阵图（其中 A 因素共用）组合起来的矩阵图。

Y 形矩阵图是由 A 因素和 B 因素、B 因素和 C 因素、C 因素和 A 因素的三个 L 形矩阵图组合起来的矩阵图。

X 形矩阵图是由 A 因素和 B 因素、B 因素和 D 因素、C 因素和 D 因素、C 因素和 A 因素的四个 L 形矩阵图组合起来的矩阵图。

C 形矩阵图是分别用 A、B、C 因素做边的立方体矩阵图。以 A、B、C 各因素规定的三元空间上的点作为着眼点。

屋顶形矩阵图常用于 QFD，利用多组成对因素形成带“屋顶”的质量屋，QFD 是加强版的屋顶型矩阵图。一组因素 A、A 或两组因素 A、B 的 L 形或 T 形矩阵图合在一起使用，以表示一组因素组内的关系或两组因素的相互关系及组内的关系，其中组内的关系形状类似于“屋顶”，所以称为屋顶形矩阵图。

4．质量审计

审计是用于确定项目活动是否遵循了组织和项目的政策、过程与程序的一种结构化且独立的过程。质量审计（Quality Audits）是按照审计程序对特定的质量管理活动进行的结构化的审查。通过质量审计，可以获得质量管理过程中的经验教训，从而提高项目的实施水平。质量审计可以是定期的，也可以是随时的，可由组织内部的审计员或特定领域有专门知识的第三方执行。质量审计还可确认已批准的变更请求的实施情况。

5．过程分析

过程分析是指按照过程改进计划中列明的步骤，从组织和技术角度识别所需的改进。其中，也包括对遇到的问题、约束条件和无价值活动进行检查。过程分析包括根源分析，即分析问题和情况，确定促成该问题或情况产生的根本原因，并为类似问题制定纠正措施。

进行过程分析时，可以首先进行质量活动分解，即对与质量有关的活动进行逐层分解，直到最基本的和比较容易控制的质量活动，从而对项目质量进行有效的保证。

例如，某建筑工程公司可以采用过程分析方法进行质量审计，即质量管理调查小组首先应对遇到的问题和约束条件等逐级检查，并把质量成本构成细分为预防成本、评估成本、内部故障成本和外部故障成本；然后再对这几部分质量成本再次进一步分解，深入分析，从而找出项目质量管理中的主要问题。

6．面向X的设计

面向X的设计（DFX）是产品设计期间可采用的一系列技术指南，旨在优化设计的特定方面，可以控制或提高产品最终特性。DFX中的“X”可以是产品开发的不同方面，如可靠性、调配、装配、制造、成本、服务、可用性、安全性和质量等。使用DFX可以降低成本、改进质量、提高绩效和客户满意度。

7.3.3 管理质量的结果

管理质量的结果包括质量报告、测试与评估文件、变更请求、项目管理计划更新、项目文件更新。这些内容有些已在前文介绍过，这里仅做补充说明。

1．质量报告

质量报告可能是图形、数据或定性文件，其中包含的信息可帮助其他过程和部门采取纠正措施，以实现项目质量期望。质量报告的信息包含团队上报的质量管理问题，针对过程、项目和产品的改善建议，纠正措施建议（包括返工、缺陷/漏洞补救、100%检查等），以及在控制质量过程中发现的情况等。

2．测试与评估文件

可基于行业需求和组织模板创建测试与评估文件，它是控制质量过程的依据，用于评估质量目标的实现情况。这些文件也可能包括专门的核对单和详尽的需求跟踪矩阵。

3．变更请求

如果质量管理过程中出现了可能影响项目管理计划任一组成部分、项目文件或项目/产品管理过程的变更，项目经理应提交变更请求，并实施整体变更控制过程。关于质量请求的变更将使质量得到改进。

4．项目管理计划更新

可能需要更新的项目管理计划组件包括（但不限于）：质量管理计划，可能需要根据实际结果修改已商定的质量管理方法；范围基准；进度基准；成本基准。

5．项目文件更新

上述各项管理质量结果的更新将使相关的项目文件随之更新，可在本过程更新的项目文件包括（但不限于）：问题日志、经验教训登记册和风险登记册。

视频

7.4　控制质量

控制质量是为了评估绩效，确保项目输出完整、正确且满足客户期望，而监督和记录质量管理活动执行结果的过程。本过程的主要作用是核实项目可交付成果和工作已达到主要干系人的质量要求，可供最终验收。控制质量过程确定项目产出是否达到预期目的，这些产出需要满足所有适用标准、要求、法规和规范。

控制质量相当于疾病治疗，其目的是采取一定的措施消除质量偏差，弥补项目质量管理过程中遗留下来的缺憾，追求质量零缺陷。控制质量应贯穿于项目质量管理的全过程，用可靠的数据来证明项目已达到发起人和（或）客户的验收标准。

控制质量主要包括以下内容：

1）度量项目质量的实际情况。

2）将项目质量的实际情况与质量标准进行比较。

3）识别项目存在的质量问题和偏差。

4）分析项目质量问题产生的原因，如有必要，采取纠偏措施消除项目存在的质量问题。

控制质量与管理质量既有联系又有区别，两者的目标都是使项目质量达到规定的要求。因此，在项目质量管理的过程中，它们是相互交叉、相互重叠的。但是，控制质量是一种纠偏性和把关性的过程，它直接对项目质量进行监控，并对项目存在的质量问题进行纠正；而管理质量是一种预防性的、保障性的过程，只是从项目质量管理组织、程序、方法等方面做一些辅助性的工作。

控制质量的主要工作见表 7-4。

表 7-4　控制质量的主要工作

依据	工具和方法	结果
项目管理计划 项目文件 批准的变更请求 可交付成果 工作绩效数据 事业环境因素 组织过程资产	质量核检表 统计抽样 问卷调查 测试 / 产品评估 因果图 控制图 直方图 散点图 帕累托图 会议	质量控制测量结果 核实的可交付成果 工作绩效信息 变更请求 项目管理计划更新 项目文件更新

需要说明的是，控制质量的努力程度和执行程度可能会因所在行业和项目管理风格不同而不同。在敏捷项目中，控制质量活动可能由所有团队成员在整个项目生命周期中执行，而在瀑布式项目中，控制质量活动由特定团队成员在特定时间、地点或者项目（阶段）快结束时执行。

7.4.1　控制质量的依据

在本过程工作的依据中，批准的变更请求和可交付成果已在前文介绍，这里不再赘述。

1．项目管理计划

本过程的项目管理计划组件包括（但不限于）质量管理计划。

2．项目文件

可作为控制质量过程依据的项目文件包括（但不限于）：经验教训登记册、质量测量指标和测试与评估文件。

3．工作绩效数据

在本过程中，工作绩效数据包括产品状态数据，例如观察结果、质量测量指标、技术绩效测量数据，以及关于进度绩效和成本绩效的项目质量信息。

4．事业环境因素

能够影响控制质量过程的事业环境因素包括（但不限于）：项目管理信息系统、质量管理软件，政府法规，特定应用领域的相关规则、标准和指南。

5．组织过程资产

能够影响控制质量过程的组织过程资产包括（但不限于）：质量标准和政策；质量模板，如质量核查表、质量核对单等；问题与缺陷报告程序及沟通政策。

7.4.2　控制质量的工具和方法

在控制质量的工具和方法中，因果图和会议已在前文介绍，此处不再赘述。

1．质量核检表

检查是一个较为笼统的称谓，如审查、审计、巡检等。质量检查工作内容包括测量、查看和检测等活动，其目的是判断项目的可交付成果是否符合质量标准。

质量检查可以在任何层次上实施，既可以是对单项活动的工作结果进行检查，也可以是对项目的最终产品进行检查。现场检查的领域既可宽泛，也可具体，如缺陷补救审查就是质量控制部门或类似部门所采取的措施，目的在于确保产品缺陷得以补救，并使之与要求或规范相符。

质量核检表，又称计数表，用于合理排列各种事项，以便有效地收集关于潜在质量问题的有用数据。在开展检查以识别缺陷时，用质量核检表收集属性数据非常方便。

例如，在房地产地板采购项目的质量管理中，在每个关键工序结束时必须进行检查，其中实木地板质量核检表——干燥工序见表7-5。

表 7-5 实木地板质量核检表——干燥工序[㊀]

品名：
规格：
批号及该批数量：
检验方法和抽样原则：按照实木地板 检验和试验方法 GB/T 15036.2—2001 执行
具体干燥标准及板面材质参照 Q/CH.1—2003 外观质量标准执行

检验项目	检验规范	检验情况		
含水率	8%≤地板出厂含水率≤10%	抽样数	合格数	不合格数
湿材码料 气干、窑干	目测、含水率测试仪			
其他	不许有开裂、死节、虫眼、腐朽、受潮、扭曲、变形			
检验结论		检查人： 日期		

注：为减少木材含水率与当地平衡含水率之间的差异造成的板材吸湿变形，建议生产厂家尽量缩短批次产品的生产时间，且各道工序之间流转的产品须用聚乙烯膜进行包裹封闭。

2．统计抽样

统计抽样是指选择一定数量的样本进行检验，从中推测整体的情况。例如，从一份包括 1000 张设计图纸的清单中随机抽取 100 张，来推断这 1000 张图纸的质量。样本用于测量控制和确认质量。样本若抽取合适，可以在一定程度上降低项目质量控制费用。统计抽样包括简单随机抽样、系统抽样、分层抽样和整群抽样等。抽样的频率和规模应在规划质量管理过程中确定。

3．问卷调查

问卷调查也称问卷法，是问卷设计者运用统一设计的问卷向被调查者了解情况或征询意见收集信息的调查方法。问卷中被使用的问题又叫作测度项（Measurement Item）。相应地，它们的记分标准叫作刻度（Scale）。在控制质量的过程中，问卷调查可用于在部署产品或服务之后收集关于客户满意度的数据。例如，为了测量满意度，可以用李克特量表（Likert Scale）来表示对一个测度项的认可程度。

4．测试 / 产品评估

测试是一种有组织的、机构化的调查，旨在根据项目需求提供有关被测产品或服务质量的客观信息。测试的目的是找出产品或服务中存在的错误、缺陷、漏洞或其他不合规问题。用于评估各项需求的测试的类型、数量和程度是项目质量计划的一部分，具体取决于项目的性质、时间、预算或其他制约因素。测试可以贯穿整个项目，早期测试有助于识别不合规问题，帮助减少修补不合规组件的成本。

5．控制图

控制图用于确定一个过程是否稳定，或者是否具有可测的绩效。它是通过描述各样本的质量特征所在的区域来进行质量控制的方法，其用途是判断项目的质量是否处于控制中，如图 7-9 所示。上控制界限和下控制界限是根据要求制定的，反映了可允许的最大值和最小值。控制界限根据标准的统计原则，通过标准的统计计算确定，代表一个稳定过程的自然波

㊀ 张立友，汪晓，金林．项目管理实战剖析与PMP攻略［M］．北京：机械工业出版社，2007.

动范围。当项目质量特征在上控制界限和下控制界限范围内时，说明它处于受控状态；如果落在上控制界限和下限控制界限之外，说明质量已经处于失控状态，应该采取措施使它回到受控状态。

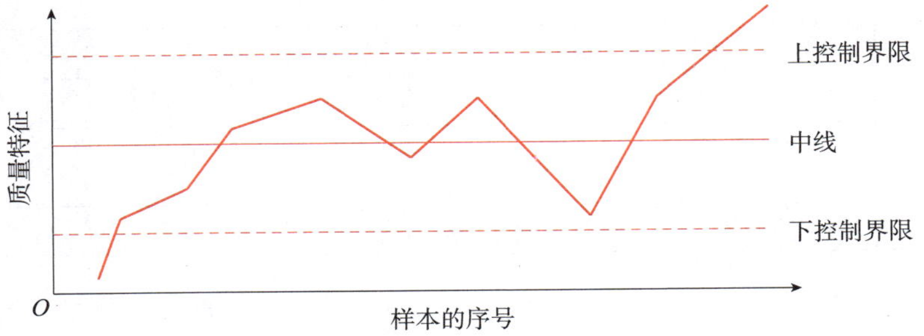

图 7-9 控制图

控制图可用于监测任何类型的结果变量。虽然控制图经常用于追踪重复性活动，但也可用于监测成本与进度偏差、范围变更的大小和频度，以及其他管理结果，以帮助确定项目管理过程是否处于正常的控制范围之内。

当项目进展的结果未达到质量标准时，就要查明原因，并运用其他相应的项目管理过程来消除产生项目质量缺陷的因素。例如，如果未能满足质量标准是由于项目团队成员技术不熟练，项目经理或其他利益相关者缺乏保证质量的积极性，就应当动用人力资源管理的有关过程，以提高他们在这方面的技能或积极性。质量不合格若是由于购入的材料或设备不合格造成的，则应通过项目采购管理的有关过程来加以解决，如合同管理。若项目结果符合质量标准要求，但客户或项目发起人不满意，则应通过范围变更控制制度，修改成果说明书或者工作说明书，重新编制必须修改的项目计划（如成本和进度计划）等。

6．直方图

直方图是一种展示数字数据的条形图，可以展示每个交付成果的缺陷数量、缺陷成因的排列、各个过程的不合规次数，或项目或产品缺陷的其他表现形式。直方图是频数直方图的简称，它反映各变量的分布，可预测并监控产品质量状况以及对质量波动进行分析。直方图的每一栏代表一个问题或情况的一个特征或属性，每个栏的高度代表该种特征或属性出现的相对频率。这种工具通过各栏的形状和宽度来确定质量问题的根源。

7．散点图

散点图是一种展示两个变量之间的关系的图形，它能够展示两支轴的关系，一支轴表示过程、环境或活动的任何要素，另一支轴表示质量缺陷。散点图可以表示因变量随自变量而变化的大致趋势。它将序列显示为一组点，值由点在图表中的位置表示，类别由图表中的不同标记表示。通过该工具，质量控制部门可以研究并确定两个变量的变更之间可能存在的潜在关系，将因变量和自变量对应地以圆点表示在图表中，由圆点形成的图形越接近对角线，两者的关系就越紧密。

8．帕累托图

帕累托图（Pareto Charts）是由意大利经济学家帕累托在分析社会财富的分布状况时提出的，他发现在人类社会的发展历程中，少数人占有大量的财富，大多数人仅占有少量财富，而且那些少数人对财富起着决定性的支配作用。因此，他提出了“关键的少数和次要的多数”观点，而且这一观点也适用于社会、经济生活的很多的方面。后来朱兰博士把这一观点运用到质量管理中，将其作为寻求影响质量因素的一种方法。

图 7-10 是帕累托图的一个示例，图中的曲线即为帕累托曲线，通常把影响质量的因素分为三类：A 类为关键的少数，是主要因素，其影响程度的累计百分数为 70%～80%；B 类是一般因素，其影响程度的累计百分数为 20%～30%；C 类为次要因素，其影响程度的累计百分数仅为 0～10%。B 和 C 构成了次要的多数。因此，帕累托图法又称为 ABC 分析图法，在对这些因素进行 ABC 分类管理时，应对 A 类采用较为严格的质量控制手段，而对 C 类可采用相对宽松的质量控制手段。

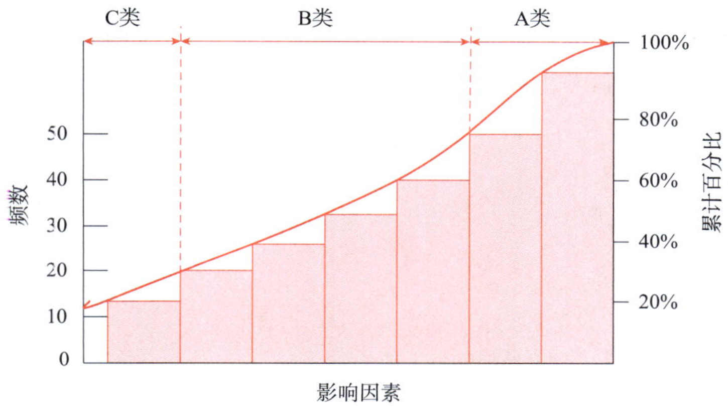

图 7-10 帕累托图

7.4.3 控制质量的结果

1．质量控制测量结果

控制质量的测量结果是对质量控制活动的结果的书面记录，应以质量管理计划所确定的格式加以记录。

2．核实的可交付成果

控制质量的一个目的就是确定可交付成果的正确性。开展控制质量过程的结果是核实的可交付成果，后者又是确认范围过程的一项输入，以便正式验收。如果存在任何与可交付成果有关的变更请求或改进事项，可能会执行变更、开展检查并重新核实。

3．工作绩效信息

控制质量工作过程的工作绩效信息包含有关项目需求实现情况的信息、拒绝的原因、要求的返工、纠正措施建议、核实的可交付成果列表、质量测量指标的状态、过程调整需求等。

4．变更请求

如果控制质量过程期间出现了可能影响项目管理计划任何组成部分或项目文件的变更，项目经理应提交变更请求，并且应该通过实施整体变更控制过程对变更请求进行审查和处理。

5．项目管理计划更新

对项目管理计划进行更新，有助于反映控制质量过程产生的质量管理计划变更。

6．项目文件更新

本过程需要更新的项目文件包括（但不限于）：问题日志、经验教训登记册、风险登记册和测试与评估文件。

本章小结

本章按照管理的过程讨论项目“三大管理”之一的项目质量管理。本章首先在项目质量管理概述中，介绍了质量、质量管理和项目质量管理的含义、理念以及项目质量管理的工作过程，包括规划质量管理、管理质量和控制质量。本章较为详尽地阐述了项目质量管理各个过程的依据、采用的工具和方法，以及各个过程产生的结果，并且在各个过程中介绍了许多方法。

自测题

一、判断题

1．项目的质量方针是不可以调整的。（　　）

2．项目质量管理的基本宗旨是“质量出自计划，而非出自检查”。（　　）

3．规划质量管理描述了质量政策是如何贯彻的。（　　）

4．标杆对照用于依据标准测量质量水平。（　　）

5．内部故障成本属于质量评估成本。（　　）

6．管理质量的结果包括更新后的项目管理计划等。（　　）

7．因果图能描述由不同的原因相互作用所产生的潜在问题。（　　）

8．控制质量的依据不包括质量管理计划。（　　）

9．控制质量所使用的工具之一就是质量核查表。（　　）

10．“管理质量”的定义比“质量保证”更广，因其可用于非项目工作。（　　）

二、单选题

1．戴明环的四个过程是（　　）。

A. 计划—处理—执行—检查　　B. 计划—执行—处理—检查

C. 计划—检查—执行—处理　　D. 计划—执行—检查—处理

2．控制质量与管理质量的关系是（　　）。

A. 截然分开的　　B. 有不同的目标

C. 相互交叉、相互重叠的　　D. 采用相同的方法

3．项目质量保证包括（　　）。

A. 项目内部外部质量保证　　B. 项目内部质量保证

C. 外部质量保证　　D. 项目各项质量保证

4．下列方法中，能找出发生次数少，但对项目质量影响程度大的方法是（　　）。

A. 趋势分析　　B. 质量核检表　　C. 控制图　　D. 帕累托图

5．下列方法中，能确定影响项目质量的因素是由随机事件还是由突发事件引起的方法是（　　）。

A. 流程图　　B. 实验设计　　C. 控制图　　D. 帕累托图

6．项目质量审计发生在项目质量管理的（　　）阶段。

A. 规划质量管理　　B. 管理质量　　C. 控制质量　　D. 改进质量

7．在进行质量成本分析时，可将培训成本归类为（　　）。

A. 质量预防成本　　B. 质量评估成本　　C. 内部故障成本　　D. 外部故障成本

8．范围确认和控制质量之间的主要区别是（　　）。

A. 没有区别

B. 范围确认关注工作结果的正确性，控制质量关注工作结果的可接受性

C. 范围确认关注确保变更是有益的，控制质量关注所有工作结果是正确的

D. 范围确认关注工作结果的可接受性，控制质量关注工作结果的正确性

9．下列选项中，属于避免质量问题而非检查质量问题的行为是（　　）。

A. 控制质量　　B. 质量系统工作　　C. 管理质量　　D. 规划质量管理

10．控制质量工作应在（　　）实施。

A. 项目开始时　　B. 识别出缺陷时　　C. 贯穿项目始终　　D. 项目获得通过时

三、多选题

1．规划质量管理的依据包括（　　）。

A. 项目章程　　B. 项目管理计划　　C. 项目文件　　D. 可交付成果

2．规划质量管理的工具与方法包括（　　）。

A. 帕累托图　　B. 标杆对照　　C. 流程图　　D. 成本效益分析

3．下列表述正确的是（　　）。

A. 项目质量成本一般包括预防成本、评估成本及故障成本

B. 故障成本包括内部故障成本和外部故障成本

C. 在规避项目失败的前提下，预防成本和评估成本这两类成本呈反方向变动

D. 项目质量成本是指出现质量问题后善后工作的各项支出

4．下列有关流程图的表述正确的是（　　）。

A. 流程图描述项目各活动之间的相互关系

B. 流程图有助于发现可能产生质量问题的工作环节

C. 流程图有助于明确项目质量管理的责任

D. 流程图有助于找出解决质量问题的方法

5．管理质量的方法与工具包括（　　）。

A. 亲和图　　B. 因果图　　C. 矩阵图　　D. 控制图

6．下列表述正确的是（　　）。

A. 质量核检表可以核实项目质量计划的执行是否得到实施

B. 质量核检表通常以 WBS 为基础

C. 质量核检表由详细的条目组成

D. 质量核检表可以包括某项工作是否已经完成的信息

7．控制质量中常用的工具有（　　）。

A. 因果图　　B. 控制图　　C. 质量核检表　　D. 帕累托图

8．下列表述正确的是（　　）。

A. 控制图法通过描述各样本的质量特征所在的区域来进行质量控制的方法

B. 上控制界限和下控制界限是根据项目质量规定的标准制定的

C. 项目质量特征在上控制界限和下控制界限范围外时说明它处于受控状态

D. 项目质量特征在上控制界限和下控制界限范围内时说明它处于失控状态

思　考　题

1．如何判断一个项目团队是否成功地完成项目——交付一个质量合格的产品？

2．项目质量管理的理念有哪些？

3．管理质量主要包括哪些内容？

4．控制质量主要包括哪些内容？

案　　例

品质至上——港珠澳大桥岛隧工程

港珠澳大桥是集桥、岛、隧为一体的超大型跨海通道，具有世界级规模和技术难度。它是至今为止全球规模最大的跨海工程，其沉管海底隧道规模也位居全球之首。

由中国交通建设股份有限公司联合体承建的岛隧工程是大桥的控制性工程，其中沉管隧道是我国第一条外海沉管隧道，也是世界唯一深埋沉管隧道和综合难度最大的沉管隧道。建设方通过技术创新和装备研发填补了国内沉管工程领域多项空白，实现了技术跨越式发展。在岛隧工程建设过程中，建设方完成了100多项试验研究，自主研发了十几项国内首创且世界领先的专用设备和系统，获得了500多项专利，将试验研究过程与建设过程有机融合，成功解决了规模大、标准高、风险大、经验少等矛盾与难题，创造了举世瞩目的工程奇迹。

1．港珠澳大桥岛隧工程概况

港珠澳大桥跨越珠江口伶仃洋海域，是连接香港特别行政区、广东省珠海市、澳门特别行政区的大型跨海通道。岛隧工程讫止里程总长为7440.546m。

港珠澳大桥岛隧工程作为国内首次在外海实施的超大型海底沉管隧道工程，除超大型工程所普遍具有的规模宏大、工期紧张、作业环境困难、施工及技术难度高、未知因素多而复杂、施工风险极大等显著特点外，还具有社会关注度高、三地政府共建共管、采用设计施工总承包模式等独有特点。

2．港珠澳大桥岛隧工程质量目标

港珠澳大桥岛隧工程质量目标包括：实现“工程质量、质量管理、现场管理达到国际标准”，“建设世界级的跨海通道、为用户提供优质服务、成为地标性建筑”；确保成为粤港澳三地最优品质的跨海通道；使用寿命预计120年，工程满足国家、行业及《港珠澳大桥专用质量检验标准》等相关标准规范的要求，确保达到合同规定的质量标准；检验批、分项、分部工程施工质量检验合格率达到100%，单位工程一次验收合格率100%。

3．精细化的质量管理

（1）质量管理体系和规章制度的建立健全　为规范岛隧工程质量监督管理，切实落实全员质量责任，总经理部紧紧围绕既定的管理方针和质量目标，依据工程内容和项目标准，建立健全以规章制度为主体、各项标准为支撑、适应“五商中交”、适合本单位的全员、全方位、全过程的质量制度体系。

（2）质量通病（质量顽症）治理　总经理部秉承“内外质量相统一”的理念，建立健全质量通病治理台账。在专人负责、专业管理、专班施工“三专管理”的总体要求下，混凝土质量通病治理工作卓见成效，实体质量稳步提高，施工关键过程得到有效控制。

（3）《质量发展纲要（2011—2020年）》（以下简称《纲要》）宣贯和落实　以《纲要》为

指导，根据工程质量管理特点，开展综合治理和“质量年”“质量月”等专项活动，建立“职责明确、一票否决、有错必究”的质量责任追究制度。同时开展了一系列监督检查和专项质量活动。

（4）《中国交建工程质量治理两年行动方案》贯彻落实　积极开展“港珠澳大桥岛隧项目工程质量治理两年行动”，全面推动质量终身责任制的落实，健全质量监管机制，提升工程质量水平。

（5）推行质量信息系统　所有质量检验文件均通过“广东省交通工程质量监督管理系统”填报、审批，自行开发、应用了内网及外网系统，做到 OA 平台全单位覆盖、视频监控系统全工点覆盖。[⊖]

问题：

1. 港珠澳大桥岛隧工程的质量管理目标是什么？
2. 港珠澳大桥岛隧工程是怎么管理质量的？
3. 港珠澳大桥岛隧工程质量管理有哪些挑战？
4. 港珠澳大桥岛隧工程质量管理工作有哪些亮点？
5. 港珠澳大桥岛隧工程的高质量建成所具有的重要意义？

⊖ 案例来源：
1．林鸣，王孟钧，罗冬，等．珠澳大桥岛隧工程项目管理探索与实践［M］．北京：中国建筑工业出版社，2019.
2．刘忠鹏，陈虓．港珠澳大桥岛隧工程精细化质量管控．公路，2018，08:79-82.

第 8 章 项目资源管理

学习目标

- 理解项目团队的基本特征及其发展阶段
- 理解项目经理的职责及所需具备的基本素质
- 理解项目资源管理的含义及其工作过程
- 掌握规划资源管理的依据、工具和方法及结果
- 掌握估算活动资源的依据、工具和方法及结果
- 掌握获取资源的依据、工具和方法及结果
- 掌握建设团队的依据、工具和方法及结果
- 掌握管理团队的依据、工具和方法及结果
- 掌握控制资源的依据、工具和方法及结果

导入案例

三个和尚的故事人尽皆知。当庙里有一个和尚的时候，他每天一个人去很远的山下取水，非常辛苦；当庙里有了两个和尚时，他们可以结伴抬水，或者两个人轮流取水，于是每个人的辛苦程度比先前降低了很多；后来庙里有了三个和尚，但由于谁都想当不劳而获的那个和尚，彼此开始钩心斗角，某一天他们终于没有水喝了。由此看出，在一个项目团队中，不得不承认有的时候是 $1+1>2$，还有的时候却是 $1+1<0$。那么在一个项目团队中如何进行资源管理才能达到 $1+1>2$ 的效果呢？

8.1 概　　述

视频

8.1.1 项目团队相关概念

项目团队是为实现项目的目标由共同合作的若干成员组成的正式组织，一般包括项目经理、项目办公室人员以及专业人员等，其目的在于充分发挥项目团队成员的主观能动性，使他们各尽所能，从而保证项目目标的顺利完成。

1．项目团队的特征

（1）项目团队具有特定的目的　项目团队在组建的同时就被赋予了明确的目标。项目团

队的任务是完成项目任务，实现项目目标。

（2）项目团队是临时组织　项目团队是基于完成项目任务和项目目标的目的而组建的，一旦项目任务完成，团队的使命也将告终，项目团队即可解散。

（3）项目团队的领导是项目经理　在一个项目团队中，项目经理是最高的决策者和管理者。一般来说，项目的成败与项目经理的能力有着密切的关系。

（4）项目团队强调合作精神　项目团队是一个整体，它按照团队作业的模式来实施项目，这就要求团队成员具有高度的合作精神，相互信任，相互协调。团队合作精神是项目成功的有力保障。

（5）项目团队成员的增减具有灵活性　项目团队在组建的初期，其团队成员人数可能较少，随着项目进展的需要，项目团队成员人数会逐渐增加，而且团队成员的人选也会随着项目的发展而进行相应的调整。

（6）项目团队建设和管理是项目成功的保障　项目团队建设和管理包括对项目团队成员进行技能培训、绩效考核以及绩效跟踪和人员激励等。

2．项目团队的发展阶段

项目团队从开始到结束，是一个不断成长和变化的过程，这个过程包括如下五个阶段：

（1）形成阶段　形成阶段是项目团队发展过程的最初阶段，它将一些独立的个体转变成项目团队成员。这一阶段的特征是项目团队成员具有一种积极向上的精神，急于开始工作和表现自己，项目团队也在努力树立自己的形象，并试图对将要开始的工作进行分工和制订计划。

这一阶段，项目团队成员的情绪表现为希望、激动、怀疑、焦急等，他们往往不知道要干什么、和谁一起干，以及要从事的工作是否与自己的兴趣相适应等问题。此时，项目经理要重视项目团队建设工作，说明项目的目标，并且公布项目的进度计划、质量标准、团队结构和每个成员在项目中的职位。

（2）磨合阶段　项目团队成员在明确了自己的目标后，便开始运用自身技能来执行被分配的工作。这一阶段的特征是项目团队成员可能发现现实与期望不一致，越来越不满意项目经理的指导和命令，对项目所采用的设备和技术不熟悉，时常发生错误。

这一阶段，项目团队成员的情绪多表现为挫折、不满、愤怒甚至对立等，如对自己的角色不太满意，觉得项目经理制订的计划和安排不合理。此时，项目经理要对他们进行适当指导，并且要引导每个成员对自己的角色及责任进行调整。另外，项目经理还要明确项目团队成员之间的关系和行为规范，使每个成员都清楚地了解自己的责任以及和他人的关系。

（3）规范阶段　项目团队经过了一段时间的磨合后，就进入了正常发展的规范阶段。这一阶段的特征是，项目团队的矛盾程度降低，同时，随着项目成员的期望和实际情况的统一，他们的不满情绪也逐步降低。项目的规章制度得到改进和规范，项目具体的控制和决策权也逐步从项目经理转移到项目团队成员手中。

这一阶段，项目团队成员之间开始建立相互信任、相互帮助的关系，开始互相交流看法，合作意识明显加强。所以，项目经理要逐步减少指导性工作，对团队成员的工作要给予支持，并且对他们取得的成绩进行表扬。

（4）表现阶段　项目团队成员有很强的集体感和荣誉感，信心十足，急于实现项目目标，工作效率很高。项目团队根据实际需要，以个人或临时小组的方式进行工作，相互依赖度高。在这一阶段，项目经理的工作就是协助项目团队制订、修正并执行项目计划。

（5）解散阶段 项目团队完成任务，准备解散，此时项目团队成员面对离别会备感失落。项目经理最好采取措施，稳定人心，明确责任，让大家“站好最后一班岗”，同时，也要考虑团队成员以后如何安排的问题，把项目的收尾工作做好。

8.1.2 项目经理

项目经理即项目负责人，也称项目管理者或项目领导者，其负责整个项目的组织、计划、实施全过程，以保证项目目标的成功实现。他是项目的最高责任者、组织者和管理者，在项目团队中具有举足轻重的作用。

1. 项目经理的权力

项目经理的权力大小取决于公司所采用的组织结构类型以及项目对该公司的重要性。如果该公司采用项目型组织结构，那么项目经理的权力相对较大，很可能在职能部门经理之上；如果公司采用职能型组织结构，则项目经理的权力相对较小，就很可能在职能部门经理之下。另外，如果项目对于公司比较重要，则项目经理的权力也会相对大一些。一般来说，项目经理的权力表现在：

1）项目经理有选择项目团队成员的最终决定权。

2）在项目的执行过程当中，项目经理对比较重要的决策有着直接的决定权。

3）项目经理对项目资源具有使用和分配的权力。

2. 项目经理的职责

项目经理的身份是领导者，其应该履行的职责有计划、组织、协调、控制。

（1）计划 项目经理的首要任务是制订计划。计划可以分为战略计划与作业计划，在项目组织成立之初战略计划是必不可少的，因为它确定了项目团队的总体目标。为了实现项目的战略计划，项目经理还必须制订一系列作业计划，但这并不意味着他需要亲自制订每一项作业计划。在执行项目计划的过程中，项目经理需要根据项目的实际进展情况随时对项目计划进行调整，一般对战略性计划的调整相对较少，而越细致的作业计划需要调整的可能性则越大。

（2）组织 项目经理需要决定哪些工作由组织内部完成，哪些工作由组织外部的协作者来完成。项目经理的组织工作主要包括：对项目所要完成的每项具体工作进行描述，并安排相应的人员，把任务落实到个人。同时，具体承担工作的人员应对项目经理做出承诺。

（3）协调 项目经理还需要协调外部协作者完成工作，项目经理应对其工作范围做出明确的划分，与每位协作者协商达成一致意见并签订合同。此外，项目经理还要对合同的执行过程进行监督，发现问题要及时协调处理，若不在自己的职责范围之内，则应及时向上级报告。

（4）控制 为了保证项目的进展与项目的目标相一致，项目经理必须对项目进行监控，跟踪实际工作的进展并与计划进行对比，有时甚至对项目计划进行变更。因此，项目经理需要设计一套有效的项目管理信息系统以及项目变更程序，才能更好地对项目进行控制。借助项目管理信息系统，项目经理能够掌握项目的实际进展情况，分析研究各种已经出现的问题和潜在的风险，在必要的时候根据项目变更程序，对项目的计划作业进行调整。

3．项目经理的素质

项目经理在项目中担任着类似总经理的角色，应具备如下素质特征：

（1）能够善于决策和勇于承担责任　项目经理在很多情况下必须独自承担决策和管理的责任，由于项目本身所处环境的不确定性以及项目要求与实施条件不断变化等原因，项目经理在项目管理过程中需要随时做出决策。

（2）具有积极大胆的创新精神　因为项目具有一次性、独特性和不确定性等特点，所以项目和项目管理几乎没有现成的经验和方法可以借鉴。项目经理作为项目的主要负责人，如果在项目管理的执行过程中具备积极大胆的创新精神，不仅能够带动整个组织不断开拓挖掘新思路和方法、营造积极创新的氛围，而且可以鼓励项目团队成员充分发挥创新意识、提高他们的创造积极性。

（3）具有实事求是的工作作风　影响项目正常进展的因素很多，而且在项目实施过程中难免会出现实际情况与预期计划的偏差。此时项目经理就应该带领团队成员，运用各种工具和方法找出偏差的来源，并分析偏差可能带来的不利影响，如果必要，及时采取相应的措施。

（4）具有很强的自信心　通常，任何一个项目在实施初期都具有较大的不确定性，其成功与否将受很多主、客观因素的影响。项目经理作为项目组织的领头人应该具有能够圆满完成项目的信心，这样才能坚定其他团队成员的信念，相信自己的付出会有丰厚的回报。

4．项目经理的能力

项目经理仅仅具备如上素质，仍不能胜任其本职工作，还必须具备如下 5 项能力：

（1）领导能力　项目经理是项目的管理者而非项目的具体执行者。项目经理要带领和指挥整个项目团队去实现项目目标，其领导能力决定了项目的成败。目前，大多数项目经理都采用民主参与式的领导方式。项目经理引导所有的项目团队成员参与项目的管理，不只是简单地下达命令，而是引导团队成员发挥主动性来完成自己的工作。项目经理通过授权，可以从项目管理的烦琐细节中解脱出来，以更好地应对项目中的重大事项。

（2）人际交往能力　良好的人际交往能力是项目经理必备的技能，这种技能需要良好的口头表达能力和书面沟通能力。项目经理的人际交往能力主要包括：如何处理好与上级主管的委托代理关系的能力；如何处理好与项目干系人的利益关系的能力；如何处理好项目涉及的公共关系方面的能力，如各种媒体、社会公众等；如何处理好项目团队内部关系的能力。

（3）人员开发能力　项目经理在领导项目团队实现项目目标的同时，也应该将该过程视为提高团队成员自身价值的良好机会。项目经理要营造一种学习氛围，使团队成员能够通过各自的工作来不断提高自身的专业技能，鼓励项目团队中经验丰富的成员向阅历不足的成员传授一些专业技能。同时，还可以让团队成员参加培训，进一步提高他们的能力，从而更好地为项目服务。

（4）处理问题的能力　首先，项目经理要及时发现项目执行过程中存在的问题甚至是潜在的问题，只有尽早发现问题，才能有充足的时间制定出合理的解决方案，从而避免问题的扩大，减少对项目的负面影响；其次，项目经理要具有一定的分析问题的能力，一旦发现问题，就要对问题进行深入剖析；最后，项目经理还要根据问题的性质及其产生的原因，带领和指挥项目团队共同解决问题。

（5）建设项目团队的能力　项目团队是项目的具体实施者，项目经理的领导作用是通过项目团队体现出来的，所以项目经理必须组建一支高效、协调的项目团队。项目经理要充分了解项目的目标，对项目的工作任务进行分解，初步确定实施项目需要的人员，然后再从公司外部或内部选取合适的人员。

8.1.3 项目资源管理的含义

项目资源管理是指在整个项目生命周期中，对项目资源即人力、材料、设备、资金和技术等生产要素进行优化配置和动态平衡管理，确保在使用较少资源的前提下，实现项目管理决策科学化和经济效益最大化的过程。

项目资源管理不局限于人力资源管理，也包括诸如设备、材料、工具、基础设施等实物资源管理。人力资源主要指的是项目团队资源。项目团队成员可能具备不同的技能，可能是全职或兼职的，可能会随项目进展而增加或减少。项目资源管理包括识别、获取和管理所需资源以成功完成项目的各个过程，这些过程有助于确保项目经理和项目团队在正确的时间和地点使用正确的资源。

项目资源管理的工作过程，如图 8-1 所示。

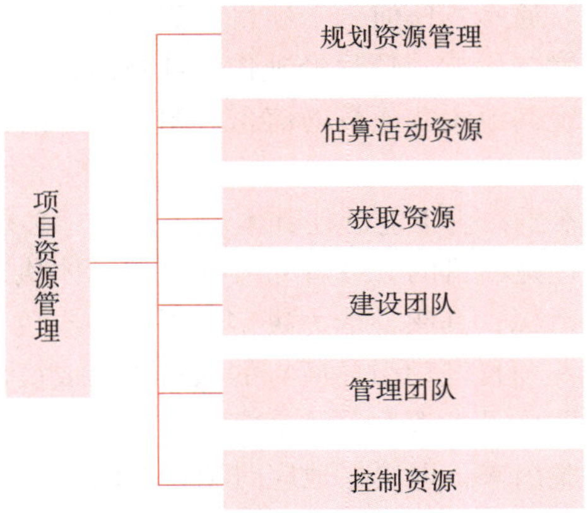

图 8-1 项目资源管理的工作过程

（1）规划资源管理 定义如何估算、获取、管理和利用实物以及团队项目资源的过程。

（2）估算活动资源 估算执行项目所需的团队资源，以及材料、设备和用品的类型和数量的过程。

（3）获取资源 获取项目所需的团队成员、设施、设备、材料、用品和其他资源的过程。

（4）建设团队 提高工作能力，促进团队成员互动，改善团队整体氛围，以提高项目绩效的过程。

（5）管理团队 跟踪团队成员的工作表现，提供反馈，解决问题并管理团队变更，以优化项目绩效的过程。

（6）控制资源 确保按计划为项目分配人力和实物资源，以及根据资源使用计划监督资源实际使用情况，并采取必要纠正措施的过程。

其中，相对于实物资源管理，团队资源管理更加灵活和复杂，团队资源或人员均指人力资源。

8.2　规划资源管理

视频

规划资源管理是指通过对未来资源需求的预测，确定完成项目所需资源的数量和类别、各自的工作任务，以及团队成员之间相互关系的过程。它确保了在适当的时候，为适当的工作配备合适数量和类型的资源，使其能够有效地达到总体预定目标。

规划资源管理通常有三个步骤：

1）通过调查研究获取现有资源状况的相关信息，并对其进行评价。

2）在上述基础上，根据项目的具体情况预测项目未来所需的资源构成。

3）制订项目资源管理的总计划，并据此制定出各项具体的资源管理政策。

规划资源管理的主要工作见表 8-1。

表 8-1　规划资源管理的主要工作

依据	工具和方法	结果
项目章程 项目管理计划 项目文件 事业环境因素 组织过程资产	层级结构图 责任分配矩阵 角色分析 人际关系技能	资源管理计划 人员配备计划 团队章程 项目文件更新

8.2.1　规划资源管理的依据

1．项目章程

项目章程提供项目的高层级描述和要求，此外还包括可能影响项目资源管理的关键干系人名单、里程碑概况，以及预先批准的财务资源。

2．项目管理计划

项目管理计划组件包括（但不限于）：质量管理计划和范围基准。

3．项目文件

可作为本过程输入的项目文件包括（但不限于）：项目进度计划、需求文件、风险登记册和干系人登记册。

4．事业环境因素

项目所处的环境无时无刻不在发生着迅速变化，这些变化不断对资源规划提出新的要求。影响规划资源管理的外部因素，主要包括政治与法律因素、经济因素、社会文化因素、科技因素、现有资源的能力和可用性、市场条件。同时，还要考虑一些项目内部制约因素，如项目的组织结构，由于职能型组织结构中的项目经理权力有限，他可能无法及时地获取项目所需的人力资源。

5．组织过程资产

作为规划资源管理依据的组织过程资产有：组织的标准流程和政策、组织结构图和职位描述、实物资源管理政策和程序、安全政策、安保政策、资源管理计划模板、以往项目的组织结构资料等。

8.2.2 规划资源管理的工具和方法

规划资源管理的工具和方法中的人际关系技能在前文已叙述，故不再赘述。

1. 层级结构图

层级结构图是由自上而下划分为若干层次的等级链构成的，可以用于描述权利和职位间的关系。典型的层级结构图包括 WBS、资源分解结构（RBS）、OBS。

资源分解结构（RBS）是按照资源种类和形式而划分的资源层级结构，它是项目分解结构的一种，通过它可以在资源需求细节上制订进度计划，并可以通过汇总的方式向更高一层汇总资源需求和资源可用性，如图 8-2 所示。

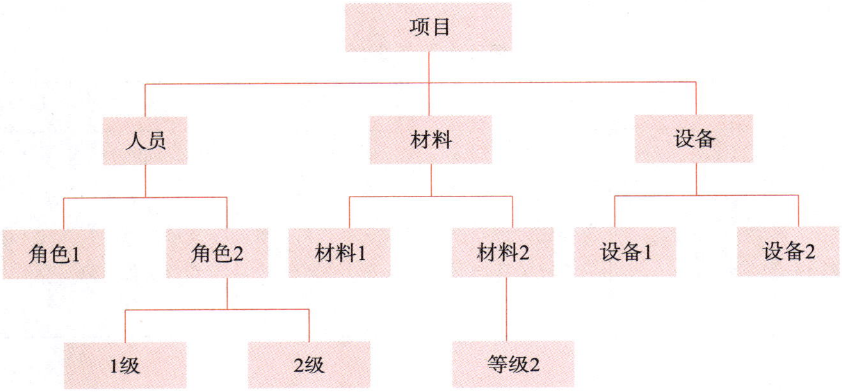

图 8-2 资源分解结构（RBS）示例

ERP 系统项目 OBS，如图 8-3 所示。例如，天塑公司是一家大型企业，从事塑料制品生产和销售业务，总部在上海。其在上海、天津和大连有 3 个工厂，全国各地有销售网络。公司为提高整体经营水平，决定实施一套 ERP 系统，主要包括销售、财务与物流等模块。该项目涉及 3 个工厂和所有销售网络。

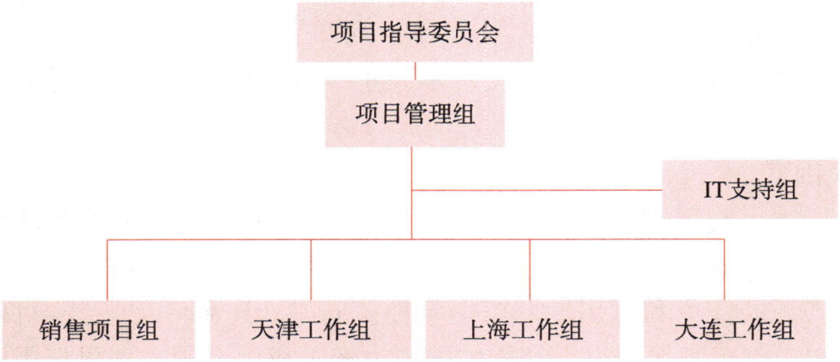

图 8-3 ERP 系统项目 OBS

2. 责任分配矩阵

责任分配矩阵（Responsibility Assignment Matrix，RAM）是一种将所分解的工作任务落实到项目有关部门或个人，并明确表示出他们在组织工作中的关系、责任和地位的一种方法和工具。它是在 WBS 的基础上建立的，以表格形式表示完成 WBS 中每项活动或工作活动。

责任分配矩阵明确表示出每项工作由谁负责、由谁来具体执行，并且明确了每个人在整个项目中的地位。责任分配矩阵还系统地阐明了个人与个人之间的相互关系，它能使项目团队中的每个人认识到自己在项目组织中的基本职责，充分认识到在与他人配合中应承担的责任，从而能够充分、全面和主动地承担自己的全部责任。

在项目实施过程中，如果某项活动出现了错误，项目经理可以很容易地从责任分配矩阵中找出该活动的负责人和具体执行人；当沟通中出现困难或者工作责任不明时，也可以运用责任分配矩阵，而且还可以针对某个子项目或某个活动分别制定不同规模的责任分配矩阵。

例如，某软件公司承接了上述天塑公司实施的 ERP 系统项目，把项目分为定义、设计、开发、测试、维护五个阶段，分别有专人负责，其责任分配矩阵见表 8-2。

表 8-2 项目责任分配矩阵

任务	张文	费强	李琼	赵娜	欧贤
定义	P	E		S	
设计	S		P	E	
开发		P	E	S	
测试			P	S	
维护			S	E	P

注：P（President）表示主要负责人，E（Execute）表示工作的主要执行人，S（Service）表示某次要负责人。

3．角色分析

角色分析是一项系统的项目人力资源管理活动，也是项目人力资源管理的基础平台。角色分析是以角色本身为对象，收集每个角色的特性信息的过程，其主要目的是清楚地了解每个角色的工作内容和完成该工作所需要的能力。通过对角色的五个构成要素，即工作、职责与职权、环境、角色需求的任职者、激励与约束机制进行深入细致的分析，以便为项目人员甄选标准的确定、培训课程的设定，以及工作流程的优化奠定基础。

角色分析的主要方法包括问卷调查法、访谈法、文献资料分析法、观察法和关键事件法等。

问卷调查法是角色分析中最常用的一种方法，采用问卷或调查表的形式获取角色分析中的信息，实现角色分析的目的。问卷调查法通常分为标准工作分析调查和指定工作分析调查两部分见表 8-3 和表 8-4。标准工作分析调查表问卷内容具有普遍性，适合各种角色。指定工作分析调查表问卷具有特定性，每张调查表只适用于指定的某个角色。

表 8-3 标准工作分析调查表

（1）工作名称：__________

（2）适合此项工作的年龄：__________

A.20 岁以下　　B.21～30 岁　　C.31～50 岁　　D.51 岁以上

（3）适合此项工作的性别：__________

A. 男女均可　　B. 男性　　C. 女性

（4）担任此项工作所需学历：__________

A. 高中　　B. 专科　　C. 本科　　D. 研究生

（5）胜任该项工作所需的工作经验：__________

A.2 年　　B.3 年　　C.5 年　　D. 无具体要求

表 8-4　指定工作分析调查表（以软件研发人员为例）

姓名：　　　　　　　　工作名称：
请准确回答下列问题。
1．主要职责
从事该项工作，每天需要完成哪些任务，承担什么责任？
2. 教育
从事该项工作，需受过何种程度的教育？
3. 经验
从事该项工作的人员，应具备哪些工作经验才能胜任？
4. 培训
作为一名软件研发人员，应对他进行哪些方面的培训，才能有助于该项工作？
5. 能力
作为一名软件研发人员，以下哪些能力必不可少？
A. 口头表达能力　　B. 明晰的思维　　C. 良好的体魄　　D. 创造力

8.2.3　规划资源管理的结果

1．资源管理计划

作为项目管理计划的子计划，资源管理计划提供了关于如何分类、分配、管理和释放项目资源的依据。可以根据项目的具体情况分为团队管理计划和实物资源管理计划，资源管理计划可能包括（但不限于）：

（1）识别资源　识别资源是用于识别和量化项目所需的团队和实物资源的方法。

（2）获取资源　获取资源是关于如何获取项目所需的团队和实物资源的说明。

（3）角色和职责分配计划　在项目所需的角色和职责分配计划中，应包括下述各项内容：

1）角色，即某人负责项目的某部分工作的标识。例如，建筑工程师、商务分析师和测试协调人。

2）职权，即拥有使用项目资源及做出决策和批准的权力。

3）职责，即为完成项目，要求项目团队成员实施的具体工作。

2．人员配备计划

在人员配备计划中描述了何时及以何种方式来满足项目人力资源需求，其中包括人员培训策略及项目团队的建设计划。随着团队绩效评估的进行，可在其中加入奖励、反馈、额外培训及惩戒措施。

根据项目的需要，人员配备计划可以是正式的或非正式的、详尽的或宽泛的。在项目进行过程中，项目经理将不断地对其进行更新，以便指导团队成员的招募和团队建设活动。人员配备计划信息因应用领域和项目规模的不同而异。

在编制人员配备计划时需要特别注意的是，当项目团队某个成员的工作已经完成而没有其他新任务时，应该把他撤出项目团队，这样可以降低项目的成本。人员配备计划一般通过人力资源直方图来表示。例如，图 8-4 表示了某项目在一个月内所需的人力资源状况。

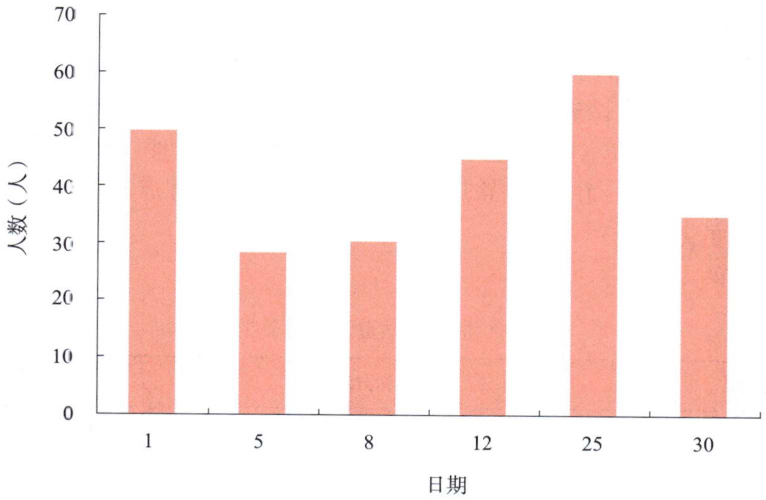

图 8-4　某项目在一个月内所需人力资源状况

（1）项目组织图　项目组织图以图形方式展示项目团队成员及其报告关系。基于项目的需要，项目组织图可以是正式或非正式的，非常详细或高度概括的。

（2）项目团队资源管理　项目团队资源管理是指关于如何定义、配备、管理和最终遣散项目团队资源的说明。

（3）培训　培训是指针对项目成员的培训策略。

（4）团队建设　团队建设是指建设项目团队的方法。

（5）资源控制　资源控制是按照项目要求，确保实物资源充足可用，并为满足资源需求对实物资源采购进行优化而采用的方法。

（6）奖惩计划　奖惩计划是指将给予团队成员哪些认可和奖励，以及何时给予。

3．团队章程

团队章程是为团队创建团队价值观、共识和工作指南的文件。团队章程可能包括（但不限于）：团队价值观、沟通指南、决策标准和过程、冲突处理过程、会议指南和团队共识。

4．项目文件更新

可在本过程更新的项目文件包括（但不限于）：假设日志和风险登记册。

8.3　估算活动资源

视频

估算活动资源就是要确定完成项目活动所需资源（人力、设备、材料等）的种类，以及每种资源的需要量，从而为项目成本的估算提供信息。也就是说，估算活动资源就是回答项目的活动在特定的时间，需要投入何种资源以及每种资源的需要数量。在估算活动资源之前，首先要对项目中所需的资源进行分类，对资源分类的方法很多，本书仅按照项目中所需的资源的特点将其分为两类：

1．可以无限使用的资源

这类资源供给充足，而且价格很低，在项目的执行过程中，对成本来说没有数量限制，可以根据项目的需要任意使用。例如，简单的劳动力、普通的设备等。

2. 只能有限使用的资源

这类资源是指价格比较昂贵，在项目的实施过程中，不可能完全得到的资源或者使用数量有明确标准的资源，如大型进口设备。

在估算活动资源时，对不同种类的资源必须进行不同的管理。对于可以无限使用的资源，不必专门进行严格、全面的跟踪管理，以免导致过高的管理成本；对于只能有限使用的资源，要进行全面的跟踪管理。

估算活动资源的主要工作见表 8-5。

表 8-5 估算活动资源的主要工作

依据	工具和方法	结果
项目管理计划 项目文件 事业环境因素 组织过程资产	专家判断法 多方案选择 定额法 项目管理软件 自下而上估算法 资源计划矩阵 资源数据表 资源需求甘特图	资源需求 估算依据 资源分解结构 项目文件更新

8.3.1 估算活动资源的依据

1. 项目管理计划

可作为估算活动资源依据的项目管理计划包括（但不限于）：资源管理计划和范围基准。

2. 项目文件

可作为估算活动资源依据的项目文件包括活动清单、活动属性、假设日志、成本估算、风险登记册和项目资源日历，下面主要详细介绍项目资源日历。

项目资源日历类似于资源可利用情况，记录了确定使用某种具体资源（如人力资源、设备和材料等）的信息，这些信息包括具体资源的属性（资源的来源或技能水平）、可利用的时间，以及每一资源可供使用的数量等。项目资源日历一般根据资源的种类标识各自可以使用的时间，它可以针对某个活动或整个项目。

例如，前文“活动分解技术”中所提及的王女士的家居装修项目，根据其具体特点，装饰公司（装修队）分析了在工程设计项目的早期阶段，可供使用的资源可能包括大量的初级与高级工程师，而在同一项目的后期阶段，可供使用的资源可能仅限于因为参与过项目早期阶段而熟悉该项目的个人。在此基础上制定了该项目的资源日历。说明在整个项目实施过程中，每天都为工作日，并根据物业公司规定，每天施工时间为 8:00～12:00、13:00～18:00，以及在此时间段内相应需要不同工种的装修工人、施工所需材料等。

3. 事业环境因素

能够影响估算活动资源过程的事业环境因素包括（但不限于）：资源的位置、资源的可用性、团队资源的技能、组织文化、发布的估算数据和市场条件。

4. 组织过程资产

能够影响估算活动资源过程的组织过程资产包括（但不限于）：关于人员配备的政策和程序，关于用品和设备的政策与程序，关于以往项目中类似工作所使用的资源类型的历史信息。

8.3.2 估算活动资源的工具和方法

1. 专家判断法

专家判断法前文已作详细介绍，在此不再重复。

2. 多方案选择

通常，每项计划活动都可利用多种方式来完成。例如，项目活动可以利用各种类型的资源、不同水平的技术人员或不同类型的机器设备，操作工具可以是手工操作或自动化工具，有关资源可以自制或直接购买等。项目团队可以通过制订多种资源计划，由有经验的专家或技术团队成员进行选择，来得到最优的资源计划方案。

3. 定额法

定额法是根据定额估算活动资源的一种方法。定额是在合理的劳动组织和合理地使用材料和设备的条件下，预先规定完成单位合格产品消耗的资源数量标准。具体说来，定额的测算思路是，首先根据每个项目的工料用量，制定出该项目的工料合价；然后按照不同类别（管理层次、用途、物质内容、费用性质）将它们汇总成册。

采用定额法估算活动资源时，首先需要测算每个项目所需的用工量，包括基本工作量和其他需用工作量。然后再加上这个项目所需的材料，包括基本用料和其他材料。用工的单价是根据项目所在地当时不同工种的劳动力价值规定的，材料的价值是根据前期的市场价格制定出来的预算价格。工料单价乘以工料单价系数加人工费单价乘以人工费系数便可得出综合单价。综合单价乘以数量即为合价。

例如，对于前述王女士家装项目的东方装修公司来说，其可以把“地板铺设工程”看作一个子项目，采用定额法估算的步骤是：首先根据地板生产厂家的介绍得知，每名铺装工人每天可以铺装 8～10m^2，客厅铺设面积 72m^2，地板 200 元 /m^2，工人费用为 50 元 / 天·人，这样就可以估算出“地板铺设工程”这个子项的费用总和约为 2 万元。

4. 项目管理软件

项目管理软件能够协助项目团队规划、组织与管理项目的备用资源，并做出资源估算。因项目管理软件的复杂程度相差悬殊，有的仅用来确定资源日历，但有的还可以实现确定资源分解结构、资源的有无与多寡，以及资源单价等工作。

例如，某高速路工程项目中涉及项目干系人很多，工程工期长、复杂，资金数目巨大而且来源复杂，这时就可以使用项目管理软件来完成估算活动资源工作，以提高工作效率。

5. 自下而上估算法

当估算项目计划的活动无足够把握时，则将项目范围内的工作进一步分解。然后估算下层每个更具体的工作资源需要，接着将这些估算按照计划活动需要的每一种资源汇集出总量。这些项目活动之间可能存在也可能不存在影响资源利用的依赖关系。如果它们之间存在依赖关系，资源的这种利用方式就要反映在活动的估算中，并形成文件。

6. 资源计划矩阵

资源计划矩阵是在项目 WBS 的基础上，结合每个工作所需的资源需求量绘制得出的。资源计划矩阵的样式见表 8-6，该表的缺陷是无法囊括信息类的资源。

表 8-6 资源计划矩阵

工作	资源需求量					相关说明
	资源 1	资源 2	…	资源 m-1	资源 m	
工作 1 工作 2 ⋮ 工作 n-1 工作 n						

7. 资源数据表

资源数据表与资源计划矩阵的区别在于：前者表示的是在项目进展各个阶段的资源使用和安排情况，后者表示的则是对项目各项工作所需资源的统计汇总说明。资源数据表的样式见表 8-7。

表 8-7 资源数据表

资源需求种类	资源需求总量	时间安排（不同时间资源需求量）					相关说明
		1	2	…	T-1	T	
资源 1 ⋮ 资源 m-1 资源 m							

8. 资源需求甘特图

资源需求甘特图直观地显示了资源在各个阶段的需求情况，它比资源数据表更为直观、简洁，该图的缺点是无法显示资源配置效率方面的信息。图 8-5 是资源需求甘特图的示例。

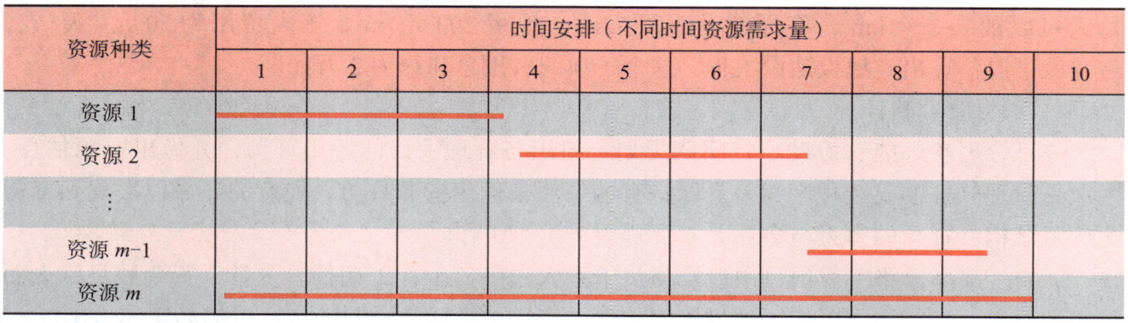

图 8-5 资源需求甘特图

8.3.3 估算活动资源的结果

1. 资源需求

估算活动资源的结果就是识别并说明工作细目中每一活动需要使用的资源种类与数量。

具体来说，活动资源需求就是表明项目的各项活动在何时需要何种资源以及当项目的几项活动共用一种资源时，如何进行合理的资源平衡的文档。

项目活动的时间取决于资源的数量和质量。大多数项目活动的时间将受到分配给该工作的资源数量的影响，如当人力资源减少一半时，工作的延续时间一般来说将会增加一倍。另外，大多数项目活动的时间也受到项目所能够得到的资源质量的影响，如对于同一个活动，高级工人花费的时间肯定比普通工人花费的时间少。

2. 估算依据

资源估算所需的支持信息的数量和种类，因应用领域而异。但不论其详细程度如何，支持性文件都应该清晰完整地说明资源估算是如何得出的。资源估算的支持信息可包括：估算方法；用于估算的资源，如以往类似项目的信息；与估算有关的假设条件；已知的制约因素；估算范围；估算的置信水平；有关影响估算的已识别风险的文件。

3. 资源分解结构

项目活动的资源分解结构也可以用表 8-8 所示的资源矩阵来描述。

表 8-8　资源矩阵

工作	资源需求量					相关说明
	资源 1	资源 2	…	资源 $m-1$	资源 m	
活动 1 活动 2 ⋮ 活动 $n-1$ 活动 n						

4. 项目文件更新

完成估算活动资源后，活动清单、活动属性和资源日历等相关项目文件都需要更新。

8.4　获取资源

获取资源是根据项目资源规划的要求，从项目组织内部或项目组织外部获取所需资源，并根据这些资源的数量、质量和可获得性对它们进行合理安排的过程。获取资源是资源规划的具体实施过程，是提高项目绩效、充分利用项目资源的有效手段。

获取资源的主要工作见表 8-9。

表 8-9　获取资源的主要工作

依据	工具和方法	结果
项目管理计划 项目文件 事业环境因素 组织过程资产	谈判 预分派 招聘 虚拟团队	实物资源分配单 项目人员配置 项目人力资源可利用情况 资源日历 变更请求 项目管理计划更新 项目文件更新

8.4.1 获取资源的依据

1. 项目管理计划

可作为获取资源依据的项目管理计划包括（但不限于）：

1）资源管理计划。资源管理计划为如何获取项目资源提供说明。

2）采购管理计划。采购管理计划提供了关于将从项目外部获取资源的信息，包括如何将采购与其他项目工作整合起来以及涉及资源采购工作的干系人。

3）成本基准。成本基准提供了项目活动的总体预算

2. 项目文件

可作为获取资源依据的项目文件包括（但不限于）：

1）项目进度计划。项目进度计划展示了各项活动及其开始和结束日期，有助于确定需要提供和获取资源的时间。

2）资源日历。资源日历记录了每个项目资源在项目中的可用时间段。编制出可靠的进度计划，对各个资源的可用性和时间限制（包括时区、工作时间、休假时间、当地节假日、维护计划和在其他项目的工作时间）的良好了解。资源日历需要在整个项目过程中渐进明细和更新。资源日历是本过程的输出，在重复本过程时随时可用。

3）资源需求。资源需求识别了需要获取的资源。

4）干系人登记册。干系人登记册可能会发现干系人对项目特定资源的需求或期望，在获取资源过程中应加以考虑。

3. 事业环境因素

对组建项目团队过程可能产生影响的事业环境因素素包括：现有的人力资源状况、可用的人员及其能力、以往的经验；人事管理政策，如影响外包的政策；现有组织资源信息，包括可用性、能力水平，以及有关团队资源和资源成本的以往经验；组织结构；一个或多个工作地点等。

4. 组织过程资产

能够影响获取资源过程的组织过程资产包括（但不限于）：有关项目资源的采购、配置和分配的政策和程序；历史信息和经验教训知识库。

8.4.2 获取资源的工具和方法

1. 谈判

很多项目需要针对所需资源进行谈判，项目管理团队需要与下列各方谈判：

1）与职能经理就确保项目在要求的时限内获得最佳资源事项进行谈判。

2）与执行组织中的其他项目管理团队就合理分配稀缺或特殊资源事项进行谈判。

3）与外部组织和供应商就提供合适的、稀缺的、特殊的、合格的、经认证的或其他特殊的团队或实物资源事项进行谈判。

在资源分配谈判中，项目管理团队影响他人的能力很重要，如同在组织中的政治能力一样重要。例如，说服职能经理，让他 / 她看到项目具有良好的前景，会影响他 / 她把最佳资

源分配给这个项目而不是竞争项目。

2．预分派

在某些特定的情况下，项目的人员可能是预先指定的。如在需求建议书中已经注明了需要安排特定的人员参加项目，或项目章程已经规定了项目配备的某类项目人力资源。

3．招聘

（1）招聘分类　招聘分为内部招聘和外部招聘。内部招聘是指在项目组织内部或项目所在公司的人力资源中，通过提升、工作调配和内部人员的重新聘用等方式选出项目组织所需人员的一种方法。从内部招聘的人员对项目比较了解，可以节约大量的人员培训费用。此外，还能为项目组织的内部人员提供职业发展机会，可以提高他们工作的积极性和创造性。但是内部招聘会受到项目组织现有人力资源的限制，可供选择的范围有限。外部招聘是从项目所在公司的范围之外获取项目所需人力资源的一种方法。与内部招聘相比，外部招聘的选择范围较为广泛，而且从外部招聘的人员能为项目组织带来创新思想。但是，外部招聘要花费很多的时间和费用，还要对新进人员进行适当的培训。

（2）招聘程序　招聘程序主要有以下几个步骤：

1）资格审查。在资格审查中，要对应聘者提交的材料进行核实，还要对他们进行体检。

2）笔试。笔试通常包括智商、心理、情商等方面的测试。通过笔试可以了解应聘者的能力和潜力，有利于项目管理人员做出正确的录用决策。

3）绩效模拟测试。绩效模拟测试有两种方法，即工作抽样法和测评中心法。工作抽样法的具体做法是，让应聘者参与一个与其所应聘职务相关的活动，让其完成其中的一些任务，然后根据他的完成情况得出测评结果的方法。这种方法对于一般性的职务是有效的，但费用较高。测评中心法是由被选职位的直接上层管理者、监督者、心理学家组成测评中心，模拟出实际工作中可能出现的问题，应聘者进行测试，然后根据应聘者表现得出其是否称职的结论。

4）面试。资格审查和笔试都无法提供有关应聘者的全面信息，因此还需要通过面试对应聘者做进一步的评价。

5）综合选择。项目管理人员要根据笔试、绩效测评、面试的成绩，对应聘者进行综合评价和横向比较，从而选出合适的人员。

4．虚拟团队

虚拟团队是指虽然分散于不同的时间、空间和组织边界，却具有共同理想、共同目标或共同利益，为完成项目任务所组成的人员群体。

虚拟团队作为一种新型的组织形态，具有许多优于传统团队的特征，如采用虚拟团队拓宽了组织的人才来源渠道，为通常很难获得的专业人才创造了条件；拓展了信息资源渠道，为保持产品的先进性奠定了基础；通过资源共享实现优势互补和有效合作，使众多不同渠道的零散知识整合为系统的集体智慧，转化为竞争优势；项目成员之间可以利用最新技术实现及时沟通，确保及时做出正确的决策；可以优化组织结构促使组织结构扁平化，通过团队柔性的工作模式降低管理成本。

虚拟团队可以通过电话、网络、传真或可视图文等方式来沟通和协调，如每天查收两次电子邮件；每天定时通一次电话等，便可以分工完成一份事先拟定好的工作。

8.4.3 获取资源的结果

1. 实物资源分配单

实物资源分配单记录了项目将使用的材料、设备、用品、地点和其他实物资源。

2. 项目人员配置

项目团队成员清单明确表示了每项工作的负责人和执行者。项目人员配置是根据项目团队成员的实际情况列出清单，通过对最佳人力资源配置的调控来实现的。在进行项目人员配置的时候应遵循合理使用原则和提高效率原则。

3. 项目人力资源可利用情况

根据项目团队成员清单及项目人员配置表，测算每个项目人员最大限度可用于某一具体项目上的工作时间。

4. 资源日历

资源日历识别了每种具体资源可用时的工作日、班次、正常营业的上下班时间、周末和公共假期。在规划活动期间，潜在的可用资源信息（如团队资源、设备和材料）用于估算资源可用性。资源日历规定了在项目期间确定的团队和实物资源何时可用、可用多久。这些信息可以在活动或项目层面建立，这考虑了诸如资源经验和（或）技能水平以及不同地理位置等属性。

5. 变更请求

如果获取资源过程中出现变更请求（例如影响了进度），或者推荐措施、纠正措施或预防措施影响了项目管理计划的任何组成部分或项目文件，项目经理应提交变更请求，且应该通过实施整体变更控制过程对变更请求进行审查和处理。

6. 项目管理计划更新

项目管理计划的任何变更都以变更请求的形式提出，并且通过组织的变更控制过程进行处理。开展本过程可能导致项目管理计划更新的内容主要包括（但不限于）：资源管理计划和成本基准。

7. 项目文件更新

可在本过程更新的项目文件包括（但不限于）：经验教训登记册、项目进度计划、资源分解结构、资源需求、风险登记册和干系人登记册。

8.5 建设团队

视频

建设团队是指通过对人力资源进行培训、绩效考核和激励等方式，来提高项目团队成员个人的能力以及整个项目团队的绩效。

建设团队的主要工作见表8-10。

表 8-10　建设团队的主要工作

依据	工具和方法	结果
项目管理计划 项目文件 事业环境因素 组织过程资产	人际关系技能 培训 团队行为规范 集中办公 人员激励 虚拟团队 会议	团队绩效评估 变更请求 项目管理计划更新 项目文件更新 事业环境因素更新 组织过程资产更新

8.5.1　建设团队的依据

1．项目管理计划

可作为建设团队依据的项目管理计划组件包括（但不限于）资源管理计划。资源管理计划为如何通过团队绩效评价和其他形式的团队管理活动，为项目团队成员提供奖励、提出反馈、增加培训或采取惩罚措施提供了说明。资源管理计划可能包括团队绩效评价标准。

2．项目文件

可作为本过程输入的项目文件包括（但不限于）：经验教训登记册、项目进度计划、项目团队派工单、资源日历和团队章程。

3．事业环境因素

能够影响建设团队过程的事业环境因素包括（但不限于）：有关雇用和解雇的人力资源管理政策、员工绩效审查、员工发展与培训记录，以及认可与奖励；团队成员的技能、能力和特定知识；团队成员的地理分布。

4．组织过程资产

能够影响建设团队过程的组织过程资产包括（但不限于）：历史信息和经验教训知识库。

8.5.2　建设团队的工具和方法

建设团队的工具和方法中的人际关系技能、虚拟团队和会议在前文已有详细介绍，在此不再赘述。

1．培训

培训是使人获得工作能力的过程。项目人员培训是指使项目团队成员具备完成各自任务所需的知识、技能和能力等而进行的培训活动。虽然对人员进行培训可能增加项目的成本，但是这远比由于人员缺乏技能或效率低下，导致项目失败所造成的损失小得多。适当的人员培训不仅可以提高项目团队的工作效率，而且还能鼓舞团队成员的士气、留住人才。

项目人员培训一般包括如下过程：

（1）培训需求分析　培训需求分析通过考虑员工和组织的绩效来决定培训是否有益。培训需求分析测评组织、团队或个人的能力与战略计划所要求的能力的契合度。

（2）培训目标的确立　必须根据设定的目标来衡量培训是否成功。

（3）设计适当的培训方式　培训方式的设计必须能反映预估的具体要求，有效的培训方式的选择需要包括学习理念、各种培训方法和法律问题。

（4）评价培训效果　评价培训效果是培训实施的最后一个环节，通过评价可以了解培训的内容是否合适，学员对知识的掌握程度以及培训的投入和产出，并确定今后培训改进的方向。柯氏模型是美国学者唐纳德·柯克帕特里克（Donald L.Kirkpatrick）在1959年提出的培训效果评价模型。柯克帕特里克从评价的深度和难度将培训效果分为四个递进的层次——反应层次、学习层次、行为层次、效果层次。柯氏模型四个层次的评价内容和方法见表8-11。

表8-11 柯氏模型四个层次的评价内容和方法

评价层次	评价内容	常用评价方法
反应层次	学员对培训项目在哪些方面满意，包括对课程内容、材料、讲师、技巧及场地设备和服务的衡量	培训实施评价问卷 口头询问
学习层次	学员从培训项目中学到了什么，包括对理论、业务知识、技术的掌握情况	笔试 实操演练、工作模拟 角色扮演 观察考评
行为层次	培训学员的行为是否发生了变化	上级与下属的反馈 现场评估 行动计划跟进
效果层次	行为的变化是否对组织产生了积极影响和意义	针对一些特殊的项目设计评估模型

2．团队行为规范

团队行为规范是指为了实现项目的目标，使项目团队成员在项目管理活动过程中履行岗位职责、严守职业道德、从思想认识到日常行为应遵守的职业纪律，即以项目目标为指导，约束团队成员行为的一系列原则和规范的集合。

借助团队行为规范可以不断提升团队成员的自身素质，减少团队成员之间的误解，同时提高工作效率。规范团队行为是建设团队的切入点。

如通过项目团队会议行为规范可以使团队成员明确在项目会议期间哪些行为是允许发生的，如某个项目团队会议行为规范的形式见表8-12[㊀]。

表8-12 某个项目团队会议行为规范

团队会议 小组质量管理 行为准则 围绕所讨论的主题 按时到会和体会 每次只让一个人讲 做好准备 坦率、诚实、诚恳 限制使用挖苦和嘲讽的言辞 会议的总体气氛是积极向上的 消除消极性 提出建设性的批评 集中注意力。先理解，然后是被理解 不要闲聊 主意属于大家，而不是个人 做出决定后，团队步调要一致，要团结 加强积极行为 保持冷静

㊀ 吉多，克莱门斯．成功的项目管理：第3版[M]．张金成，杨坤，译．北京：电子工业出版社，2007.

3．集中办公

当项目需要的团队规模较大且项目工期较长时，采用集中办公的方式是最合适的。集中办公是指把项目的核心团队成员安排在临近的位置，一般可能是同一地点工作，这样可以辅助沟通，以增强他们整体的工作能力。集中办公既可以是临时性的，如仅在项目中的关键时期，也可以是贯穿整个项目过程的。但如果来自一个主要职能部门的人员仍需要参与该职能部门的工作，或某些职能部门工作地点比较分散，使用集中办公则具有一定的局限性。

4．人员激励

建设团队活动旨在改善人际关系，如定期举行的情况汇报会上的 5 分钟议程、该项目以外专业人士筹办的活动等。有些团队活动，如制定 WBS，虽然其初衷并不是为了团队建设，但是如果计划活动能安排得当，也会提高团队的凝聚力。

团队建设经常采用激励措施，激励就是激发和鼓励，是指项目团队通过某种方式来调动人员的积极性和创造性。激励可以提高项目团队成员的工作效率，从而提高整个团队的绩效，有利于项目目标的实现。在对项目团队成员进行激励时，还要注意选择适当的激励方式。

（1）物质激励　物质激励是项目团队采用最多的一种方式。物质激励一般包括工资和奖金等，它适合一些基层的项目团队成员。

（2）荣誉激励　荣誉激励可以满足项目团队成员获得尊重和荣誉的需求，它适合知识丰富和层次较高的人员。

（3）参与激励　参与激励是指让项目团队成员了解项目团队的运作情况，使他们以不同的方式参与项目的管理中来，从而激发他们的主人翁意识。

（4）挫折激励　当项目团队成员遇到挫折时，项目团队要对他们实施足够的影响，使他们勇于面对挫折，走出困境。

（5）榜样激励　榜样激励就是使项目团队成员成为整个团队学习的榜样，使他们有很大的满足感，从而达到激励的目的。

（6）环境激励　环境激励就是为项目团队成员创造一个良好的工作和生活环境，从而推动团队成员更加投入工作。

例如，海天建设集团是 2 年前由同属于建筑行业的 3 家公司合并重组而成的，原来的 3 家公司在业务范围、人事制度、管理经营等方面都很相似，但在操作模式上存在较大差距。集团成立后为优化资源，提高经营水平，重新整合为 4 家新的公司，但也出现了新的问题和矛盾。为此，集团决定实施一个业务流程再造项目。集团副总裁李宇辰授权项目经理王子哲组建项目团队。经过和各个部门经理沟通协商和分析，王子哲从新组建的 4 家公司共抽调 12 名业务骨干参与这个项目，此外又招聘了 4 名专业技术人员，加上 4 家公司的总经理共 20 人。从项目建设一开始，项目团队就进行了每月中旬的定期和不定期的相关知识培训，并考核成绩，以提高团队绩效水平。在团队行为规范上，团队制定了严格的纪律，营造了良好的工作秩序。而且把 306 房间作为集中办公地点，大家都把办公室称为“作战厅”，将项目目标、项目计划、项目进展等贴在墙上，沟通了项目信息。由于该项目周期较长，为八九个月，而且也比较烦琐，考虑到长久下去大家会出现士气不高、懒散应付等情况，项目经理王子哲认为，只有在执行过程中采取一些有效的激励措施，才能调动成员的主动性、积极性、创造性。经过考虑，他决定采用麦克格勒格尔的X理论和Y理论，即运用X理论，通过建立有效的绩效考核办法进行激励；运用Y理论，通过组织团队活动给大家创造良好的氛围，如每周五下午安排大家一起爬山或打羽毛球等，在特殊的日子举行一些庆祝活动，如给团队成员举办生日晚会。

8.5.3 建设团队的结果

1. 团队绩效评估

团队绩效评估是项目经理按照一定的标准，采用科学、合理的方法对团队成员履行其职责的程度进行审查和评定，从而确定其工作业绩的过程。

通过绩效评估，项目经理可以了解团队成员在哪些方面还有欠缺，是否需要接受培训；可以确定对团队成员实行奖励或惩罚；可以完善甄选应聘者的手段；还可以为管理层决策提供依据。绩效评估的过程如下：

（1）制订绩效评估计划　绩效评估计划确定了考核的对象、内容和时间等。

（2）确定绩效评估的标准　进行考核之前，先要确定考核的标准，作为衡量绩效的尺度。考核的标准包括绝对标准和相对标准。绝对标准是以数据为基础的，比较客观，如项目产品的废品率、人员的出勤率等；相对标准是根据每个成员的实际情况确定的考核标准，对不同级别的员工采用不一样的标准。

（3）收集数据资料　在进行业绩考核时，要通过综合使用工作记录、定期抽查、考勤记录和工作评定等方法实时跟踪并随时收集有关团队成员绩效的信息。

（4）分析评价　根据绩效评估的标准，采用适当的方法对收集的信息和数据资料进行分析、整理并综合评价。

（5）结果运用　绩效评估的结果应该运用到项目的各项管理活动中，如根据考核的结果对团队成员进行培训、奖励或惩罚，考核的结果还能帮助团队成员找出工作中存在的问题，有利于团队成员改进工作、提高绩效。

其中，绩效评估的方法主要包括如下几种：

（1）书面鉴定法　书面鉴定法就是由绩效评估者根据团队成员的实际工作情况编写一份简单的评价材料，来描述团队成员在工作中的功过得失，并提出改进建议。这是一种比较模糊的评价方法，受考核者主观判断的影响较大。

（2）关键事件法　关键事件法就是把团队成员在工作过程中表现出来的关键行为记录下来，如工作态度、投诉率、违纪行为、次品率、缺勤率、加班率等，并与绩效评估的相应指标进行对比，从而对团队成员的绩效进行评价。这种方法可以让考核者将注意力放在能够区分工作绩效的关键行为上。

（3）评分表法　评分表法是指针对一些常规的绩效评估指标进行打分，然后根据总分做出对团队成员绩效的粗略评估。这种方法成本较小，但受考核者主观判断的影响也比较大。

（4）排序法　排序法根据某项绩效评估指标对团队成员在项目团队中的表现进行排序，然后根据多个排序进行综合排序。这种方法只是将团队成员的绩效与总体水平进行对比，得出相对绩效，并不能显示团队成员的绝对绩效情况。

（5）目标管理法　目标管理法是根据团队成员对具体目标的完成情况来进行绩效评估，

具体目标制定得越精确、科学，该方法也就越有效。

2．变更请求

如果建设团队过程中出现变更请求，或者推荐的纠正措施或预防措施影响了项目管理计划的任何组成部分或项目文件，项目经理应提交变更请求并遵循实施整体变更控制过程。

3．项目管理计划更新

项目管理计划的任何变更都以变更请求的形式提出，且通过组织的变更控制过程进行处理。可能需要变更的项目管理计划组成部分主要是（但不限于）资源管理计划。

4．项目文件更新

可在本过程更新的项目文件包括（但不限于）：经验教训登记册、项目进度计划、项目团队派工单、资源日历和团队章程。

5．事业环境因素更新

作为建设项目团队过程的结果，需要更新的事业环境因素包括（但不限于）：员工发展计划的记录和技能评估。

6．组织过程资产更新

作为建设团队过程的结果，需要更新的组织过程资产包括（但不限于）：培训需求和人事评测。

8.6　管理团队

视频

管理团队是指跟踪团队成员绩效、提供反馈信息、解决存在的问题并协调各种变更的一系列过程，其目的是提高项目绩效。

管理团队的主要工作见表 8-13。

表 8-13　管理团队的主要工作

依据	工具和方法	结果
项目管理计划 项目文件 工作绩效报告 团队绩效评估报告 事业环境因素 组织过程资产	人际关系技能 冲突管理 项目管理信息系统	变更请求 项目管理计划更新 项目文件更新 事业环境因素更新

8.6.1　管理团队的依据

1．项目管理计划

项目管理计划组件包括（但不限于）资源管理计划。

2．项目文件

可作为本过程输入的项目文件包括（但不限于）：问题日志、经验教训登记册、项目团队派工单和团队章程。

3．工作绩效报告

工作绩效报告是为制定决策、采取行动或引起关注所形成的实物或电子工作绩效信息，它包括从进度控制、成本控制、质量控制和范围确认中得到的结果，有助于项目团队管理。绩效报告和相关预测报告中的信息，有助于确定未来的团队资源需求、认可与奖励，以及更新资源管理计划。

4．团队绩效评估报告

项目管理团队应该持续地对项目团队绩效进行正式或非正式的评价。不断地评价项目团队的工作绩效，有助于采取措施解决问题、调整沟通方式、解决冲突和改进团队互动。

5．事业环境因素

能够影响管理团队过程的事业环境因素包括（但不限于）人力资源管理政策。

6．组织过程资产

能够影响管理团队过程的组织过程资产包括（但不限于）：嘉奖证书、公司制服和组织中其他的额外待遇。

8.6.2 管理团队的工具和方法

管理团队的工具和方法中的人际关系技能和项目管理信息系统在前文已有详细介绍，在此不再赘述，这里主要介绍冲突管理。

项目冲突是组织、团队或队员为了限制或阻止另一部分组织、团队或队员达到其预期目的而采取的行为和措施。项目冲突管理是管理分析冲突、解决冲突和防范冲突的过程。项目冲突管理的作用是引导项目冲突的结果向积极的、合作的而非破坏性的方向发展。

项目通常处于冲突的环境中，如在项目执行阶段对人力资源的需求达到了最高峰，如果此时其他的项目组织也要求职能部门提供人员，而职能部门又不能增加人员数量时，必定会产生冲突，但冲突并不可怕，可以处理。常用的冲突管理方式有：

（1）回避　回避是指卷入冲突的项目团队成员从这种状态中撤出，从而避免发生实际的或潜在的争端。但这种方式并不是一种积极的解决方法，它可能会使冲突积累起来，并逐步升级。

（2）竞争　这种方法的实质是“非赢即输”，它认为在冲突中取得胜利要比勉强保持人际关系更为重要。这是一种积极的解决冲突的方式。但是，这种方法也存在些弊端，可能会导致团队队员之间产生怨恨，恶化工作环境。

（3）缓和　这种方法的实质是“求同存异”，即在冲突中找出一致的方面，忽视两者之间的矛盾。这种方式认为，维持人际关系比解决问题更为重要，强行解决问题可能会伤害团队成员之间的感情，降低团队的凝聚力。

（4）妥协　妥协是一种通过协商使冲突双方在一定程度上都获得满意的折中方法。尤其是在冲突双方势均力敌、难分胜负时，妥协也许是较为恰当的解决方法，但是这种方法并非永远可行。

（5）正视　正视就是直接面对冲突，这是一种解决冲突的有效方式。它既要求有效地解决问题，也要求维持良好的人际关系。

（6）防范　防范是对可能产生的冲突进行处理的最佳方法。项目经理必须确保所有的项目团队成员都清楚地理解项目的目标和项目计划，在团队建设中强调成员间的信任和成员的自信，形成一个融洽的工作氛围等，这样就可以在某种程度上防范冲突。

8.6.3　管理团队的结果

1．变更请求

如果人员配备问题影响了项目管理计划的实施，如造成进度拖延或预算超支，就需要实施整体变更控制来处理变更的请求。人员配备变更包括人员转派其他任务、部分工作外包等。

2．项目管理计划更新

项目管理计划的任何变更都以变更请求的形式提出，并且通过组织的变更控制过程进行处理。可能需要变更的项目管理计划组成部分包括（但不限于）：资源管理计划、进度基准和成本基准。

3．项目文件更新

可在本过程更新的项目文件包括（但不限于）：问题日志、经验教训登记册和项目团队派工单。

4．事业环境因素更新

需要更新的事业环境因素包括：对组织绩效评价的输入、个人技能更新等。

8.7　控 制 资 源

视频

控制资源是确保按计划为项目分配实物资源，以及根据资源使用计划监督资源实际使用情况，并采取必要纠正措施的过程。本过程的主要作用是确保所分配的资源适时适地可用于项目，并且在该项资源不再需要时可以移作他用。

控制资源的主要工作见表 8-14。

表 8-14　控制资源的主要工作

依据	工具和方法	结果
项目管理计划 项目文件 工作绩效数据 协议 组织过程资产	备选方案分析 成本效益分析 资源绩效考核 趋势分析 谈判 项目管理信息系统	工作绩效信息 变更请求 项目管理计划更新 项目文件更新

8.7.1　控制资源的依据

1．项目管理计划

可作为控制资源依据的项目管理计划组件包括（但不限于）资源管理计划。

2. 项目文件

可作为本过程输入的项目文件包括（但不限于）：问题日志、经验教训登记册、实物资源分配单、项目进度计划、资源分解结构、资源需求和风险登记册。

3. 工作绩效数据

工作绩效数据包含有关项目状态的数据，例如已使用的资源的数量和类型。

4. 协议

在项目中签署的协议是获取组织外部资源的依据，应在需要新的和未规划的资源时，或在当前资源出现问题时，在协议里定义相关程序。

5. 组织过程资产

能够影响控制资源过程的组织过程资产包括（但不限于）：有关资源控制和分配的政策；执行组织内用于解决问题的升级程序；经验教训知识库，其中包含以往类似项目的信息。

8.7.2 控制资源的工具和方法

在控制资源的工具和方法中，除了资源绩效考核外，其他在前文都有详细介绍，在此不再赘述。

如前所述，项目资源主要由人力、材料、设备、资金和技术等生产要素构成。资源绩效考核就是测量、比较和分析资源计划用量与资源实际用量是否存在差异，并进一步找出差异产生的原因。例如，项目团队可从成本和进度工作绩效等相关信息入手，分析影响项目资源使用存在的问题。

鉴于项目团队是项目资源的主体，以下侧重介绍项目团队绩效考核的内容。

项目团队绩效考核不仅能够为组织确定对团队及其成员的奖励提供客观依据，而且绩效考核内容本身也为团队指明了努力的方向，发现未知的或还没有解决的问题，使团队工作与项目目标保持高度的一致。

项目团队绩效考核应做好以下6个方面的工作：

1）将个体考核和团队考核相结合。

2）明确项目团队绩效考核的依据。

3）确定项目团队绩效考核的维度和权重，为突出重点目标达到整体最优或满意，应考虑各考核维度的权重。

4）确定项目团队绩效考核时间跨度，原则上是以项目生命周期为基础，根据项目的生命周期将考核时间和项目阶段对应，即每完成一个阶段就进行一次考核。

5）选择项目团队绩效考核方法，具体考核方法的选择应视企业和项目的具体情况而定。

6）建立项目团队绩效考核指标体系。

8.7.3 控制资源的结果

1. 工作绩效信息

工作绩效信息包括项目工作进展信息，这一信息将资源需求和资源分配与项目活动期间的资源使用相比较，从而发现需要处理的资源可用性方面的差异。

2. 变更请求

如果控制资源过程出现变更请求，或者推荐的纠正措施或预防措施影响了项目管理计划的任何组成部分或项目文件，项目经理应提交变更请求。并通过实施整体变更控制过程对变更请求进行审查和处理。

3．项目管理计划更新

项目管理计划的任何变更都以变更请求的形式提出，并且通过组织的变更控制程序进行处理。可能需要变更的项目管理计划组成部分包括（但不限于）：资源管理计划、进度基准和成本基准。

4．项目文件更新

可在本过程更新的项目文件包括（但不限于）：假设日志、问题日志、经验教训登记册、实物资源分配单、资源分解结构和风险登记册等。

本章小结

本章介绍了项目团队管理的相关概念，对项目经理的权力与职责、素质与能力进行了描述，介绍了项目资源管理的含义和基本概念，还介绍了项目团队的 6 个特征及 5 个发展阶段。接着，分别对规划资源管理、估算活动资源、获取资源、建设团队、管理团队和控制资源的每个过程的主要工作（依据、工具和方法、结果）进行了叙述。

自测题

一、判断题

1．项目人力资源不具有消耗性。（　）

2．项目人力资源管理的特点主要是由项目的特点来决定的。（　）

3．项目人力资源管理要随着项目进展阶段的不同而进行相应的调整。（　）

4．层级结构图是由自上而下划分为若干层次的等级链构成的，可以用于描述权利和职位间的关系。（　）

5．如果项目团队成员配备合理，就会减少项目的成本。（　）

6．项目的人员是不能预先指定的。（　）

二、单选题

1．在项目资源管理的过程中，首先要做的是（　）。

A. 规划资源管理　B. 组建项目团队

C. 建设项目团队　D. 管理项目团队

2．在项目团队的发展过程中，在团队的（　）冲突最大。

A. 形成阶段　B. 磨合阶段　C. 规范阶段　D. 表现阶段

3．下列对责任分配矩阵的表述错误的是（　）。

A. 责任分配矩阵明确了每个人在整个项目中的地位

B. 项目经理可以从责任分配矩阵中找出该活动的负责人和具体执行人

C. 责任分配矩阵是建立在组织结构图基础上的

D. 可以针对某个子项目或某个活动分别制定不同规模的责任分配矩阵

4．（　）应该是项目团队采用最多的一种激励方式。

A. 物质激励　B. 人员激励　C. 挫折激励　D. 荣誉激励

5．下列表述错误的是（　　）。

A. 项目产品的废品率可以是绝对标准

B. 人员的出勤率可以是绝对标准

C. 人员的出勤率可以是相对标准

D. 对不同级别的员工的相对标准是不一样的

6．对可能产生的冲突进行处理的最佳方法是（　　）。

A. 竞争　　B. 回避　　C. 妥协　　D. 防范

7．团队的发展是基于（　　）。

A. 项目的组织结构　　B. 项目团队提供的培训

C. 团队成员的发展　　D. 项目团队精神

8．对于新进人员应采取（　　）的培训方式。

A. 预备实习　　B. 职务轮换

C. 电视录像　　D. 远程教育

三、多选题

1．项目团队的特点主要体现在（　　）。

A. 项目团队具有一定的目的　　B. 项目团队是临时组织

C. 单独解决问题　　D. 项目团队成员的增减具有灵活性

2．下列表述正确的是（　　）。

A. 培训可能增加项目的成本比人员缺乏技能给项目造成的损失小

B. 培训可能增加项目的成本比效率低下给项目造成的损失大

C. 适当的人员培训可以提高项目团队的工作效率

D. 适当的人员培训可以鼓舞员工士气

3．角色分析的主要方法包括（　　）。

A. 问卷调查法　　B. 面谈法　　C. 文献资料分析法　　D. 关键事件法

4．下列表述正确的是（　　）。

A. 内部招聘要花费大量的人员培训成本

B. 内部招聘可供选择的范围有限

C. 外部招聘要花费很多的时间和成本

D. 内部招聘的人员能为项目组织带来创新思想

5．下列表述正确的是（　　）。

A. 工作抽样法对于一般性的职务是有效的

B. 工作抽样法的成本比测评中心法的成本高

C. 测评中心法较为复杂，适用于选择管理者职位

D. 工作抽样法和测评中心法都是绩效考核的方法

6．培训需求分析根据（　　）来进行。

A. 项目的任务分析　　B. 绩效考核

C. 项目团队成员的申请　　D. 项目的进展

思　考　题

1．项目资源管理工作包括哪些内容？

2．规划资源管理的工具和方法有哪些？

3．什么是责任分配矩阵？

4. 项目团队具有哪些特征？
5. 估算活动资源的工具和方法有哪些？
6. 什么是多标准决策分析？
7. 项目团队发展包括哪些阶段？
8. 团队激励方式有哪些？
9. 团队绩效评估的主要步骤有哪些？

案　例

西天取经的项目团队

为了完成西天取经的任务，由唐僧、孙悟空、猪八戒、沙僧、白龙马组成了一个项目团队。

唐僧，作为项目经理，虽不杰出，但无疑是称职的。一是他懂得业务（会念经，也能辨别真经和假经）；二是他熟悉佛家规矩，能够坚持原则，十分明了项目的使命，具有坚韧的品性和极高的原则性，信念坚定，不达目的誓不罢休，同时还很受上司的赏识；三是他对项目团队的管理颇有艺术性。

孙悟空，作为取经团队里的技术骨干，他爱好自己的专业（降妖除魔），专业水准高超。但他也有一些弱点：做事往往从专业角度出发，而忽视（甚至无视）项目目标；他做事追求个性、爱耍小性，经常不听管理，如不满意就要辞职，以为自己技术能力强，不愁找不到新的工作。

猪八戒，技术水平一般，既自私又胆小，还好吃懒做，贪财好色。尽管有这么多弱点，但他的存在还是有很大用处的。因为他性格开朗，成为取经团队的凝聚剂，发挥了润滑油的作用。例如，他使“技术牛仔”闹情绪时有发泄之处；在悟空闹“辞职”时，他是最佳的思想工作者！并且点子多，嘴巴很甜。

沙僧，是一个极好的项目秘书，他勤恳、做事认真，言语不多，任劳任怨，承担了项目中挑担这种粗笨、繁重且无聊的工作，但能力一般。

白龙马，项目辅助人员，他帮助调拨项目所需要的设备。作为团队负责人唐僧的专用“坐骑”，一直忠实服务于唐僧，并在关键时候奋勇救主。

值得注意的是，无论是唐僧、悟空，还是八戒等，所有的取经团队成员均是戴罪之人，然而，正是这些戴罪之人却组成了一个极佳的项目团队，并建立了不朽功勋。

问题：

1. 分析西天取经项目团队遇到冲突时的解决方法，举例说明。
2. 分析西天取经项目团队的激励机制是否合理，举例说明。

第 9 章

项目沟通管理

学习目标

- 理解项目沟通的含义、工作过程和方法
- 掌握规划沟通管理的依据、工具和方法及结果
- 掌握管理沟通的依据、工具和方法及结果
- 掌握控制沟通的依据、工具和方法及结果

导入案例

为了更加接近上帝，挪亚的子孙开始修建“巴比伦通天塔”。人们开始讨论建塔计划并做出了明确的分工，有人负责运石、有人负责打浆、有人负责砌墙。分工后统一协作，进展神速，通天塔建得越来越高。上帝没有想到这些人的力量居然如此强大，于是分别给建造通天塔的人赋予了不同的语言。接下来的事情骤然逆转。由于人们无法表达各自的想法，无法进行顺畅地沟通，通天塔的建造速度几乎停滞。尽管人们还是加倍地努力着，但是通天塔还是很快就倒塌了。由此可见有效的沟通多么重要，那么我们应该如何进行项目沟通管理呢？

9.1 概　　述

视频

9.1.1 项目沟通的含义

沟通就是信息的交流，即信息的发出者将信息传递给接收者，并期望接收者做出响应的过程。管理学家西蒙认为：“沟通可视为这样一种程序，组织中的每一成员可以借此程序将其所决定的意见传送给其他有关成员。”组织行为学家斯蒂芬·P. 罗宾斯认为：“沟通是信息的传递和理解。”

项目沟通是项目团队成员之间、项目干系人之间所进行的项目信息的发出和接受的双向、互动的反馈和理解的过程。项目信息是指所有与项目实施直接或间接联系的数据、计划、记录、报告、演示文稿、会议文件等载体。项目信息具有信息量大、传递障碍多、信息反馈滞后等特点。项目信息在项目实施过程中起着重要作用，收集的项目信息是否正确、能

否及时地传递给项目干系人，都会对项目的成败产生巨大影响。

9.1.2　项目沟通管理的含义

项目沟通管理是指为了确保项目信息合理收集和传递，对项目信息的内容、信息传递的方式、信息传递的过程等所进行的全面管理活动。项目沟通管理主要侧重两个方面：其一是制定沟通策略，确保沟通活动对项目干系人有效；其二是执行必要的沟通活动，以便落实沟通策略。

项目沟通管理是项目管理其他知识领域的纽带。项目沟通管理是项目经理的主要工作。项目经理的大多数时间用于与团队成员和其他项目相关方沟通，包括来自组织内部（组织的各个层级）和组织外部的人员。不同干系人可能有不同的文化和组织背景，以及不同的专业水平、观点和兴趣，而有效的沟通能够在他们之间架起一座桥梁。在项目整个生命周期中，项目团队与客户的有效沟通，可以保证项目团队能够得到客户的最大支持；项目团队与供应商之间的有效沟通，可以使项目团队和供应商保持良好的关系；项目团队内部之间的有效沟通，可以使项目团队成员保持较高的士气。而且上述所有这些沟通将贯穿项目生命周期的始终。

项目沟通管理的工作过程如图 9-1 所示。

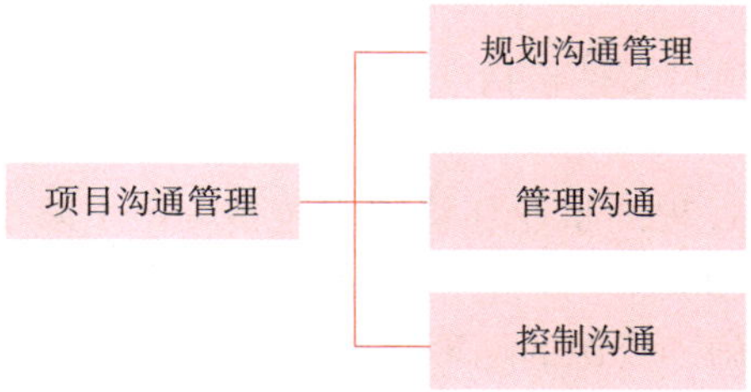

图 9-1　项目沟通管理的工作过程

（1）规划沟通管理　规划沟通管理是针对项目干系人的沟通需求及组织过程资产进行分析，从而确定项目沟通计划的过程。

（2）管理沟通　管理沟通是根据沟通管理计划，生成、收集、分发、储存、检索及最终处置项目信息的过程。

（3）控制沟通　控制沟通是指在项目整个生命周期内，随时确保所有沟通参与者之间信息传递最优化的过程。

9.2　规划沟通管理

规划沟通管理是在对项目干系人的沟通需求及组织过程资产分析的基础上，制订沟通管理计划的工作过程。不恰当的规划沟通管理有可能导致诸如沟通对象错误、提交信息延迟等错误的发生。规划沟通管理为项目经理提供了与干系人进行有效且高效沟通的依据。有效的沟通意味着在合适的时间，以合适的形式提供具有正面影响力的信息。高效的沟通意味着仅提供必要的信息，避免不必要的信息传递，可以减少资源浪费。同时，需要在项目生命周期的早期，针对项目干系人多样性的信息需求，制订有效的沟通管理计划。还应该定期审核沟通管理计划，并进行必要的修改，例如在每个新项目阶段开始时。

规划沟通管理的主要工作见表 9-1。

表 9-1 规划沟通管理的主要工作

依据	工具和方法	结果
项目章程 项目管理计划 项目文件 事业环境因素 组织过程资产	专家判断法 沟通需求分析 项目沟通模型 项目沟通方式 会议	沟通管理计划 项目管理计划更新 项目文件更新

9.2.1 规划沟通管理的依据

规划沟通管理依据中的项目章程在前文已介绍，此处不再赘述。

1. 项目管理计划

可以作为本过程依据的项目管理计划组件包括（但不限于）：资源管理计划和干系人参与计划。

2. 项目文件

可以作为本过程依据的项目文件包括（但不限于）：需求文件和项目干系人登记表。

3. 事业环境因素

能够影响规划沟通管理过程的事业环境因素包括（但不限于）：组织文化、政治氛围和治理框架，人事管理政策，相关干系人的风险临界值，已确立的沟通渠道、工具和系统，全球、区域或当地的风俗，设施和资源的地理分布。

4. 组织过程资产

能够影响规划沟通管理过程的组织过程资产包括（但不限于）：组织的社交媒体、安全政策及程序，组织的问题、风险、变更和数据管理政策及程序，组织对沟通的要求，制作、交换、储存和检索信息的标准化指南，历史信息和经验教训知识库，以往项目的相关干系人及沟通数据和信息。

9.2.2 规划沟通管理的工具和方法

规划沟通管理的工具和方法包括：专家判断法、沟通需求分析、项目沟通模型、项目沟通方式、会议。其中，专家判断法和会议已在前文介绍过，这里不再重复。

1. 沟通需求分析

尽管任何项目都需要信息沟通，但是不同的干系人对信息需求类型和信息传递方式差别可能各异。项目经理和项目团队应对不同项目干系人的信息需求进行分析，并考虑他们所需信息的来源和渠道，以及如何有效地满足他们的信息需求。因此，确定项目干系人的信息需求类型，以及信息对干系人的价值，是确保项目成功的关键。

常用于识别和确定项目沟通需求的信息包括（但不限于）：干系人登记册及干系人参与计划中的相关信息和沟通需求；潜在沟通渠道或途径数量，包括一对一、一对多和多对多沟通；组织结构图；项目组织与干系人的职责、关系及相互依赖；开发方法；项目所涉及的学科、部门和专业；有多少人在什么地点参与项目；内部信息需要（如何时在组织内部沟通）；

外部信息需要（如何时与媒体、公众或承包商沟通）；法律要求。

2．项目沟通模型

项目沟通是一个动态过程，完整的项目沟通过程，如图 9-2 所示。

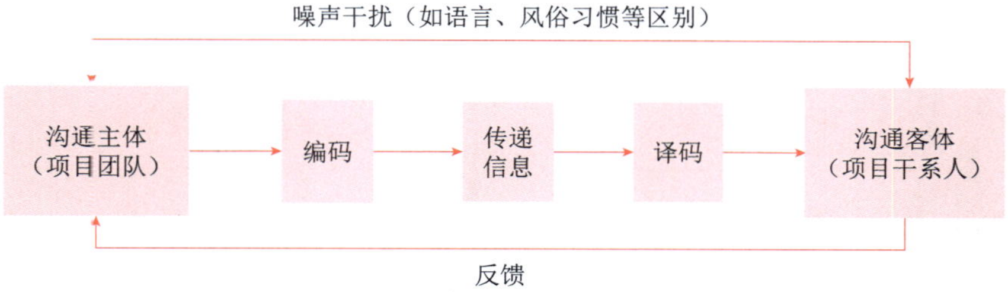

图 9-2　完整的项目沟通过程

1）沟通主体，即信息的发出者或来源。

2）编码，是指沟通主体采取一定的形式来传递信息的内容。

3）传递信息，通过沟通渠道（媒介）发送信息。

4）译码，是指沟通客体对接收到的信息所做出的解释、理解。

5）沟通客体，即信息的接收者。

6）反馈，即沟通客体的反应。

从图 9-2 可以看出，项目沟通是一个双向、互动的反馈和理解过程。沟通主体将所要发送的项目信息进行编码后，使项目信息沿沟通渠道传递，并经过信息译码，然后被沟通客体接收。同时，沟通客体还要将项目信息理解的情况反馈给沟通主体。需要注意的是，任何一个沟通过程都会存在干扰，消除干扰也是保证有效沟通的重要环节。

3．项目沟通方式

依照不同的维度划分，从以下三大类别讨论沟通方式。

视频

（1）正式沟通和非正式沟通　正式沟通是指通过项目组织内部规定的沟通方式进行的信息传递与交流，如组织之间的公函来往、组织内部的文件传达、召开会议、组织规定的汇报制度等。

正式沟通的优点是：沟通效果好，约束力较强，易于保密，可以使沟通保持权威性。

正式沟通的缺点是：依靠组织系统层层传递，比较刻板，沟通的速度较慢。

正式沟通中通常包括上行沟通、下行沟通和平行沟通。

1）上行沟通是指下级的意见向上级反映，即自下而上的沟通。如向上级反映情况、意见、要求和建议等。上行沟通有两种形式：一是层层传递，即根据一定的组织原则和程序逐级向上级反映；二是越级反映，是指员工直接向项目最高决策者反映意见，减少了中间环节。

2）下行沟通是上级向下级发布命令和指示的过程，即自上而下的沟通。如上级将政策、目标、制度、方法等告诉下级。

3）平行沟通是指组织中各平行部门之间的信息交流。

非正式沟通是指在正式沟通渠道之外进行的信息传递和交流，如项目团队成员之间的私下交谈，小道消息等。

非正式沟通的优点是：灵活、方便，直接明了，速度快，能够了解到一些正式沟通中难以获得的信息。

非正式沟通的缺点是：难于控制，传递的信息不准确，容易造成信息失真。

正式沟通与非正式沟通的构成，如图 9-3 所示。

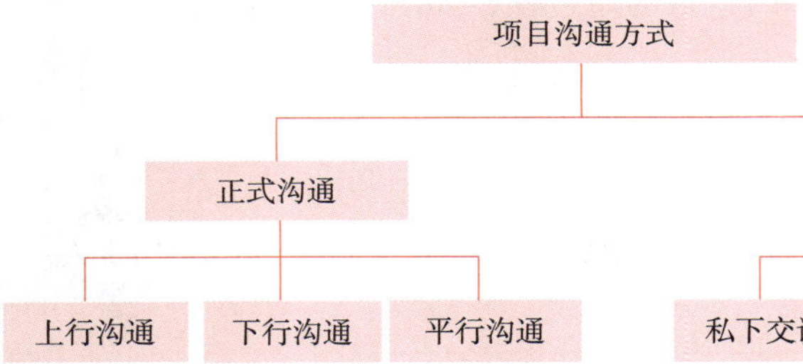

图 9-3　正式沟通与非正式沟通的构成

（2）言语沟通和体语沟通　言语沟通是利用语言、文字、图画、表格等形式进行的沟通。优点是简单明了，通俗易懂。言语沟通包括书面沟通和口头沟通两种形式。

1）书面沟通是指以合同、规定、协议、通知、布告等书面形式进行的信息传递和交流。书面沟通大多用来进行通知、确认和要求等活动。如通知项目团队、供应商在某日来访或要求团队成员向客户提供有关月度进度报告的书面情况。在项目团队中通常使用内部备忘录进行沟通，对客户和非公司成员如供应商，则使用外部信件的方式进行沟通。备忘录和信件必须清楚、简洁，不能包含长篇大论或冗长的、与主题无关的附带内容。它的优点是正式、准确、具有权威性，可以作为资料长期保存，反复查阅。

2）口头沟通是指以谈话、报告、讨论、讲课、电话等口头表达的形式进行的信息交流活动。它的优点是比较亲切、灵活、速度快，双方可以自由交换意见，沟通效果好。

在所有的沟通方式中，面对面的口头沟通是最有效的。这种沟通为讨论、澄清问题、理解和及时反馈信息提供了渠道。通过口头沟通，可以以一种更准确、便捷的方式获得信息。如果不需要或者不可能进行面对面的口头沟通（例如国际项目）时，则可通过电话、电子邮件或其他方式进行交流和沟通。面对面的口头沟通提供了一种在沟通时观察身体语言的机会。如果不具备面对面沟通的条件，电话沟通也能让信息接收者听出语调、声音的变化和声音的感情色彩。

口头沟通的时间选择十分重要。同时，在口头沟通时，需要谨慎，不要使用可能被理解成性别歧视、偏见或攻击性的评述、言辞或短语。

体语沟通是利用动作、表情、姿势等非语言方式进行的沟通。

言语沟通与体语沟通的关系及其构成如图 9-4 所示。

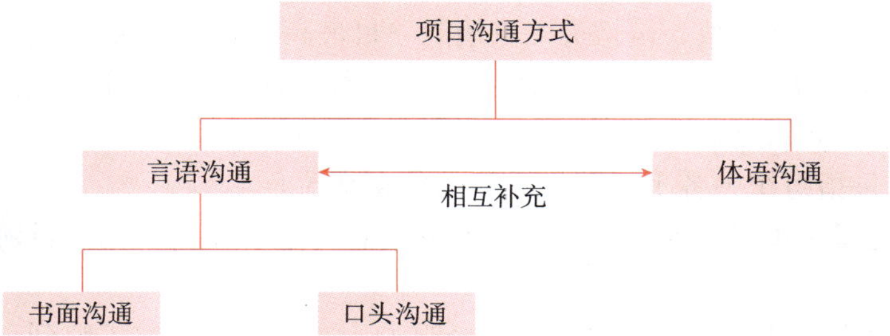

图 9-4　言语沟通与体语沟通的关系及其构成

（3）单向沟通和双向沟通　单向沟通是指沟通主体和沟通客体两者的角色不变，一方只发送信息，另一方只接收信息。

只向特定接收方发送信息的沟通方式，称为推式沟通，如信件、备忘录、报告、电子邮件、传真、语音邮件、博客和新闻稿等。这种沟通方式可以确保信息的发送，但不能确保信息被信息接收一方理解。

接收方自行访问相关内容的沟通方式，称为拉式沟通，如门户网站、企业内网、电子在线课程、经验教训数据库或知识库等。拉式沟通适用于大量复杂信息或大量信息受众的情况。它要求接收方在遵守有关安全规定的前提之下自行访问相关内容，该方式传递信息快，但是没有反馈，准确性较差，易使接收者产生抗拒心理。

在双向沟通中，沟通主体和沟通客体两者的角色不断交换，并且沟通主体是以协商和讨论的态度来面对沟通客体，信息发出以后还要认真听取客体的反馈意见，必要时双方可进行多次沟通，直到双方满意为止。常用的双向沟通方式包括：会议、电话、视频会议等。双向沟通的气氛活跃，准确性较高，沟通客体能够表达自己的意见，有助于建立良好的人际关系。但是，沟通主体可能会受到客体的质询、批评，因此心理压力较大。

综上，项目信息沟通的方式很多，究竟采用何种沟通方式应考虑的因素有：

（1）对信息需求的紧迫程度　如果项目要求不断更新信息，可以采取一些沟通速度较快的沟通方式，如口头沟通或非正式沟通；如果项目对信息的需求不是非常紧迫，只要求定期提交书面报告，那么就可以采用正式沟通或书面沟通的方式。

（2）项目环境　项目团队是以面对面的方式进行工作和交流，还是在虚拟的环境下进行工作和交流。

（3）项目团队成员的能力　应该根据项目团队成员的经验和能力来选择不同的沟通方式。所建议的沟通系统是否适合项目参与者的经验与特长，还是需要大量的培训与学习。

（4）沟通方式的适用性　某些沟通方式在特定的情况下可能是不适用的。已有的沟通系统能否满足要求？现有沟通工具在项目结束前是否有变化的可能？可以考虑使用不断涌现的新型社交工具。如网络社交平台、微信小程序和其他先进的设备等。也可以基于多角度组合的视角来选用恰当的沟通方式。如在制定项目干系人沟通策略时，应考虑所有可用的沟通方式，同时也应考虑因文化、实践和个人背景而产生的对沟通语言、媒介、内容和方式的偏好，以便提高与不同年代和文化背景的相关干系人的沟通效果。

9.2.3　规划沟通管理的结果

1．沟通管理计划

沟通管理计划是项目管理计划的子计划之一。根据项目实际需要，沟通管理计划可以是正式的或非正式的，同时也可以是极其详细的或简单概括的。

沟通管理计划通常包括（但不限于）以下内容：项目干系人沟通要求；对需要沟通的信息进行描述，包括格式、内容、详尽程度；项目信息发布的原因；发布信息及告知收悉或做出回应（如适用）的时限和频率；负责沟通相关信息的责任人；负责授权保密信息发布的人员；信息接收的个人或组织；传达信息所需的技术或方法，如备忘录、电子邮件和新闻发布等；为沟通活动所分配的资源，包括时间和预算；对下层无法解决的问题，确定问题上报的时间要求和管理链；随项目进展对沟通管理计划更新与细化的方法；通用术语表；项目信息流向图、工作流程（兼有授权顺序）、报告清单、会议计划等；沟通制约因素，通常来自特定的法律法规、技术要求和组织政策等。

需要强调的是，在沟通管理计划中必须明确的问题是：与谁沟通、与其就什么事项沟通、在何时沟通，以及采取何种方式沟通等。表 9-2 是一般通用的项目沟通管理计划文件模板。

表 9-2 项目沟通管理计划文件模板

项目干系人	需要沟通的信息	沟通方式	沟通频率	反馈时间	反馈结果	责任人

2．项目管理计划更新

本过程需要更新的项目管理计划是干系人参与计划。

3．项目文件更新

可在本过程更新的项目文件包括（但不限于）：项目进度计划和项目干系人登记册。

视频

9.3 管理沟通

管理沟通是根据沟通管理计划，确保项目信息及时且恰当地生成、收集、分发、储存、检索及最终处置的一系列过程。该工作过程的主要作用有两点：一是满足项目干系人之间的沟通需求，二是确保项目团队与相关干系人之间的沟通有效。

管理沟通的主要工作见表 9-3。

表 9-3 管理沟通的主要工作

依据	工具和方法	结果
项目管理计划 项目文件 工作绩效报告 事业环境因素 组织过程资产	项目沟通模型 项目沟通方式 项目信息发布工具 项目管理信息系统 报告绩效 人际关系技能 冲突管理 会议	项目沟通报告 项目管理计划更新 项目文件更新 组织过程资产更新

9.3.1 管理沟通的依据

管理沟通的主要依据包括：项目管理计划、项目文件、工作绩效报告、事业环境因素和组织过程资产。其中，关于事业环境因素和组织过程资产的内容与规划沟通管理中的内容完全相同，这里不再赘述。

1．项目管理计划

本过程的项目管理组件包括（但不限于）：资源管理计划、沟通管理计划和干系人参与计划。

2．项目文件

本过程的项目文件包括（但不限于）：变更日志、问题日志、经验教训登记册、质量报告、风险报告和干系人登记册。

3．工作绩效报告

本过程可将工作绩效报告传递给相关干系人。工作绩效报告的示例如状态报告、进展报告、挣值曲线、趋势图、缺陷直方图以及合同绩效信息等。

9.3.2　管理沟通的工具和方法

在管理沟通的工具和方法中，项目沟通模型、项目沟通方式、项目管理信息系统、人际关系技能、冲突管理和会议均已在前文介绍过，以下重点介绍项目信息发布工具和报告绩效这两个工具和方法。

1．项目信息发布工具

项目信息发布是指在项目生命周期内，及时收集信息并与项目干系人共享信息，将信息发布给相关项目干系人的活动。

项目信息发布工具主要有：①项目管理信息系统；②电子通信和项目会议工具，如网络会议、传真、电子邮件、电话、电话信箱留言、可视电话会议；③项目管理电子工具，如进度计划编制网络界面、项目管理软件、会议和虚拟办公室支持软件、网站和协作工作管理工具。

2．报告绩效

报告绩效是指搜集所有绩效信息，并向干系人提供绩效信息的过程。绩效信息是指为实现项目目标所投入资源的使用情况。一般来说，应提供范围、进度、成本、质量、风险和采购等实际发生情况的信息。绩效报告将实际发生数据与计划数据进行比较，以便更好地预测项目结果。

由于项目干系人的影响力及其关注问题的角度差异，可针对不同的项目干系人，选取翔实程度或报告内容各异的形式为其报告绩效。简单的状态报告可显示诸如“完成百分比”的绩效信息，或每个要素（范围、进度、成本和质量）的状态指示图。较为详尽的绩效报告可能包括：对过去绩效的分析；项目预测分析，包括进度与成本；风险和问题的当前状态；本报告期所完成的工作；下一个报告期需要完成的工作；本报告期被批准的变更项目汇总；需要审查和讨论的其他相关信息。

9.3.3　管理沟通的结果

1．项目沟通报告

项目沟通报告包括（但不限于）：绩效报告、可交付成果状态、进度进展情况和已发生的成本等内容。

受信息紧迫程度、信息传递方法和信息机密程度等相关因素的影响，项目沟通报告的具体内容可由项目组织自行决定。

2．项目管理计划更新

可在本过程更新的项目管理计划包括（但不限于）：沟通管理计划和干系人参与计划。

3．项目文件更新

在本过程可能需要更新的项目文件包括（但不限于）：变更日志、问题日志、经验教训登记册、项目进度计划、风险登记册和干系人登记册。

4．组织过程资产更新

在本过程可能需要更新的组织过程资产包括（但不限于）：项目干系人通报、项目报告、项目记录、项目干系人的反馈和经验教训登记册。

9.4 控制沟通

控制沟通是指在项目生命周期内，按照项目沟通管理计划，确保满足项目和项目干系人对信息需求的过程。该工作过程的主要作用是，随时确保所有沟通参与者之间的信息传递的最优化，即确保在正确的时间，运用正确的沟通方式，将正确的内容（发送方与接收方对其理解一致）传递至正确的信息接收者。

控制沟通的主要工作见表 9-4。

表 9-4 控制沟通的主要工作

依据	工具和方法	结果
项目管理计划 项目文件 工作绩效数据 事业环境因素 组织过程资产	专家判断法 项目管理信息系统 干系人参与度评估矩阵 会议	工作绩效信息 变更请求 项目管理计划更新 项目文件更新

9.4.1 控制沟通的依据

控制沟通的依据包括项目管理计划、项目文件、工作绩效数据、事业环境因素、组织过程资产。其中，关于事业环境因素和组织过程资产的内容与规划沟通管理中的内容完全相同，这里不再赘述。

1．项目管理计划

本过程的项目管理计划组件包括（但不限于）：资源管理计划、沟通管理计划和干系人参与计划。

2．项目文件

本过程的项目文件包括（但不限于）：问题日志、经验教训登记册和项目沟通记录。

3．工作绩效数据

工作绩效数据包含实际已完成的沟通工作，如已沟通的干系人类型和数量等相关数据。

9.4.2　控制沟通的工具和方法

在控制沟通的工具和方法中，专家判断法、项目管理信息系统和会议已在前文详细介绍，这里不再赘述。干系人参与度评估矩阵将在第 12 章中进行详细介绍。

9.4.3　控制沟通的结果

1. 工作绩效信息

工作绩效信息是指通过对项目的工作绩效数据的加工、整理及计算而得出的实际进度绩效、实际成本绩效、实际技术性能等信息，及对沟通的反馈，如关于沟通效果的调查结果，以便按照项目计划评估项目活动的实际进展。

2. 变更请求

在监督沟通过程中，可能需要对沟通管理计划中所定义的沟通活动进行调整、采取行动和进行干预。如修正相关干系人的沟通要求，包括相关干系人对信息发布、内容或形式，以及发布方式的要求等。

3. 项目管理计划更新

本过程需更新的项目管理计划组件包括（但不限于）：沟通管理计划和干系人参与计划。

4. 项目文件更新

可在本过程更新的项目文件包括（但不限于）：问题日志、经验教训登记册和干系人登记册。

本章小结

本章首先介绍了项目沟通的含义、项目沟通管理的含义及项目沟通管理的工作过程。随后详细介绍了项目沟通管理的三个过程即规划沟通管理、管理沟通和控制沟通的依据、工具和方法及结果。本章最重要的知识是沟通计划的制订及沟通方式的选择。

自　测　题

一、判断题

1. 项目沟通管理是项目经理的主要工作。（　　）
2. 相对正式沟通而言，非正式沟通的沟通效果好。（　　）
3. 相对正式沟通而言，非正式沟通的约束力较弱。（　　）
4. 在所有沟通方式中，面对面的口头沟通是最有效的。（　　）
5. 在双向沟通中，沟通主体和沟通客体两者的角色不断交换。（　　）
6. 虽然并不是所有沟通过程都会存在干扰，但是消除干扰是有效沟通的重要环节。（　　）
7. 某些沟通方式在特定的情况下可能是不适用的。（　　）

二、单选题

1. 由 n 个人组成的大型项目组，人与人之间交互渠道的数量级为（　　）。

A. n^2　　B. n^3　　C. $n(n-1)/2$　　D. $2n$

2. 不属于沟通管理的范畴是（　　）。

A. 规划沟通管理　　B. 记录工作日志　　C. 管理沟通　　D. 控制沟通

3．规划沟通管理所用的工具是（　　）。

A. 项目干系人分析　　B. 信息检索系统

C. 项目沟通方式　　D. 信息发布系统

4．管理沟通所用的工具是（　　）。

A. 项目干系人分析　　B. 信息检索系统

C. 专家判断法　　D. 项目信息发布工具

5．控制沟通所用的工具是（　　）。

A. 项目管理信息系统　　B. 信息检索系统

C. 项目干系人分析　　D. 项目信息发布工具

6．如果信息不（　　），那么它对于接受者就是无用的。

A. 及时　　B. 有趣　　C. 复杂　　D. 稀少

三、多选题

1．非正式沟通的优点有（　　）。

A. 灵活、方便　　B. 约束力较强

C. 速度快　　D. 可以使沟通保持权威性

2．规划沟通管理就是针对项目干系人的沟通需求进行分析，它主要包括（　　）。

A. 确定向谁沟通信息　　B. 沟通什么信息

C. 什么时候沟通信息　　D. 采取何种方式沟通信息

3．采用何种沟通方式，取决于（　　）因素。

A. 对信息需求的紧迫程度　　B. 沟通方式的可行性

C. 项目团队成员的能力　　D. 绩效情况

4．下列选项中，（　　）是非正式沟通的例子。

A. 工程师的笔记　　B. 电子邮件信息

C. 沟通管理计划　　D. 发给项目团队成员的备忘录

5．在推式沟通中，可以采用的沟通方式有（　　）。

A. 门户网站　　B. 电子邮件　　C. 备忘录　　D. 传真

6．在拉式沟通中，可以采用的沟通方式有（　　）。

A. 门户网站　　B. 电子邮件　　C. 企业内网　　D. 经验教训数据库

思　考　题

1．简述项目沟通管理工作主要包括哪些内容。

2．正式沟通和非正式沟通的优缺点各是什么？

3．沟通管理计划主要包括哪些内容？

4．管理沟通的作用是什么？

5．沟通方式的选择取决于哪些因素？

案　　例

维拉扎诺大桥设计项目的沟通分析

位于纽约港的维拉扎诺大桥被誉为“世界上最大的桥梁”，奥斯马·阿曼是大桥的总设计师兼项目经理。维拉扎诺大桥因结构简单，造型别致而流芳百世。这种造型是由一个叫莫里斯的年轻人提出来的，但是他在这个项目中的作用却鲜为人知。莫里斯当时是一位25岁的小伙子，从 MIT 毕业来到了奥斯马的建筑设计公司。

维拉扎诺大桥项目对奥斯马来说是一个新的挑战，这是市政府该年度的重点项目，不仅要求把纽约港的布鲁克林和斯塔顿两个小岛连接起来，以解决交通上的难题，而且还要求该桥具有一定的艺术风格，以作为纽约港的一道风景。

经过近 3 个月的勘探和设计，项目组设计出了吊桥方案，奥斯马对项目的设计和计划都颇为满意。

在一个落日的黄昏，奥斯马来到了布鲁克林岛，望着对面的斯塔顿岛自言自语道："这将是一道美丽的风景"，他显然已沉浸在自己的伟大计划中。"可是，能否找到一种更好的设计方法使这道风景流芳百世呢？"这时身边突然出现一位小伙子。奥斯马从落日美景中突然惊醒，马上想起了眼前这位小伙子正是 2 年前来到自己公司的莫里斯。"难道我的设计有什么不正确的地方吗？"奥斯马试探着向莫里斯问道。"如果要把桥梁设计成弧形，压力将会更小一些"，莫里斯短短的一句话无异于对整个项目设计的否定。

在项目会议上这个问题再次被提了出来。"谁能保证技术上的成功性？"老设计师詹姆斯首先提出了质疑。"一座弧形的桥梁架在两岛之间确实是纽约港的一道美丽彩虹，而且建筑史上也已有先例，例如中国的赵州桥"。另一位设计师布朗对莫里斯的设想显示出了强烈的兴趣。"可是那桥只有 50 余米，而我们的大桥将是它的几十倍！"詹姆斯对布朗的冒犯表示出了强烈的不满。"但是弧形桥梁的压力确实会减少很多"，奥斯马一边聆听团队成员的争论，一边陷入了苦苦的思索中。

面对相持不下的局面，最后奥斯马亲自担任设计组组长，对弧形桥梁方案和吊桥方案进行了认真的研究和对比，并最终做出了决策：采用弧形桥梁方案。

世界上最大的桥梁就这样诞生了。

问题：

1. 在维拉扎诺大桥项目设计过程中，项目经理奥斯马和团队成员进行了怎样的沟通？所采用的沟通方式是否有效？
2. 当沟通过程中出现相持不下的局面时，项目经理应该怎么办？
3. 假如你是项目经理，对该项目的沟通管理还会进行哪些方面的改进？

第 10 章 项目风险管理

学习目标

- 理解风险、项目风险和项目风险管理的含义
- 掌握规划风险管理的依据、工具和方法及结果
- 掌握识别风险的依据、工具和方法及结果
- 掌握实施定性风险分析的依据、工具和方法及结果
- 掌握实施定量风险分析的依据、工具和方法及结果
- 掌握规划风险应对的依据、工具和方法及结果
- 掌握实施风险应对的依据、工具和方法及结果
- 掌握控制风险的依据、工具和方法及结果

导入案例

古时候，魏文王问名医扁鹊说："你们家兄弟三人，都精于医术，到底哪一位最好呢？"扁鹊答："长兄最好，中兄次之，我最差。"文王再问："那为什么你最出名呢？"扁鹊答："长兄治病，是治病于病情发作之前。由于一般人不知道他事先能铲除病因，所以他的名气无法传出去。中兄治病，是治病于病情初起时。一般人以为他只能治轻微的小病，所以他的名气只及本乡里。我是治病于病情严重之时。一般人都看到我在经脉上穿针管放血、在皮肤上敷药等大手术，所以以为我的医术高明，名气因此响遍全国。"如果可以将以上"病"理解为"事故"，能防患于未然才是"善之善者也"。项目风险管理就是一种可以预先规避"事故"的偏方，你一定也想知道项目风险管理应该如何应用吧。㊀

10.1 概　　述

视频

任何项目都存在不能达到预期目的的风险。所以，为了使项目能够成功、顺利地完成，对项目进行风险管理尤为重要。风险管理源于第一次世界大战中战败的德国，当时的风险管

㊀ 百度文库．安全的寓言故事2[EB/OL]．[2022-03-17]．http://wenku.baidu.com/view/62b5970a4864b6648d7c1c708a1284ac950055b?bfelgpe=new.

理强调风险控制、风险分散、风险补偿、风险转嫁、风险预防、风险回避与抵消等。风险管理于 20 世纪 30 年代在美国兴起，直到 20 世纪 50 年代才发展为全面风险管理，此后逐渐发展为一门独立的学科。

10.1.1　风险的含义

风险一词由英文“Risk”翻译而来，在辞典中的解释是“损失或伤害的可能性”，通常人们对风险的理解是“可能发生的问题”。一般而言，风险的基本含义是损失的不确定性。但是，由于人们理解的不同，对风险还未形成一个适用于各个领域的统一的、公认的定义。目前，关于风险的定义，比较典型的主要有如下几种：

以研究风险问题著称的美国学者阿兰·H. 威利特（Allen H. Willett）认为：“风险是关于不愿发生的事件发生的不确定性之客观体现。”

美国经济学家弗兰克·H. 奈特（Frank H. Knight）认为：“风险是可测定的不确定性。”

日本学者武井勋认为：“风险是在特定环境中和特定期间内自然存在的导致经济损失的变化。”

中国台湾地区的学者郭明哲认为：“风险是指决策面临的状态为不确定性产生的结果。”

韦氏词典（Webster）认为：“风险是遭受损失的一种可能性。”

还有学者认为，风险是有害后果发生的可能性，是对潜在的、未来可能发生损害的一种度量；风险是在一定的时间和空间、在冒险和弱点交互过程中产生的一种预期损失；风险是一个统计概念，用于描述在给定的时间和空间中消极事件和状态影响人或事件的可能性等。

从上述的定义我们可以看出，风险一词有两方面的含义：一是指风险意味着出现了损失，或者是未实现预期的目标；二是指这种损失的出现与否是一种不确定的随机现象。

风险是普遍存在的现象，它具有客观性、可转化性、相对性、阶段性和风险与收益对称性的特征。

（1）风险的客观性　风险是客观存在的，不以人的意志为转移的。只要决定项目风险的因素存在，那么无论项目主体是否能够意识到风险的存在，风险在一定情况下都将发生。

（2）风险的可转化性　项目本身或者环境发生变化，项目的风险也会随着转化，如风险性质的转化、风险后果的转化和新风险的出现。

（3）风险的相对性　风险是相对于不同的风险管理主体而言的，不同的风险管理主体由于自身条件的差异，即使面临相同的风险，其风险承受能力也会有所不同。

（4）风险的阶段性　一般而言，风险的发生可以分成如下不同的阶段：

1）风险潜在阶段。风险在这一阶段对项目是没有危害的，但是如果放任它发展，它将会逐步成为现实的风险。

2）风险发生阶段。此时风险已经发生，但是尚未对项目产生危害，如果不及时采取措施加以处理，就会给项目带来危害。

3）造成后果阶段。这一阶段的风险对项目已经造成了危害，而且其后果无法挽回，此时只能采取措施尽量减少项目风险后果的危害。

（5）风险与收益对称性　对风险主体来说，风险和收益是对等的，即收益是以一定的风险为代价的。项目干系人为了获得一定的收益就要承担相应的风险。

10.1.2 项目风险的含义

项目风险是指由于项目所处环境和条件的不确定性，以及项目干系人受到主观上不能准确预见或控制的因素影响，使项目的最终结果与项目干系人的期望产生偏离，并存在给项目干系人带来损失的可能性。

按照不同的标准，对项目风险可以做不同的分类：

1）按项目风险的影响范围，将其分为总体风险和局部风险。总体风险是指那些存在于群体行为中的，其结果产生的影响范围涉及整个群体的风险。局部风险是指那些仅与某个特定个人行为相关的，其结果产生的影响范围也仅涉及有关特定个人的风险。

2）按项目风险的后果，将其分为纯粹风险和投机风险。纯粹风险是指那些只能带来损失的风险，它往往由外部的不确定因素引起，如战乱、自然灾害、连带责任等。纯粹风险只有“造成损失”和“不造成损失”两种可能的后果，它总是和不幸、损失、威胁等联系在一起。投机风险是指那些既能带来损失又能带来利益的风险，如市场状况的变化、天气情况的变化等。投机风险有“造成损失”“不造成损失”和“获得利益”三种可能的后果。

3）按项目风险的来源，将其分为自然风险和人为风险。自然风险是指由于自然力的作用，造成人员伤亡或财产毁损的风险，如洪水、地震、火灾等造成的损害。人为风险是指由于人们的活动所带来的风险，它可进一步细分为行为风险、经济风险、技术风险、政治风险和组织风险等。

4）按项目风险的预警特性，将其分为无预警信息风险和有预警信息风险。无预警信息风险是指没有任何预警信息而突然爆发的风险，人们很难对这类风险进行事前预防，因为人们很难提前识别这种项目风险。人们只能在这种风险发生时采取急救措施来控制和减少其造成的后果。例如，某些人力不可抗拒和人们尚未认识的风险。有预警信息风险是指风险的发生存在一定的渐进性和阶段性。风险的渐进性是指风险并不是突然爆发的，而是随着环境、条件变化和自身固有的规律逐渐产生、发展而形成的。风险的阶段性是指风险的发展是分阶段的，不是一步发展完成的。

10.1.3 项目风险管理的含义

根据美国项目管理学会的报告，项目风险管理（Project Risk Management）有三种表述。

第一种表述认为：项目风险管理是系统识别和评估风险因素的形式化工程。

第二种表述认为：项目风险管理是识别和控制引起不希望的变化的潜在领域或事件的形式、系统的方法。

第三种表述认为：项目风险管理是在项目实施期间识别、分析风险因素，采取必要措施的决策科学和决策艺术的结合。

综上所述，我们认为：项目风险管理（Project Risk Management）是以规划风险管理为前提，通过识别风险、实施定性风险分析和实施定量风险分析活动去认识项目的风险，并以此为基础合理地使用各种应对风险措施、管理方法、技术和手段，对项目风险实行有效的应对和监控，妥善处理风险事件所造成的不利后果，提高项目中积极事件的概率和影响，降低项目中消极事件的概率和影响，以最少的成本保证项目总体目标的实现。

项目风险管理工作过程，如图 10-1 所示。

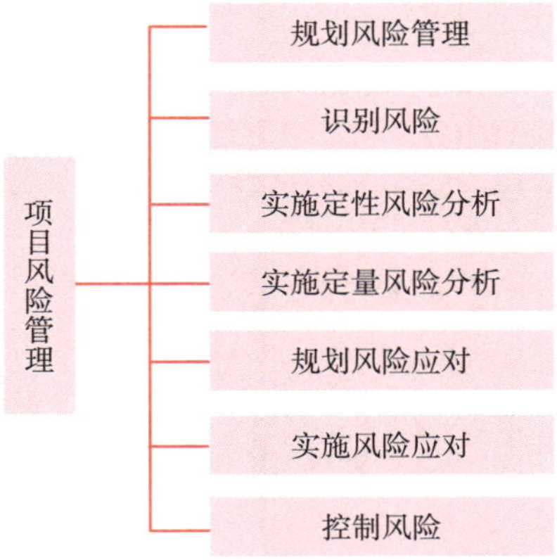

图 10-1　项目风险管理工作过程

（1）规划风险管理　规划风险管理是指定义如何进行项目风险管理活动的工作过程。

（2）识别风险　识别风险是指识别哪些风险可能影响项目，并记录这些风险属性的工作过程。

（3）实施定性风险分析　实施定性风险分析是指评估并综合考虑风险发生的概率和影响，对风险排序，从而为后续分析或行动提供基础的工作过程。

（4）实施定量风险分析　实施定量风险分析是指就已识别的风险对项目整体目标的影响进行定量分析的工作过程。

（5）规划风险应对　规划风险应对是指针对项目目标，结合识别风险与实施定性风险分析和定量风险分析的工作结果，制定增加机会、减少威胁的方案和应对措施的工作过程。

（6）实施风险应对　实施风险应对是指执行已商定的风险应对计划的工作过程。

（7）控制风险　控制风险是指在整个项目期间，实施风险应对计划、跟踪已识别的风险、识别和分析新风险，以及评估风险管理有效性的工作过程。

10.2　规划风险管理

视频

项目规划风险管理是进行项目风险管理的首要工作，是规划和设计如何进行项目风险管理活动的过程。项目规划风险管理，即确定一套全面、协调一致的项目风险管理策略和方法，并将其形成文件的过程。它主要包括：确定参与风险管理活动的组织成员，制定实施风险管理的行动方案和方式，提供项目风险管理的框架、途径和方法，确定判断风险的依据，选择适合的风险管理方法等。

通过规划风险管理，可以实现以下目的：决定项目风险管理的总体目标，提供项目风险管理的整体框架，制定若干应对风险的备选方案，为不可避免的风险建立时间和资金等资源储备，在组织内部形成风险管理文化。

总之，项目规划风险管理的目的就是强化有组织、有目的的风险管理思路和途径，以预防、减轻、遏制或消除威胁的发生，避免其对项目产生不利影响。通常本过程仅开展一次。

规划风险管理的主要工作见表 10-1。

表 10-1 规划风险管理的主要工作

依据	工具和方法	结果
项目章程 项目管理计划 项目文件 事业环境因素 组织过程资产	专家判断法 干系人分析 会议	项目风险管理计划

10.2.1 规划风险管理的依据

规划风险管理依据中的项目章程已经在前文介绍，这里不再赘述。

1. 项目管理计划

在规划风险管理时，应考虑所有已批准的项目管理子计划，并使风险管理计划与之相协调；同时，这些项目管理子计划中的方法论也会影响规划风险管理的过程。

2. 项目文件

可作为本过程依据的项目文件包括（但不限于）干系人登记册。

3. 事业环境因素

会影响规划风险管理过程的事业环境因素包括（但不限于）：由组织或关键干系人设定的整体风险临界值。

4. 组织过程资产

会影响规划风险管理过程的组织过程资产包括（但不限于）：组织的风险政策；风险类别，可能用风险分解结构来表示；风险概念和术语的通用定义；风险描述的格式；风险管理计划、风险登记册和风险报告的模板；角色与职责；决策所需的职权级别；经验教训知识库，其中包含以往类似项目的信息。

10.2.2 规划风险管理的工具和方法

在规划风险管理的工具和方法中，专家判断法和会议前文已有叙述，在此不再赘述。干系人分析详见 12.2.2。

10.2.3 规划风险管理的结果

规划风险管理的结果，即形成一份需要不断完善的项目风险管理计划。项目风险管理计划是整个项目风险管理工作过程的战略性和指导性纲领，决定了项目组织的风险管理活动全过程，主要包括以下内容：

（1）方法论　明确项目风险管理过程中将采用的方法、工具和数据来源。

（2）角色与职责　确定每项风险管理活动的负责人、支持人和参与人，并明确各自的职责。

（3）预算　根据项目风险分解结构估算开展风险管理工作所需的资金，并将其计入成本基准。同时制定相应的应急储备方案。

（4）时间安排　确定项目整个生命周期内开展风险管理工作的时间和频率，确定风险管理活动并将其纳入项目进度计划。

（5）风险类别　确定对潜在风险成因的分类方法。例如，采用典型风险分类或通过构建项目风险分解结构进行风险分类，以便提高风险识别过程的效率和质量。风险分解结构对识别风险或归类已识别风险特别有用。

（6）风险发生概率及风险影响定义　风险发生概率即风险可能发生的程度，它是风险来源和风险发生条件两个不确定性因素综合作用的结果。风险影响是指某种风险一旦发生其对项目目标产生的影响程度。通常可以根据具体的项目环境、组织和关键干系人的风险偏好和临界值，来给风险发生概率和风险影响下定义。

（7）干系人的风险承受力　不同的项目干系人会有不同的风险承受力，在识别项目组织或关键干系人可接受的风险容忍水平时，应该考虑多方面的因素，至少应涵盖范围、进度、成本和质量目标。

（8）报告格式　明确将如何记录、分析风险管理过程的结果，规定风险登记册及其他风险报告的内容和格式。

（9）跟踪　随着项目的开展，明确何时进行风险管理工作的检查，如何记录风险活动的处理结果，如何表述风险状态，间隔多久开展风险再识别工作，如何进行风险管理过程的审计，以及如何表述风险管理偏差等。

10.3　识别风险

识别风险是指识别项目单个风险以及整体风险的来源，描述这些风险的特征，并对这些风险进行归类的过程。进一步来说，识别风险是辨识哪些风险可能会对项目的目标造成不良影响，并记录这些风险的特点、来源及分类的工作过程。

风险识别活动的参与者包括：项目经理、项目团队、项目风险专家（若已指定）、客户、项目团队外部的专家、最终用户、其他项目经理、运营经理和组织内的风险管理专家，其中项目团队的参与尤其重要。除了上述这些风险识别活动的关键参与者外，还应邀请所有的干系人参与项目风险识别工作。

可以在识别风险过程中为项目风险指定风险责任人，然后在实施定性风险分析过程加以确认。也可以识别和记录初步的风险应对措施，然后在规划风险应对过程审查和确认。随着项目的进展，新的风险可能出现，整体项目风险的级别也可能发生变化。因此，识别风险不可一蹴而就，而是迭代的过程。只是迭代的频率和每次迭代所需干系人的参与程度因具体项目情况而异。

识别风险的主要工作见表 10-2。

表 10-2 识别风险的主要工作

依据	工具和方法	结果
项目管理计划 项目文件 协议 事业环境因素 组织过程资产	专家判断法 头脑风暴法 德尔菲法 访谈法 SWOT 分析法 风险核检表 流程图分析 因果分析图 假设分析法 会议	风险登记册 风险报告 项目文件更新

10.3.1 识别风险的依据

1. 项目管理计划

在识别风险时，应考虑的项目管理计划的子管理计划包括（但不限于）：需求管理计划、进度管理计划、成本管理计划、质量管理计划、资源管理计划、风险管理计划、范围基准、进度基准和成本基准。

2. 项目文件

可作为本过程依据的项目文件包括（但不限于）：假设日志、成本估算、持续时间估算、问题日志、经验教训登记册、需求文件、资源需求和干系人登记册。

3. 协议

当需要从外部采购项目资源时，协议中规定的里程碑日期、合同类型、验收标准和奖罚条款等都存在风险。

4. 事业环境因素

会影响识别风险过程的事业环境因素包括（但不限于）：已发布的材料，如商业风险数据库或核检表；学术研究资料；标杆对照成果；类似项目的行业研究资料。

5. 组织过程资产

会影响识别风险过程的组织过程资产包括（但不限于）：历史项目的各种原始记录；项目团队成员的经验，及组织和项目的过程控制资料；风险描述的格式；以往类似项目实际发生风险的历史资料；在项目的进展中，项目风险的来源分布涵盖了项目管理的所有知识领域，见表 10-3。

表 10-3 项目风险的来源分布

知识领域	可能出现的风险
范围管理	目标不明确，范围不清，工作不全面，范围控制不恰当
进度管理	错误估算时间，浮动时间的管理失误，进度安排不合理

（续）

知识领域	可能出现的风险
成本管理	成本估算错误，资源短缺，项目预算不合理
质量管理	设计、材料和工艺不符合标准，质量控制不当
采购管理	没有实施的条件或合同条款，物料的单价变高
风险管理	忽略了风险，风险分析错误，风险监督环节不完善
沟通管理	沟通计划编制不合理，缺乏与重要干系人的协商
资源管理	项目团队责任不明确，项目团队人员结构不合理
干系人管理	干系人识别不充分，干系人管理计划编制不合理
整合管理	整体计划不合理；进度、成本、质量的协调不当

10.3.2　识别风险的工具和方法

在识别风险的工具和方法中，专家判断法、头脑风暴法、德尔菲法、访谈法、会议、因果分析图、假设分析法已在前文介绍过，这里不再赘述。

1．SWOT 分析法

SWOT 分析法是一种对组织的优势（Strength）、劣势（Weakness）、机会（Opportunity）和威胁（Threat）的分析。SWOT 分析法从项目所处的环境分析中抽取有用的信息，并将这些信息分为项目的内部条件（SW）和外部条件（OT）这两部分，通过对影响项目风险的相关因素进行评估，识别项目的风险。SWOT 分析法的框架如图 10-2 所示。

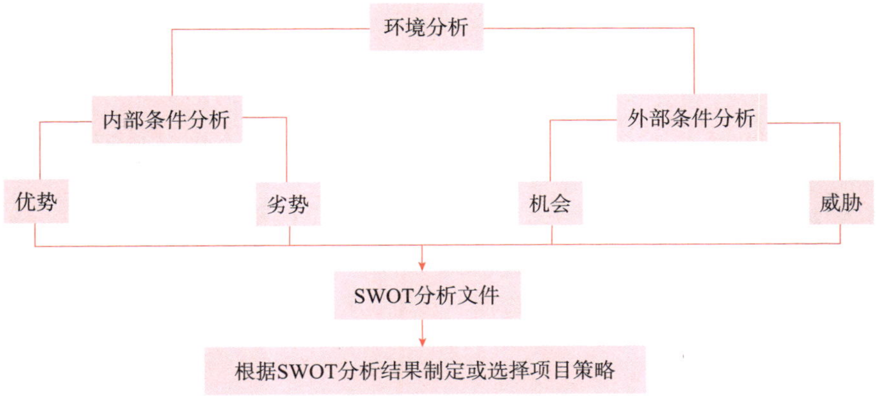

图 10-2　SWOT 分析法的框架

在运用 SWOT 分析法时，应注意的是项目面临的机会和威胁包括的方面较多，所以要尽量全面考虑竞争、经济、政治、技术、社会文化等环境因素。在分析过程中要尽量做到简洁，控制因素数目，最好每个类别中的因素数目不多于 5 个。

2．风险核检表

风险核检表是风险管理过程中记录和整理项目风险数据的常用工具。风险核检表是从以往类似项目和其他信息途径收集到的风险因素的列表，项目团队通过查找此表可以简便快捷地识别风险。其缺点是由于不可能编制一个十分详尽的风险核检表，而且项目团队可能会由于受到风险核检表所限，不能识别出该表未列出的风险，因此其应用范围有一定的局限性。

风险核检表的示例见表10-4，其中列示了项目管理工作过程中可能出现的风险因素。

表10-4 项目管理工作过程可能出现的风险因素

项目管理工作过程	可能的风险因素
项目启动工作过程	目标不明确、范围不清、工作描述不全面、技术条件不成熟、目标不现实等
项目计划工作过程	资源分配不当、费用预算不合理、计划不够具体、整体计划不合理等
项目实施工作过程	缺乏高层管理者支持、进度安排不合理、沟通不当、资源短缺等
项目控制工作过程	项目计划没有机动性、管理不完善、外部环境不断变化等
项目收尾工作过程	项目中断、未达到项目预期目标、成本超出预算等

3．流程图分析

流程图提供了项目的工作流程，以及各活动之间的相互关系。通过对项目的流程进行分析，可以发现项目风险发生在哪项活动中，以及项目风险对各项活动可能造成的影响。

应用流程图分析时，首先应建立一个项目的总流程图与各分流程图，以此来分析项目实施的全部活动。流程图既可以用网络图来表示，也可以用WBS图来表示。

10.3.3 识别风险的结果

1．风险登记册

识别风险的工作结果是初始风险登记册，其中记录了已识别项目风险的详细信息。随着实施定性风险分析、实施定量风险分析、规划风险应对、实施风险应对和监督风险等过程的开展，风险登记册的信息种类和数量也将逐步增多。风险登记册的编制过程贯穿风险管理的全过程。

当完成识别风险过程时，风险登记册的内容可能包括（但不限于）：已识别风险的清单、潜在风险责任人和潜在风险应对措施清单。

在风险登记册中，还可能包括：简短的风险名称、风险类别、当前风险状态、一项或多项原因、一项或多项对目标的影响、风险触发条件（显示风险即将发生的事件或条件）、受影响的WBS组件，以及时间信息（风险何时识别、可能何时发生、何时可能不再相关，以及采取行动的最后期限）。

2．风险报告

风险报告提供关于整体项目风险的信息，以及关于已识别的单个项目风险的概述信息。在项目风险管理过程中，风险报告的编制是一项渐进式的工作。随着实施定性风险分析、实施定量风险分析、规划风险应对、实施风险应对和监督风险过程的完成，这些过程的结果也需要记录在风险登记册中。

在完成识别风险过程时，风险报告的内容可能包括（但不限于）：整体项目风险的来源，说明哪些是整体项目风险敞口的最重要驱动因素；关于已识别的单个项目风险的概述信息。

3．项目文件更新

可在本过程更新的项目文件包括（但不限于）：假设日志、问题日志和经验教训登记册。

10.4　实施定性风险分析

视频

实施风险定性分析是指通过分析和综合项目风险发生概率、风险发生对项目目标的影响程度之后，对已识别风险的优先级进行排序的工作。由于这种评估基于项目团队和其他干系人对风险的感知程度，因而具有主观性。

在项目风险管理过程中，反复地实施定性风险分析还可以获得风险影响结果的未来趋势，帮助风险管理小组确定是否有必要增加或者减少已经采取的应对措施活动。实施风险定性分析的工作对象是项目的单个风险，而非项目的整体风险，目的是强化对某一具体风险发生的可能性及其影响后果的认识，并关注优先度级别高的风险。实施定性风险分析的主要工作见表 10-5。

表 10-5　实施定性风险分析的主要工作

依据	工具和方法	结果
风险管理计划 项目文件 事业环境因素 组织过程资产	风险数据质量评估 风险概率与影响评估 风险分类 概率和影响矩阵 专家判断法 风险紧迫性评估 会议	项目文件更新

10.4.1　实施定性风险分析的依据

实施定性风险分析的依据包括：风险管理计划、项目文件、事业环境因素和组织过程资产。

1．风险管理计划

本过程中需要特别关注的是风险管理的角色和职责、预算和进度活动安排，以及风险类别（通常在风险分解结构中定义）、概率和影响定义、概率和影响矩阵及干系人的风险临界值。上述内容通常已在规划风险管理过程中根据具体项目的需要进行了相应的裁剪。如果项目到此刻还没有这些内容，则可以在实施定性风险分析过程中补充编制，并经项目发起人批准之后用于本过程。

2．项目文件

可作为本过程依据的项目文件包括（但不限于）：假设日志、风险登记册和干系人登记册。

3．事业环境因素

能够影响实施定性风险分析的事业环境因素包括（但不限于）：类似项目的行业研究资

料；已发布的材料，包括商业风险数据库或风险核检表。

4．组织过程资产

能够影响本过程的组织过程资产包括（但不限于）：已完成类似项目的信息。

10.4.2　实施定性风险分析的工具和方法

在实施定性风险分析的工具和方法中，专家判断法、会议已在前文介绍过，这里不再赘述。

1．风险数据质量评估

风险数据是进行风险定性分析的基础。风险数据质量评估的目的是评价项目单个风险数据的准确性与可靠性。项目风险管理团队可以通过问卷调查的方式，收集项目干系人对数据的完整性、客观性、相关性、及时性的评价意见，进而对所收集的风险数据质量进行综合评估，如果风险数据质量无法满足使用要求，则可能需要重新收集质量较高的相应数据。

2．风险概率与影响评估

作为一种数据分析技术，风险概率与影响评估包括风险概率评估和风险影响评估两部分内容。风险概率评估旨在调查每个具体风险发生的可能性。风险影响评估旨在调查风险对项目目标（如进度、成本、质量或性能）的潜在影响，既包括威胁所造成的消极影响，也包括机会所产生的积极影响。

对已识别的每个风险都应进行概率和影响的评估。这项工作可以运用访谈或会议的形式、由熟悉相应风险类别的人员（包括项目团队成员和项目外部经验丰富的人员）执行。在进行访谈或会议时，除了评估每项风险的概率级别及其对每项目标的影响外，还应记录影响风险级别所依赖的假设条件等细节。项目团队通常将风险概率与影响评估工作得出的结果以数据的形式展现在概率影响矩阵之中。

3．风险分类

项目风险管理团队可按照风险来源（如采用风险分解结构 RBS）、受影响的项目活动（如采用 WBS）或其他分类标准（如项目阶段、项目预算、角色和职责）对项目风险进行分类，以确定受不确定性影响最大的项目区域。根据共同的诱因，对风险进行分类不但有助于制定有效的风险应对措施，还有助于把注意力和精力集中到风险敞口最大的领域，或针对一组相关的风险制定通用的风险应对措施。通常，在风险管理计划中应预先规定可用于项目的风险分类方法。

4．概率和影响矩阵

作为一种数据表现技术，概率和影响矩阵是将风险发生概率与风险影响程度两个标度综合考虑的一种方法。该方法通过矩阵的形式表示，并以此为依据评定项目的风险等级，如极低、低、中、高、极高等风险级别。

风险发生概率标度取值范围在0～1之间，既可以采用序数标度，如从可能性极低到几乎确定无疑的相对概率值来表示的风险发生概率标度，也可以采用普通标度，如0.1、0.3、0.5等，为具体的风险发生概率赋值。

可以用风险影响标度反映某项风险发生后所造成的消极影响。风险影响标度的取值范围在0～1之间，取值为0表示没有风险损失，取值为1表示风险损失最大。同时，风险影响标度（衡量消极影响程度的水平）还可用相对比例来描述，如“很低”“低”“中等”“高”“很高”，也可采用数字比例为风险影响标度赋值。这些数值可以是线性值（例如，0.1、0.3、0.5、0.7、0.9），或非线性值（例如，0.05、0.1、0.2、0.4、0.8）。项目风险管理团队可以根据项目实际需要来选择具体标度形式。表 10-6 是项目风险影响标度的示例。

表 10-6　项目风险影响标度示例

标度类别 目标	很低 0.05	低 0.10	中等 0.20	高 0.40	很高 0.80
成本	成本增幅 不显著	成本增幅 小于 10%	成本增幅 10%～20%	成本增幅 20%～40%	成本增幅 大于 40%
进度	进度拖延 不显著	进度拖延小于 5%	进度拖延 5%～10%	进度拖延 10%～20%	进度拖延 大于 20%
范围	范围缩减 不显著	范围次要方面缩减	范围主要 方面缩减	范围缩减无法 被发起人接受	项目最终结果 无法使用
质量	质量降幅 不显著	仅有个别质量下降	质量下降需要 发起人审批同意	质量下降到发起人 不能接受的程度	项目最终结果 无法使用

判断项目的风险影响程度可以从四个方面考虑：①风险影响程度的大小和分布，即风险影响程度的严重程度及其变化幅度，可用数学期望值和方差来表示；②风险影响程度的性质，即风险的影响程度是属于技术性的，还是经济性的或其他因素；③风险影响的对象，即风险会对哪些项目干系人造成损失；④风险影响程度的时间性，即风险是突发的，还是随时间渐进的，以及风险发生持续的时间等。

根据项目的具体情况，由对风险类别熟悉的人员，依据已经确定的风险发生概率和风险影响程度标度，采用召开会议或进行访谈等方式，针对前面识别工作得到的每项风险，首先估算出每项风险发生概率和风险影响程度，然后将两者相乘，得到一个风险值。然后采用风险概率和影响矩阵的形式，对每项风险的等级进行评定，最终得出每项风险的重要性。

表 10-7 所示为一个典型的概率和影响矩阵，深灰色区域表示风险值较大，而浅灰色区域表示风险值较小，风险值介于两者之间的白色区域表示中等风险。风险值可以为风险管理者提供指导，如果风险发生概率较高，并且会对项目目标产生不利影响，即处于风险概率和影响矩阵的深灰色区域，则需要积极地对其采取风险应对措施；处于低风险区域的风险事件，只需对其进行观察，并准备额外的应急储备，而无须采取积极的措施。

表 10-7　概率和影响矩阵

概率	影响				
	0.05	0.10	0.20	0.40	0.80
0.1	0.005	0.010	0.020	0.040	0.080
0.3	0.015	0.030	0.060	0.120	0.240
0.5	0.025	0.050	0.100	0.200	0.400
0.7	0.035	0.070	0.140	0.280	0.560
0.9	0.045	0.090	0.180	0.360	0.720

根据项目组织的偏好，也可采用表10-8所示的更为简化的概率和影响矩阵。

表10-8 简化的概率和影响矩阵

概率	影响		
	低	中	高
低	3	3	2
中	3	2	1
高	2	1	1

在表10-8中1、2、3所对应的网格分别代表其具有最高、中间和最低的风险级别。此种方法的缺陷是没有揭示风险来源之间的相互关系，但可以作为对次要的和重要的风险进行简单分类的一种改进。

5. 风险紧迫性评估

风险紧迫性评估方法主要用于确认那些近期需要采取应对措施的风险，即用于专注近期风险。风险征兆、预警信号和风险等级等均可以作为确定风险优先级或紧迫性的指标。通过综合考虑风险紧迫性与风险等级水平（由概率和影响矩阵确定）可以得到最终的风险严重性级别。例如，某项目现在按照表10-7的评级有风险E(0.72)、风险G(0.24)、风险T(0.20)、风险C（0.18）等，括号中的分值代表由概率和影响矩阵确定的风险值。按照这个信息，项目风险管理团队按照E、G、T、C这样的顺序对风险评级将是合理的。但是若风险C在下一个月就可能发生，而风险E和风险G将会在一年以后发生，基于此，该项目风险管理团队会优先关注风险C，因为它更迫切。

10.4.3 实施定性风险分析的结果

可在本过程更新的项目文件包括（但不限于）：假设日志、问题日志、风险登记册和风险报告。

1. 假设日志

随着定性风险分析产生出新信息，假设条件可能发生变化。需要根据这些新信息来调整假设条件日志。

2. 问题日志

需要在问题日志中记录发现的新问题或当前问题的变化。

3. 风险登记册

将本过程生成的新风险信息补充记录在风险登记册中。风险登记册的更新内容可能包括：每项项目风险的概率和影响评估、优先级别或风险分值、指定风险责任人、风险紧迫性信息或风险类别，以及低优先级风险的观察清单或需要进一步分析的风险。风险登记册模版见表10-9。

表10-9 风险登记册模版

风险描述	优先排序	风险类别	风险紧迫性	近期应对措施	变化趋势	风险责任人

4．风险报告

需要在风险报告中记录最重要的项目风险（通常为概率和影响最高的风险）、所有已识别风险的优先级列表以及简要的结论。

10.5 实施定量风险分析

视频

实施定量风险分析是就已识别的项目风险和不确定性的其他来源对整体项目目标的影响进行定量分析的过程。也可以理解为，实施定量风险分析是在实施定性风险分析以后，对排序优先的、具有潜在重大影响的风险进行量化分析的工作。本过程的主要作用是，量化整体项目风险敞口，并提供额外的定量风险信息，以支持风险应对规划。本过程并非每个项目必需的，但一旦采用的话将在整个项目期间持续开展。

一般情况下，实施定量风险分析是在实施定性风险分析之后进行的。但是，对于经验丰富的项目风险分析人员来说，也可直接进入定量风险分析阶段，前提是必须预先进行识别风险工作。定性风险分析和定量风险分析的工作既可分别进行，也可相互结合。通过循环往复的定量风险分析，得出风险变化趋势，从而为项目是否需增加或减少风险管理活动的决策提供科学依据。它同时也是规划风险应对工作的重要依据之一。实施定量风险分析的主要工作见表 10-10。

表 10-10　实施定量风险分析的主要工作

依据	工具和方法	结果
项目管理计划 项目文件 事业环境因素 组织过程资产	敏感性分析 概率分析 决策树法 模拟法 专家判断法	项目文件更新

10.5.1 实施定量风险分析的依据

实施定量风险分析的依据包括：项目管理计划、项目文件、事业环境因素和组织过程资产。

1．项目管理计划

可作为本过程依据的项目管理计划组件包括（但不限于）：风险管理计划、范围基准、进度基准和成本基准。

2．项目文件

可作为本过程依据的项目文件包括（但不限于）：假设日志、估算依据、成本估算、成本预测、持续时间估算、里程碑清单、进度预测、资源需求、风险登记册和风险报告。

3．事业环境因素

能够影响实施定量风险分析过程的事业环境因素包括（但不限于）：类似项目的行业研究资料；已发布的材料，包括商业风险数据库或核对单。

4．组织过程资产

能够影响实施定量风险分析过程的组织过程资产包括：已完成的类似项目的信息。

10.5.2 实施定量风险分析的工具和方法

1．敏感性分析

所谓敏感性分析，是通过测定一个或多个不确定因素的变化所导致的方案经济效果（决策评价指标）的变化幅度，了解各种因素的变化对实现预期目标的影响程度，从而对外部条件发生不利变化时投资方案的承受能力做出判断。敏感性分析在一定程度上就各种不确定因素的变动对方案经济效果的影响做出了定量描述。这有助于决策者了解方案的风险情况，有助于确定在决策过程中及方案实施过程中需要重点研究与控制的因素。通过分析这些因素达到临界值时项目的承受能力，估计出项目单个风险的大小，为规划项目风险应对提供依据。

敏感性分析可分为单因素敏感性分析和多因素敏感性分析。单因素敏感性分析的假设前提是当某一个不确定性因素发生变化时，其他不确定性因素均不变化。这样每次就可以分析出某一因素的变化对项目方案目标值的影响大小。如果该因素的变化幅度较大时，而项目方案目标值的变化幅度并不大，则这个因素就称其为非敏感因素；反之亦然。多因素敏感性分析是考察多个因素同时变化时对项目方案目标值的影响程度。

单因素敏感性分析的基本程序如下：

1）确定某项目的经济效果评价指标，如净现值、投资回收期、内部收益率等。

2）选择需要分析的不确定性因素（如材料价格、销售价格、建设期、销售量、固定成本、固定资产投资额等），并设定其变化幅度（一般设定变化幅度为 ±5%）。

3）计算不确定性因素的变化所引起的评价指标的变动值。

4）计算敏感度系数和变动因素的临界值。

敏感度系数的计算公式为

$$\beta=\frac{\text{评价指标的变化幅度（\%）}}{\text{影响因素的变化幅度（\%）}} \tag{10-1}$$

依据敏感度系数确定敏感因素的排序，找出敏感性强的因素，并提出决策建议。

例 10-1：某项目建设期为 1 年。在 2021 年年初的固定资产投资额为 4000 万元，2021 年年末流动资金垫支 1200 万元。生产经营期为 10 年，假设项目从 2022 年年末开始有收益。在生产经营期内，每年销售收入为 5000 万元，每年经营成本为 3000 万元。据测算，该项目的净现值为 6537.2 万元，基准贴现率为 10%。各年的现金流量预测见表 10-11。假定项目建设期、生产经营期、基准贴现率保持不变，固定资产残值率为 3%，不考虑各种税费影响。

表 10-11 现金流量预测表 （单位：万元）

年份	2021 年年初	2021	2022	2023	2024	2025	2026	2027	2028	2029	2030	2031
现金流入：			5000	5000	5000	5000	5000	5000	5000	5000	5000	6320
销售收入			5000	5000	5000	5000	5000	5000	5000	5000	5000	5000
回收固定资产残值												120
回收流动资金垫支												1200

（续）

年份	2021 年年初	2021	2022	2023	2024	2025	2026	2027	2028	2029	2030	2031
现金流出：	4000	1200	3000	3000	3000	3000	3000	3000	3000	3000	3000	3000
固定资产投资额	4000											
流动资金垫支		1200										
经营成本			3000	3000	3000	3000	3000	3000	3000	3000	3000	3000
净现金流量	−4000	−1200	2000	2000	2000	2000	2000	2000	2000	2000	2000	3320

注：固定资产残值率为 3%

试对初始投资额、销售收入和经营成本三个因素进行敏感性分析。

解：首先令各因素的变动范围分别取原估计值的 ±10%、±20%、±30%，并分别计算变化后的净现值。计算结果见表 10-12，并据此画出敏感性曲线，具体如图 10-3 所示。

表 10-12　某项目敏感性分析

变动范围	−30%	−20%	−10%	0%	10%	20%	30%	敏感系数
初始投资额	7724.60	7328.80	6933.00	6537.20	6141.40	5745.60	5349.80	−0.61
销售收入	−1837.30	954.20	3745.70	6537.20	9328.70	12120.20	14911.70	4.27
经营成本	11561.90	9887.00	8212.10	6537.20	4862.30	3187.40	1512.50	−2.56

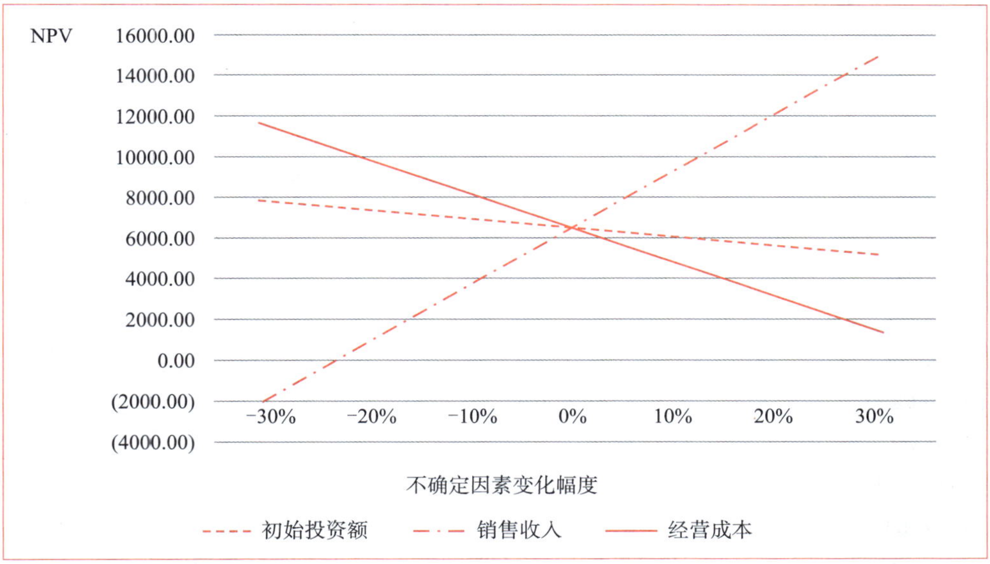

图 10-3　净现值的单因素敏感性分析

由表 10-12 敏感系数，以及图 10-3 中各个不确定因素所对应的斜率，我们可以看出在该项目的不确定因素中，按影响程度由大到小排序均为：销售收入、经营成本和初始投资额。其中，销售收入是最重要的敏感因素，而经营成本则是次重要的敏感因素。在做出是否采用投资项目决策前，应该对未来产品销售收入和经营成本及其可能的变动范围进行更精确的预测与估算。

由于敏感性分析只能明确不确定因素中某个敏感性因素在未来发生不利变动的幅度大小，尚不能确定其所发生变动的概率，因而其分析的准确性会受到一些影响。有时敏感性分析找出的某个排序很靠前的敏感性因素在未来发生不利变动的可能性却很小。所以，要想了解各个不确定因素发生变动的概率有多大，就需要运用概率分析的方法来完成。

2．概率分析

概率分析又叫风险分析，是利用概率值定量研究不确定性的一种方法，它通过计算项目的目标值（如净现值）的期望值及目标值大于或等于零的累计概率来定量测定项目风险的大小，为投资决策提供重要依据。

概率分析的基本原理，就是在对参数值进行概率估计的基础上，通过以下投资效果指标来反映方案的风险程度：

（1）经济效果的期望值　投资方案经济效果的期望值是指参数在一定概率分布条件下，投资效果能达到的概率平均值。其一般表达式为

$$E(x)=\sum_{i=1}^{n}x_iP_i \tag{10-2}$$

式中　$E(x)$——变量的期望值；

x_i——变量 x 的第 i 个值（i=1，2，…，n）；

P_i——变量 x_i 的概率。

（2）经济效果的标准差　标准差反映了一个随机变量实际值与其期望值偏离的程度。这种偏离程度在一定意义上反映了投资方案风险的大小。标准差的一般计算公式为

$$\sigma(x)=\sqrt{\sum_{i=1}^{n}P_i\left[x_i-E(x)\right]^2} \tag{10-3}$$

式中　$\sigma(x)$——变量 x 的标准差。

（3）经济效果的标准离差率　标准离差率是标准差与期望值之比，即

$$V=\frac{\sigma(x)}{E(x)} \tag{10-4}$$

式中　V——变量 x 的标准离差率。

需要说明的是，标准离差率是一个相对数，不会受变量和期望值的绝对值大小的影响，能更好地反映投资方案的风险程度。即当对两个投资方案进行比较时，如果期望值相同，则标准差较小的方案风险更低；如果两个方案的期望值与标准差均不相同，则标准离差率较小的方案风险更低。

概率分析的步骤如下：①确定影响投资方案的变量，列出各种拟考虑的相互独立的不确定性因素，如原材料价格、产品销售量、经营成本和初始投资等；②设想各不确定性因素可能发生的情况；③确定各不确定性因素出现各种情况的可能性，即主观概率，每种不确定性因素可能发生情况的概率之和必须等于1；④分别计算各可能事件的期望值、标准差；⑤根据变量的期望值、标准差比选方案，或求出某种状态下的概率值，进行方案风险分析。

例10-2：据分析，某项目的投资决策有A和B两个备选方案（扩建”和“不扩建”）。选择每种方案又面临着“有竞争”与“无竞争”两种情形，具体数据详见表10-13。试分析

应选择哪个备选方案。

表 10-13　备选方案的状态及可能的概率

面临情形	概率 P_i	净现值（NPV）（万元）	
		A 方案（扩建）	B 方案（不扩建）
无竞争	0.25	−100	300
有竞争	0.75	500	300

解：

扩建方案：　期望值 $E(\text{NPV})_A=-100\times0.25+500\times0.75=350$（万元）

标准差 $\sigma(x)_A=260$（万元）

标准离差率 $V_A=\sigma_A\div E(\text{NPV})_A=260\div350=0.74$

不扩建方案：期望值 $E(\text{NPV})_B=300\times0.25+300\times0.75=300$（万元）

标准差 $\sigma(x)_B=0$（万元）

标准离差率 $V_B=0$

由此可见，扩建方案 A 比不扩建方案 B 能获得较大的收益，但也存在着风险。

3．决策树法

风险决策问题可以利用一种树型决策网络描述与求解，称为决策树法。它根据项目风险的基本特点，描述项目风险发生的概率、影响程度以及项目风险的发展趋势。决策树法首先找出风险的状态、风险发生的概率、风险的影响程度等因素，然后根据这些因素绘制出一个从左至右依次展开的树状图。树状图主要由方块节点、圆形节点以及由这些节点所引出的分支组成的三角形节点组成，如图 10-4 所示。

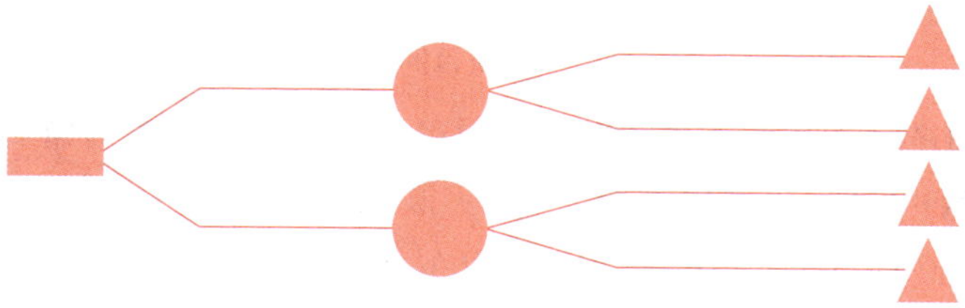

图 10-4　树状图示例

1）方块节点是决策节点，由此引出与方案数量相同的方案分枝，并且需要对方案进行分析和决策，以及在分枝上标注方案的名称。

2）圆形节点是状态节点，又称机会节点。从状态节点可以引出状态分枝（或概率分枝），在每一个状态分枝上需要标注自然状态名称及其出现的主观估计概率。在这个过程中需要注意，状态数量与自然状态数量应该是一致的。

3）三角形节点是结果节点，在它的右端将不同方案在各种自然状态下所取得的结果（如收益值）标注出来。

决策树法的优点是能够进行多阶段风险决策，并且能够使项目风险管理者有步骤、有层次地进行决策。同时，决策树法也有缺点：它不能把所有的因素全部考虑进去，如果分级太多，树状图就会很复杂，不便于理解和分析。

例 10-3：某项目准备生产甲、乙两种产品，分别需要投资 50 万元和 55 万元，两种产品的生产年限是一样的。经过市场调研后，预测新产品上市后，畅销概率为 70%，滞销概率为 30%。甲、乙两种产品在不同情况下的收益见表 10-14。试分析应投产哪个产品。

表 10-14 甲、乙产品的收益情况

产品	销售预测	
	畅销（70%）	滞销（30%）
甲产品	160 万元	-80 万元
乙产品	180 万元	-120 万元

解：

根据以上信息，可以运用决策树法进行分析。首先，画出该项目的树状图，如图 10-5 所示。

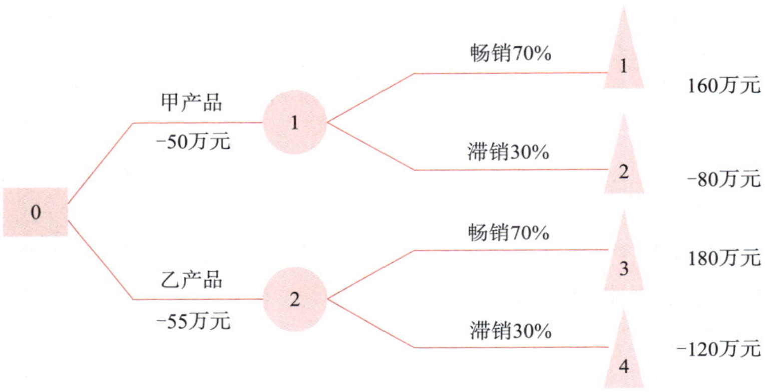

图 10-5 某项目的树状图

然后，分析不同产品在各种市场状态下所取得的结果，计算过程如下：

状态节点 1＝160×70%+（-80）×30%＝88（万元）

状态节点 2＝180×70%+（-120）×30%＝90（万元）

决策节点 0＝max{88-50，90-55}＝38（万元）

所以，应选择投产甲产品。

4．模拟法

模拟法是一种通过模仿实际运行情况，对复杂系统进行研究的手段。模拟法一般通过多次改变参数得到项目风险模拟结果，分析模拟结果的统计分布特征，并以此作为项目风险的估算。

项目模拟时一般采用蒙特卡洛模拟法进行。蒙特卡洛模拟法又称统计试验法，是一种通过对随机变量进行统计试验和随机模拟的方法。蒙特卡洛模拟法是用随机抽样的方法抽取一组满足输入变量的概率分布特征的数值，输入这组数值计算项目风险范围的可能性。通过多次抽样计算可获得项目目标的概率分布，计算项目整体风险的程度，从而估计项目所承担的风险。应用蒙特卡洛模拟法的优点是只要能正确地用数学式描述项目风险发生的概率，原则上都可以找到相应的解，通过计算机的多次模拟试验，最终将会取得满意的结果。

蒙特卡洛模拟法的一般步骤如下：①通过敏感性分析，确定风险变量；②构造风险变量的概率分布模型；③抽取随机数作为输入变量；④将抽样的随机数作为输入变量的抽样值；⑤将抽样值作为项目整体风险的基础数据；⑥根据基础数据计算出目标值；⑦整理模拟结果，确定最大值、最小值、平均值、标准差、方差、偏度等，通过分析这些信息，为决策提供依据。

5．专家判断法

项目团队通常在遇到下列问题时需要征求具备相关专业知识或接受过相关培训的个人或小组的意见：

1）将项目风险和其他不确定性来源的信息转化为定量风险分析模型中的数值时。

2）选择最适当的方式表示不确定性，以便为特定风险或其他不确定性来源建立风险分析模型时。

3）选用适合项目环境的技术建立风险分析模型时。

4）识别最适用于所选建模技术的工具时。

5）解释定量风险分析的结果时。

10.5.3　实施定量风险分析的结果

实施定量风险分析后，项目风险登记册仍需进一步更新，其中可能会更新的内容包括：

（1）不确定性条件下的项目储备分析　按基于风险概率的项目潜在进度与成本的预算结果，列出可能的项目进度与成本所对应的置信水平，并结合项目干系人的风险承受水平来量化应急储备金。

（2）量化的风险优先级清单　通过定量风险分析得到的项目的风险清单包括：对项目造成重大威胁的风险、需要分配最高额度应急储备金的风险、最可能影响关键路径的风险等。

（3）项目风险变化趋势　通过循环往复的定量风险评估来判断项目风险可能呈现的趋势。

（4）风险应对建议　风险报告可能根据定量风险分析的结果，针对整体项目风险敞口或关键单个项目风险提出应对建议。这些建议可以作为规划风险应对过程的依据。

10.6　规划风险应对

视频

规划风险应对是为处理整体项目风险敞口，以及应对单个项目风险，而制定备选方案、选择应对策略并商定应对行动的过程。有效和恰当的风险应对可最小化单个威胁、最大化单个机会，并降低整体项目风险敞口。一旦完成了前面的风险识别、分析和排序，既定的风险责任人就应着手编制风险应对备选方案，并且备选方案应与风险的重要性相匹配、在当前项目背景下切实可行、并获得所有干系人的首肯。同时，应为每项风险选择最可能及最有效的策略或策略组合，还要为实施商定的风险应对策略（主要策略和备用策略）确定具体的应对行动。此外，如果选定的策略并不可行，或发生了已接受的风险，则需进一步制订应急计划，同时也需要识别次生风险（实施风险应对措施而直接导致的风险），为风险分配时间或成本应急储备，并注明动用应急储备的条件。项目经理也应该思考如何针对整体项目风险的当前级别做出适当的应对。

本过程需要在整个项目期间开展。规划风险应对的主要工作见表10-15。

表10-15 规划风险应对的主要工作

依据	工具和方法	结果
项目管理计划 项目文件 事业环境因素 组织过程资产	威胁应对策略 机会应对策略 应急应对策略 专家判断法	变更请求 项目管理计划更新 项目文件更新

10.6.1 规划风险应对的依据

1. 项目管理计划

可作为本过程依据的项目管理计划组件包括（但不限于）：资源管理计划；风险管理计划；成本基准。

2. 项目文件

可作为本过程依据的项目文件包括（但不限于）：经验教训登记册、项目进度计划、项目团队派工单、资源日历、风险登记册、风险报告和干系人登记册。

3. 事业环境因素

能够影响规划风险应对过程的事业环境因素包括（但不限于）：关键干系人的风险偏好和风险临界值。

4. 组织过程资产

能够影响规划风险应对过程的组织过程资产包括（但不限于）：风险管理计划、风险登记册和风险报告的模板、历史数据库和类似项目的经验教训知识库。

10.6.2 规划风险应对的工具和方法

实施风险定性和定量分析后的结果有两种可能：一种可能是项目风险超过了项目干系人的容忍水平，另一种可能是项目风险在项目干系人可以接受的范围之内。对于前一种情况，如果项目风险极大地超出了项目干系人的容忍水平，并且无论采取何种措施都无法避免可能发生的重大损失，那么应该停止甚至取消该项目；如果项目风险接近项目干系人的容忍水平，那么可以通过采取适当的应对措施来拯救项目，以避免或减弱项目风险带来的损失。对于后一种情况，虽然项目风险在项目干系人可接受的风险水平内，为了能够将由项目风险造成的损失控制在最小的范围内，也应该采取相应的措施加以应对。规划风险应对的方法如图10-6所示。其中的专家判断法已在前文介绍过，此处不再赘述。

1. 威胁应对策略

针对项目风险产生的威胁，项目团队可采用的应对策略有上报风险、规避风险、转移风险、减轻风险和接受风险。

（1）上报风险　如果项目团队或项目发起人一旦认为某个威胁不在项目范围内，或建议的应对措施已超出了项目经理的权限，此时就应采用上报风险策略。这时需要项目经理来决定应将威胁告知哪些人，并明确向谁（某人或组织部门）传达关于该风险的详细信息。威胁一旦上报，将由项目集层面、项目组合层面或组织的其他相关部门对其负责管理。威胁通常是需要上报给其目标会受该风险影响的某一层级，而且该层级中的相关人员必须愿意承担相应责任方可。尽管威胁仍被记录在风险登记册中，但其已不再由项目团队进一步负责监督。

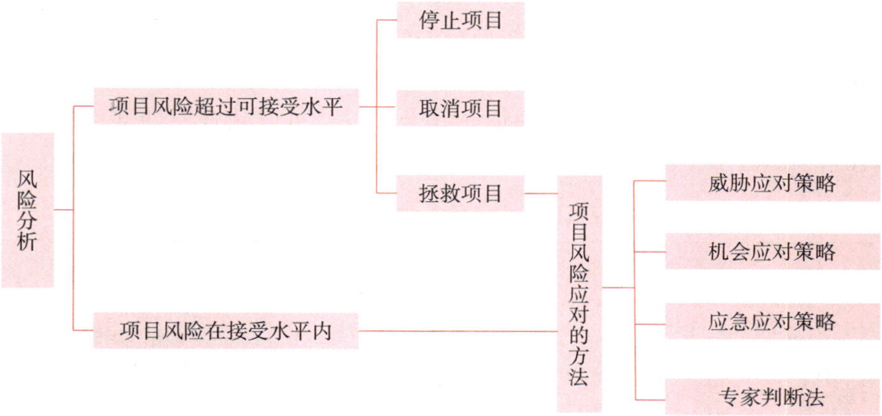

图 10-6　规划风险应对的方法

（2）规避风险　规避风险策略通过不参与或不继续导致风险的活动来实现，适用于当风险发生的概率比较高、影响程度比较严重，并且对风险的认识比较充分的情形。在项目的实施将要面临巨大的威胁，并且项目团队又没有其他办法来控制风险的情况下，如保险公司认为风险太大，拒绝给予承保。此时，项目团队就应当采取行动来消除威胁，或保护项目免受威胁的影响，如考虑是否放弃该项目，从而避免产生更大的人员伤亡和财产损失。

项目单个风险规避措施包括：消除威胁的原因、延长进度计划、改变项目策略、缩小范围或取消项目范围中的高风险工作等。有些风险也可以通过澄清需求、获取信息、改善沟通或取得专有技能加以规避。

如果整体项目风险已超出商定的项目风险临界值，则需要采取行动以弱化不确定性对项目的负面影响，并将项目风险控制在临界值之内。如取消项目范围中的高风险工作。如果实在无法将项目风险控制在临界值之内，则可能会取消项目。这是最极端的风险规避措施，仅适用于威胁的级别在当前和未来都不可接受的情形。

（3）转移风险　转移风险也称为分担风险，该策略不改变风险自身的大小和性质，只是通过改变风险的承受主体来实现对风险的分担，即在不降低风险发生概率的前提下，借助一定工具将一部分风险损失转移给项目的第三方。当项目风险发生的概率较小但导致的损失较大，而且项目团队很难应付这种风险时，采用转移风险的方法会获得较好的效果。在转移风险的过程中，必须让分担风险者，即项目的第三方，获得与其所承担的风险相匹配的利益。与项目团队一起分担风险的第三方必须有能力控制和处理其所承担的风险。

采用转移风险策略需要向承担威胁的一方支付风险转移费用。

项目单个风险转移的措施包括（但不限于）：购买保险、使用履约保函、使用担保书、使用保证书等。也可以通过签订协议，把具体风险的归属和责任转移给第三方。如果整体项目风险的级别很高，组织无法有效应对，就可能需要让第三方代表组织对项目风险进行管理，如项目合作单位。

（4）减轻风险 减轻风险是指采取措施来降低威胁发生的概率和（或）影响。减轻风险的目的是降低风险发生的可能性（如使用成熟的技术以降低项目产品不能如期完成的概率），或者减小风险造成的损失（如设立意外开支准备金），或者两者兼而有之。提前采取减轻风险措施要比威胁出现后进行弥补更加有效。

项目单个风险减轻措施包括：采用较简单的流程、使用成熟的技术、进行更多次的测试或者选用更可靠的供应商。如果无法降低概率，也许可以从决定风险严重性的因素入手，来减轻风险发生的影响。如在一个系统中加入冗余部件，可以减轻原始部件故障所造成的影响。表10-16中列示了减轻项目技术风险、成本风险和进度风险的策略。

表10-16 减轻项目技术风险、成本风险和进度风险的策略

风险种类	技术风险	成本风险	进度风险
策略	获得团队支持 及时处理问题、改善沟通方式 经常进行项目监督 经常咨询项目管理专家	理解项目目标 经常进行项目监督 使用WBS、PERT或CPM工具 获得团队的支持	使用WBS、PERT或CPM工具 经常进行项目监督 选择最有经验的项目经理

对整体项目风险而言，风险减轻策略包括重新规划项目、改变项目范围和边界、调整项目优先级、改变资源配置、调整可交付成果的交付时间等。

（5）接受风险 接受风险又称为自留风险，是指由项目团队独自承担风险导致的所有后果。接受风险这种策略适合应对那些经风险评估后组织认可接受或可容忍的风险，即发生概率小并且后果不是很严重的风险；也适合组织目前尚无资源和能力应对的风险，或当采用其他的风险应对方法时，所产生的成本大于不采用风险应对所造成的损失情况。

接受风险策略有主动或被动之分。最常见的主动接受风险策略是建立整体应急储备，包括预留时间、资金或资源，以便在项目风险超出临界值时使用；被动接受策略则是当风险实际发生时，不采取任何措施，仅是定期对威胁进行审查，确保其并未发生重大改变。

表10-17是工程项目承包商在国际工程承包中常用的一些风险应对策略及具体应对措施。

表10-17 承包商常用风险应对策略及具体应对措施

风险事件	风险应对策略	风险应对措施
工程设计风险		
设计深度不足	接受风险	索赔
设计缺陷或忽视	接受风险	索赔
地质条件复杂	转移风险	在合同条款中明确责任
自然环境风险		
对材料、设备的损坏	减轻风险	加强保护措施
造成人员伤亡	转移风险	购买保险
火灾等自然风险	转移风险	购买保险

（续）

风险事件	风险应对策略	风险应对措施
经济风险		
分包商或供应商违约	转移风险	履约保函
	规避风险	进行资格预审
业主违约	接受风险	索赔
	转移风险	严格合同条件
项目资金严重不足	规避风险	放弃承包
报价过低	转移风险	分包
	接受风险	控制成本、加强合同管理
工程施工过程风险		
劳务争端	接受风险	预防措施
	减轻风险	预防措施
施工现场条件恶劣	接受风险	改善现场条件
	转移风险	投保第三者险
工作失误	减轻风险	严格规章制度
	转移风险	投保工程全险
设备毁损	转移风险	购买保险
工伤事故	转移风险	购买保险

2．机会应对策略

针对项目风险产生的机会，可采用的应对策略有利用风险、分享风险和促进风险。

（1）利用风险　利用风险是指项目组织为了确保机会得以实现，而分配更多的资源以保证风险成为项目获得利益的机会，以便在较短的时间内完成目标或超预期高质量实现目标。

当项目组织为了确保机会实现时，就可以选择利用风险策略。此策略将特定机会的出现概率提高到 100%，确保其肯定出现，从而获得与其相关的收益。利用风险措施可能包括：把组织中最有能力的资源分配给项目来缩短完工时间，或采用全新技术或技术升级来节约项目成本并缩短项目持续时间。

（2）分享风险　分享风险是指将应对机会的部分或全部责任转移给第三方，使其享有机会所带来的部分收益。通过建立风险合作关系来实现项目风险向项目机会的转变，项目团队必须为已分享的机会安排新的风险责任人，让那些最有能力为项目抓住机会的人担任新的风险责任人。采用风险分享策略，通常需要向承担机会应对责任的一方支付风险费用。分享措施包括：建立合伙关系、合作团队或动态联盟项目组织（公司）来分享机会。

（3）促进风险　促进风险是指通过提高机会的发生概率或积极影响，最大限度地激发对项目有利的机会，促进项目有利机会的发生概率，强化风险触发条件，为项目成功带来积极影响。提前采取促进风险措施通常比机会出现后尝试改善收益更加有效。例如，为早日完成活动而增加资源。

3．应急应对策略

项目团队经常需要设计一些仅在特定事件发生时才采用的应对措施，目的是对项目实施过程中有可能出现或发生的特定情况做好准备。应急应对策略可用于项目进行期间发生的已识别风险，其应用的前提是假定项目某一风险已经接受，而且应该定义并跟踪应急应对策略的触发条件，如未实现中间的里程碑。应急应对策略是实现有效应急风险管理的基石，是为了控制项目实施过程中有可能出现或发生的特定情况做好准备。

10.6.3 规划风险应对的结果

1. 变更请求

规划风险应对经常导致对其他规划过程所确定的资源、活动、预算和其他事项的变更建议。在变更建议产生时，就需要提出变更请求，并通过实施整体变更控制过程对变更请求进行审查和处理。

2. 项目管理计划更新

规划风险应对工作后可能导致项目管理计划变更的内容包括：进度管理计划、成本管理计划、质量管理计划、资源管理计划、采购管理计划、范围基准、进度基准和成本基准。

3. 项目文件更新

可在本过程更新的项目文件包括（但不限于）：假设日志、成本预测、经验教训登记册、项目进度计划、项目团队派工单、风险登记册、记录选择和商定的风险应对措施和风险报告。

10.7 实施风险应对

实施风险应对是执行已商定的风险应对计划的过程。本过程的主要作用是，确保按计划执行已商定的风险应对措施，来管理整体项目风险敞口、最小化单个项目威胁，以及最大化单个项目机会。适度关注实施风险应对过程，能够确保已商定的风险应对措施得到实际执行。项目风险管理过程中以往存在的问题是，尽管项目团队前期努力地识别和分析风险，并制定了相应的应对措施，然后把经商定的应对措施记录在风险登记册和风险报告中，但是忽略了实施应对措施的实际行动。只有风险责任人以必要的努力去实施商定的应对措施，项目的整体风险敞口和单个威胁及机会才能得到主动管理。本过程需要在整个项目期间开展。

实施风险应对的主要工作见表 10-18。

表 10-18 实施风险应对的主要工作

依据	工具和方法	结果
项目管理计划 项目文件 组织过程资产	专家判断法 项目管理信息系统	变更请求 项目文件更新

10.7.1 实施风险应对的依据

1. 项目管理计划

项目管理计划组件包括（但不限于）风险管理计划。

2. 项目文件

可作为本过程输入的项目文件包括（但不限于）：经验教训登记册、风险登记册和风险报告。

3．组织过程资产

能够影响实施风险应对过程的组织过程资产包括（但不限于）：已完成的类似项目的经验教训知识库，其中会说明特定风险应对的有效性。

10.7.2　实施风险应对的工具和方法

实施风险应对的工具和方法在前文都有叙述，在此不再赘述。

10.7.3　实施风险应对的结果

1．变更请求

实施风险应对后，可能会就成本基准和进度基准或项目管理计划的其他组件提出变更请求。应该通过实施整体变更控制过程对变更请求进行审查和处理。

2．项目文件更新

可在本过程更新的项目文件包括（但不限于）：问题日志、经验教训登记册、项目团队派工单、风险登记册和风险报告。

10.8　控制风险

视频

控制风险是在整个项目期间，实施风险应对计划，跟踪已识别风险，识别并分析新风险，以及评估风险管理有效性的过程。例如，追踪已识别风险、观察风险登记册中的风险、重新分析现有风险、监测应急计划的触发条件、监测残余风险、审查风险应对策略的实施并评估其效力。为了确保项目团队和关键干系人了解当前的风险敞口级别，控制风险过程需要基于项目执行中采集的工作绩效数据，对项目工作进行持续监督，及时发现新风险、正在变化的风险和已过时的风险，不断优化风险应对措施。

控制风险过程需要明确的问题包括：实施的风险应对是否有效，整体项目风险级别是否已改变，已识别单个项目风险的状态是否已改变，是否出现新的单个项目风险，风险管理方法是否依然适用，项目假设条件是否仍然成立，风险管理政策和程序是否已得到遵守，成本或进度应急储备是否需要修改，项目策略是否仍然有效。本过程需要在整个项目期间开展。

控制风险的主要工作见表 10-19。

表 10-19　控制风险的主要工作

依据	工具和方法	结果
项目风险管理计划	风险再评估	工作绩效信息
项目文件	风险审计	变更请求
工作绩效数据	储备分析	项目管理计划更新
工作绩效报告	状态审查会	项目文件更新
		组织过程资产更新

10.8.1 控制风险的依据

1．项目风险管理计划

风险管理计划为控制风险工作提供指南，其中规定了应如何及何时审查风险，应遵守哪些政策和程序，与本过程有关的角色和职责安排，以及报告格式。

2．项目文件

应作为本过程输入的项目文件包括（但不限于）：问题日志、经验教训登记册、风险登记册和风险报告。

3．工作绩效数据

与风险管理工作相关的工作绩效数据包括：可交付成果的状态、进度进展情况、已经发生的成本等。

4．工作绩效报告

工作绩效报告是从绩效测量值中提取信息并进行分析的结果，技术绩效测量指标可能包括：重量、处理时间、缺陷数量、储存容量等。

10.8.2 控制风险的工具和方法

在控制风险的工具和方法中，储备分析在前文已详细介绍，故不再赘述。

1．风险再评估

在控制风险过程中，风险发生概率和风险影响程度会随着项目的进展而发生变化，项目风险评级及其轻重缓急顺序也会发生变化，所以需要对项目的风险进行定期评估，这样有利于对项目的风险实行动态控制。同时还应安排定期的项目风险信息报告会，在项目所有部门召开的会议上，将项目风险列为一项重要的议事日程，随着项目的进展，其中任何变化都可能需要及时处理。项目风险定期报告有风险日记和风险记录文档两种形式，其格式分别见表 10-20 和表 10-21。

表 10-20　项目风险日志格式

风险事件编码	风险描述	发生时间	发生概率	风险影响	风险等级	管理行动	负责人

表 10-21　项目风险记录文档格式

风险事件编码	风险分类	报告日期
描述		
发生概率	影响程度	风险值
最初征兆		
处置方法		
开始日期	完成日期	负责人
当前状态		
应急计划		
可能引发的新风险		

2. 风险审计

风险审计主要用于评估项目风险管理过程的有效性。项目经理负责确保按项目风险管理计划所规定的频率开展风险审计。风险审计人员对规避、转移或降低风险发生等风险应对措施以及风险责任人的效率进行检查与记录。在实施审计前，应明确定义风险审计的程序和目标。风险审计的实施贯穿于整个项目生命周期，以控制项目整体风险。

3. 状态审查会

适用于本过程的会议包括（但不限于）风险审查会。项目风险管理团队可以通过定期召开的项目状态审查会，来检查和记录风险应对在处理整体项目风险和已识别单个项目风险方面的有效性。在风险审查中，还可以识别出新的单个项目风险（包括已商定应对措施所引发的次生风险），重新评估当前风险，关闭已过时风险，讨论风险发生所引发的问题，以及总结可用于当前项目后续阶段或未来类似项目的经验教训。

通常风险状态可以表述为下列 4 种情况，即“规避成功”“已识别”“规避失败”和“未识别”。其相应的内涵具体表述为：“规避成功”是指风险已经识别出来，并采取了规避措施，后期也未再发生；“已识别”是指风险已经识别出来，目前没有发生，但存在后期发生的可能性；“规避失败”是指风险已经识别出来，也采取了一些规避措施，但后期该风险仍然会发生；“未识别”是指风险没有识别出来，目前虽没有发生，但存在后期发生的可能性。

根据风险管理计划的规定，风险审查可以是定期项目状态会中的一项议程，或者也可以专门召开风险审查会。状态审查会的耗时长短与已识别风险的优先级和应对难度紧密相关。

10.8.3 控制风险的结果

1. 工作绩效信息

工作绩效信息是经过比较单个风险的实际发生情况和预计发生情况以后，所得到的关于项目风险管理执行绩效的信息。它可以说明风险应对规划和应对实施过程的有效性。

2. 变更请求

执行控制风险过程后，可能会就成本基准和进度基准，或项目管理计划的其他组件提出变更请求，其可能包括：建议的纠正与预防措施，以处理当前整体项目风险或单个项目风险。

3. 项目管理计划更新

项目管理计划的任何组件都可能受本过程的影响。

4. 项目文件更新

可在本过程更新的项目文件包括（但不限于）：假设日志、问题日志、经验教训登记册、风险登记册和风险报告。

5. 组织过程资产更新

可在本过程更新的组织过程资产包括（但不限于）：风险管理计划、风险登记册和风险报告的模板及风险分解结构。

本章小结

本章对项目风险管理的相关知识点进行了比较详细的介绍。首先介绍了风险、项目风险、项目风险管理的含义及工作过程。然后依次介绍项目风险管理的 7 个阶段，即规划风险管理、识别风险、实施定性风险分析、实施定量风险分析、规划风险应对、实施风险应对、控制风险的依据、工具和方法及其结果。本章应重点掌握的是实施风险定性分析和定量分析的工具和方法。

自测题

一、判断题

1．风险是客观存在的，它不以人的意志为转移。（　　）

2．对不同的风险管理主体而言，即使面临着相同的风险，其风险承受能力也会有所不同。（　　）

3．项目风险管理是对项目的风险进行识别和分析，并对项目风险进行应对的系统过程。（　　）

4．项目风险管理计划需要在项目生命周期中持续完善。（　　）

5．识别风险不可一蹴而就，而是迭代的过程，需在项目全生命周期中进行。（　　）

6．风险登记册的编制过程贯穿着风险管理的全过程。（　　）

7．风险数据质量评估的目的是评价单个项目风险数据的准确性与可靠性。（　　）

8．风险概率评估旨在调查风险对项目目标（如进度、成本、质量或性能）的潜在影响，既包括威胁所造成的消极影响，也包括机会所产生的积极影响。（　　）

9．采用转移策略无须向承担威胁的一方支付风险转移费用。（　　）

10．风险规避是指采取措施来降低威胁发生的概率和影响。（　　）

二、单选题

1．下面四个选项中不属于识别风险的工具和方法的是（　　）。

A. 专家判断法　　B. 头脑风暴法　　C. 会议　　D. 干系人分析

2．下面选项中属于实施定量风险分析的工具和方法的是（　　）。

A. 会议　　B. 风险数据质量评估　　C. 敏感性分析　　D. 风险紧迫性评估

3．下面所列方法中属于实施定性风险分析中的方法的是（　　）。

A. 敏感性分析　　B. 决策树法　　C. 风险分类　　D. 模拟法

4．适用于发生概率较高，并且具有严重负面影响的高优先级威胁的风险应对措施是（　　）。

A. 风险接受　　B. 风险规避　　C. 风险减轻　　D. 风险转移

5．项目团队或项目发起人一旦认为某个威胁不在项目范围中，已超出了项目经理的权限时就应采用（　　）策略。

A. 上报　　B. 转移　　C. 减轻　　D. 接受

6．项目团队现在暂不处理未来项目可能面临的技术风险，这种风险应对措施属于（　　）。

A. 风险规避　　B. 风险转移　　C. 风险减轻　　D. 风险接受

7．下列选项中，风险值最大的是（　　）。

A. 影响程度高，发生概率较小的风险　　B. 影响程度低，发生概率较小的风险

C. 影响程度高，发生概率较大的风险　　D. 影响程度低，发生概率较大的风险

8．从客户的角度来看，如果没有把项目风险管理好，（　　）将会对客户造成最久远的影响。

A. 范围风险　　B. 进度风险　　C. 成本风险　　D. 质量风险

三、多选题

1．以下选项中，需要在整个项目期间持续开展的工作过程是（　　）。

A. 规划风险管理　　B. 识别风险　　C. 规划风险应对　　D. 控制风险

2．下面选项中属于规划风险管理的工具和方法的是（　　）。

A. 专家判断法　　B. 头脑风暴法　　C. 会议　　D. 干系人分析

3．下面选项中属于实施定性风险分析的工具和方法的是（　　）。

A. 专家判断法　　B. 风险数据质量评估　　C. 会议　　D. 风险紧迫性评估

4．单个项目风险转移的措施包括（　　）。

A. 购买保险　　B. 使用履约保函　　C. 使用担保书　　D. 使用保证书

5．单个项目风险减轻的措施包括（　　）。

A. 采用较简单的流程　　B. 使用成熟的技术　　C. 进行更多次的测试　　D. 选用更可靠的供应商

6．单个项目风险规避措施包括（　　）。

A. 延长进度计划　　B. 改变项目策略　　C. 缩小范围　　D. 分包

7．下列有关项目决策树的说法正确的是（　　）。

A. 决策树是一个从左至右依次展开的树状图

B. 决策树只能进行单级决策

C. 决策树分级越多，树状图就会越复杂

D. 决策树能够使项目管理者有步骤地进行决策

8．为了降低项目的风险而改变项目的范围时，项目团队应该考虑对（　　）的影响程度。

A. 进度　　B. 成本　　C. 质量　　D. 以上皆不是

思考题

1．项目风险管理工作主要包括哪些内容？

2．风险管理计划工作主要包括哪些内容？

3．识别风险的工具和方法有哪些？

4．实施风险定性分析的工具和方法有哪些？

5．什么是敏感性分析？

6．什么是决策树法？

7．项目风险应对的方法有哪些？

8．控制风险的工具和方法有哪些？

9．风险登记册主要包括哪些内容？

案例

泰坦尼克号的命殒之旅

很多人对泰坦尼克的故事已经耳熟能详了，影片集中展现了泰坦尼克号首航最后两天和灾难出现前后数小时所发生的事情。但是很少有人了解这个持续建设了四年的项目的具体细节、它究竟经历了哪些阶段，各个阶段对这个灾祸究竟产生了什么影响。

我们追溯到 1909 年，并再度审视白星公司利用新兴技术建造三艘超级远洋班轮的项目。这些远洋班轮的生命周期至少 20 年。这项投资巨大的项目似乎有着美好的商业前景，但并不能掩盖该公司项目管理存在的风险。由于泰坦尼克号的设计者在该项目设计上的重大失误，导致了如此的悲惨结果。

首先，泰坦尼克号的设计者尽管有许多设计方案可以选择，但是从一开始他们就遵循乘客舒适度的最佳化高于航行速度的经营战略。其次，泰坦尼克号的设计者选择了最高的安全级别并吸收了所有最新和超前的安全技术。虽然他们的目标是用最新的技术来建造最好的船，然而迫于董事会的获利压力，泰坦尼克号的设计者开始在安全装置上做出妥协，认为救生船是附加的安全装置，是泰坦尼克号在营救其他的失事船上的乘客时才能用上的东西。故将其数目减少到了16艘。正是这些管理设计的原因造成了泰坦尼克号沉船后的灾难。

问题：

1. 为什么选择了最高的安全级别，并运用了所有最新和超前的安全技术，泰坦尼克号最终仍难逃失事的厄运？
2. 请指出泰坦尼克号在设计过程中项目风险管理存在哪些问题。
3. 你认为该项目应该采取什么项目风险应对措施？

第 11 章

项目采购管理

学习目标

- 了解项目采购的分类
- 了解项目采购管理的相关概念
- 理解项目采购管理的工作过程
- 掌握规划采购管理的依据、工具和方法及结果
- 掌握实施采购的依据、工具和方法及结果
- 掌握控制采购的依据、工具和方法及结果

导入案例

日本航空公司决定从美国麦克唐纳·道格拉斯公司引进 10 架新型客机，指定常务董事任领队、财务经理主谈、技术部经理助谈，组成谈判小组去美国洽谈购买事宜。到达美国的第二天上午，麦克唐纳·道格拉斯公司给日本航空公司展示了丰富的资料，但日本航空公司的三位代表始终默默地坐着，经询问表示根本没有理解麦克唐纳·道格拉斯公司提供的方案，日方成功利用第一次沟通障碍打乱了麦克唐纳·道格拉斯公司的阵脚。在谈判交锋阶段，日本航空公司代表忽然出现语言障碍，通过制造的沟通障碍有效限制了麦克唐纳·道格拉斯公司在价格磋商阶段的进攻，获得了谈判主动权。在最终价格确定阶段，日本航空公司代表忽然没有任何理解和语言障碍，坚定而且流利地表达了强烈的采购意向和未来的采购前景，以 10 架飞机的预算低价获得了 11 架麦克唐纳·道格拉斯公司的飞机。

11.1 概　　述

视频

11.1.1 项目采购

项目采购（Project Procurement）是指项目组织通过努力，以不同方式从组织系统外部获得物料、土建工程和服务的整个采办过程。它不仅包括实物商品的购买，还包括雇用承包商实施工程和聘用专家进行咨询等服务活动。

项目采购根据其划分的标准不同，主要有以下两种不同的分类。

1．基于采购对象的分类

按采购对象的不同，项目采购可分为有形采购和无形采购两类，如图 11-1 所示。

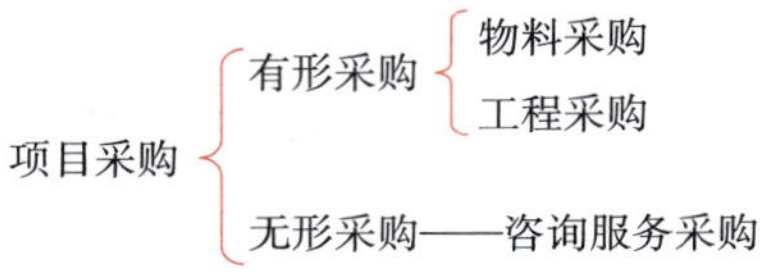

图 11-1 按采购对象划分的项目采购

从图 11-1 中可知，物料采购和工程采购均属于有形采购。

物料采购是指购买项目所需的各种机器、设备、仪器、仪表等物料，还包括与之相关的运输、安装、测试、维修等服务。大宗货物，如药品、种子、农药、化肥、计算机等专项合同采购，也属于物料采购。

工程采购是指选择合格的承包单位来完成项目的施工任务，同时还包括与之相关的人员培训和维修等服务，如大型水电站的修建、高速公路的建设、输气管道的架设工程等。

咨询服务采购则属于无形采购范畴。它是指聘请咨询公司或咨询专家来完成项目所需的各种服务，包括项目的可行性研究、项目的设计工作、项目管理、施工监理、技术支持和人员培训等服务。

2．基于采购方式的分类

按照采购方式的不同，项目采购可分为招标采购和非招标采购两类，如图 11-2 所示。

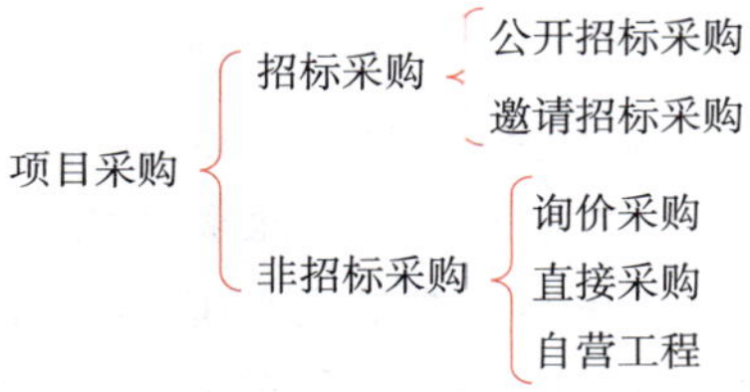

图 11-2 按采购方式划分的项目采购

（1）招标采购　招标采购是为了使项目组织能够以最低的价格采购其所需的货物、工程和服务，并保证投标人有一个公平参与投标竞争的机会而进行的工作。具体说来，招标采购是由招标人发出招标公告，邀请潜在的投标商进行投标，然后由招标人对投标商所提出的招标文件进行综合评价，从而确定中标人，并与之签订采购合同的一种采购方式。

招标采购可进一步分为公开招标采购和邀请招标采购。公开招标采购是向所有的潜在合格投标人提供一个公平竞争的机会来竞标。邀请招标采购是为了减轻招标采购的工作量和成本，只邀请比较熟悉的投标人来竞标。

招标采购具有以下三个优点：①可以帮助招标人以最低价格取得符合要求的工程、物料和服务；②符合要求的投标人都有机会在公平竞争的情况下参加投标；③可以公开办理各种手续，从而避免贪污、贿赂行为。

招标采购包括以下三个缺点：①手续较烦琐，耗费时间较多，不够机动灵活；②投标人可能会把手续费等附加费用转移到购买的投标项目的价格中去；③可能发生抢标、围标等现象。

（2）非招标采购　通常大多数项目采购是通过非招标采购进行的，非招标采购类似于日常工作的采购活动，在现实生活中的应用也非常广泛。非招标采购一般适用单价较低、有固定标准的产品的采购。非招标采购可进一步分为询价采购、直接采购和自营工程三类。询价采购是指通过收集若干供应厂商的产品报价，综合评价各供应厂商的条件和价格，最终确定一个供应商的过程。直接采购是指直接与供应商签订采购合同的采购方式。自营工程是指由于项目的特殊要求以及成本收益的限制，利用项目自身的人力、物力和财力自己制造或提供所需的产品或服务。

11.1.2 项目采购管理的含义

项目采购管理是指为达到项目的目标而从项目组织的外部获取物料、工程和服务所需的过程。

项目采购管理是保证项目成功实施的关键活动，如采购的材料、工程和服务没有达到项目规定的标准，必然会降低项目的质量，影响项目的成本、进度和质量等目标的实现，甚至导致整个项目的失败。项目采购管理的总目标是以最低的成本、及时地为项目提供满足其需要的物料、工程和服务。项目采购管理是项目管理的重要组成部分，因为任何项目的实施都需要投入包括人力、材料、设备等在内的大量资源。一般来说，项目的采购支出占项目投资总额的 50% 以上。如果采购这一工作环节出现失误，不但会影响项目的顺利进行，甚至还可能导致项目的失败。

项目采购管理工作过程如图 11-3 所示。

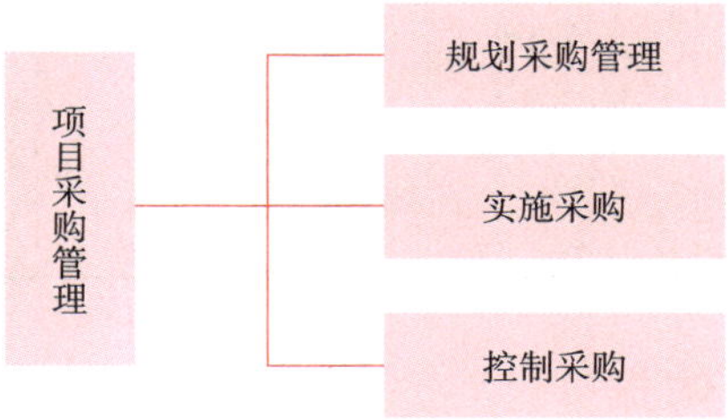

图 11-3 项目采购管理工作过程

1）规划采购管理是项目采购管理的第一个阶段，主要任务是明确需要采购哪些物料、工程和服务，以及识别潜在的供应商。

2）实施采购的主要工作是根据规划采购管理中对产品、服务或成果的要求，综合各方面因素，最终选定供应商，并签订合同。

3）控制采购的主要工作是监控合同的执行，确保采购双方都履行其合同义务，实施必要的变更与纠偏，以及结束合同。

11.2 规划采购管理

视频

规划采购管理是整个项目采购工作过程中的第一步，它包括项目的采购方式、采购预测成本、时间安排、各种采购活动之间的相互衔接、项目采购过程如何与项目的其他方面（如进度计划和业绩报告）相协调等内容。

规划采购管理工作应考虑回答以下问题：

1）采购什么，即采购的对象及其品质。这是由项目资源估算和各种资源需求的描述决定的。

2）何时采购，即采购的时点和时期。如果采购过早，会增加库存成本，如果采购过晚，则会由于库存不足而使项目停工待料。采购时点的决定可以采用经济订货点等方法。

3）采购多少，即采购的数量。可以通过经济订货量分析来确定何时的采购数量。

4）以何种价格采购，即以适当的价格获得所需资源。项目团队要在资源质量和交货期限的限制条件下，选择适合的合同类型，寻找最低的合同价格。

5）从何处采购，即采购过程中采用的工作方式，是自制还是外购，采用招标采购还是非招标采购。在选择适当的供应商作为项目的供应来源时，应满足两个条件：一是经济性，在供应来源中选择成本最小的；二是可获得性，供应商必须能够及时提供项目采购的物料、工程或服务。

规划采购管理的主要工作见表 11-1。

表 11-1　规划采购管理的主要工作

依据	工具和方法	结果
项目章程	专家判断法	项目采购管理计划
商业文件	自制或外购分析	采购策略
项目管理计划	经济订货量分析	采购工作说明书
项目文件	合同类型分析	招标文件
事业环境因素	市场调研	供应商评估标准
组织过程资产	会议	变更请求
		项目文件更新
		组织过程资产更新

11.2.1　规划采购管理的依据

规划采购管理依据中的项目章程和商业文件已在前文介绍，在此不再赘述。

1．项目管理计划

规划采购管理依据的项目管理计划包括（但不限于）：

（1）范围管理计划　范围管理计划包括说明如何在项目的实施阶段管理承包商的工作范围。

（2）质量管理计划　质量管理计划包含项目需要遵循的行业标准与准则。这些标准与准则应写入招标文件，如建议邀请书，并将最终在合同中引用。这些标准与准则也可用于供应商资格预审，或作为供应商甄选标准的一部分。

（3）资源管理计划　资源管理计划包括关于哪些资源需要采购或租赁的信息，以及任何可能影响采购的假设条件或制约因素。

（4）范围基准　范围基准包含范围说明书、WBS 和 WBS 字典。应该针对项目范围中已知的工作，编制工作说明书（SOW）和工作大纲（TOR）。

2．项目文件

可作为本过程依据的项目文件包括（但不限于）：里程碑清单、项目团队派工单、需求文件、需求跟踪矩阵、资源需求、风险登记册和干系人登记册。

3．事业环境因素

能够影响规划采购管理过程的事业环境因素包括（但不限于）：市场条件；可从市场获得的产品、服务和成果；卖方，包括其以往绩效或声誉；关于产品、服务和成果的典型条款和条件，或适用于特定行业的典型条款和条件；特殊的地域要求，例如关于雇用当地员工或卖方的法规要求；关于采购的法律建议；合同管理系统，包括合同变更控制程序；已有的多层级供应商系统，其中列出了基于以往经验而预审合格的卖方；财务会计和合同支付系统。

4．组织过程资产

影响规划采购管理过程的组织过程资产包括（但不限于）：预先批准的供应商清单，采购政策、程序和指南，合同类型。

11.2.2　规划采购管理的工具和方法

在规划采购管理的工具和方法中，专家判断法和会议已在前文介绍，在此不再赘述。

1．自制或外购分析

在编制采购计划时，其中很重要的一个过程是决定是自制还是外购。自制或外购分析可以用来判断项目组织所需的资源和服务是通过自制还是外购获得。在比较自制与外购的经济性时，需要考虑自制和外购成本的差异，以及组织的长远需求和项目的当前需求。

例 11-1：某公司生产产品每年需要甲零件 500 件，如果自制，该零件不增加公司的固定成本，该零件自制的单位变动成本为 7 元，如果外购，则该零件的单价为 8 元。

①试决定该零件是自制还是外购。

②如果该公司生产该零件每年要增加固定成本 600 元，确定该零件是自制还是外购。

解：

①自制成本＝7×500＝3500（元）；外购成本＝8×500＝4000（元）

自制成本＜外购成本，应选择自制。

②自制成本＝7×500+600＝4100（元）；外购成本＝8×500＝4000（元）

自制成本＞外购成本，应选择外购。

2．经济订货量分析

经济订货量分析是通过建立经济订货量模型，对要采购的产品进行分析，确定采购的批量和采购的时间，使采购成本和库存成本之和最小。采购成本、库存成本与订货量的关系如图 11-4 所示。

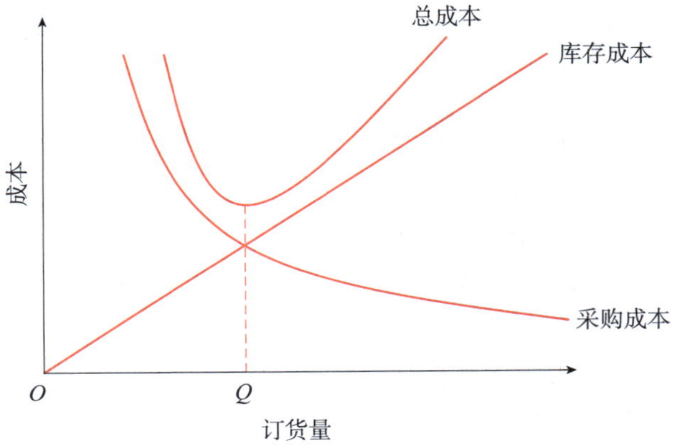

图 11-4　采购成本、库存成本与订货量关系图

经济订货量的基本模型存在以下假设条件：

1）项目组织能及时补充物料。

2）能集中到货，而不是陆续入库。

3）不允许缺货。

4）物料单价不变，不考虑现金折扣。

5）项目组织现金充足，不会因现金短缺而影响采购。

假设每次订货成本为 K，订单量为 D，年单位保管成本为 A，经济订货量为 Q，则

$$总成本=采购成本和库存成本之和=\frac{DK}{Q}+\frac{QA}{2} \quad (11\text{-}1)$$

要使采购成本和库存成本之和最小，得到

$$Q=\sqrt{\frac{2KD}{A}} \quad (11\text{-}2)$$

这是经济订货量的基本模型，它还可以推导出一些其他形式：

每年最佳订货次数公式为

$$N=\frac{D}{Q}=\frac{D}{\sqrt{\frac{2KD}{A}}}=\sqrt{\frac{DA}{2K}} \quad (11\text{-}3)$$

最佳订货周期公式为

$$t=\frac{1年}{N}=\frac{1}{\sqrt{\frac{DA}{2K}}}=\sqrt{\frac{2K}{DA}} \quad (11\text{-}4)$$

总成本公式为

$$TC=\frac{A\sqrt{\frac{2KD}{A}}}{2}+\frac{DK}{\sqrt{\frac{2KD}{A}}}=\sqrt{2KDA} \quad (11\text{-}5)$$

经济订货量的基本模型是在前述假设条件下建立的，但现实生活中能够满足这些假设条件的情况很少。事实上，物料可能陆续入库，使存量陆续增加，尤其是产成品入库，总是陆续供应和陆续耗用的。在这种情况下，就要对基本模型加以修改。假设每日送货量为 P，物料每日耗用量为 d，故送货期内的全部耗用量为 dQ/P。

则

$$Q=\sqrt{\frac{2KDP}{A(P-d)}} \quad (11\text{-}6)$$

例 11-2：某项目要采购某种物料 3600 件，该物料年单位保管成本为 2 元 / 件，每次订货费用为 25 元。

①如何确定经济订货量？

②最佳订货周期是多少天？（此处采用 1 年 =360 天）

③总成本是多少？

④如果该物料是陆续供应和耗用的，假设该物料每日送货量为 30 件，物料的每日耗用量为 10 件，那么如何确定经济订货量？

解：

① $$Q=\sqrt{\frac{2KD}{A}}=\sqrt{\frac{2\times25\times3600}{2}}=300\text{（件）}$$

② $$N=\sqrt{\frac{DA}{2K}}=\sqrt{\frac{3600\times2}{2\times25}}=12\text{（次）}$$

$$t=\frac{360}{12}=30\text{（天）}$$

③ $$TC=\sqrt{2KDA}=\sqrt{2\times25\times3600\times2}=600\text{（元）}$$

④ $$Q=\sqrt{\frac{2KDP}{A(P-d)}}=\sqrt{\frac{2\times25\times3600\times30}{2\times(30-10)}}=367\text{（件）}$$

3．合同类型分析

一般来讲，合同有三种类型，即固定价格合同、成本补偿合同和单价合同。

（1）固定价格合同　经项目团队和供应商协商，在合同中订立双方同意的固定价格作为今后结算的依据，而不考虑项目实际发生的成本是多少。固定价格合同对项目组织来说，采购成本超支风险较小，因为即使供应商所花费的实际金额高出固定价格很多，项目组织也不必支付超过固定价格的部分，此时供应商有可能只能获得较低的利润，甚至亏损。特别是当项目所需的资源价格发生大幅度上涨时，供应商会面临着很大风险。因此，签订这种合同时，双方必须对产品成本的估计均有确切的把握。固定价格合同适用于技术相对成熟、工期不长、风险较小的项目。

（2）成本补偿合同　成本补偿合同是指以供应商提供资源的实际成本加上一定的利润或成本为结算价格的合同。成本补偿合同适用于不确定性因素较多，所需资源的成本难以预测又急于上马的项目，如某先进技术的研发。

成本补偿合同包括成本加成合同、成本加固定成本合同、成本加奖励合同三种类型。

1）成本加成合同对项目组织来说，采购成本超支风险较大。因为供应商提供资源的花费很可能超过预定的合同价格。例如，若供应商提供 A 产品的实报实销成本为 98000 元，合同规定供应商的成本利润率 14%，则 A 产品的结算价格 =98000×（1+14%）=121720（元）。由此可见，实际成本越高，供应商获利越多。因此，采用这种定价方法容易造成供应商故意抬高成本，使项目组织蒙受损失，故在实际工作中很少采用这种合同。

2）成本加固定成本合同是指在合同中规定的结算价格由实际成本和固定成本两部分构成，成本是实报实销的，而固定成本由合同明确规定，与实际成本高低无关。相对于成本加成合同来说，这种合同可以避免供应商故意抬高成本，降低项目组织的风险，也能保证供应商获得一定的利润，但其不足之处是不能促使供应商千方百计地去降低成本。

3）成本加奖励合同是指在合同中明确约定预算成本和固定成本的金额，并约定当实际成本超过预算成本时，可以实报实销；实际成本如有节约，则按合同规定的比例由项目组织和供应商双方共同分享。奖励合同可以激励供应商想方设法地降低成本。例如，供应商 Q 的目标成本是 1000 万元，目标利润是 100 万元，项目组织和供应商分成比例为 7∶3。第一种情况，如果供应商 Q 的实际成本为 950 万元，则节余 1000−950=50（万元），项目组织实际支付 950+100+50×30%=1065（万元）；第二种情况，如果供应商 Q 的实际成本为 1050 万元，则超出 1050−1000=50（万元），项目组织实际支付 1050+100−50×30%=1135（万元）；第三种情况，如果供应商 Q 的实际成本为 1500 万元，则超出 1500−1000=500（万元），按照供应商分成比例计算 500×30%=150（万元），超过了其目标利润 100 万元，买方按实际成本支付 1500 万元。

（3）单价合同　单价合同的结算价格是供应商每单位产品付出的劳动与劳动单位价格的乘积。这种合同适用于付出的劳动易于计量，但因某些原因不能准确计算工程量，或项目结束前工作量难以预计的项目。

项目组织规定的要求（如标准产品版本或订制产品版本、项目绩效报告、成本数据提交）以及其他因素（如市场竞争水平和风险水平）也会影响合同类型的选择。

4．市场调研

市场调研包括考察行业情况和供应商能力。项目采购团队要综合考虑从研讨会、在线评论和各种其他渠道得到消息，来了解市场情况，同时还需要考虑有能力提供所需材料或服务的供应商的范围，权衡与之有关的风险，并优化具体的采购目标。

市场调研的基本步骤：①确定调研问题和提出假设；②确定调研方案和撰写计划书；③实施调研和收集数据；④处理数据和分析数据；⑤撰写调研报告。

11.2.3　规划采购管理的结果

1．项目采购管理计划

项目采购管理计划应说明如何管理从制定采购文件到合同收尾的项目采购过程，具体包括：采用的合同类型；标准的采购文件；管理多个供应商的办法；对采购规划造成影响的制约因素和假设条件；确认供应商供货所需的提前订货期，并将其纳入进度计划制订过程中；处理自制或外购决策，并与活动资源需求和进度计划制订过程相关联；规定合同可交付成果的进度，并与进度计划相匹配；确定履约保函或保险合同；制定合同 WBS 的指导说明；确定合同工作说明书的格式和形式；确定经过资格预审的优选供应商；管理合同和评估供应商时使用的衡量指标。

根据项目需要，项目采购管理计划可详可略，也可以是正式或非正式的。它是项目管理计划的一个从属组成部分。

2．采购策略

对产品、服务或成果由项目团队自制或外购形成决策文件。自制或外购决策文件可以比较简单，只需简要列明做出决策的原因和依据。如果随后的采购活动表明需要采用不同的方法，则这一决策过程将是叠加的过程。一旦完成自制或外购分析，并决定从项目外部渠道采购，就应制定一套采购策略。应该在采购策略中规定项目交付方法、具有法律约束力的协议类型，以及如何在采购阶段推动采购进展。

3．采购工作说明书

采购工作说明书表明的是与项目范围中合同部分相关的内容。根据项目范围说明书制定每项合同的工作说明书。采购工作说明书对所采购产品进行详细的描述，以便使潜在的供应商确定他们能否提供这些产品。至于采购工作说明书详细到何种程度，应根据项目的性质、项目组织的需要或者所预期的合同形式而定。采购工作说明书描述了将由供应商供应的产品、服务或成果，包含的信息有规格，希望的数量、质量水平，性能数据，履约期限，工作地和其他要求。

采购工作说明书应尽可能地清晰、完整、简洁，其中包括对所需附属服务的要求说明。在某些应用领域，对于采供工作说明书的内容和格式已有具体的规定。

4. 招标文件

项目团队通常是借助采购文件来获取潜在供应商的报价或建议书。报价和建议书的不同之处在于，报价一般是主要依据价格来选择供应商时使用，如购买一般性商业产品；建议书则是主要依据非价格因素来选择供应商时使用，如当选择供应商时以技术技能作为最重要的考虑因素。但是，值得注意的是，这些术语也经常相互交换使用，因此在选择供应商时不能仅看其使用的术语差异而做出判断。

一般来说，采购文件主要包括：投标邀请书（IFB）、征求建议书（RFP）、询价书（RFQ）、招标通知、洽谈邀请、承包商初步建议征求书等。

采购文件的复杂程度以及详细程度应与采购项目的价值和风险水平一致。采购文件的严格程度，既要足以保证做出一致和具有可比性的应答，又要具有足够的灵活性，以便更好地满足需求和考虑供应商的建议，可以通过邀请供应商完全按照投标邀请书提交建议书，并在另外的建议书中提供推荐的可选择方案等方法实现。

按照项目组织的相关政策，以正式的方式向潜在供应商发出投标邀请，包括在报纸上、杂志上、互联网上或公共登记机关进行公告。

5. 供应商评估标准

如果需采购物品的可选供应商很多，则评估标准可仅限于采购价格（采购物品的成本及运输等附加成本）。但对于较复杂的产品、服务或成果，则需补充额外选择标准。具体的供方选择标准如下：

（1）对需求的理解　供应商的建议书对合同工作说明书的响应情况如何。

（2）总成本或全生命周期成本　所选择的供应商能否提出最低的总成本（采购成本加运营成本）。

（3）技术能力　供应商是否具备或合理预期能取得所需的技术能力与知识。

（4）管理方案　供应商是否具备或合理预期能制定提出保证项目成功所需的管理过程和程序。

（5）技术方案　供应商建议的技术、方法、解决方案和服务是否满足采购文件的要求。

（6）财务实力　供应商是否具备或合理预期能取得所需的资金来源。

（7）生产能力和兴趣　供应商是否有能力和兴趣满足潜在的未来要求。

（8）业务规模和类型　供应商企业是否满足项目组织定义的或政府机关规定的作为中标条件的业务类型或规模标准，如小型企业、残疾人企业等。

（9）以往业绩　供应商是否可提供能够证明其工作经验以及履行合同要求方面的情况。

（10）知识产权　供应商是否要求项目使用的过程或服务，或为项目生产的产品的知识产权。

（11）专有权利　供应商是否要求为其提供项目使用的过程或服务，或为项目生产的产品的专有权利。

6. 变更请求

采购规划过程可能会导致就项目管理计划及其子计划和其他组成部分提出变更请求，需要通过整体变更控制过程对请求的变更进行审查和处理。

7．项目文件更新

可能需要更新的项目文件包括（但不限于）：经验教训登记册、里程碑清单、需求文件、需求跟踪矩阵、风险登记册和干系人登记册。

8．组织过程资产更新

作为规划采购管理过程的结果，需要更新的组织过程资产包括（但不限于）关于合格供应商的信息。

11.3　实施采购

视频

实施采购是指根据规划采购管理中对产品、服务或成果的要求，确定潜在的供应商，并根据投标人提供的相关信息，最终选定供应商，与供应商洽谈并签订书面合同。在制定了规划采购管理之后，项目团队要了解市场行情、获得供应商报价单、投标申请书等文件，并根据规划采购管理所制定的供应商选择标准，从众多的供应商中选择一个或多个作为项目的供应来源。

实施采购的主要工作见表 11-2。

表 11-2　实施采购的主要工作

依据	工具和方法	结果
项目管理计划 项目文件 采购文档 卖方建议书 事业环境因素 组织过程资产	专家判断法 广告 投标人会议 建议书评估技术 采购谈判	选定的卖方 协议 变更请求 项目管理计划更新 项目文件更新 组织过程资产更新

11.3.1　实施采购的依据

1．项目管理计划

可作为实施采购依据的项目管理计划包括（但不限于）：范围管理计划、需求管理计划、沟通管理计划、风险管理计划、采购管理计划和成本基准。

2．项目文件

可作为本过程依据的项目文件包括（但不限于）：经验教训登记册、项目进度计划、需求文件、风险登记册和干系人登记册。

3．采购文档

采购文档是用于达成法律协议的各种书面文件，其中可能包括当前项目启动之前的文件。采购文档可包括：招标文件、采购工作说明书、独立成本估算和供方选择标准。

4．卖方建议书

卖方为响应采购文件包而编制的建议书，其中包含的基本信息将被评估团队用于选定一个或多个投标人（卖方）。如果卖方将提交价格建议书，最好要求他们将价格建议书与技术建议书分开。评估团队会根据供方选择标准审查每一份建议书，然后选出最能满足采购组织需求的卖方。

5．事业环境因素

能够影响实施采购过程的事业环境因素包括：关于采购的当地法律和法规、确保主要采购涉及当地卖方的当地法律和法规、制约采购过程的外部经济环境、市场条件、以往与卖方合作的相关经验与教训、之前使用的协议和合同管理系统。

6．组织过程资产

能够影响实施采购过程的组织过程资产包括（但不限于）：预审合格的优先卖方清单、会影响卖方选择的组织政策、组织中关于协议起草及签订的具体模板或指南、关于付款申请和支付过程的财务政策及程序。

11.3.2　实施采购的工具和方法

在实施采购的工具和方法中，专家判断法已在前文介绍，在此不再赘述。

1．广告

在公共出版物或专业出版物上刊登广告，往往可以扩充现有的潜在供应商名单。也有些组织使用在线广告资源招揽供应商。对于政府采购，大部分政府机构会要求公开发布广告，或者在网上发布采购信息。

2．投标人会议

投标人会议（又称承包商会议、供应商会议或投标前会议）就是在拟定建议书之前同潜在供应商举行的会议。会议的目的是保证所有潜在供应商对本项目的采购目的（技术要求、合同要求等）都有清楚的共同理解。对会上所提出问题的解答，可作为修正案纳入采购文件。在这个投标人会议中，所有潜在供应商都应保证得到同等对待，以获得最佳的投标结果。

3．建议书评估技术

建议书的评级和打分可使用多种不同的方法，但所有方法都会涉及专家判断和一些评估标准。评估标准既可以包括客观要素也可以包括主观要素。在正式的建议书评估过程中，在评估标准方面，通常为每一评估项分派预定的权重。在建议书评估过程中把在供应商选择过程中获取的多个审查人的输入信息作为依据，并解决分值之间的重大差别。之后，使用加权系统对所有建议书进行全面的评估和比较，确定每项报价书的总加权分值。这些建议书评估技术也可使用筛选系统和供应商评级系统的信息。

4．采购谈判

采购谈判就是在合同签字之前，对合同的结构与要求加以澄清，取得一致意见。合同的最后措辞应尽可能反映所有双方达成的一致意见。谈判的主题一般包括：责任和权限、适用的条款和法律、技术和经营管理方法、专有权利、合同资金筹集、技术解决方案、总体进度计划、付款以及价格。合同谈判过程以买卖双方签署合同而结束。

对于复杂的采购事项，合同谈判可能是个独立的过程，有自己的依据（如一份问题或未决事项清单）和成果（如记录的决策）。对于简单的采购事项，有些合同的条件和条款可以是固定不变、不可洽谈、供应商必须接受的。

项目经理可以不是谈判的主谈人。在谈判期间，项目经理以及项目管理团队的其他人员可列席，并在需要时，就项目的技术、质量和管理要求进行说明。

11.3.3 实施采购的结果

1. 选定的卖方

根据建议书或投标书评价结果，那些被认为有竞争力，并且已与买方商定了合同草案（在授予之后，该草案就成为正式合同）的供应商，就是选定的供应商。对于较复杂、高价值和高风险的采购，在授予合同前需要得到组织高级管理层的批准。

2. 协议

合同形式可以是比较复杂的，也可以是比较简单的采购订单。无论文件的复杂程度如何，合同是对双方具有约束力的法律协议，它强制供应商提供指定的产品、服务或成果，强制项目组织支付规定的金额。合同文件的主要内容一般包括（但不限于）：工作说明书、进度计划、绩效报告、履约期限、角色和责任、价格和支付条款、验收标准、保修、产品支持、有限责任、酬金、留滞金、罚款、奖励、保险、履约担保、分包商批准、变更请求处理程序、终止和争议解决机制。

3. 变更请求

选择供应商的过程可能会导致就项目管理计划及其子计划和其他组成部分提出变更请求，如对项目进度计划和项目采购管理计划提出变更请求。

4. 项目管理计划更新

可能需要变更的项目管理计划组件包括（但不限于）：需求管理计划、质量管理计划、沟通管理计划、风险管理计划、采购管理计划、范围基准、进度基准和成本基准。

5. 项目文件更新

可在本过程更新的项目文件包括（但不限于）：经验教训登记册、需求文件、需求跟踪矩阵、资源日历、风险登记册和干系人登记册。

6. 组织过程资产更新

可在实施采购过程更新的组织过程资产包括：潜在和预审合格的卖方清单、与卖方合作的相关经验和教训。

11.4 控制采购

视频

控制采购是指对采购方及其关系进行管理，监控合同的执行，并且根据需求进行变更与纠偏，以及完成合同的过程。控制采购是为了确保采购双方都履行其合同义务，并确保自身的合法权利得到保障。控制采购工作的内容有：对供应商工作的管理、采购质量管理、采购合同变更管理、解决合同纠纷、项目组织内部对合同变更的协调和支付管理等。

控制采购的主要工作内容见表 11-3。

表 11-3　控制采购的主要工作

依据	工具和方法	结果
项目管理计划 项目文件 协议 采购文档 批准的变更请求 工作绩效数据 事业环境因素 组织过程资产	专家判断法 索赔管理 采购绩效审查 趋势分析	结束采购 工作绩效信息 采购文档更新 变更请求 项目管理计划更新 项目文件更新 组织过程资产更新

11.4.1　控制采购的依据

1. 项目管理计划

项目管理计划组件包括（但不限于）：需求管理计划、风险管理计划、采购管理计划、变更管理计划和进度基准。

2. 项目文件

可作为本过程依据的项目文件包括（但不限于）：假设日志、经验教训登记册、里程碑清单、质量报告、需求文件、需求跟踪矩阵、风险登记册和干系人登记册。

3. 协议

协议是双方达成的谅解，包括对各方义务的一致理解。对照相关协议，确认其中的条款和条件的遵守情况。

4. 采购文档

采购文档包含用于管理采购过程的完整支持性记录，包括：工作说明书、支付信息、承包商工作绩效信息、计划、图纸和其他往来函件。

5. 批准的变更请求

批准的变更请求可能包括对合同条款和条件的修改，例如修改采购工作说明书、定价，以及对产品、服务或成果的描述。与采购相关的任何变更，在通过控制采购过程实施之前，都需要以书面形式正式记录，并取得正式批准。在复杂的项目和项目集中，变更请求可能由参与项目的卖方提出，并对参与项目的其他卖方造成影响。项目团队应该有能力去识别、沟通和解决会影响多个卖方的工作的变更。

6. 工作绩效数据

工作绩效数据包含与项目状态有关的卖方数据，例如技术绩效，已启动、进展中或已结束的活动，已产生或投入的成本。工作绩效数据还可能包括已向卖方付款的情况。

7. 事业环境因素

能够影响控制采购过程的事业环境因素包括（但不限于）：合同变更控制系统、市场条件、财务管理和应付账款系统和采购组织的道德规范。

8. 组织过程资产

能够影响控制采购过程的组织过程资产包括（但不限于）采购政策。

11.4.2 控制采购的工具和方法

在控制采购管理的工具和方法中，专家判断法和趋势分析已在前文论述，在此不再赘述。

1. 索赔管理

买卖双方在变更赔偿问题上产生分歧，或是对已发生的变更产生分歧的变更请求，这些存有争议的变更也被称为索赔、争议或诉求。在合同生命周期中，通常按照合同条款对索赔进行记录、处理、监控和管理。如果合同双方无法解决索赔问题，则需要按照合同中规定的争议解决程序进行处理。这些涉及仲裁或诉讼的合同条款可在合同收尾之前或之后启用。

2. 采购绩效审查

采购绩效审查是一项系统的审查活动，按照合同规定，审查供应商在规定的成本和进度计划范围内，按照质量要求完成项目活动的过程，包括对供应商编制文件的审查，以及在供应商实施工作期间进行的质量审计。采购绩效审核活动在项目实施过程中进行，并且需由供应商给予支持和协助。采购绩效审核的目的是确定供应商工作过程或可交付成果中是否存在缺陷或问题，以及在完成合同工作说明方面的绩效情况，使项目组织对供应商履行合同的情况进行量化。

11.4.3 控制采购的结果

1. 结束采购

买方通常通过其授权的采购管理员，向卖方发出合同已经完成的正式书面通知。关于正式关闭采购的要求，通常已在合同条款和条件中规定，并包含在采购管理计划中。一般而言，这些要求包括：已按时按质按技术要求交付全部可交付成果，没有未决索赔或发票，全部最终款项已经付清。项目管理团队应该在关闭采购之前批准所有的可交付成果。

2. 工作绩效信息

工作绩效信息为发现当前或潜在问题提供依据，支持后续索赔或开展新的采购活动。通过报告供应商的绩效情况，项目组织能够加强对采购绩效的认识，有助于改进预测、风险管理和决策，也有助于处理与供应商的纠纷。

3. 采购文档更新

采购文档更新可包括用于支持合同的全部进度计划、已提出但未批准的合同变更，以及已批准的变更请求。采购文档还包括由卖方编制的技术文件，以及其他工作绩效信息。例如，可交付成果的状况、卖方绩效报告和担保、财务文件（包括发票和支付记录），以及与合同相关的检查结果。

4. 变更请求

采购实施过程可导致就项目管理计划及其从属计划和其他组成部分提出变更请求，如对项目进度计划和项目采购管理计划提出变更请求。请求的变更内容可以包括：当项目组织发出指令或供应商采取行动时，另一方对之存有的质疑。由于任何一方可对这类变更请求持有争议并可能引起索赔，所以项目组织务必利用项目往来函件对这类变更请求进行独特识别和记录。

5．项目管理计划更新

可能需要变更的项目管理计划组件包括（但不限于）：风险管理计划、采购管理计划、进度基准和成本基准。

6．项目文件更新

可在本过程更新的项目文件包括（但不限于）：经验教训登记册、资源需求、需求跟踪矩阵、风险登记册和干系人登记册。

7．组织过程资产更新

作为控制采购过程的结果，需要更新的组织过程资产包括（但不限于）：支付计划和请求、卖方绩效评估文件、预审合格卖方清单更新、经验教训知识库和采购档案。

本章小结

本章首先介绍了项目采购的含义、项目采购管理的含义及其主要工作过程。然后详细介绍了项目采购的三个阶段即规划项目采购、实施采购和控制采购的依据、工具和方法以及结果。本章应该重点掌握实施采购的工具和方法。

自测题

一、判断题

1．在选择供应商时，成本是唯一的决定因素。（　　）

2．只有合同双方都履行完各自的义务时，合同才能终止。（　　）

3．奖励合同可以激励供应商想方设法地降低成本。（　　）

4．经济订货量是使购买成本和库存成本之和最小时的订货量。（　　）

5．一般来说，公开招标采购比邀请招标采购能找到更多的投标人。（　　）

二、单选题

1．下列表述错误的是（　　）。

A. 项目采购绝大多数是通过非招标采购进行的

B. 非招标采购一般适用单价较低、有固定标准的产品

C. 非招标采购主要包括：询价采购、直接采购和自营工程

D. 项目采购绝大多数是通过招标采购进行的

2．下列有关固定价格合同的表述正确的是（　　）。

A. 固定价格合同对供应商来说风险比较小

B. 固定价格合同以供应商所花费的实际成本为依据

C. 固定价格合同适用于技术复杂、风险大的项目

D. 在签订固定价格合同时，双方必须对产品成本的估计均有确切的把握

3．某客户要采购某种物料 2000 件，该物料每件年单位储存成本为 4 元，每次订货成本为 10 元，则确定经济订货量为（　　）。

A.120　　B.80　　C.90　　D.100

4．某公司生产产品每年需要甲零件 300 件，如果自制，该零件增加公司的固定成本 300 元，该零件的自制的单位变动成本为 7 元，如果外购，则每件零件的单价为 8 元。则该公司应该（　　）。

A. 自制　　B. 外购　　C. 两者效果一样　　D. 不能确定

5．下列有关招标采购的表述错误的是（ ）。

A. 手续较烦琐，耗费时间也较多，不够机动灵活

B. 投标人可能把手续费等附加成本转移到购买的投标项目的价格中去

C. 可能发生抢标、围标等现象

D. 可能出现贪污贿赂行为

三、多选题

1．经济订货量的基本模型的假设条件有（ ）。

A. 项目组织现金充足
B. 物料陆续入库
C. 不允许缺货
D. 物料单价不变，不考虑现金折扣

2．成本补偿合同包括（ ）。

A. 成本加成合同 B. 固定价格合同 C. 奖励合同 D. 单价合同

3．下列有关成本加成合同表述错误的是（ ）。

A. 供应商会努力降低成本
B. 项目组织承担的风险较大
C. 结算价就是产品的成本
D. 项目组织比较关心供应商的绩效

4．采购计划编制应注意（ ）。

A. 采购的物料的质量和使用性能要符合项目的要求

B. 采购计划要明确规定采购的物料衔接问题

C. 采购计划要对整个采购过程进行协调管理

D. 采购数量应尽量多，以备项目的不时之需

5．解决项目采购合同纠纷的主要方式有（ ）。

A. 协商解决 B. 调解解决 C. 仲裁解决 D. 诉讼解决

思考题

1．项目采购管理工作主要包括哪些内容？

2．规划采购工作应该考虑哪些问题？

3．什么是经济订货量分析？

4．供应商选择可以考虑哪些标准？

5．实施采购的工具和方法有哪些？

6．控制采购的工具和方法有哪些？

案例

某工业项目招标方案策划

某公司有一个植物油厂项目，占地24000m^2，总投资3亿元，系在S市郊区新征地上新建，项目地址至已经建好的公路网25km，不具备施工机械进场条件。项目建设涉及项目规划区域内的部分农舍拆除及厂内土地平整等前期工作，包括厂区建设及由国家公路干线至该厂的一条长25km的三级公路，及路边2m宽的一条排水沟。项目法人为某植物油厂有限责任公司。项目审批核准部门已经对项目进行了核准。某厂区内建设项目概况见表11-4。

表 11-4　某厂区内建设项目概况表

序号	工程名称		结构形式	建设规模	特殊设备	备注
1	办公区	综合办公楼	框架结构	2600m^2	电梯 2 座	进口设备
2	生产区	原料库	钢筋混凝土筒仓	50000t	皮带输送机、斗式提升机成套设备	国产设备
3		预处理车间	钢结构	1200m^2	清理、计量成套设备，轧胚机 1 台	进口设备
4		浸出车间		1800m^2	浸出、蒸发成套设备	
5		精炼车间		2200m^2	脱磷、脱酸、脱色、脱臭工艺成套设备	
6		灌装车间	砖混结构	800m^2	灌装、包装成套设备	
7		成品油罐	钢结构	40000m^3	油泵、输油管成套设备	国产设备
8	辅助区	机修车间	砖混结构	1000m^2	车床、刨床、钻床各 1 台	
9		10kV 配电间	框架结构	240m^2	10kV 变压器 1 台	
10		锅炉房		580m^2	20t 蒸汽锅炉 1 个	
11		职工食堂		800m^2	厨具 1 套	
12		消防泵房	砖混结构	120m^2	消防泵 2 台	
13		门卫室		2×24m^2		
14	其他	暖气沟道		460m^2		国产设备
15		厂内上水管		480m		
16		厂内下水管		510m		
17		厂内电缆沟		620m		
18		厂内道路		620m		
19		停车场		600m^2		
20		厂区绿化		2400m^2		
21		围墙		660m	电动门 2 个	

规划区域内场地较开阔，单体建筑间隔均在 10m 以上，其中办公区、辅助区与生产区之间有一条宽 6m 的厂区主道路，路两边设有 4m 的宽绿化带及地上照明设施。

工程建设管理模式采用勘察、设计、施工及特殊设备平行发包模式。批准的建设工期十分紧张，计 18 个月，需按照地上建筑工程同时开工，然后进行厂内管网、管线建设的程序组织，并在设备安装前组织设备的采购及进场安装。

该公司在组织机构中，设有专门从事工程建设管理的机构基建处，其中财务、概预算各 1 人、工程及技术管理人员 6 人。在基建处人员中，4 人从事过粮油加工厂的建设及招标组织工作，对相关工作较熟悉，拟自行组织招标。

问题：

1. 本项目招标采购方案包括哪几部分内容？试拟定一份报项目审批部门核准的招标基本情况表，其中招标估算金额不用填写。

2. 本项目招标至少需要划分多少个招标批次？给出其招标时间的先后次序，说明理由。

3. 为保证项目顺利实施，签订完采购合同之后还需要进行哪些工作以保证项目采购顺利完成？

第 12 章

项目干系人管理

学习目标

- 了解项目干系人的含义
- 理解项目干系人管理的工作过程
- 掌握识别干系人的依据、工具和方法及结果
- 掌握规划干系人参与的依据、工具和方法及结果
- 掌握管理干系人参与的依据、工具和方法及结果
- 掌握控制干系人参与的依据、工具和方法及结果

导入案例

话说，听得刘备丧妻，东吴即打出“招婿”邀刘备入吴。刘备疑其有诈，询问孔明。孔明欣然劝其前往，只教赵云三锦囊，让其依计行事。刚至吴国便令刘备娶亲之事人尽皆知，周瑜无奈只能放弃杀计；当刘备沉浸于新婚宴尔之乐时，告之以荆州之急，促其早归。归途，又让刘备对孙夫人以言语相激，借孙夫人之力呵退第一批追兵。当周瑜率众即将追上时又有伏兵相迎。于是乎上演了“周郎妙计安天下，赔了夫人又折兵”的一幕。这一切多亏了诸葛亮全盘考虑了每一位“干系人”，刘备才能赢得如此漂亮。

由此看出，项目的成败与干系人息息相关，那么我们应该如何进行项目干系人管理呢？

12.1 概　　述

视频

12.1.1 项目干系人的含义

项目干系人（Stakeholder）的称谓有很多，如利益关系人、利益相关者、利益相关方、项目相关方等。本书统一使用项目干系人这一概念。

美国项目管理协会（PMI）在《项目管理知识体系指南》（PMBOK 指南）（第 5 版）中对项目干系人的定义如下：“项目干系人是能够影响项目决策、活动或结果的个人、群体或

组织，以及会受或自认为会受项目决策、活动或结果影响的个人、群体或组织。”由此可以看出，项目干系人可以是某一个具体的个人，也可以是某个群体或某个组织，即项目干系人是指那些积极参与项目，并且项目的执行、完工或提前终止都将对其利益产生正面或者负面影响的个人或者组织。

一般来说，下列人员或组织都可以是项目干系人。

1．发起人

发起人是以现金或者实物的形式为项目提供资金来源的一个或一群人。发起人的重要贡献是为项目提供资金支持。发起人对项目成功与否承担着很大的风险，因此当遇到一些超越项目经理权力范围的问题时，项目经理可求助于项目发起人。对于一些其他重要的问题，如项目范围变更的审批、项目阶段末评审等都需要项目发起人参与。发起人通常会直接与项目经理沟通，也可能与项目团队或者其他关键项目干系人相互联系，特别是当所涉及的问题对项目成败具有重大影响的时候。

2．客户

客户，也称为委托人或业主，即项目最终成果的需求者和使用者。客户可能是内部的，也可能是外部的。客户是项目团队获得信息的关键来源，其在项目范围的确定中起着重要作用，同时影响项目执行过程，并负责验收项目的最终可交付成果。

3．项目经理

项目经理是由上级组织授权或委派、保证按照客户的需求完成项目并对项目负全面责任的人。项目经理岗位是一个富有挑战性的、需承担重要责任的岗位。作为项目经理，需要具备灵活性、快捷的判断力和娴熟的谈判技巧。项目经理必须理解项目的细节，同时又能够对项目进行整体管理。项目经理的工作权限取决于项目组织的结构类型和上级组织的授权。

4．项目团队

项目团队有广义与狭义之分。广义的项目团队是一个为实现项目的共同目标而相互依赖、协同合作的群体；狭义的项目团队则由项目经理、项目管理人员以及负责实施项目的人员组成。项目团队的划分也不是绝对的，视项目具体情况而定。在某些项目中，发起人也可能是项目团队的成员之一。

5．项目管理办公室

项目管理办公室已在前文介绍，在此不再赘述。

6．职能经理

职能经理是指在企业各行政职能部门担任管理角色的人，如研发或者设计、人力资源、财务、采购、销售等部门的经理。他们拥有自己的稳定团队来完成相应的职能工作。职能经理主要与项目经理及项目团队的其他成员沟通，很少与其他项目干系人联系。

7．商业合伙人

商业合伙人是指以合同的形式来提供项目必需的组件或者服务的外部公司，它们提供某种专业技能或者担任某种具体角色。

商业合伙人主要有承包商和供应商。承包商是依据合同而实施项目工作的一方，不具有对项目产品的所有权。在建设项目中承包商一般指承包施工服务的一方。项目承包商也是“项目执行组织”的一员。供应商是指为项目提供原材料、设备、工具等物资设备的个人或组织。

作为独立的合同商，商业合伙人通常需要与项目团队及客户保持密切联系。他们也可能与项目中来自职能部门的人员联系。商业合伙人需要按公司规定的质量和专业标准执行所有的合同任务。

8. 其他项目干系人

其他项目干系人主要包括政府有关部门、新闻媒体、竞争对手、合作伙伴、周边居民等。

12.1.2 项目干系人管理的内涵

项目为干系人而做，由项目管理团队和实施团队共同完成。工具、技能和技术固然重要，但干系人的参与和其对项目可交付成果的感知，却是决定项目成败的关键因素。无数事实证明，项目成败的关键主要取决于项目经理的识别与管理干系人的能力。项目干系人管理的主要工作过程，如图12-1所示。

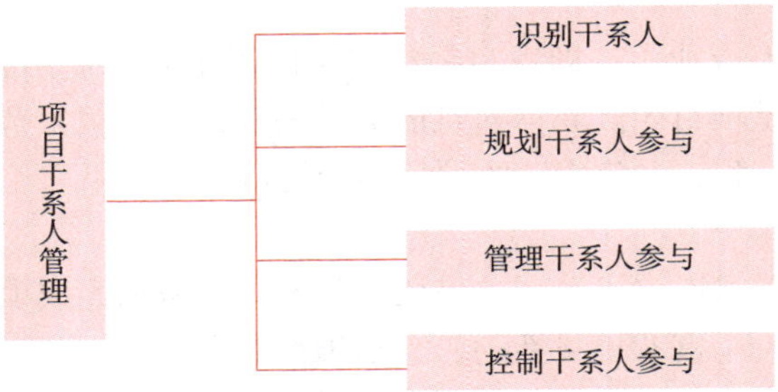

图12-1 项目干系人管理的主要工作过程

（1）识别干系人 识别干系人是指识别能够影响或受项目决策、活动及结果影响的个人、群体或组织，并分析和记录他们的利益、参与度、相互依赖性、影响力和对项目成功的潜在影响的过程。

（2）规划干系人参与 规划干系人参与是指基于对干系人需求、期望、利益，以及对项目的潜在影响的充分分析，制定项目干系人参与项目的方法的过程。

（3）管理干系人参与 在项目过程中，管理干系人参与是指通过与干系人沟通和合作，以满足干系人的需要与期望，解决出现的问题，促进项目干系人合理参与项目活动的过程。

（4）控制干系人参与 控制干系人参与是指基于全方位视角来监控干系人之间的关系，并通过调整其参与策略和计划，以促进干系人合理参与项目的过程。

需要说明的是，为了实现项目收益，识别干系人和引导干系人参与的过程不是一蹴而就的，其需要迭代开展，即需要持续不断地进行识别干系人、排列其优先级以及引导其参与等活动。至少要在以下关键时点开展这些活动：当项目进入生命周期的不同阶段（当项目转段时）、目前的干系人不再与项目工作有关，或出现了新的干系人、组织内部干系人发生重大变化的时候。

12.2 识别干系人

项目干系人对项目目标及可交付成果能够产生非常重要的影响。识别干系人，是指对受项目影响的所有个人、群体或组织进行辨别，并且将其利益、参与项目程度、与其他项目干系人之间的关系以及对项目的影响程度等信息整理归档的过程。

项目干系人的识别有时是比较困难的，项目经理和其团队应在项目或阶段的早期（项目章程被批准后）识别干系人，并分析他们的利益层次、期望、重要性和影响。同时，还应随着项目进展持续地对已识别干系人进行审查和及时更新。因为在项目实施的过程中，项目干系人有不同层级的责任和权力，并会随着项目生命周期的推进而变化。项目干系人的责任和权力可能是偶尔性的调查工作，也可能是项目发起工作，如提供资金支持。

识别干系人的工作过程见表 12-1。

表 12-1 识别干系人的主要工作

依据	工具和方法	结果
项目章程 商业文件 项目管理计划 项目文件 协议 事业环境因素 组织过程资产	专家判断法 问卷调查 头脑风暴 干系人分析 会议	干系人登记册 变更请求 项目管理计划更新 项目文件更新

12.2.1 识别干系人的依据

1. 项目章程

项目章程可以提供与项目有关的、受项目结果或项目执行影响的相关方的信息，如发起人、客户、项目团队成员。

2. 商业文件

在首次开展识别干系人工作时，商业文件和收益管理计划中的相关信息是识别项目干系人的主要依据。

3. 项目管理计划

在首次识别干系人时，项目干系人参与计划还未形成。随着项目的推进，可以作为本工作过程依据的项目管理计划组件包括（但不限于）：沟通管理计划和干系人参与计划。

4. 项目文件

可作为本过程依据的项目文件包括（但不限于）：变更日志、问题日志和需求文件。

5. 协议

协议的各方都是项目干系人，同时在协议中还可能记录其他一些干系人，如供应商等。

6. 事业环境因素

能够影响识别干系人工作过程的事业环境因素包括（但不限于）：组织结构和文化，国家或行业标准，可能会影响干系人识别的全球、区域或当地的发展趋势、理念或习惯。

7. 组织过程资产

能够影响识别干系人工作过程的组织过程资产包括（但不限于）：干系人登记册模板和说明、以往项目干系人登记册和经验教训知识库。

12.2.2　识别干系人的工具和方法

视频

识别干系人的工具和方法主要有专家判断法、头脑风暴、问卷调查、干系人分析和会议。其中专家判断法、问卷调查、头脑风暴和会议在前文已详细介绍，以下重点介绍干系人分析。

干系人分析是指系统地收集和分析各种相关信息，从而确定在整个项目中应该考虑的干系人范围。通过干系人分析，可以识别出干系人在项目中的利益、对项目的期望和影响，并将其与项目目标联系起来。干系人分析也有助于了解干系人之间的关系（包括干系人与项目的关系，干系人之间的关系），以便利用这些关系建立联盟或合作，从而提高项目成功的可能性。

项目干系人分析的步骤：

（1）充分识别项目的干系人　项目团队可通过商业文件、WBS工作包、里程碑计划等相关文件来识别干系人；也可以借助以往项目干系人登记册，结合项目具体情况来识别干系人。识别干系人时不仅要识别关键项目干系人，还应充分考虑非关键项目干系人及其相关信息，并建立干系人登记册。

干系人登记册中一般包括下列参数：干系人所属的机构、组织或所代表的利益团体，干系人所属的类别（内部或外部干系人），干系人在项目中的利益关系，干系人所拥有资源的数量以及调用资源的能力等。例如，干系人在项目中的角色、所处的部门、利益、知识水平、期望、对项目的影响程度等。

（2）对已识别的干系人进行分类　通常，一个项目会有各种干系人，如积极干系人、中立干系人和消极干系人。积极干系人可从项目成果中获益。消极干系人将会受到项目成果对其带来的不利影响，甚至遭受损失。在干系人中，有些干系人可能对项目可交付成果有重大影响，而有些干系人影响项目的能力有限。因此，需要对干系人进行分类，以便因干系人而异，有针对性地进行管理。

1）按照项目干系人受项目成果的影响分类。按照项目干系人对项目的态度可将其分为积极干系人、中立干系人和消极干系人。积极干系人希望项目成功，中立干系人对项目成败的关注度较弱，而消极干系人对项目有抵触情绪。

2）可以按照干系人对项目工作或项目团队本身的影响方向分类。

①顶层干系人，是指在组织内部，但职位高于项目经理与团队的干系人。如执行组织或客户组织、发起人和指导委员会的高级管理层。

②支撑干系人，是指为项目目标的实现提供技术支持的干系人，可以是组织内部的人员，也可以是组织外部的人员，如临时贡献知识或技能的团队或专家。

③外部干系人，是指项目团队外的干系人群体及其代表，如供应商、政府部门、公众、最终用户和监管部门。

④平行干系人，是指在组织内部，与项目经理同级的人员，如其他项目经理或中层管理人员，他们与项目经理竞争稀缺项目资源或者合作共享资源或信息。

3）按照干系人影响力和参与项目的程度分类。

①支持型的项目干系人（一般包括供应商、承包商、金融机构）具有较低的影响力而有

较高的协作力，是理想的支持项目目标和行为的项目干系人。

②非支持型的项目干系人（一般包括周边组织、竞争公司、公共部门、媒体等）具有较高的影响力而不具备协作力。

③混合型的项目干系人（包括顾客、业主、最终使用者、项目团队成员）在项目中扮演着重要角色，他们有能力参与项目的合作，也有能力对项目成功产生不利影响。

④边缘型的项目干系人（可能包括第三方，如邻居）与项目的合作能力和影响力都较弱，他们对项目没有太大兴趣，对项目的大多数问题不太关心。

4）按照干系人影响力和利益相关程度分类。按照干系人影响力和利益相关程度可以分为：可以忽略的项目干系人、有参考价值的项目干系人、很重要的项目干系人、最关键的项目干系人。

例如，项目团队可以通过对项目干系人相关信息参数的比较分析，得出干系人影响力和利益相关度矩阵见表 12-2。

表 12-2　影响力和利益相关度矩阵

利益相关度	影响力	
	低影响力	高影响力
低利益相关度	可以忽略的干系人	所提建议具有参考价值的干系人
高利益相关度	重要的干系人，需通过会议和咨询等方式提高其参与度，或通过专门的手段来保护其利益	最为关键的干系人

在表 12-2 中，影响力是指某一干系人影响（推动或阻碍）项目的能力。干系人的影响力是其所拥有资源的数量以及调用资源的能力大小的综合体现。利益相关度是指干系人对项目结果的关注（利益）程度。

此外，与影响力和利益相关度矩阵相似，基于干系人的职权级别（权力）、对项目成果的关心程度（利益）、对项目成果的影响能力（影响），或改变项目计划或执行的能力，可以得出相应的权力和利益矩阵、权力和影响矩阵、作用和影响矩阵，借助这些矩阵也可以对干系人进行分类。凸显模型也是一个用于干系人分类的工具，其可根据干系人的权力（职权级别或对项目成果的影响能力）、紧急程度（是否需要立即关注）和合法性（有权参与），对干系人进行分类。同时，该模型还可用于确定已识别干系人的相对重要性。

项目经理可根据项目的特点，选择上述不同的分类模型或设定其他新的分类模型完成识别干系人的工作。如通过表 12-2 可以将干系人分为不同的影响力和利益相关度类别，找出最关键的干系人，同时，也能够据此对不同干系人进行优先排序，从而得到干系人分析矩阵见表 12-3。

表 12-3　项目干系人分析矩阵

干系人	在项目中的权力	在项目中的利益	影响评估	获取支持或减少阻碍的潜在策略	期望参与程度	优先考虑程度

12.2.3 识别干系人的结果

1．干系人登记册

识别干系人工作的一项重要成果是生成了干系人登记册。干系人登记册是一份对干系人归档与分类的表格，干系人登记册主要包括五个部分：

1）干系人联系信息，包括干系人的姓名、职位、所在地和联系方式。

2）干系人分类，按照权力、利益、影响等分类标准对干系人进行分类。依据分类的结果可以排列项目干系人的优先级次序。

3）干系人的项目角色，包括干系人在所属组织中的角色、与项目干系人最相关的项目阶段、干系人承担的重要项目任务。

4）干系人的状态，描述干系人对项目的支持程度。

5）干系人的优先级，显示项目干系人在项目或阶段的相对重要性顺序。

定期查看、更新干系人登记册非常重要，因为随着项目的推移，项目干系人的角色可能会发生相应的变动。

2．变更请求

随着项目的持续进行，新出现的干系人的信息可能导致对产品、项目管理计划或项目文件提出变更请求。

3．项目管理计划更新

随着项目进展，可能需要变更的项目管理计划组件包括（但不限于）：需求管理计划、沟通管理计划、风险管理计划和相关方参与计划。

4．项目文件更新

可在本过程更新的项目文件包括（但不限于）：假设日志、问题日志和风险登记册。

12.3 规划干系人参与

规划干系人参与是在干系人需求、利益及对项目成功潜在影响分析的基础上，制订适宜的干系人参与计划，以便有效协调项目干系人参与项目整个生命周期的过程。规划干系人参与是在项目干系人分类的基础上，结合项目干系人的需求，为项目干系人的互动提供清晰、可行的参与计划，以保证项目的顺利实施。

项目干系人的需求可以分为三个方面：功能需求（如拥有实质的项目文件或产品）、组织需求（监督，即掌握和了解项目活动进展；控制，即对项目活动施加影响，产生有效的结果。）和心理需求（需要被及时告知项目进展情况，对项目有掌控感）。

项目经理与项目团队应该在项目生命周期的早期先制订一份初始干系人参与计划。随着项目的进展，在遭遇典型或特殊情况时，如项目新阶段开始或组织结构变动等，将会导致已识别干系人的相对重要性发生变化，此时项目经理与项目团队就需要更新该计划，即规划干系人参与工作是一个持续迭代的过程，需要定期组织开展。规划干系人参与的工作过程见表12-4。

表 12-4　规划干系人参与的主要工作

依据	工具和方法	结果
项目章程 项目管理计划 项目文件 协议 事业环境因素 组织过程资产	专家判断法 干系人参与评估矩阵 会议	干系人参与计划

12.3.1　规划干系人参与的依据

规划干系人参与的依据中的项目章程在前文已介绍过，此处不再赘述。

1．项目管理计划

可作为本工作过程依据的项目管理计划组件包括（但不限于）：资源管理计划、沟通管理计划和风险管理计划。

2．项目文件

可作为本过程依据的项目文件（尤其在初始规划之后）包括（但不限于）：假设日志、变更日志、问题日志、项目进度计划、风险登记册和干系人登记册。

3．协议

在规划承包商及供应商参与时，通常涉及与组织内的采购小组和（或）合同签署小组开展合作，以确保对承包商和供应商进行有效管理。

4．事业环境因素

能够影响规划干系人参与的事业环境因素包括（但不限于）：组织文化、政治氛围，以及治理框架；人事管理政策；干系人风险偏好；已确立的沟通渠道；全球、区域或当地的趋势、实践或习惯；设施和资源的地理分布。

5．组织过程资产

能够影响规划相关方参与过程的组织过程资产包括（但不限于）：企业的社交媒体、道德和安全政策及程序；企业的问题、风险、变更和数据管理政策及程序；组织对沟通的要求；制作、交换、储存和检索信息的标准化指南；经验教训知识库，包括与干系人偏好、行动和参与有关的信息；支持有效干系人参与所需的软件工具。

视频

12.3.2　规划干系人参与的工具和方法

专家判断法和会议已在前文介绍过，此处仅详细介绍干系人参与评估矩阵。

项目经理可以借助干系人参与评估矩阵记录、分析和比较所有干系人目前的参与程度以及计划参与程度的差异情况。

在干系人参与评估矩阵中，按不了解、抵制、中立、支持、领导五种状态对干系人的参与程度进行分类，其中：不了解表示对项目和潜在影响不知情；抵制表示知晓项目和潜在影响，但持反对意见；中立表示知晓项目和潜在影响，既不支持也不反对项目；支持表示知晓项目和潜在影响，支持项目；领导表示知晓项目和潜在影响，主动参与全力促成项目。

表 12-5 即为一个干系人参与评估矩阵示例。其中 C 代表该干系人目前参与的程度，D 代表项目团队期望干系人参与的程度。

表 12-5 干系人参与评估矩阵示例

干系人	不了解	抵制	中立	支持	领导
干系人 X	C			D	
干系人 Y			C	D	
干系人 Z				C D	

从表 12-5 中可以看出只有干系人 Z 的实际参与程度与期望参与程度相吻合，其余两个干系人的实际参与程度与期望参与程度还是有差距的，尤其干系人 X 的差距还是相当大的。

项目经理在识别出项目干系人的当前参与程度与期望参与程度之间的差距后，可以据此制订相应的干系人参与计划，采取恰当的方式，将目前处于支持和领导状态的干系人维护好，将目前处于中立状态的干系人转变为支持状态，将目前处于不了解或抵制状态的干系人至少转变为中立状态，最好是转变为支持状态。

12.3.3 规划干系人参与的结果

干系人参与计划是项目管理计划的子计划，其中包含为有效调动干系人合理参与项目所需要采取的管理策略。干系人参与计划的形式和内容没有统一要求，可以是正式的或非正式的，非常详细的或高度概括的。

干系人参与计划通常还包括：关键干系人期望参与程度和目前参与程度；干系人变更的范围和影响；干系人之间的相互关系；项目现阶段的干系人沟通需求；需要分发给干系人的信息，包括这些信息的格式、内容和详细程度；分发相关信息的理由，以及可能对干系人参与的影响；向干系人分发的信息时限和频率；随着项目的开展，更新和优化干系人参与计划的方法。

此外，项目经理应注意规避干系人参与计划信息泄露的风险。例如，干系人参与计划可能会记载抵制项目的干系人信息。一旦这些信息被自认为是项目支持者实际被归为抵制项目的干系人发现，就可能会造成非常严重的后果。所以，对于干系人参与计划的分发以及保存需要谨慎。更新干系人参与计划时，应审查所依据的假设条件的有效性，以确保计划的准确性和相关性。

12.4 管理干系人参与

管理干系人参与是指在项目生命周期中与干系人进行沟通、协作，以满足其需要与期望，解决实际出现的问题，并促进干系人合理参与项目活动的过程。管理干系人参与的主要作用是增强干系人的支持力度，并把干系人的抵制力降到最低，从而显著提高项目成功的可能性。

管理干系人参与的工作需要在整个项目期间开展，具体内容包括：

1）调动干系人适时参与项目，例如确保他们对项目目标的认同。

2）通过协商和沟通，管理干系人的期望，保证项目目标的实现。

3）采取恰当措施处理干系人比较关心的事项，预测干系人在未来可能提出的问题；需要尽早识别和讨论这些问题，以便评估相关的项目风险。

4）收集和解决已识别出的问题。管理干系人参与的主要工作见表 12-6。

表 12-6　管理干系人参与的主要工作

依据	工具和方法	结果
项目管理计划 项目文件 事业环境因素 组织过程资产	专家判断法 项目沟通技术 人际关系技能 管理技能 会议	变更请求 项目管理计划更新 项目文件更新

12.4.1　管理干系人参与的依据

管理干系人参与依据中的事业环境因素、组织过程资产这两项与规划干系人参与中的完全相同，故不再赘述。

1. 项目管理计划

可作为本过程依据的项目管理计划组件包括（但不限于）：沟通管理计划、风险管理计划、干系人参与计划和变更管理计划。

2. 项目文件

可作为本过程依据的项目文件包括（但不限于）：变更日志、问题日志、经验教训登记册和干系人登记册。

12.4.2　管理干系人参与的工具和方法

专家判断法、项目沟通技术、人际关系技能和会议已在前文详细介绍了，这里仅介绍管理技能。

管理技能是指组织各级管理者运用流程、技术和知识完成任务的能力。管理者的技能包括：认知技能、技术技能和人际技能。

认知技能是指纵观全局、把握关键、认真思考、扎实谋事的能力，即洞察组织与环境及其相互影响的能力，包括理解事物的相互关联性，从而找出关键性影响因素的能力，确定和协调干系人各方面关系的能力，权衡不同方案优劣和内在风险的能力等。创新是认知技能的集中体现。运用这种技能，管理者能够将组织看作一个整体，理解各部分之间的关系，设计组织如何适应它所处的环境。尤其对高层管理者来说，这种技能是非常重要的。

技术技能是指从事自身管理范围内的工作所需的基本技术和具体方法。对基层管理者来说，这些技能是重要的。

人际技能是指处理人际关系的有关技能，即理解、动员、激励他人并与他人共事的能力。

管理技能对于协调干系人各方利益，实现项目目标至关重要。项目经理经常用管理技能实现下列目标：引导人们对项目目标达成共识；施加影响使人们支持项目；通过协商达成共识，以满足项目要求；调整组织行为，以接受项目成果。

12.4.3 管理干系人参与的结果

1. 变更请求

作为管理干系人参与的结果，项目范围或产品范围可能需要变更。变更请求可能包括针对项目本身的纠正或预防措施，以及针对与相关干系人互动的纠正或预防措施。

2. 项目管理计划更新

在项目管理计划中可能需要更新的内容包括：沟通管理计划和干系人参与计划。

3. 项目文件更新

可能需要更新的项目文件包括：变更日志、问题日志、经验教训登记册和干系人登记册。

12.5 控制干系人参与

控制干系人参与是按照项目干系人参与计划，全方位监控项目干系人之间的关系，不断修订干系人参与策略和计划，来引导干系人合理参与项目的过程。控制干系人参与的工作应在项目整个过程中开展。控制干系人参与的主要工作见表12-7。

表12-7 控制干系人参与的主要工作

依据	工具和方法	结果
项目管理计划 项目文件 工作绩效数据 事业环境因素 组织过程资产	备选方案分析 干系人分析 干系人参与评估矩阵 人际关系技能 会议	工作绩效信息 变更请求 项目管理计划更新 项目文件更新

12.5.1 控制干系人参与的依据

控制干系人参与依据中的事业环境因素、组织过程资产这两项与规划干系人参与中的完全相同，故不再赘述。

1. 项目管理计划

可作为本过程依据的项目管理计划组件包括（但不限于）：资源管理计划、沟通管理计划和干系人参与计划。

2. 项目文件

可作为本过程依据的项目文件包括（但不限于）：问题日志、经验教训登记册、项目沟通记录、风险登记册和干系人登记册。

3. 工作绩效数据

工作绩效数据包含项目状态数据，例如哪些干系人支持项目，他们的参与水平和类型。

12.5.2　控制干系人参与的工具和方法

控制干系人参与的工具和方法在前文都有叙述，在此不再赘述。

12.5.3　控制干系人参与的结果

1．工作绩效信息

补充记录与干系人参与状态有关的信息，例如干系人对项目的当前支持水平，及与干系人参与度评估矩阵期望参与水平比较的结果。

2．变更请求

变更请求包括用于改善干系人当前参与水平的纠正及预防措施。应该通过实施整体变更控制过程对变更请求进行审查和处理。

3．项目管理计划更新

可作为本过程更新的项目管理计划组件包括（但不限于）：资源管理计划；沟通管理计划，可能需要更新项目的沟通策略；干系人参与计划。

4．项目文件更新

可在本过程更新的项目文件包括（但不限于）：问题日志、经验教训登记册、风险登记册和干系人登记册。

本章小结

本章首先介绍了项目干系人的含义和项目干系人管理的工作过程。随后详细介绍了项目干系人管理的四个阶段，即识别干系人、规划干系人参与、管理干系人参与和控制干系人参与的依据、工具和方法及结果。本章最重要的工具和方法是干系人分析和干系人参与评估矩阵。

自　测　题

一、判断题

1．项目干系人仅包括个人。（　　）

2．项目干系人包括个人、群体和组织。（　　）

3．项目干系人识别不仅需要在项目开始阶段进行，需要在项目的整个生命周期内持续进行。（　　）

4．项目干系人登记册中包含干系人分类信息。（　　）

5．干系人参与计划是一份正式且详细的文件。（　　）

6．支持型的项目干系人具有较低的影响力而有较高的协作力，是理想的支持项目目标和行为的项目干系人。（　　）

7．干系人分析可以作为识别干系人工作过程的工具和方法。（　　）

8．规划干系人参与工作是一个持续迭代的过程，需要定期组织开展。（　　）

9．控制干系人参与的工作应该在项目整个过程中开展。（　　）

10．干系人参与评估矩阵可以作为控制干系人参与工作过程的工具和方法。（　　）

二、单选题

1．下列属于支持型干系人的是（　　）。

A. 供应商　　B. 媒体　　C. 邻居　　D. 竞争公司

2．在影响力和利益相关度的矩阵中，最关键的干系人具有的特点是（　　）。

A. 低影响力和低利益相关度　　B. 高影响力和低利益相关度

C. 低影响力和高利益相关度　　D. 高影响力和高利益相关度

3．在影响力和利益相关度的矩阵中，可以忽略的干系人具有的特点是（　　）。

A. 低影响力和低利益相关度　　B. 高影响力和低利益相关度

C. 低影响力和高利益相关度　　D. 高影响力和高利益相关度

4．能够据此对不同项目干系人相对重要性进行分析的工具是（　　）。

A. 项目干系人分析矩阵　　B. 权力 / 影响矩阵

C. 影响 / 作用矩阵　　D. 凸显模型

5．能够作为规划干系人参与的工具的是（　　）。

A. 项目干系人分析矩阵　　B. 干系人参与评估矩阵

C. 影响 / 作用矩阵　　D. 凸显模型

三、多选题

1．下列属于项目干系人的是（　　）。

A. 客户　　B. 项目的供应商　　C. 项目经理　　D. 项目团队成员

2．项目干系人管理的工作内容包括（　　）。

A. 识别干系人　　B. 规划干系人参与　　C. 管理干系人参与　　D. 监督干系人参与

3．识别干系人的工具和方法包括（　　）。

A. 专家判断法　　B. 头脑风暴法　　C. 问卷调查　　D. 干系人分析和会议

4．规划干系人参与的工具和方法包括（　　）。

A. 干系人分析　　B. 专家判断法　　C. 会议　　D. 干系人参与评估矩阵

5．按照干系人影响力和参与项目的程度分为（　　）。

A. 支持型　　B. 非支持型　　C. 混合型　　D. 边缘型

6．下列属于支持型的项目干系人的是（　　）。

A. 业主　　B. 金融机构　　C. 周边邻居　　D. 供应商

7．下列属于内部项目干系人的是（　　）。

A. 发起人　　B. 客户　　C. 周边邻居　　D. 供应商

8．规划干系人参与的工作主要包括（　　）。

A. 调动干系人适时参与项目　　B. 对项目干系人进行分类

C. 通过协商和沟通，管理干系人的期望　　D. 分析干系人参与项目的程度

9．管理干系人参与的工作主要包括（　　）。

A. 调动干系人适时参与项目　　B. 对项目干系人进行分类

C. 通过协商和沟通，管理干系人的期望　　D. 收集和解决已识别出的问题。

10．控制干系人参与的工作主要包括（　　）。

A. 监控项目干系人之间的关系　　B. 修订干系人参与计划

C. 引导干系人合理参与项目　　D. 分析干系人参与项目的程度

11．凸显模型包括的内容是（　　）。

A. 干系人的权力　　B. 干系人参与项目的合法性

C. 是否需要立即关注干系人　　D. 干系人与项目的利益关系

思考题

1．项目干系人管理的工作过程有哪些？

2. 简述干系人分析方法的应用步骤。
3. 干系人参与计划主要包括哪些内容？
4. 简述干系人参与评估矩阵的应用步骤。

案　例

用中国速度与疫情赛跑——武汉火神山医院建设纪实报道

2020 年 1 月 25 日大年初一，由中建三局牵头，武汉建工、武汉市政、汉阳市政等企业参建，在武汉知音湖畔 5 万 m^2 的滩涂坡地上，7500 名建设者和近千台机械设备，历时 10 天，建成一所可容纳 1000 张床位的救命医院——火神山医院，这其中的艰辛和力量远超我们的想象。

北京中元国际工程设计研究院在 78 分钟内，将 17 年前小汤山医院的设计和施工图纸全部整理完善完毕，然后毫无保留地提交给武汉中信建筑设计院。中信建筑设计院在 1 小时内召集 60 名设计人员，同时设立公益项目，联络全国数百名 BIM 设计师共同参与，全力以赴投入战斗：24 小时内拿出设计方案，60 个小时内与施工单位协商敲定施工图纸。

武汉航发集团迅速进场开始场地平整、道路以及排水工程施工；同时由两家上市公司高能环境和东方雨虹组成紧急工程建设团队，负责防渗工程、污水处理和医疗垃圾转运设施建设；还要在最困难的时候召唤中铁工业旗下中铁重工，火速增援追赶工期。

国家电网 260 多名电力职工不眠不休，24 小时连续施工。在 2021 年 1 月 31 日前完成两条 10kV 线路迁改、24 台箱式变压器落位工作、8000m 电力电缆铺设，并按时开始送电。

亿纬锂能在电力电缆铺设完成前，紧急提供静音发电车，以解决通信基站等关键设备的应急供电问题。

华为、中国移动、中国电信、中国联通、中国铁塔、中国电子、中国信科等企业紧密配合、协同作战，在 36 小时迅速完成 5G 信号覆盖后，还交付了云资源、核心系统的计算与存储设备，并建成与解放军总医院的远程会诊系统。

三一重工、中联重科、徐工机械支援保障的“送灰宗”“呕泥酱”们 24 小时忙忙碌碌，几千万人通过在三棵桂花树后架设的摄像头直播进行“云监工”。

中石油现场加油车和中石化知音大道加油站为项目现场提供油品保障，同时提供方便面、开水，开会场地和临时厕所。

三峡集团鄂州电厂全部生产人员驻厂，为武汉用电提供保证；中国铁建高速公路优先放行火神山医院物资；宝武钢、浙商中拓、五矿发展提供钢材；中国建材提供石膏板、龙骨。

中国外运送来的食品、中粮集团捐赠的粮油为数千名工人供应一日三餐；需要在一天之内由湖北中百仓储联手阿里巴巴旗下淘鲜达建成一个“无接触收银”超市，为工人和医务工作者便捷、安全地提供生活物资供应。

施工中需要华新股份的水泥、河北军辉的防火涂料、正大制管的镀锌圆钢、华美节能的橡塑绝热保温材料、惠达卫浴的 5931 件马桶和龙头、海湾安全的消防报警器、佳强节能等三家企业的 3500 套装配式集成房、新兴际华的球墨铸铁管、永高股份的市政及建筑管道、中国一冶的 4800 套钢构件、株洲麦格米特的 50 套电源设备、上海冠龙公司的 2000 台阀门。

房子建好接下来装修，需要中建深装的 100 名管理人员、500 名施工人员，在 3 天内完成室内外地胶铺设、卫生间和缓冲间地砖铺设以及200余间病房的室内装饰任务。

装修完成，信息系统建设需要联想集团提供的全套2000多台计算机设备和进驻现场的专业IT服务团队，TCL电子提供的全部公共LCD显示屏，小米提供的平板电脑，紫光、烽火通信、奇安信提供的网络及安全设备，卫宁健康提供的互联网医院云平台。

专业设备必不可缺，需要影联医疗、上海信投、东软集团的CT设备、潍坊雅士股份的ICU病房和手术室专用医疗空调、上海集成电路行业协会的热成像芯片、上海昕诺飞的930套紫外消毒灯、欧普照明的专业照明设备、乐普医疗的2000支电子体温计与700台指夹血氧仪、汇清科技和奥佳华的专业空气净化器 、猎户星空的医疗服务机器人，欧亚达家居的物管团队和床铺物资。

以上所有的物资运输，都依赖顺丰、中通、申通、韵达、EMS、阿里巴巴物流平台等中国物流巨头联合开通的国内及全球绿色通道，免费从海内外各地为武汉运输救援物资。

最后，把美的饮水机、热水器安置到位，让专业团队安装好格力空调，等海尔的工程师因为道路封闭背着冰箱赶到现场。门外，由宇通客车和江铃集团捐赠的几十辆负压救护车已经整装待发。

价值20万元的文件柜由14家洛阳家具企业连夜赶工生产，发货后才告诉你“不用买，我们捐”。

4000kg冬瓜、上海青、香菜，是河南沈丘白集镇退伍老兵王国辉驱车300公里，在大年三十直接送到工地的。

1t“资中血橙”，是并不富裕的四川资中市水南镇农民黄成精挑细选发来的。

400个板凳，是营业不到一年的淘宝店主金辰不忍看到昼夜赶工的工人们席地而坐捐献的。

哪有什么“基建狂魔”，只有争分夺秒的“生死时速”。不用无谓的“震惊、喝彩”，只有绝不放弃的咬牙坚持。屏息，忍痛。全村的龙把最硬的鳞给你，哪怕自己也是伤痕累累。武汉，挺住。㊀

问题：

1. 列示火神山医院项目建设的起止时间及最终可交付成果。
2. 梳理火神山医院项目的生命周期阶段。
3. 识别火神山医院项目的干系人。
4. 尝试运用干系人分析评估矩阵对干系人进行分类。
5. 试根据项目干系人分类的结果对上述干系人的优先级进行排序。
6. 火神山医院项目的干系人身上展示出一种怎样的精神？你是否被当代“最可爱的人”所感动？写出你的切身感受？

㊀ 搜狐．见证中国人力，火神山医院就是最好的证明！为中国基建点赞！［EB/OL］．［2022-03-17］．https://www.sohu.com/a/371671007_120534429.

第 13 章

项目集管理

学习目标

- 了解项目集相关的概念
- 理解项目集管理的定义和特点
- 理解项目组合管理、项目集管理和项目管理三者之间的关系
- 了解项目集管理的实施

导入案例

目前，绝大多数项目管理理论和实践都将单个项目作为研究对象，其有几个隐含的假设：①项目处于一个稳定的环境中；②任务、工作内容和工期是可以预计的；③项目被看成一个封闭的系统。2004 年，中国正式开展月球探测工程，并命名为“嫦娥工程”。嫦娥工程分为“无人月球探测”“载人登月”和“建立月球基地”三个阶段。每一个阶段都包含很多不确定性，都需要全国乃至全球科研部门、单位的紧密协作，需要在项目实施过程中不断对项目实施的环节进行分析和调整。类似嫦娥工程、北斗工程这种大型复杂项目管理有什么特点？又是如何进行管理的呢？

13.1 概　　述

13.1.1 项目集管理标准

截至 2013 年，美国项目管理协会（PMI）相继发布了三版《项目集管理标准》，其主要目的是描述项目集环境下多个项目和非项目活动的管理过程，并对其提供指导。《项目集管理标准》是对《项目管理知识体系指南》（PMBOK 指南）的延伸和扩展，其不仅对项目集管理及其相关概念进行了定义和解释，还对项目集管理生命期进行了描述，并勾勒出了相关的管理过程。

《项目集管理标准》（第 3 版）一共有 8 章内容：第 1 章是引论；第 2 章是项目集管理绩效域；第 3 章是项目集战略一致性；第 4 章是项目集收益管理；第 5 章是项目集干系人争取；第 6 章是项目集治理；第 7 章是项目集生命周期管理；第 8 章是项目集管理支持过程。

《项目集管理标准》（第 3 版）突出强调了五个绩效域（项目集战略一致性、项目集收益管理、项目集干系人争取、项目集治理和项目集生命周期管理）全范围的项目集管理工作，以期在项目集管理生命周期和其他项目集管理绩效域之间达到一种平衡的关系。

因为《项目集管理标准》的引入是为了帮助项目集管理团队实现组织的目标，深化对项目集的理解，并推动各种项目管理组织之间通畅和有效的沟通和协调。所以，项目集管理的标准是为下列群体设计的：

1）想提高技能的项目集经理。

2）想对项目集经理的角色了解更多的项目经理。

3）想了解项目集和项目组合经理之间的接口的项目组合经理。

4）对成功执行项目集感兴趣的干系人。

5）想提高对项目集委员会和指导委员会理解的高级经理。

13.1.2 项目集的含义

1. 项目集的定义

项目集是一个比较新的概念，作为项目管理概念的延伸，其含义到目前尚未取得一致的认识，不同学者和组织对项目集的认识不尽相同。美国项目管理协会（PMI）把项目集定义为“经过协调管理以获取单独管理这些项目时所无法取得的收益和控制的一组相关联的项目、子项目集和项目集活动。”协调管理是为了获得对单个项目分别管理所无法实现的利益和控制。在项目集中可能包括单个项目范围之外的相关工作。一个项目可能属于某个项目集，也可能不属于任何一个项目集，但项目集中一定包含项目。项目集由各种组件构成。项目集中的组件是指项目集中的一个或多个工作内容。项目集中的组件存在着多种表现形式。大多数组件是项目集内单个的项目，还有部分组件是管理项目集所必要的管理工作，如培训活动和运营工作等。因此，项目集中可能包括项目集中单个项目范围之外的相关工作（例如，管理项目集本身）。项目集的管理目标主要有：满足共同的约束，达到共同客户的满意，提交共同的产品，实现共同的战略。

2. 项目集收益

项目集是执行公司战略并实现商业或组织目标和目的的手段。项目集和项目通过给组织产生商业价值、提高现有能力、促进商务变化、维护资产保值、给市场提供新产品和服务，或拓展新的能力为组织交付收益。收益是对发起组织，以及项目集指定受益人或干系人提供实用性的行动、行为、产品或服务产生的成果。项目集使组织有能力为干系人和发起组织交付收益。项目集收益有可能在整个项目集执行过程中渐进实现，也可能在项目集结束时一次性全部实现。在跨组织范围内实施含有多个项目的过程改进项目集就属于渐进收益交付类型的项目集。例如，一个商业企业的组织优化项目集可能包含在多个地点实行标准化并强化财务管理流程的项目、完善人员招聘和绩效考核的项目，以及一个调整物流后勤服务的项目。每个项目都有不同的进度计划并提供渐进收益，但商业企业组织优化成果直到项目集完成所有流程、提升项目之后才能实现。与之相反，项目集有可能一次性交付计划的收益——作为统一的整体。建筑业、航空航天和军事发展计划、公共建设项目均可视为完整收益交付的实例——项目集内单个组件直到项目集处在运行阶段时才开始交付收益。

3．项目集分类

项目集的建立并非是多项目的简单组合，它通过对多项目的目标进行平衡和协调建立共同的目标体系。如果项目有不同的目标，并且不具备协同收益交付的特征，只通过共同的资金、技术或干系人关联，那么这些工作最好通过项目组合而非项目集来管理。

按照不同的定义和划分标准，项目集可以有很多种分类，不同学者从各自的角度给出了不同的划分。例如，格雷（Gray）从项目结合的紧密程度出发将项目集划分为松散型（Loose）、紧密型（Strong）、开放型（Open）；塞尔希奥（Sergio）按照项目集的结构把项目集分为三类，即组合型项目集、面向目标型项目集和心跳型项目集；格雷（Gray）和班福德（Bamford）以项目活动的后果为标准将项目集划分为两类，直接导致利益、资金流入组织的为移交型项目集（Delivery Programme），导致组织结构改善的为平台型项目集（Platform Programme）。另外，还可以按照项目的规模和数量、项目之间的作用与关系、交付物的性质、面向的客户、企业的项目管理水平或战略发展阶段等进行分类。同样，项目集也可按照目标进行分类。图 13-1 所示即是按照目标对项目集进行分类，将其分为面向约束型项目集、面向客户型项目集、面向产品型项目集和面向战略型项目集。

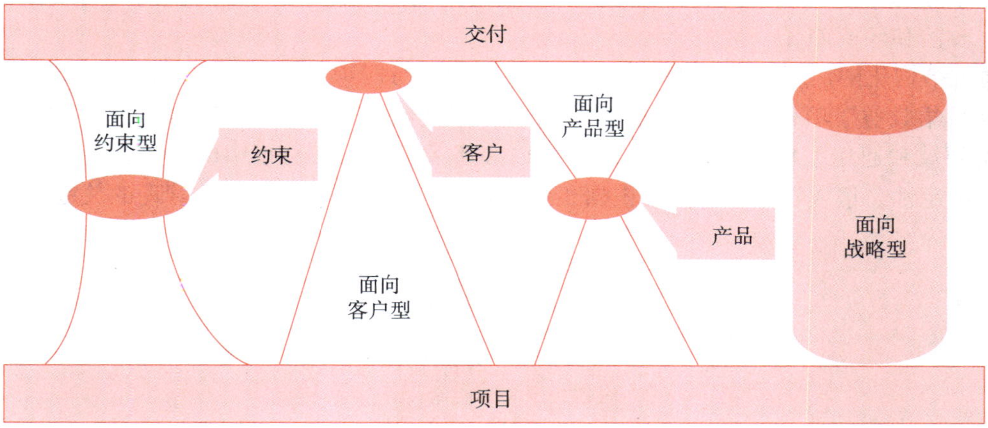

图 13-1　项目集按照目标的分类

4．项目集生命周期阶段

一般来说，项目是持续时间相对较短的临时性工作，而项目集通常持续相当长的时间，如数年或数十年。不论持续时间长短，项目集所遵循的轨迹大多相似，主要包括以下三个阶段：

1）项目集定义阶段，启动和定义项目集。

2）项目集收益交付阶段，执行项目集。在该阶段通过各组件项目的启动、执行、移交和收尾，实现收益的交付、移交和维持。

3）项目集收尾阶段，移交和收尾项目集，或者把工作移交到另一项目集。

13.1.3　项目集管理的含义

1．项目集管理的定义

按美国项目管理协会（PMI）的定义，“项目集管理是对一个项目集采取集中式的协调管理，以实现这个项目集的战略目标和收益，它包括把多个项目进行整合，以实现项目集目标，并使成本、进度与工作可以被优化或集成”。项目集中的项目通过产生共同的结果而相互联系。

在项目集中，项目集经理需要通过五个互相关联和依赖的项目集管理绩效域的工作来整合与控制组件之间的相互依赖关系。这五个绩效域包括项目集战略一致性、项目集收益管理、项目集干系人争取、项目集治理和项目集生命周期管理。通过这些项目集管理绩效域，项目集经理监控和分析组件之间的相互依赖关系，以协助确定将这些组件作为项目集来管理的最佳方法。与这些相互依赖关系相关的行动包括：

1）领导与协调共同的项目集活动，解决影响项目集内多个组件的资源限制或冲突问题。

2）采用可以涵盖项目集内所有活动的信息披露方式，并及时将信息传递给项目集干系人。

3）积极应对项目集内跨多个组件的风险。

4）调整对项目和项目集的目的与目标有影响的组织方向或战略方向，确保项目集与之影响、作用的单独组件、组件群或项目集目的和目标的组织战略方向保持一致。

5）在共享的治理结构内解决范围、成本、进度、质量和风险等因素产生的后果，处理同一个治理结构内的相关问题和变更管理。

6）通过裁剪项目集管理活动、过程和接口等工作，有效地处理项目集内的文化、社会经济、政治和环境差异。

通过结构化的治理，项目集管理能在项目集内进行跨项目的计划、执行、监测和控制以取得项目集收益。项目集管理的理论以项目管理为核心和基础，包括集成管理、协同管理、各应用领域和通用领域的管理理论，如图 13-2 所示。由于项目集中的多重性、高度的复杂性和不确定性，集成管理在项目集占据相当重要的地位，是实现项目集管理的关键。

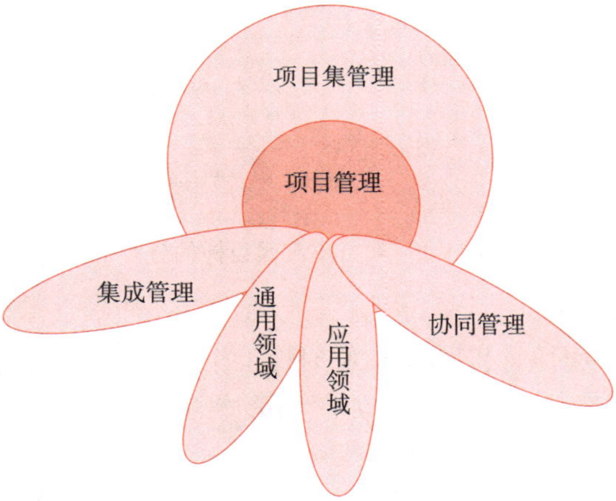

图 13-2　项目集管理基本理论

2. 项目集管理的特点

项目集实质上是一个大系统，各个项目作为其子系统通过内在或外部关系（例如，目标相关、资源共享、逻辑或空间相互制约等）共同形成了一个有机的整体。因此，对项目集的管理必须将其作为一个整体进行系统管理，站在整个组织的角度，以战略性思维站在全局高度，着眼于整个项目集的协调发展，理解项目集、项目之间，以及各个项目内部的各个管理领域之间的密切关系，协调各项目之间的范围、资源、进度等，通过项目集内部各项目的协调组织和管理达到组织的战略目标。对项目集的管理可以利用综合集成管理方法，利用系统思维，将项目集作为一个大系统进行综合集成管理。项目集管理是指为确保项目集内各项目，以及各项项目管理工作能够有机地协调和配合所开展的综合性、全局性的管理工作和过程。它包括为达到甚至超过项目相关利益者的要求和期望，去协调各种相互冲突的项目集目标及各个项目目标，去选择最佳或最满意的项目备选行动方案，以及变更集成控制项目和持续改善项目集工作和方法等方面的内容。系统性的项目集管理具有以下三个特征：

（1）综合性管理的特征　项目集管理的最大特征是它的综合性，即不只注重单个项目的得失成败，不只注重项目集的某一方面或要素。在项目集管理中，尤其是大型项目集管理中，不仅存在许多方面的专项管理工作，如项目集内部的各个具体项目的管理，也存在项目管理的各个方面的工作，如时间管理、成本管理、质量管理、范围管理、风险管理、沟通管理、采购管理、人力资源管理等。项目集的各方面通常是由不同的基层部门或单位来完成的，只有当所有具体项目都完成了，项目集的工作才能最终完成。针对项目集管理，同样由具体部门针对具体方面进行管理，如项目质量、项目时间、项目成本管理一般由不同部门来负责。综合集成管理的主要工作就是采用系统管理方法，综合各方面的具体管理工作，解决信息孤岛问题，权衡各方面的因素进行综合管理。

（2）全局性管理的特征　全局性管理的特征是指从全局出发，协调和控制项目集各个方面、各个项目和各个局部工作的变动的特征。如前所述，在项目集管理中，各个方面、各个局部或具体工作分别由不同部门或不同管理人员进行管理，这些工作及其管理都是为完成项目集的一项具体任务，实现项目集具体目标而开展的。当项目的外部环境或内部情况发生变化时，项目集的某一个项目或某个局部的某一个方面发生变动，这些变动需要一种管理工作进行协调和统一，需要从全局和整体出发进行控制和管理。实施项目集综合集成管理就是实现这一作用的全局性管理工作。

（3）内外结合的协调管理的特征　内外结合的协调管理的特征是指全面控制和协调项目集内部管理与外部管理的特征。在项目集的实施过程中，对于项目的管理和控制不只是项目集或项目内部的管理和控制，还需要对许多来自外部的影响和因素进行必要的管理和控制。例如，项目集干系人在项目集的实施过程中提出的各种各样的管理目标和任务的变动要求，项目主管对工作提出的新的要求，政府或主管部门的干预等。这些外部的影响因素和变动要求，必须与项目组织对项目的内部管理集成在一起，项目集综合集成管理正是这种将内部因素和外部因素结合起来进行管理的工作。

3．项目集经理的角色

与项目经理在项目管理中的重要性相同，项目集经理在项目集的整个过程中的责任重大，由于项目集的工作涵盖五个项目集管理绩效域，项目集经理需要与每个项目经理进行沟通，以便为单个项目提供支持与指导。项目集经理承担着传递每个项目与整个项目集及组织绩效目标的重担，负责确保整体项目集结构和项目集管理过程能够使项目集及其组件团队成功完成他们的工作，并将组件的可交付成果成功整合到项目集的最终产品、服务、成果及收益中。

项目集经理还要确保项目能够以一致的方式组织和执行，并履行已建立的标准。如果存在项目集管理办公室，那么除提供指导项目集决策所需的信息外，它还向项目集经理提供管理项目集进度、预算、风险及项目集的其他所需领域的行政支持。项目集经理应具有全局思维，能够对项目集目标、组织文化及过程有清楚的认识，并能够根据整体情况做出恰当的反应。项目集经理在项目集的实施过程中应能系统和有效地解决问题，如项目集组件之间的资源优化、评估总持有成本，以及跨组件的需求监督和配置管理。

13.2 项目组合管理、项目集管理与项目管理三者之间的关系

为了更好地理解项目组合管理、项目集管理和项目管理，识别它们之间的相似性和差异性非常重要。在此，首先介绍项目组合、项目集与项目三者的交互关系，然后再依次分别介绍项目组合管理、项目集管理和项目管理的异同。

13.2.1 项目组合、项目集与项目的关系

图 13-3 所描述的就是项目组合、项目集与项目的关系。

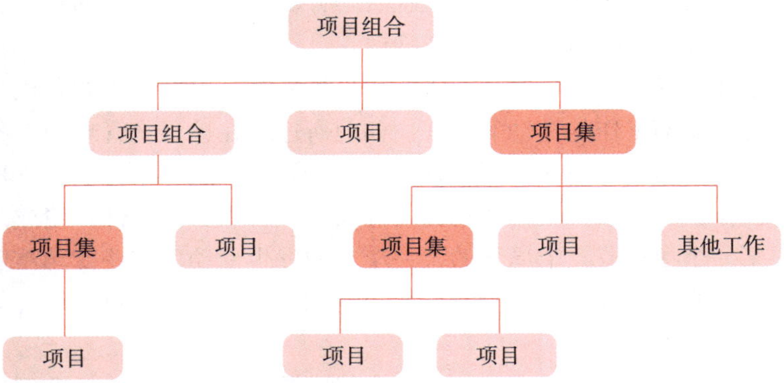

图 13-3 项目组合、项目集与项目的关系

从图 13-3 中可以看出，项目组合下面还可以有子项目组合；项目集由多个关注实现规划结果的项目和非项目工作组成，其下面也还可以有子项目集和其他工作，这里的其他工作可能涉及运营工作。

13.2.2 项目组合管理、项目集管理与项目管理的关系

项目组合管理、项目集管理与项目管理均需要符合组织战略，或由组织战略驱动。反之，项目组合管理、项目集管理和项目管理又以不同的方式服务于战略目标的实现。项目组合管理通过选择正确的项目集或项目，对工作进行优先排序，以及提供所需资源，与组织战略保持一致。项目集管理对项目集所包含的项目和其他组成部分进行协调，对它们之间的依赖关系进行控制，从而实现既定收益。项目管理通过制订和实施计划来完成既定的项目范围，为所在项目集项目组合的目标服务，并最终为组织战略服务。表 13-1 所列的内容进一步说明了它们的主要区别。

图 13-4 所示内容从企业层面揭示了项目、项目集和项目组合之间多层级项目管理体系和目标之间的联系。

表 13-1 项目组合管理、项目集管理和项目管理之间的总体比较

	项目组合管理	项目集管理	项目管理
范围	范围取决于企业的战略目标	范围可能因组织利益期望而改变	范围与项目目标紧密相关并随项目开展逐渐清晰
计划	针对项目组合创建和维护必要的流程和沟通机制	提供高级别的计划和目标作为项目详细计划制订的基础和依据	制订详细的计划以管理整个项目产品的交付
监控	战略变更和整体资源分配、绩效及项目组合风险	项目集内各组成部分的进展	围绕项目目标实现而开展的活动的执行情况
变更	项目组合经理要在复杂多变的内外部环境中监控变更	项目集经理必须意识到项目集变更的可能性，并能够充分应对项目集内外部的变更	项目经理必须意识到项目变更的可能性，并通过管理和控制变更确保项目的实现
管理	项目组合经理通过管理和协调项目组合管理人员，以及可能需要向项目组合经理汇报的其他人员，来实现项目组合目标。项目组合管理办公室是执行项目组合的组织	项目集经理通过管理项目经理和项目集中的其他人员以实现项目集目标。项目集管理办公室是执行项目集的组织	项目经理通过管理项目团队以实现项目目标。项目管理办公室是执行单独项目的组织
成功	根据项目组合中所有组合聚合后的总体绩效和实现的收益来度量	以满足特定需求和收益的交付程度来度量	主要以成本、进度、预算执行情况、交付物质量，以及客户满意度等度量

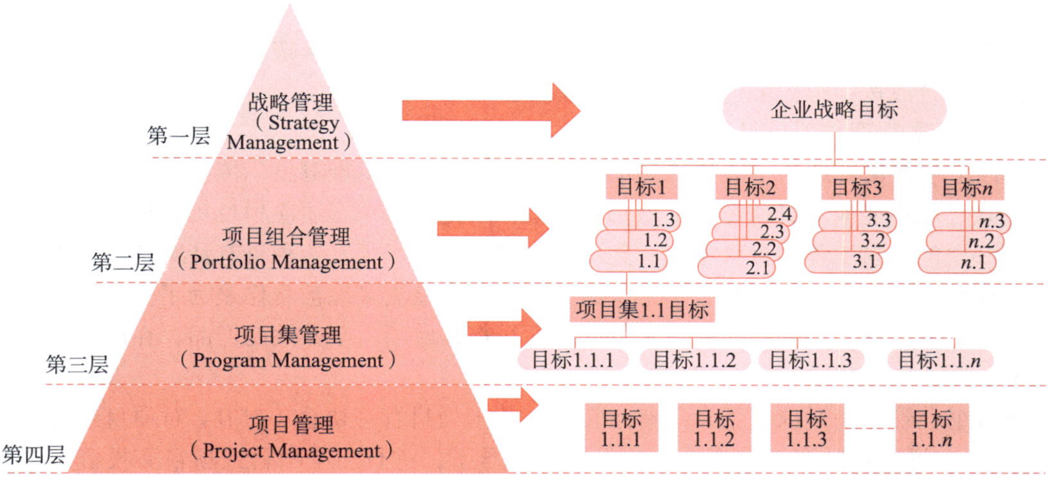

图 13-4 企业级多层级项目管理体系和目标之间的关系

1．项目集管理与项目管理的关系

同项目管理相比，项目集管理是为了实现项目集的战略目标与利益，而对一组项目进行的统一协调管理。

具体来说，项目集管理是以项目管理为核心、对单个项目进行日常性的项目管理，是对多个项目进行的总体控制和协调，不直接参与对每个项目的日常管理，所做的工作侧重在整体上进行规划、控制和协调，指导各个项目的具体管理工作。由于项目集中的多重性、高度的复杂性和不确定性，集成管理在项目集占据相当重要的地位，是实现项目集管理的关键。

项目集管理与项目管理的区别在于项目集是由若干项目组成的，通常是从较高层的角度来看待组织战略的，以实现某一综合能力为目标。利用项目集管理多个项目可以优化进度，

并让项目持续获益，也可以在整体项目集需求的环境下，优化员工配置。项目管理一般以实现一个既定产品为目标，这更强调“怎样做项目”，通过有效的项目管理方法保证项目按照时间、成本、质量要求进行交付，主要是项目经理面向项目进行的管理活动。

一般来说，项目集管理有区别于单一项目管理的普遍特性，具体表现在项目目标、项目接口、项目信息，以及项目管理等方面：

（1）目标多样性　对于单一项目来说，目标是单一的，比较简单；而对于项目集来说，由于每个独特的项目都有其不同的目标和不同的特点，也就决定了项目集的多样性，从而加大了管理的难度和复杂度。

（2）接口多层性　这里所说的接口，主要针对管理接口，包括各项目之间、与不同层面利益相关人之间的接口。对于单一项目来说，一般相对独立于其他项目，与其他项目之间只有几个次要的接口。对于项目集来说，各项目之间都是紧密联系的，任何一个项目的失败都将影响其他项目，也就可能导致整个项目的失败。项目越多，管理接口就越复杂，所以处理好各项目之间的管理接口关系是项目集管理成功的关键因素。

（3）信息复杂性　项目集管理的信息处理非常复杂。从内部环境来说，有各项目之间、各项目小组之间，以及项目与组织相关职能部门之间的信息沟通；从外部环境来说，有项目集与用户、供应商、政府部门等进行的信息交流。

（4）管理统一性　项目集管理要求将相关的项目全部纳入统一管理，主要体现在项目管理组织上的统一性和资源上的统一性。要从组织层面上，将原来按单个项目为单位的分散管理模式，整合成按组织为单位的统一管理模式。

2. 项目集管理与项目组合管理的关系

从以上项目集管理的一般特征与单一项目管理的区别不难看出，传统的应对单一项目的管理方式已经不能应对日益复杂的项目集管理，因此提出一套适应项目集管理的方法和模式是非常必要的。在工程项目大型化、集约化、复杂化的今天，这种具有针对性、适用性并经过实践检验的成套方法体系是必不可少的。项目集应该更多地被看作是为了完成了一个大产品而划分为多个项目的集合。项目集下面的项目都是属于一个共同的产品，在产品或技术上有归类。

项目组合管理是对项目组合的有效管理，美国项目管理协会（PMI）对项目组合管理的定义是：“在可利用的资源和企业战略计划的指导下，进行多个项目或项目集投资的选择和支持。项目组合管理是通过对项目评价选择、多项目组合优化，确保项目符合企业的战略目标，从而实现企业收益最大化。项目组合更多的是从企业战略和总体业务目标出发的，根据分类评价和风险分析后归类到一起的一个组合，组合中的各个元素之间可能并没有太多的业务或技术联系，仅仅是为了监控组合整体绩效以配合企业商业目标需要。

项目组合管理不是简单地对多个项目进行管理，而是超越了项目和项目集的边界，以“临时组织”开展的项目业务与以“永久组织”管理的（非项目）运作业务整合管理，作为企业内项目和战略之间的桥梁，使项目实施和企业商业战略有机地结合起来，以实现组织长远的健康、稳定发展。所以项目组合管理的目标是确保项目及项目集的选择和执行与组织运营的战略目标相一致（或称“目标对准”），采用的方法有识别、甄选和按优先性排序。

项目集管理与项目组合管理的区别在于：项目组合所集成的对象是可能彼此不存在固有逻辑关系的项目、项目集和非项目；而项目集中的多项目之间存在固有的，为打造某种核心能力的依托关系。所以项目集管理专注“逻辑关系管理”。项目组合管理强调“何时、做什么项目”，通过对项目的识别和甄选，获得项目、项目集和非项目运营之间的恰当平衡和组合，通过为项目设定优先级和筹集资金，来最优化项目组合的价值，确保项目的实施和运作与企业目标保持一致。项目组合管理是组织以及战略层面的管理活动，是进行组织决策的过程，是面向多个项目的组合管理的问题。项目组合管理采取自上而下、自远到近的目标管理方式，即先确定企业的战略目标，优先选择符合企业战略目标的项目，在企业的资金和资源能力范围内合理安排与有效执行项目。

13.3　项目集管理的实施

由于现阶段项目集管理理论尚不成熟，大部分的项目集管理方法是基于项目管理方法的改进，甚至是直接拿来应用的，像工作分解结构、价值管理、挣值管理等项目管理方法和工具。现有文献对项目集管理方法的研究主要集中在关键链方法上。因为资源在项目集多个项目之间的有效配置是项目集管理的核心问题，也是项目集管理协同效应产生的主要因素。关键链方法可以解决项目与项目之间公共资源的冲突问题，也可以在项目集管理过程中用来制订项目的总进度计划、资源分配计划等，还可以通过对缓冲区进行管理和控制来对项目集里的项目进行进度控制。

项目选择是项目集管理实施的一项非常重要的活动，如何选择项目，如何构建项目集是项目集管理成功与否的关键。项目集管理的目的在于提高项目集系统的整体功能及整体优化性和动态发展性，使系统各要素集合成一个有机整体，并以系统为对象综合性地解决管理系统问题。基于进度的项目集集成管理模型及项目集管理的实现模式为项目集管理人员系统管理项目集提供了方法和方向。基于进度的项目集管理集成，如图 13-5 所示。在具体实施项目集管理过程中，可以从项目集管理的组织体制建设、项目选择、项目集中多项目计划与资源配置的动态管理，以及项目集管理绩效评估四个方面进行综合集成，并重点关注多项目之间的关联和动态性，如图 13-6 所示。

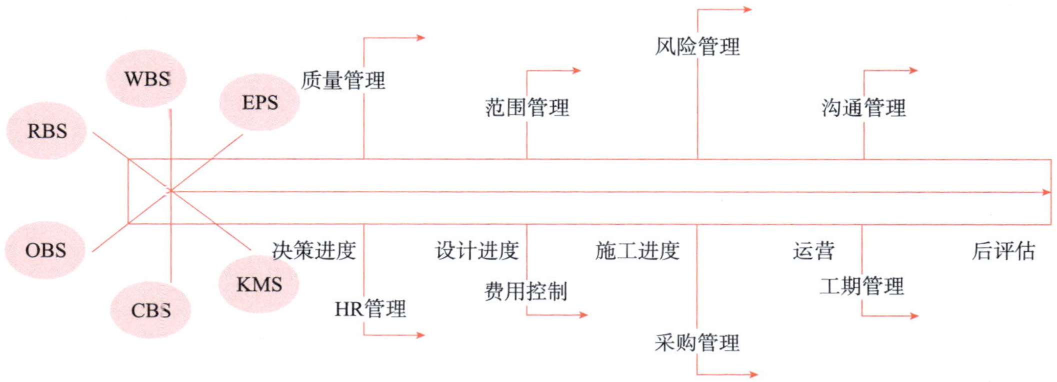

图 13-5　基于进度的项目集管理集成

EPS（Enterprise Project Structure，企业项目分解结构）　OBS（Organization Breakdown Structure，组织分解结构）
WBS（Work Breakdown Structure，工作分解结构）　CBS（Cost Breakdown Structure，费用分解结构）
RBS（Resource Breakdown Structure，资源分解结构）　KMS（Knowledge Management Structure，知识管理结构）

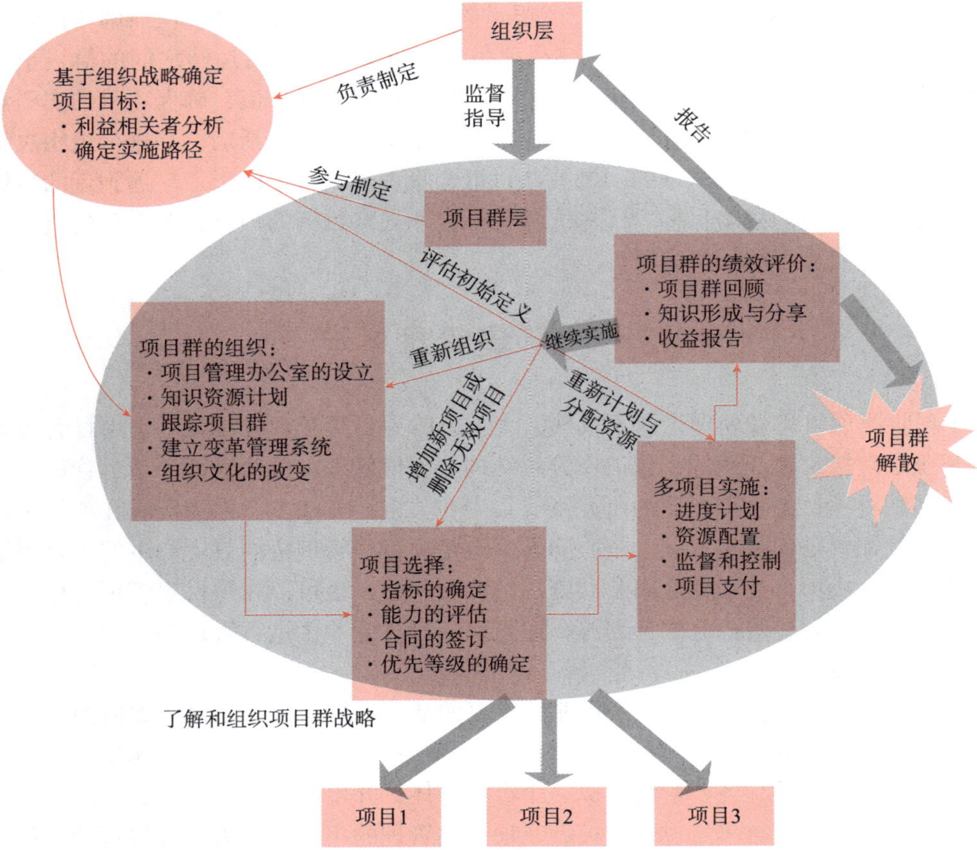

图 13-6 项目集管理实施模型

项目集的集成管理应该包括三个维度整体集成，即全生命周期、管理要素和管理组织。图 13-7 为项目集集成管理的基本模型。

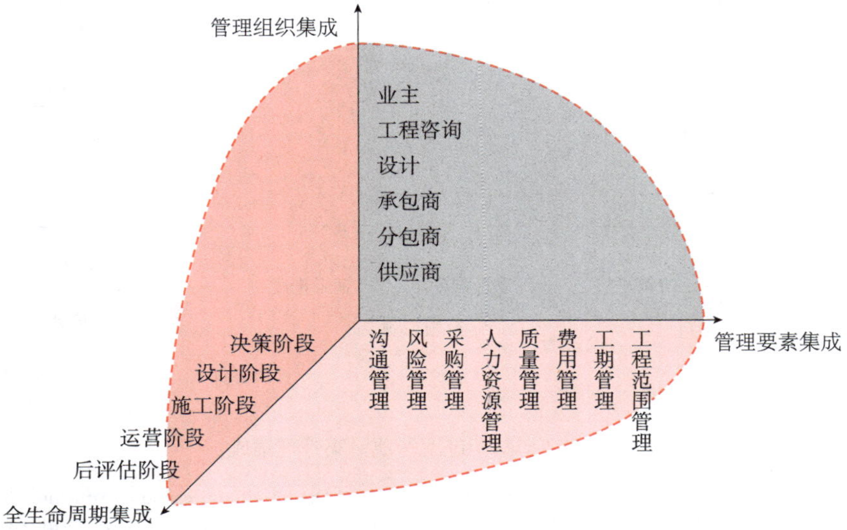

图 13-7 项目集集成管理的基本模型

1．项目集环境下全生命周期集成

全生命周期集成即工程项目生命周期的各阶段的集成，是指项目集成化管理将项目实施的整个周期，从决策、设计、施工、运营到后评价，各阶段各环节之间通过充分的交流集成一个整体。

2．项目集环境下管理要素集成

项目同时具有范围、时间、成本、质量、人力资源、采购、风险、沟通等多个相互影响和制约的管理目标。项目集成化管理在项目实施过程中对这些目标和要素进行了通盘的规划和考虑，以达到对项目的全局优化。

3．项目集环境下管理组织集成

现有的项目管理各参与方是由独立的合同构成的交易关系。项目参与方之间缺乏相互交流和了解，影响各方的合作，容易造成各方追求局部优化的现象。管理组织的集成能充分发掘原有的项目管理组织体系的潜力，提高项目管理水平。

本章小结

本章介绍了项目集的含义并分析了项目组合、项目集与项目的关系，以及项目组合管理、项目集管理和项目管理的关系，并介绍了项目集管理的实施。本章主要需要理解项目集与项目集管理的特点。

自 测 题

一、判断题

1．一个项目一定属于某个项目集。（　　）

2．项目集中一定包含项目。（　　）

3．项目集不可能包括项目集中单个项目范围之外的相关工作。（　　）

4．项目集收益只能在项目结束时一次实现。（　　）

5．项目集收益可能在项目过程中逐步实现。（　　）

6．项目集的建立是多项目的简单组合。（　　）

7．按照项目集目标对项目集进行分类更具有普遍意义。（　　）

8．平台型项目集能够导致利益流入组织。（　　）

9．项目集通常持续时间较长。（　　）

10．项目集中的项目之间是存在一定关系的。（　　）

二、单项选择题

1．工作移交到另一项目集，发生在项目集生命周期的（　　）。

A. 定义阶段　　B. 收益交付阶段　　C. 收尾阶段　　D. 启动阶段

2．实现项目集管理的关键是（　　）。

A. 结构化治理　　B. 集成管理　　C. 协同管理　　D. 干系人争取

3．（　　）是确保项目及项目集的选择和执行与组织运营的战略目标相一致。

A. 项目管理　　B. 项目组合管理　　C. 项目集管理　　D. 运作

4．（　　）的范围是针对特定项目可交付成果的。

A. 项目管理　　B. 项目组合管理　　C. 项目集管理　　D. 目标管理

5．项目集管理的绩效域不包括（　　）。

A. 项目集战略一致性　B. 项目集收益管理　C. 项目集选择　D. 项目集治理

三、多项选择题

1．下列属于项目集目标的有（　　）。

A. 满足共同的约束　B. 达到共同的客户满意度

C. 提交共同的产品　D. 实现共同的战略

2．按照项目集结构分类，项目集可分为（　　）。

A. 组合型项目集　B. 面向目标型项目集

C. 松散型项目集　D. 紧密型项目集

3．项目集生命周期的三个主要阶段包括（　　）。

A. 项目集定义阶段　B. 项目集收益交付阶段

C. 项目集收尾阶段　D. 项目集整合阶段

4．项目组合管理采用的方法有（　　）。

A. 识别　B. 甄选　C. 逻辑关系管理　D. 按优先顺序进行排序

5．项目集成管理的三个维度包括（　　）。

A. 全过程集成　B. 管理组织集成　C. 管理要素集成　D. 全生命周期集成

6．项目集经理的职责包括（　　）。

A. 与每个项目经理进行沟通　B. 传递每个项目与整个项目集及组织绩效目标

C. 确保项目能够以一致的方式组织和执行　D. 确保已建立的标准的履行

思考题

1．简述项目和项目集有哪些区别和联系。

2．简述项目集和项目组合有哪些区别和联系。

3．简述项目组合管理、项目集管理和项目管理有哪些区别和联系。

4．简要说明项目集有哪些特点。

案例

跨区域汽车4S店项目群管理㊀

汽车4S店是集汽车销售、售后服务、配件和信息服务为一体的销售店。在汽车4S店项目群建设中，主要的参与者包括汽车生产企业、项目群总体咨询单位、各汽车经销商、深化设计单位、施工总承包单位、监理单位、供应商和专业分包商。

某汽车生产企业拟每年新建30余个4S店项目，这些项目分散在全国各地，有其自己的业主（各地经销商）。但是，汽车生产企业与经销商签有建店备忘录，要求经销商按照其标准进行4S店的建设，并且在建设过程中接受汽车生产企业的管理。汽车生产企业成立了网络发展部，对旗下所有4S店的建设采用项目集管理方式来进行管理。

随着各项目的逐渐深入，许多问题渐渐浮出水面：一方面，汽车生产企业在面对如此多的项目时显得力不从心；另一方面，汽车生产企业与各地经销商因为一些细节问题出现了矛盾。从建设的角度来看，该汽车4S店项目存在着一些特点：①项目参与方目标差异较大。对汽车生产企业而言，项目目标为实现企业的发展战略，完成销售网络布局；对于各经销商而

㊀ 舒煜存，王明照．跨区域汽车4S店项目群管理的案例研究.建设管理，2009（1），11-13.

言，其单个项目的目标是控制建店成本，满足营业、盈利的要求；而各承包商和供应商的目标则是完成合同，达到盈利验收目标，做出全面评估和检查。②项目参与方数量多、分布广。③投资结构与管理结构不一致。从单个项目来说，主要投资人是当地经销商（汽车生产企业也会有一定比例的投资）。然而从管理上讲，则要求经销商服从汽车生产企业的建店要求。

问题：

1. 该项目为什么适合采用项目集管理模式？
2. 该项目采用什么样的项目组织结构比较合理？

第 14 章

A 房地产项目管理实例

由于项目管理的特点主要体现在以下四个方面，即系统化、程序化、动态化和可视化，因此本书尝试从承包商 Z 公司的角度，以 W 房地产公司作为项目开发商的一项 A 高档办公住宅两用建筑（以下简称 A 项目）为背景，基于项目生命周期的管理工作过程，围绕项目管理的十大知识领域讲解项目管理工具和方法的具体应用，以便使读者对项目管理的实践工作过程有更深刻的体会。

14.1 项目背景

W 房地产公司作为 A 项目的投资主体，成立于 1997 年，是地处某市的一家房地产开发公司，经营范围为房地产开发和销售。

A 项目地块位于某市朝阳区 ×× 大街 1 号，地处商务区核心地段——国贸商圈的外围区域，即被称为泛 CBD 区域。项目所处位置交通极为便利，靠近三环路，附近有多条公交线路车站和地铁站。W 房地产公司全体股东商议在此处建立 A 高档办公住宅两用建筑项目。

2010 年 4 月 1 日，W 房地产公司开始对 A 项目进行招标，在激烈的竞标之后，Z 公司顺利成为 A 项目的承建单位。Z 公司于 2010 年 4 月 20 日与 W 房地产公司按照招标文件和投标文件订立了书面合同，并于 4 月 23 日报招标投标监督机构备案。该项目中标价款 3.5 亿元人民币，中标工期 1096 日历天，合同规定 A 项目开工日期为 2011 年 1 月 1 日，验收日期为 2013 年 12 月 31 日。

14.2 项目启动阶段

项目启动阶段的工作主要包括项目组织结构的选择、项目经理的任命、项目章程的制定和项目干系人识别等内容，其工作流程及主要内容如图 14-1 所示。

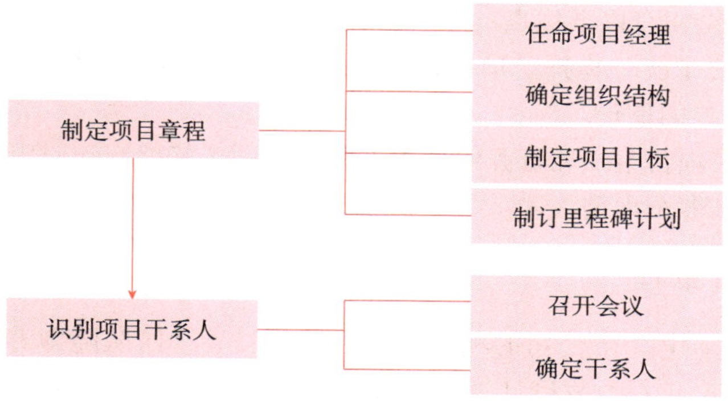

图 14-1　项目启动阶段的工作流程及主要内容

14.2.1　确定项目组织结构和项目经理

承建单位 Z 公司的组织结构为职能型组织结构，设有总经理办公室、人力资源部、经营计划部、财务部、技术部、工程部、采购部、质量部、销售部等。为了确保工程的顺利完工，Z 公司成立了 A 项目部，负责 A 项目的建设。项目部作为 A 项目的直接承建方，在项目经理的领导下，负责 A 项目从开工到竣工的全过程施工管理，项目建设完工通过质量验收后，交由 W 房地产公司进行销售。

A 项目的项目部采用项目式组织结构，实行项目经理负责制，项目经理对总裁负责。Z 公司管理层经过讨论，一致认定吴振伟为 A 项目的项目经理。吴振伟根据公司组织的形式、技术力量、人力资源情况并结合工程各专业的特点，提出所需人员的数量、技术要求，与部门经理共同组建项目团队，即 A 项目由吴振伟经理全权负责项目启动到收尾阶段的整个活动，负责项目从开工到竣工的全过程管理。A 项目组织结构如图 14-2 所示。

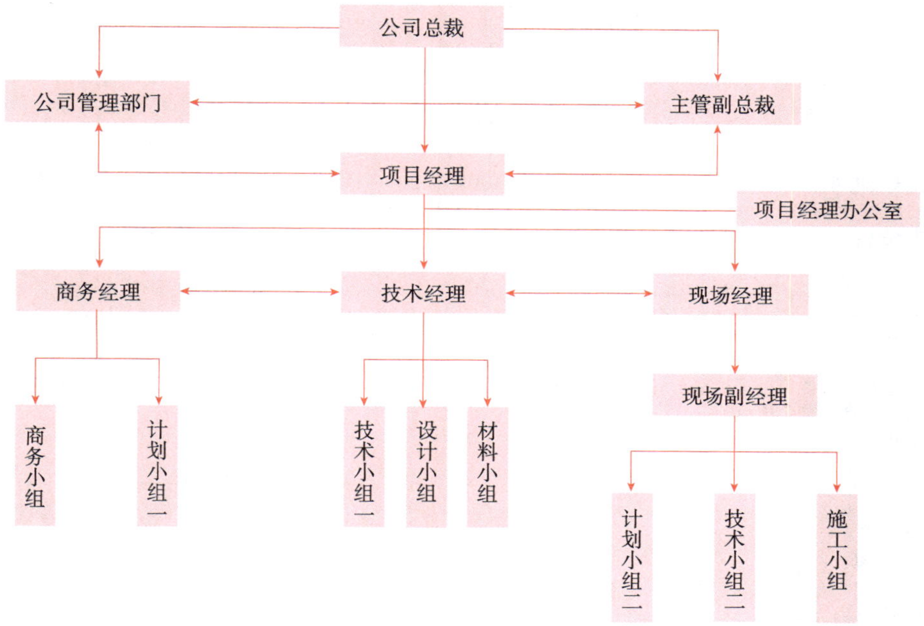

图 14-2　A 项目组织结构

采用项目式组织结构有以下优点：

1）目标明确，便于统一指挥。项目部各成员受项目经理的直接领导，不像其他的组织类型容易出现多头领导的情形。

2）项目经理拥有项目组织和资源的最大支配权，利于其控制和使用。

3）有利于公司培养全面型人才。

14.2.2　制定项目章程

在 A 项目的启动阶段，Z 公司的项目经理和其项目管理团队随即着手项目章程的编制，其中包括项目的目标和项目里程碑计划。A 项目的项目章程具体见表 14-1。

表 14-1　A 项目的项目章程

项目发起人的详细信息：		
项目发起人：	W 公司全体股东	
项目发起人代表：姓名：		
职务：		
职权：		
授权签名：		
项目的战略目标：3 年内完成建筑的设计、建造工程		
商业案例：		
项目范围和可交付成果：高档办公住宅两用建筑，规划建设用地面积 $15000m^2$，总建筑面积 $100000m^2$		
需求：		
假设条件：		
限制条件：		
指定的项目经理：	吴振伟	
项目经理权限：	人员调配请求权、项目团队组建和管理、项目监督	
参与的职能部门：	人力资源部、经营计划部、财务部、技术部、工程部、采购部、质量部	
主要风险：	项目安全风险、项目质量风险	
主要里程碑：	开工	2011 年 1 月 1 日
	工程设计完成日期	2011 年 6 月 30 日
	主体工程完工日期	2012 年 12 月 31 日
	配套和装修工程开工	2013 年 1 月 1 日
	装修工程完工	2013 年 8 月 31 日
	项目验收	2013 年 12 月 31 日
项目的时间点：		
预定的开始日期：		2011 年 1 月 1 日
预定的最终交付日期：		2013 年 12 月 31 日
项目成本预算：	2.933 亿元	
物资：	16000 万元	
人员：	4000 万元	
外包工作：	3930 万元	
各方职责		
项目发起人：监督项目实施整个过程、为项目实施提供所需物质条件、为项目顺利实施创造必要的环境		
项目经理：管理整个项目		
项目团队：		
主要的项目干系人：		
验收：		
项目经理：吴振伟	签字：	日期：
项目管理委员会主任：	签字：	日期：
项目发起人：W 房地产公司全体股东	签字：	日期：
项目技术经理：王大飞	签字：	日期：
项目商务经理：李富达	签字：	日期：

14.2.3 识别项目干系人

项目经理通过干系人分析和召开会议，识别出了 A 项目的干系人，并建立了干系人名单，见表 14-2。

表 14-2 项目干系人名单

项目干系人	姓名或名称	电话	E-mail
项目经理	吴振伟		
项目发起人	W 房地产公司全体股东		
技术经理	王大飞		
商务经理	李富达		
现场经理	刘一民		
项目小组成员	郭洪武		
项目小组成员	邓晓庆		
项目小组成员	史燕		
项目小组成员	李瑞娥		
工程所在地政府	某市人民政府		
提供贷款的商业银行	中国工商银行		
保险公司	太平洋保险		
安装公司	北京市房地产集团建筑安装公司		
劳务公司	北京新华劳务管理公司		
施工队伍	江苏南通二建集团有限公司		
材料设备供应商或租赁商	北京龙泉设备租赁公司		
监理单位	北京飞诚建设监理有限公司		
周边居民			

14.3 项目规划阶段

项目规划阶段涉及项目管理十大领域的全部内容，这部分内容较多，为方便读者理解，本章按照项目管理十大领域分类讲解项目规划阶段需要完成的工作。

14.3.1 项目整体管理涉及的规划工作

在项目规划阶段，涉及项目整体管理领域的主要工作是制订项目管理计划。

为了使 A 项目正常进行，确保该项目范围内的各项工作能够有机、协调地进行，项目部从项目各子计划的结果出发，以全局的眼光、集成的思路将 A 项目工程各子计划作为一个系统进行管理，项目经理编制的项目管理计划底稿见表 14-3。

表 14-3 项目管理计划底稿

请回答如下问题并做出选择				
这是更新后的项目计划吗？如果是，更新的原因是：			□是	□否
项目的年度预算是否提供？如果提供，每年的年度预算是多少？				
预算额：18620 万元	年度：2011	资金到位了吗？	□是	□否
预算额：9350 万元	年度：2012	资金到位了吗？	□是	□否
预算额：11360 万元	年度：2013	资金到位了吗？	□是	□否

项目管理计划同其他各子计划一样，是一个逐步充实、逐渐完善的过程。随着 A 项目的实施，该项目的一些不确定因素日趋明朗，各子计划结果逐渐稳定，项目管理计划也会逐渐详细周密。通常，项目管理计划是在子计划的基础上汇集的。

14.3.2 项目范围管理涉及的规划工作

在项目规划阶段，范围管理领域的主要工作内容及流程，如图 14-3 所示。

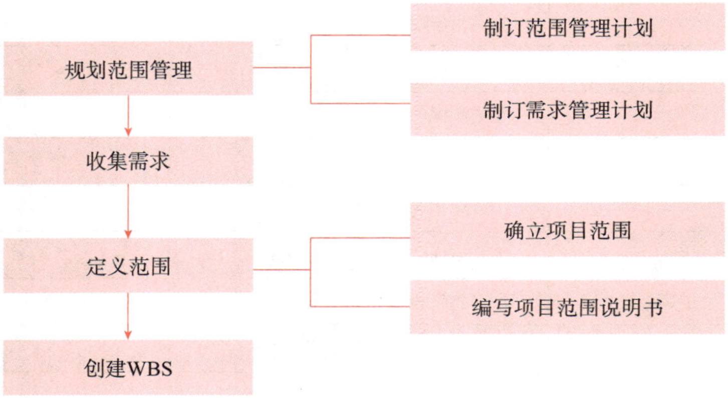

图 14-3 范围管理领域的主要工作内容及流程

1. 规划范围管理

在项目管理过程中，规划范围管理为如何确定管理范围提供指南和方向。如前所述，规划范围管理实际上就是制订范围管理计划和需求管理计划，用文字明确将如何进行定义范围、创建 WBS、确认和控制项目范围的过程。依据 A 项目的项目章程，使用专家判断法或者会议的形式制订范围管理计划和需求管理计划。

2. 收集需求

收集需求即 A 项目团队为了实现项目目标，竭尽全力收集、分析和记录发起人、客户和其他相关干系人的需求和期望的工作过程。

3. 定义范围

定义范围就是以项目的实施动机为基础，确立项目范围并编写项目范围说明书的过程。A 项目的范围说明书见表 14-4。

表 14-4　A 项目的范围说明书

开发商	Z 公司 A 项目项目部
编写日期	2010 年 10 月
项目合理性	根据对本市房地产市场的调查，结合公司各相关职能部门的技术评估和经济评估，Z 公司认为开发 A 项目技术上、经济上是合理的，具备立项启动的条件
项目产品简述	①时间：整个开发时间为 3 年，2011 年 1 月正式开始，到 2013 年 12 月通过竣工验收，项目结束 ②质量：规划设计达到国家相关标准，工程质量合格率 100%，优良率达 80% 以上 ③成本：整个项目开发成本计划为约 3 亿元
项目可交付成果总述	A 高档办公住宅两用建筑楼。地下共 1 层为停车场，地上 18 层，1～6 层为商用写字楼，得房率 75%，可灵活分割；7～18 层为商务住宅楼，700 户，主力户型为小复式单元，得房率 85%
项目成功因素的说明	①国家宏观政策，主要是对住房宏观调控政策在项目建设期内不做大的变动，经济不会出现大的波动，物价相对稳定 ②市政府对投资环境不做大的不利修改，本市气候条件在建设期内不出现异常大的变化，不存在不可抗力因素 ③项目使用资金大，需要提前合理安排和筹集 ④项目管理和技术人员需要加强培训和引进，使项目管理科学有序

4．创建 WBS

为了准确地明确项目的工作范围，项目经理和团队按照 WBS 的原理对项目进行了分解，经过与业主协商讨论，确定了项目的工作范围，如图 14-4 所示[⊖]。

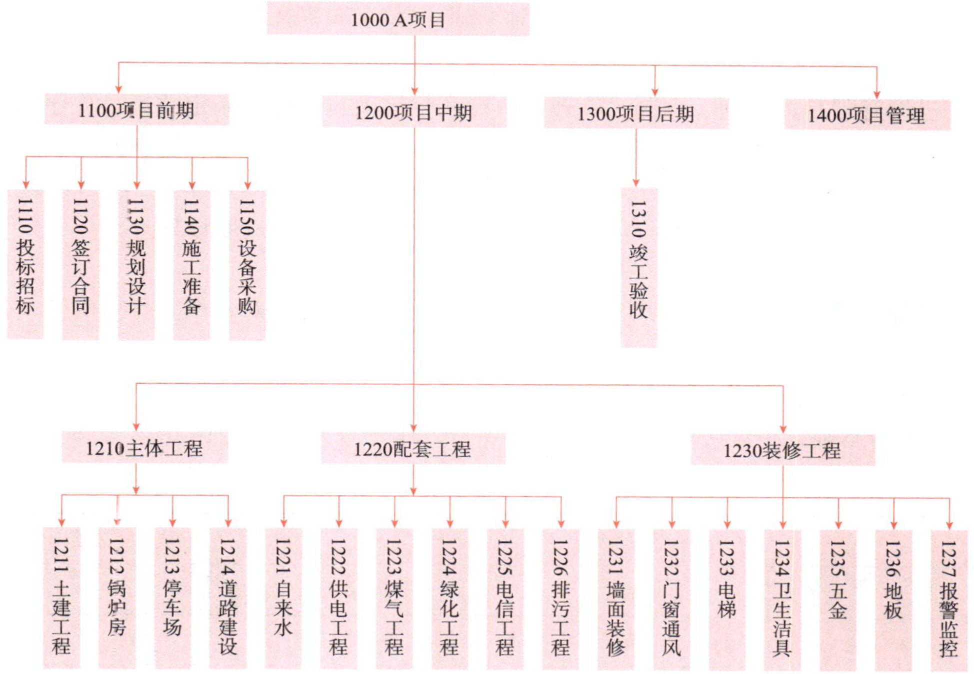

图 14-4　A 项目的 WBS

⊖ 按照常规，项目设计和主体施工可以有所交叉，基础设计完后，便可以进行基槽的挖土等工作；在主体建筑进行的同时，底层的配套安装、装修等工作也可以同时进行。此案例为了便于教学和分析，在撰写时对实际进度等做了一定的调整。

14.3.3　项目进度管理涉及的规划工作

在规划阶段，项目进度管理领域的主要工作内容及流程如图 14-5 所示。

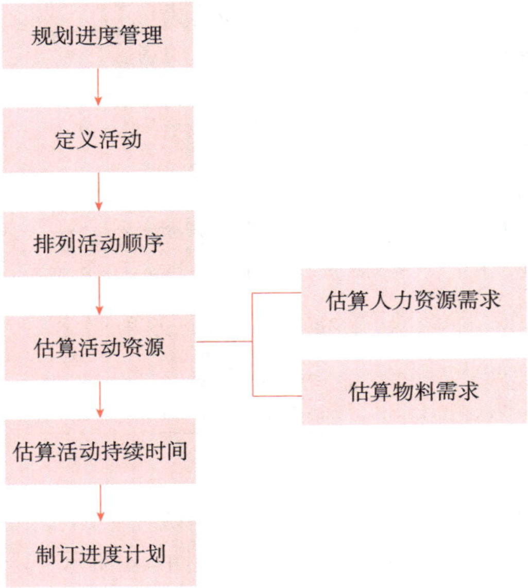

图 14-5　项目进度管理领域的主要工作内容及流程

1．规划进度管理

规划进度管理是为规划、编制、管理、执行和控制项目进度而制定政策、程序和文档的过程。此刻，项目经理和其团队将考虑选择哪种进度模型和工具来进行进度估算、进度控制等工作，其为项目进度管理的确定提供了大致框架。例如，在 A 项目中，项目经理选择采用专家判断法来进行进度计划制订前的工作，选择甘特图来表示进度计划。

2．定义活动

A 项目部根据图 14-4 项目 WBS 图和各种约束限制条件等，对每个工作包的活动进行了界定。

3．排列活动排序

以 WBS 为基础，经过讨论分析，总结出项目工作先后关系见表 14-5。

表 14-5　项目工作先后关系

工作名称			紧前工作
1100 项目前期	1110 投标招标		
	1120 签订合同		1110
	1130 规划设计		1120
	1140 施工准备		1130
	1150 设备采购		1140

（续）

工作名称			紧前工作
1200 项目中期	1210 主体工程	1211 土建工程	1150
		1212 锅炉房	1210
		1213 停车场	1210
		1214 道路建设	1210
	1220 配套工程	1221 自来水	1214
		1222 供电工程	1214
		1223 煤气工程	1214
		1224 绿化工程	1214
		1225 电信工程	1214
		1226 排污工程	1214
	1230 装修工程	1231 墙面装修	1214
		1232 门窗通风	1214
		1233 电梯	1214
		1234 卫生洁具	1214
		1235 五金	1214
		1236 地板	1214
		1237 报警监控	1214
1300 项目后期	1310 竣工验收		1224
1400 项目管理			

4．估算活动资源

估算活动资源是对项目执行过程中的项目工作所需要的资源类型（人力、物料等）及其数量所进行的估计，它和项目进度计划密切相关。项目部在做 A 项目的资源计划时，根据项目特点以及项目进度计划着重进行项目的人力资源计划和物料需求计划。A 项目的人力资源需求计划见表 14-6。

表 14-6　人力资源需求计划　　（单位：人）

项目前期（2011 年 1 月—2011 年 6 月）		项目中期（2011 年 7 月—2013 年 10 月）		项目后期（2013 年 11 月—2013 年 12 月）	
工作人员	人数	工作人员	人数	工作人员	人数
项目经理	1	项目经理	1	项目经理	1
商务经理	1	商务经理	1	商务经理	1
商务工程师	3	商务工程师	3	商务工程师	3

（续）

项目前期（2011年1月—2011年6月）		项目中期（2011年7月—2013年10月）		项目后期（2013年11月—2013年12月）	
工作人员	人数	工作人员	人数	工作人员	人数
计划工程师	3	计划工程师	3	计划工程师	2
技术经理	1	技术经理	1	技术经理	1
技术工程师	3	技术工程师	3	技术工程师	2
设计工程师	2	设计工程师	2	设计工程师	2
材料工程师	3	材料工程师	3	材料工程师	2
现场经理	1	现场经理	1	现场经理	1
现场副经理	0	现场副经理	2	现场副经理	1
现场计划工程师	0	现场计划工程师	3	现场计划工程师	0
现场技术工程师	0	现场技术工程师	2	现场技术工程师	2
现场施工工程师	0	现场施工工程师	2	现场施工工程师	0
施工工人	20①	施工工人	1500②	施工工人	20
合计	38	合计	1527	合计	38

① 前期现场场地管理，及预购材料看护、卫生打扫、勘探配合等零星工作。
② 施工过程中峰值人数，含土建、安装、领工等。

A 项目的物料需求计划见表 14-7。

表 14-7　物料需求计划

序号	名称	单位	数量	金额
1	水泥	t	25000	
2	沙	m^3	120000	
3	钢筋	t	10000	
4	砖	m^3	6000	
5	油漆涂料	t	60	
6	门窗	套	窗 5000　门 4500	
7	卫生洁具	套	2500（住宅按 700 户计算，办公按 300 户计算）	
8	木材	m^3	4000	
9	五金	件	27000（主要考虑门上的五金使用，包括门吸、拉手、合页等）	
10	电梯	部	14 部（电梯数量跟楼梯设计有关，可以参照每 3 万 m^2 4 部考虑，由于有写字楼部分，需增加 2 部）	
11	地板	m^2	79000，因为属于精装修，地板面积可以考虑按照（写字楼面积 ×0.75+住宅面积 ×0.85）×1.05 计算	
12	报警监控系统	套	300（考虑每层 20 个监控点，周边和其他公共区域 40 个监控点）	

5．估算活动持续时间

A 项目的活动时间估算见表 14-8。

表 14-8　活动时间估算

工作名称			工期（天）
1100 项目前期	1110 投标招标		20
	1120 签订合同		10
	1130 规划设计		30
	1140 施工准备		90
	1150 设备采购		30
1200 项目中期	1210 主体工程	1211 土建工程	360
		1212 锅炉房	120
		1213 停车场	180
		1214 道路建设	180
	1220 配套工程	1221 自来水	180
		1222 供电工程	180
		1223 煤气工程	180
		1224 绿化工程	300
		1225 电信工程	120
		1226 排污工程	150
	1230 装修工程	1231 墙面装修	240
		1232 门窗通风	120
		1233 电梯	150
		1234 卫生洁具	90
		1235 五金	90
		1236 地板	120
		1237 报警监控	90
1300 项目后期	1310 竣工验收		60

6．制订进度计划

在前述工作的基础上，项目经理和团队一起编制了以甘特图表示的项目进度计划，如图 14-6 所示。用甘特图表示工作的开始和结束时间，具有直观易懂的优点，在进行资源优化配置时可发挥很大的作用。

	任务名称	开始时间	完成时间
1	1100项目前期	2011年1月1日	2011年6月30日
2	1110投标招标	2011年1月1日	2011年1月20日
3	1120签订合同	2011年1月21日	2011年1月31日
4	1130规划设计	2011年2月1日	2011年2月28日
5	1140施工准备	2011年3月1日	2011年5月31日
6	1150设备采购	2011年6月1日	2011年6月30日
7	1200项目中期	2011年7月1日	2013年10月31日
8	1210主体工程	2011年7月1日	2012年12月31日
9	1211土建工程	2011年7月1日	2012年6月30日
10	1212锅炉房	2012年7月2日	2012年10月30日
11	1213停车场	2012年7月2日	2012年12月31日
12	1214道路建设	2012年7月2日	2012年12月31日
13	1220配套工程	2013年1月1日	2013年10月31日
14	1221自来水	2013年1月1日	2013年6月30日
15	1222供电工程	2013年1月1日	2013年6月30日
16	1223煤气工程	2013年1月1日	2013年6月30日
17	1224绿化工程	2013年1月1日	2013年10月31日
18	1225电信工程	2013年1月1日	2013年4月30日
19	1226排污工程	2013年1月1日	2013年5月31日
20	1230装修工程	2013年1月1日	2013年8月31日
21	1231墙面装修	2013年1月1日	2013年8月31日
22	1232门窗通风	2013年1月1日	2013年4月30日
23	1233电梯	2013年1月1日	2013年5月31日
24	1234卫生洁具	2013年1月1日	2013年3月31日
25	1235五金	2013年1月1日	2013年3月31日
26	1236地板	2013年1月1日	2013年4月30日
27	1237报警监控	2013年1月1日	2013年3月31日
28	1300项目后期	2013年10月31日	2013年12月31日
29	1310竣工验收	2013年10月31日	2013年12月31日

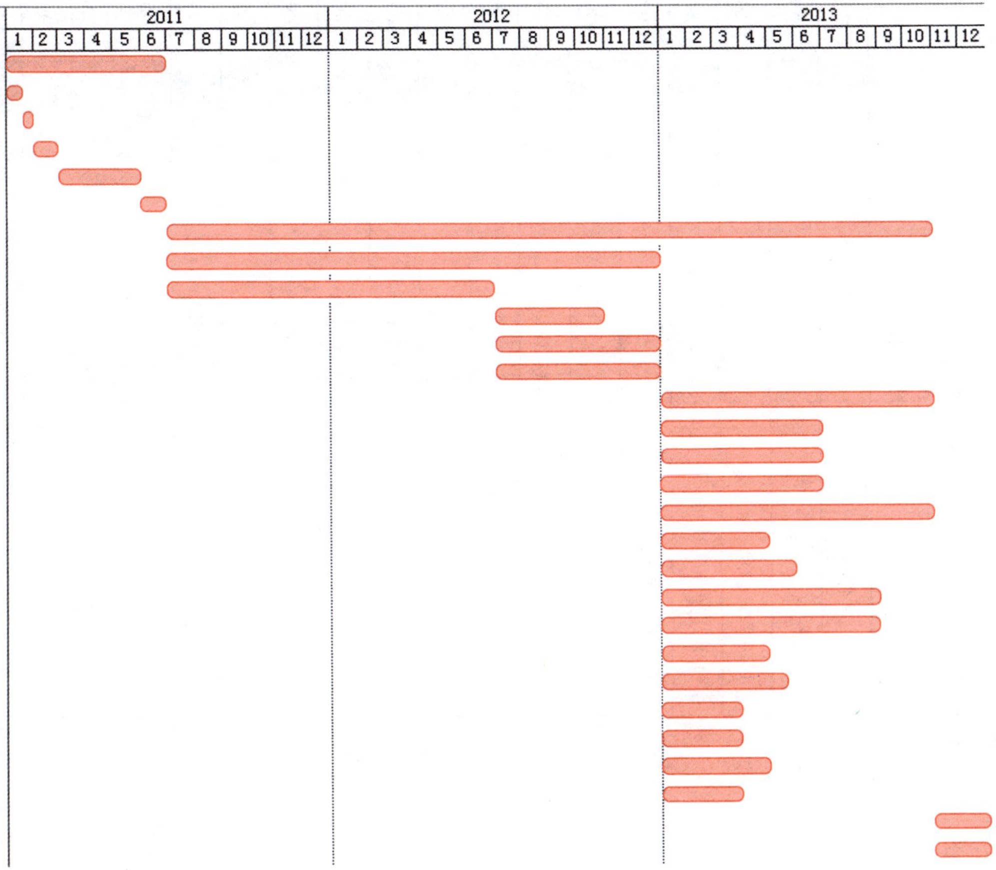

图 14-6 以甘特图表示的项目进度计划

14.3.4　项目成本管理涉及的规划工作

在项目规划阶段，项目成本管理领域的主要工作内容及流程，如图 14-7 所示。

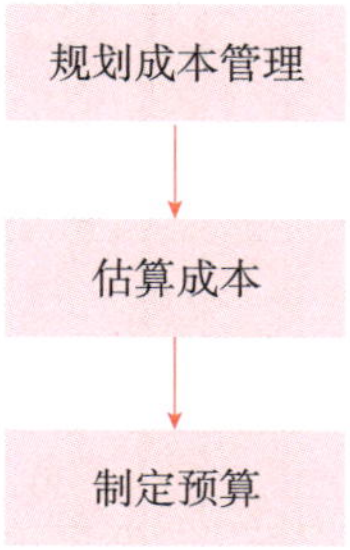

图 14-7　项目成本管理领域的主要工作内容及流程

1．规划成本管理

规划成本管理是为规划、管理、消耗和控制项目成本而制定政策、程序和文档的过程。此时，项目经理和其团队需要确定如何开展项目成本管理工作，包括规定所采用的相关政策、程序、工具和技术，以及相应的文件内容、格式等事宜，为其后续的项目成本管理制定大致框架。

2．估算成本

A 项目部通过对以往房地产项目建设的经验总结及 A 项目特点进行成本确认，辨识出 A 项目的成本主要有 6 项：前期工程费、主体工程费、配套工程费、装修工程费、管理费用、竣工验收费，合计共约 2.931 亿元，并预留意外开支准备金 690 万元。

A 项目部参照已开发的相当规模、相当品质装修的办公住宅两用建筑成本状况，及市场现行价格水平，对 A 项目进行成本估算，具体结果见表 14-9。

表 14-9　成本估算

序号	成本项目	金额（万元）	占比
1	前期工程费	1320	4.50%
2	主体工程费	15950	54.38%
3	配套工程费	2160	7.36%
4	装修工程费	8700	29.67%
5	管理费用	1000	3.41%
6	竣工验收费	200	0.68%
7	合计	29330	100%

3．制定预算

项目部参照已开发的相当规模、相当品质装修的办公住宅两用建筑成本状况，及市场现行价格水平，结合资源配置情况，对 A 项目进行成本预算，得出 A 项目的成本预算，见表 14-10。

表 14-10 成本预算 （单位：万元）

成本项目	成本细分	人力费用	设备 / 材料	其他费用（含外包费用）	总成本
前期工程费	1110 投标招标	80			80
	1130 规划设计	300	20	80	400
	1140 施工准备	30	50	60	140
	1150 设备采购	100	500	100	700
	合计	510	570	240	1320
主体工程	1211 土建成本	2340	10430	1230	14000
	1212 锅炉房	98	498	104	700
	1213 停车场	287	643	70	1000
	1214 道路建设			250	250
	合计	2725	11571	1654	15950
配套工程	1221 自来水			300	300
	1222 供电工程			1170	1170
	1223 煤气工程			325	325
	1224 绿化工程			120	120
	1225 电信工程			120	120
	1226 排污工程			125	125
	合计			2160	2160
装修工程	1231 墙面装修成本	520	2860	320	3700
	1232 门窗及通风工程	142	2130	228	2500
	1233 电梯			400	400
	1234 卫生洁具	24	654	72	750
	1235 五金	37	502	61	600
	1236 地板	24	486	40	550
	1237 报警监控系统			200	200
	合计	747	6632	1321	8700
管理费用				1000	1000
竣工验收费		26		174	200
合计		4008	18773	6549	29330

在此，本文仅以项目后期，即竣工验收部分人力资源费用的计算为例，说明成本预算的计算方法，见表 14-11。

表 14-11 成本预算的计算方法 （单位：元）

项目后期（2013 年 11 月—2013 年 12 月）				
工作人员	人数	日工资	工作天数	费用
项目经理	1	500	42	21000
商务经理	1	300	42	12600
商务工程师	3	200	42	25200
计划工程师	2	200	42	16800
技术经理	1	300	42	12600
技术工程师	2	200	42	16800
设计工程师	2	200	42	16800
材料工程师	2	200	42	16800
现场经理	1	300	42	12600
现场副经理	1	200	42	8400
现场计划工程师	0			
现场技术工程师	2	200	42	16800
现场施工工程师	0			
施工工人	20	100	42	84000
合计	38	2900	504	260400

14.3.5 项目质量管理涉及的规划工作

项目规划阶段需要规划质量管理。规划质量管理是为了使项目的可交付成果符合客户要求，对项目质量管理工作所做的计划和安排。我们以主体工程中的施工工程为例，对项目质量计划进行描述见表 14-12。

表 14-12 项目质量计划描述

施工质量目标	按照客户提出的质量要求 GB/T 19000—2000（idt ISO 9000:2000），GB/T 19001—2000（idt ISO 9001:2000），按照国家房地产质量验收标准，在规定时间内完成总建筑面积 100000m^2 的高档办公住宅两用建筑，包括地下共 1 层为车库，地上 18 层，1～6 层为商用写字楼，7～18 层为商务住宅楼，主力户型为小复式单元	
施工团队成员及职责	项目经理	对单位工程质量负总的责任，参加单位工程主体结构验收，组织单位工程质量检验评定
	项目技术负责人	负责项目的全部技术工作，对项目的技术资料负责指导、检查、把关，组织对分部工程质量进行检验评定工作，组织单位工程主体结构验收，参加单位工程的质量检验评定
	施工员	对本工种或本工段的工程质量负全责；负责施工过程中对分项工程质量的检验评定，填写《分项工程质量检验评定表》；对于需要进行试验检测的施工半成品，会同项目试验员共同取样
	质量检查员	监督施工全过程的施工质量；严格执行“三权”，即停工权、返工权、奖罚权；负责对分项、分部、单位工程质量等级进行核验，负责对质量检验资料进行收集、整理，并交给资料员归档；监督检查原材料质量试验检测情况；参加单位工程的交工验收
	材料、采购员	采购员必须采购合格的建筑材料，并及时提供该批材料的合格证及有关资料（生产厂家、产地、规格、批量等）；材料员负责进场材料的外观质量检查，对外观质量是否合格做出判定，并做好相应的记录和材料的储藏工作；对于需要进力学、化学试验的材料，应在材料进场后及时会同项目试验员共同取样

（续）

施工团队成员及职责	施工班组长	负责本工序的工程质量，对所施工的分项工程质量进行自检、互检，对上道工序的施工质量进行交接检
质量纠正措施		①应执行《纠正措施程序》（QSP/0805（01）—2001A）。 ②工程质量不合格品由项目部根据不合格对质量的影响程度，区分为一般不合格和严重不合格，并研究和确定需采取纠正措施的不合格品 ③对一般体系运行不合格以及监理服务不合格，由项目监理部制定纠正措施并实施，填写纠正措施表；工程质量不合格品由项目监理部通过监理通知责令工程承建商制定纠正措施并实施，工程承建商用业务联系单把实施情况反馈给项目监理部 ④项目监理部发生严重监理服务不合格（业主投诉）后，经营科负责组织有关部门分析原因，确定纠正措施，并填写纠正措施表，由项目监理部组织实施。经营科负责跟踪验证措施的实施，并向管理者代表汇报 ⑤工程质量严重不合格时，由项目监理部通过监理通知责令工程承建商制定纠正措施并实施，工程承建商用业务联系单把实施情况反馈给项目监理部，项目监理部附上专门的分析处理报告，向总监室汇报 ⑥出现重大工程质量事故时，项目监理部应及时向总监室汇报，并由总监室组织评审。项目总监理工程师责令工程承建商分析事故原因，提出纠正措施方案，报经业主、监理（总监室派员协助项目监理部）、政府质监部门审查认可后实施。项目部跟踪纠正措施的实施情况，并把实施结果向总监室汇报备案

14.3.6　项目人力资源管理涉及的规划工作

项目人力资源管理在规划这一阶段也需要规划人力资源管理。规划人力资源管理包括两个方面的内容：项目的机构岗位设置；岗位说明书。

根据项目的特征和工作范围，项目机构设置中各个岗位的主要职责及人员获取方式见表 14-13。

表 14-13　各个岗位的主要职责及人员获取方式

序号	岗位名称	岗位人数	主要职责	人员获取方式
1	项目经理	1	负责全面项目工作。保证项目在规定预算和工期内完成，并保证所有重大里程碑事件都能按期完成，同时项目要符合规定的质量规范和标准。而且项目经理必须与公司的职能部门经理密切合作，保证所有指派的资源得到有效利用，所有项目人员得到合理安排。向公司副总裁汇报项目进展情况，组织编写项目计划和报告。与项目其他干系人进行协调	内部任命
2	商务经理	1	负责项目的商务、计划、后勤保障等工作。主持编制项目成本估算、成本预算、项目结算文件，参与分包合同的招标与合同签订，项目的合同管理工作，主持编制项目进度计划（整体计划、年度计划、月度计划），项目的后勤保障工作	内部任命
3	商务工程师	3～4	负责编制项目成本估算、成本预算、项目结算文件；参与分包合同的招标与合同签订；定期盘点，协助做好内部成本核算；有效控制成本费用的开支，做好成本分析；建立、健全各类成本费用台账；合同管理	内部调配
4	计划工程师	2～3	参与编制项目进度计划（整体计划、年度计划、月度计划）；审核分包单位的各类进度计划（总体计划、年度建议计划、年度调整计划、季度计划等）；编制材料采购计划；对项目计划的执行情况进行跟踪和对比，提出计划调整的建议等	外部招聘
5	技术经理	1	负责项目的技术、质量、材料采购等工作。组织编写项目质量管理计划；组织审核项目施工组织设计及重要施工方案、技术措施；组织图样内部会审、施工组织设计交底及重点技术措施交底；保证与设计单位、施工建设单位及监理密切联系与协调工作，确保设计工作能满足项目施工的要求；主持编制项目的材料采购计划；参与项目关键设备的招标 / 采购工作	外部招聘

（续）

序号	岗位名称	岗位人数	主要职责	人员获取方式
6	技术工程师	2～3	参与编写项目质量管理计划，配合技术经理组织审核项目施工组织设计及重要施工方案、技术措施，配合技术经理组织图样内部会审、施工组织设计交底及重点技术措施交底，保持与设计工程师、施工建设部门及监理密切联系与协调工作	外部招聘
7	设计工程师	2～3	进行主体工程设计，提供可行的设计方案，确保设计工作能满足项目施工的要求；组织现场技术工程师与施工工程师进行会审，准确传达其设计意图及注意事项	外部招聘
8	材料工程师	3	对项目的材料采购管理负责，包括编制项目的材料采购计划；对材料采购的成本控制、进度控制、质量控制进行监督和管理；参与项目关键材料采购的全过程工作；积累大型工程承包项目材料采购和管理的经验	内部调配
9	现场经理	1	组织编制项目进度计划（整体计划、年度计划、月度计划），组织审核施工的进度计划和用款计划，材料采购计划，参与审核项目施工组织设计及重要施工方案、技术措施，与现场的分包代表进行沟通与协调	内部调配
10	现场副经理	2	参与编制项目进度计划（整体计划、年度计划、月度计划），参与审核施工的进度计划和用款计划，对项目施工进度计划的执行情况进行跟踪和对比。与现场的业务代表、分包代表进行沟通和协调。组织项目各个阶段的验收和竣工验收工作	外部招聘
11	现场计划工程师	3～4	审核项目进度计划，参与审核材料采购计划，对项目施工进度计划的执行情况进行跟踪和对比	外部招聘
12	现场技术工程师	2	参与编写项目质量管理计划；参与审核项目施工组织设计及重要施工方案、技术措施；参与施工图会审、施工组织设计交底及重点技术措施交底；保持与现场设计部门、施工建设部门及监理人员密切联系与协调工作，确保设计工作能满足项目施工的要求	外部招聘
13	现场施工工程师	2	按照施工组织设计的总体要求对项目进行施工管理，严格遵守施工验收规范及有关标准；按照有关规定对现场进行安全文明施工管理；负责施工过程质量控制管理、检验和试验管理；负责对工程质量及安全事故进行调查，并向现场副经理及技术经理提交调查结果和分析，根据处理方案监督责任单位的整改工作；参与审核施工计划；负责施工技术保证资料的汇总及管理	外部招聘

岗位说明书以材料工程师为例见表 14-14。

表 14-14　岗位说明书

岗位名称	材料工程师	所属部门	技术部
总体职责	对项目的材料采购管理负责，包括：①认真贯彻执行公司对材料采购与管理的组织政策和公司领导的相关决定、指示；②运用材料采购合同解决和处理项目所需材料采购的有关事宜；③对材料采购的投资控制、进度控制、质量控制进行监督和管理；④加强材料采购合同的管理，严格审查、控制材料各种款项的支付；⑤积累大型工程承包项目材料采购和管理的经验		
具体职责	①制定和完善项目材料采购与管理办法 ②运用材料采购合同解决和处理项目材料采购的有关事宜 ③考察了解国内外主要材料的供应商情况，掌握第一手资料 ④收集技术规程、规范、资料、材料目录及样本等资料 ⑤对项目所需材料的投资总额进行监督和管理，编写主要材料的价格清单，计算材料订购各个环节中的费用 ⑥加强订货合同的管理，严格审查、控制材料各种款项的支付 ⑦参加有关材料订货招议标、评标会 ⑧建立材料采购台账，将材料订购信息及时反映在台账中 ⑨对项目材料采购工作进行全面跟踪、监督、管理，并定期写出工作报告		

（续）

任职要求	①大学本科以上学历 ②具有一定的英语水平，通过公司组织的英语水平考试 ③有房地产开发方面的技术背景 ④具有承担大中型工程承包项目的实践经验 ⑤具有较强的组织协调能力 ⑥具有优秀的口头和书面表达能力

14.3.7 项目沟通管理涉及的规划工作

项目沟通管理在规划这一阶段需要完成规划沟通管理。规划沟通管理就是要确定项目干系人的信息需求和传递信息需求的方式，编制项目沟通计划，它是项目成功的关键。

1．沟通需求分析

为了有效编制项目沟通计划，可以将沟通需求分成3类：项目管理方面的信息、项目执行方面的信息和项目团队内部的日常信息，并且根据实际情况采用不同的沟通方式。

（1）项目管理方面的信息 项目管理方面的信息是一些比较重要的沟通需求，特别是对项目团队内部（项目经理和项目团队成员）来说，其内容包括：①项目总体计划；②双周计划；③项目周报；④阶段性报告；⑤风险评估报告；⑥项目质量检验报告；⑦会议纪要；⑧沟通计划；⑨培训计划等。这些信息一般采用书面形式，主要以电子邮件的方式传递，发给项目团队的每个成员。

（2）项目执行方面的信息 项目执行方面的信息包括需求了解、项目成果确认等方面的信息，其内容包括：①土地规划方案；②工程设计方案；③政府主管部门审批意见；④项目进展阶段性报告；⑤项目总结报告等。这些项目执行方面的信息都将采取正式的书面报告形式，具体包括电子邮件、文档共享系统、物理文件等。

（3）项目团队内部的日常信息 项目团队内部的日常信息，例如一些会议讨论邀请、项目团队内部成员之间的知识转移、项目团队内部成员对项目工作的一些合理化建议、项目团队建设过程中的一些娱乐活动（如周末聚会）等信息。这些信息一般通过E-mail直接发给相关的人，也可以通过项目内部网站发布出来。

结合WBS编制的干系人沟通需求见表14-15。

表14-15 干系人沟通需求

任务编码	任务名称	干系人的沟通需求
1110	投标招标	竞标对手、竞标方式、竞标价格
1120	签订合同	合同条约、工程款多少、进度规划、质量保证
1130	规划设计	设计情况、设计有何困难
1140	施工准备	技术准备、现场准备、人员安排
1150	设备采购	采购价格、项目成员采购周期、项目人员采购成本
1211	土建工程	前期资料、施工资料、竣工资料、质量验收、质量问题
1212	锅炉房	噪声控制、质量验收、质量问题

（续）

任务编码	任务名称	干系人的沟通需求
1213	停车场	单个停车场面积、维护秩序、质量验收、质量问题
1214	道路建设	道路走向、质量验收、质量问题
1221	自来水	水质保障、质量验收、质量问题
1222	供电工程	变压器建造、质量验收、质量问题
1223	煤气工程	管道安装、质量验收、质量问题
1224	绿化工程	绿化比例、质量验收、质量问题
1225	电信工程	电线排放、质量验收、质量问题
1226	排污工程	管道安装、质量验收、质量问题
1231	墙面装修	墙面颜色、天花板装饰
1232	门窗通风	产品质量、质量问题、质量问题解决、质检办法
1233	电梯	产品质量、质量问题、质量问题解决、质检办法
1234	卫生洁具	产品质量、质量问题、质量问题解决、质检办法
1235	五金	五金数量、产品质量、质量问题、质量问题解决、质检办法
1236	地板	地板抛光打蜡、产品质量、质量问题、质量问题解决、质检办法
1237	报警监控	监控范围、产品质量、质量问题、质量问题解决、质检办法
1310	竣工验收	项目效果、符合要求、客户满意度、后续合作意向
1400	项目管理	全程监督、改进措施

2．沟通方式选择

1）电子邮件（全部统一到 Z 公司的电子邮件系统）。

2）文档共享系统（Team Room 使用 Share Point）：项目计划的发布、项目执行情况的跟踪通过 Project 2010 网络版实现。

3）会议：对本项目来说，会议也是一个非常重要的沟通方式，会议将定期进行，或者在遇到问题时临时召开。项目团队在项目中采用的会议形式包括项目例会、项目阶段性成果汇报演示会、项目进程协调会、临时项目会议、业务访谈会议、项目总结会等。

4）面对面沟通（包括面谈、电话）：在项目团队访问当地居民或客户时，经常会采取这种方式。

5）内部刊物等宣传手段。例如，在集团内部网或内部刊物上，以类似板报的形式，介绍项目基本情况，帮助项目团队成员正确认识这个项目的工作，争取更多的配合与支持。

6）培训（包括定期、不定期培训）：在进行知识转移时，会经常举行定期或不定期的培训。

3．项目沟通计划的编制

沟通总体计划见表 14-16。本沟通计划按项目阶段制订，随着项目的进展，可以在每个项目阶段对计划进行调整和细化。

表 14-16 沟通总体计划

项目阶段	信息类别	沟通参与者（相关项目干系人）	主要沟通内容	沟通方式	沟通责任人
计划准备	项目管理方面的信息沟通	W房地产公司、Z公司、项目团队全体成员、政府主管部门	项目管理方面的信息（明确目标、制订计划）	电子邮件、Team Room、项目例会、项目会议、面对面沟通、定期培训	
	项目执行方面的信息沟通	项目经理、项目团队相关人员、政府主管部门、当地居民	需求了解	电子邮件、小型会议（包括访谈）、大型会议、面对面沟通、内部刊物和宣传手段、定期培训	
	项目团队内部的日常信息沟通	项目团队全体成员	知识转移	电子邮件、Team Room、小型会议（包括访谈）、面对面沟通、定期培训、不定期培训	
工程建设	项目管理方面的信息沟通	W房地产公司、Z公司、项目团队全体成员、政府主管部门	项目管理方面的信息（项目计划执行情况）	电子邮件、Team Room、项目例会、项目会议、面对面沟通	
	项目执行方面的信息沟通	项目经理、项目团队相关成员、材料供应商	需求了解 项目阶段性成果确认	电子邮件、小型会议（包括访谈）、大型会议、面对面沟通、内部刊物和宣传手段、定期培训、不定期培训	
	项目团队内部的日常信息沟通	项目团队全体成员	知识转移	电子邮件、Team Room、小型会议（包括访谈）、面对面沟通、定期培训、不定期培训	
成果确认	项目管理方面的信息沟通	W房地产公司、Z公司、项目团队全体成员	项目管理方面的信息（项目计划执行情况）	电子邮件、Team Room、项目例会、项目会议、面对面沟通	
	项目执行方面的信息沟通	项目经理、项目团队相关成员、政府主管部门	项目成果确认	电子邮件、小型会议、大型会议、面对面沟通、内部刊物和宣传手段、定期培训、不定期培训	
	项目团队内部的日常信息沟通	项目团队全体成员	知识转移	电子邮件、Team Room、小型会议、面对面沟通、定期培训、不定期培训	

14.3.8 项目风险管理涉及的规划工作

在项目规划阶段，项目风险管理领域的主要工作内容及流程，如图 14-8 所示。

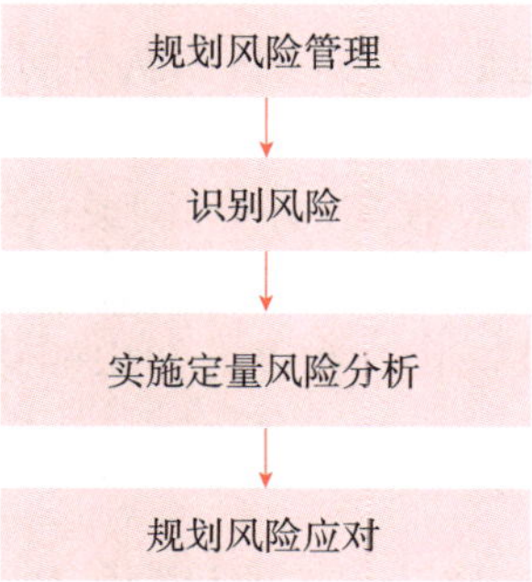

图 14-8 项目风险管理领域的主要工作内容及流程

1．规划风险管理

规划风险管理是规划和设计如何进行项目风险管理活动的工作过程，是进行项目风险管理的第一步。A 项目部判断出可能发生的风险，并制定了一套全面、协调一致的项目风险管理方法，将其形成文件，从而达到预防、减轻或消除不良情况的发生，以免对该项目造成不利影响。

2．识别风险

为了准确估计项目可能的风险，项目部编制了规范的表格。在项目检查时，由过程控制小组填写。项目部汇总整理后，经过研究讨论，征询专家意见，确定了项目可能遇到的风险，见表 14-17。

表 14-17　项目可能遇到的风险

方面	类型	风险	识别		
			高	中	低
环境	气象	可能不利的天气		√	
	公共服务	在进行建设施工时必须保持公共服务			√
	财产损失	是否有制度和措施		√	
施工	进度	目标是否清楚			√
		原材料供应情况			√
		人员配备情况		√	
	费用	是否定期进行成本结算		√	
		成本与计划和预算相比的情况			√
	质量	目标是否清楚			√
		是否对照质量计划检查工作			√
技术	要求	是否进行设计会审			√
		隐蔽工程检查和验收，施工预检		√	
		是否有技术措施计划和施工组织计划			√
	功能	在项目设备、材料订货和施工前，对所有可能的设计方案是否进行了细致的分析和比较			√
管理	管理	项目目标是否清晰			√
		项目班子全体成员是否工作勤奋，对可能遇到的大风险是否都经过集体讨论			√
		决策是否征求各方面的意见		√	
		是否对经验教训进行分析			√

3．实施定量风险分析

一般来讲，风险定量评估是在定性评估的基础上进行的，通常采用从若干方面逐项评分的方法来量化风险的大小，即事先确定评分的标准，然后由项目小组一起，对预先识别出的项目风险一一打分，得出不同风险的大小。

根据房地产项目的特点，从风险时间发生的可能性、风险发生对项目影响的严重性和项目小组能否有效控制风险发生三个方面（可称为维度）来定量分析，每个维度从 1～10 分的等级来评估风险。例如，项目小组在评估发生资金短缺风险时，认为它非常不可能发生，得3分，但是一旦发生后果则非常严重，得9分；而且，资金短缺项目小组很难控制，得8分，然后把这三个数字相乘，即得到该风险的风险级别（RPN）。风险级别越高，表示风险越大，需要项目小组制定相应的措施认真对待。A项目风险定量评估标准见表14-18。

表14-18 A项目风险定量评估标准

分数	可能性（根据频率和周期综合判断）		严重性	不可控性
10	非常高，频繁发生	大于或等于每小时一次	严重影响项目，导致项目取消，而且没有警示	绝对不可能控制，只能听天由命
9	很高，经常发生	一天两次	严重影响项目，导致项目取消，但有警示	利用现有的技术和条件几乎不能控制。如需控制，需要创造一定的条件
8	高，经常发生	一天一次	严重影响项目目标实现，可能导致严重的拖期、超支或质量问题	利用现有的技术和条件控制难度很大，可能需要其他条件
7	较高，经常发生	每周一次	项目的进度、成本或质量性能受到显著影响，可能导致有些工作不能完成，客户不会很满意	利用现有的技术和条件有一定的难度，但不需要其他条件
6	中等、时有发生	每月一次	项目的进度、成本或质量性能受到一些影响，工作虽然可以完成，但客户不满意	利用现有的技术和条件能够控制
5	中等，时有发生	每年两次	项目的进度、成本或质量性能受到轻微影响，客户会有轻微不满	无征兆，利用现有的技术和条件容易控制
4	中等，偶尔发生	每年一次	项目受到一些影响，客户也将意识到这种影响	无征兆，能够控制
3	低，很少发生	每两年一次	对项目有比较小的影响，客户意识到这种影响	有征兆，能够控制
2	很低，几乎从来不发生	每五年一次	影响如此之小，以至于只有少数客户发觉这种影响	有明显征兆，很容易控制
1	不发生	每十年还不到一次	无影响	一眼就能看出问题，控制它不费吹灰之力

将A项目风险列表中主要的风险按该风险评估方法评估，然后按照评估出的风险级别将风险自高向低排序，将评分最高的前10个风险整理形成“Top10”，也就是“前10个主要风险列表”，并将它们作为控制对象，以便在项目执行过程中密切监控这10个可能会给项目带来严重问题的风险。这样，无论是这些严重的风险还是其他一般风险一旦发生，就能做到“兵来将挡，水来土掩”，从而确保最终有效实现项目目标。由于项目的执行处于动态环境中，随着条件的变化“Top10”可能发生变化，因此还要在项目关键里程碑事件实现后再次评估存在的风险，形成新的“Top10”。如在项目设计完成后（2011年6月30日），对可能发生的风险进行评估后的“Top10”见表14-19。

表 14-19　风险评估后的“Top10”

排序	方面	所属类型	风险
1	施工	进度	原材料供应情况
2	施工	进度	人员配备情况
3	环境	气象	可能不利的天气
4	技术	功能	在项目设备、材料订货和施工前，对所有可能的设计方案是否进行了细致的分析和比较
5	施工	质量	是否对照质量计划检查工作
6	技术	要求	是否有技术措施计划和施工组织计划
7	施工	费用	是否定期进行成本结算
8	施工	进度	目标是否清楚
9	施工	费用	成本与计划和预算相比的情况
10	管理	管理	项目目标是否清晰

4．规划风险应对

在项目定期检查会上，项目组对项目风险识别表上列举的内容进行讨论，确定具体的风险应对措施，并结合实际施工情况，对这些措施不断修改完善见表 14-20。

表 14-20　项目风险应对措施

方面	类型	风险	应对措施
环境	气象	可能不利的天气	每天检查，及时安排，预防为主
环境	公共服务	在进行建设施工时必须保持公共服务	制定制度，严格执行，预防为主
环境	财产损失	制度和措施的漏洞	可以参加保险，转移为主，预防为辅
施工	进度	目标是否清楚	①可以进行看板式目标管理 ②在项目的关键点采用挣值法进行分析，找出进度和费用偏差的原因，采用相应的措施 ③在项目实施前，相应地制订风险应对的备用措施如：预算应急费、技术后备措施、进度后备措施 ④预防和减少损失
		原材料供应情况	
		人员配备情况	
	费用	是否定期进行成本结算	
		成本与计划和预算相比的情况	
	质量	目标是否清楚	
		是否对照质量计划检查工作	
技术	要求	是否进行设计会审	①施工前必须进行技术图样评审，召开技术交底会，使施工人员和管理人员都熟知和了解项目的要求和标准 ②制订技术计划和施工组织计划，定期检查、考核 ③隐蔽工程严格检查、记录、签署意见，办理验收手续 ④预防和减少损失
		隐蔽工程检查和验收，施工预检	
		是否有技术措施计划和施工组织计划	
	功能	在项目设备、材料订货和施工前，对所有可能的设计方案是否进行了细致的分析和比较	

（续）

方面	类型	风险	应对措施
管理	管理	项目目标是否清晰	①由项目经理负责，项目办具体实施，制定各种规章制度，认真落实执行；同时加强信息的沟通，总结经验，不断改进 ②预防和回避风险
		项目班子全体成员是否工作勤奋，对可能遇到的大风险是否都经过集体讨论	
		决策是否征求各方面的意见	
		是否对经验教训进行分析	

14.3.9 项目采购管理涉及的规划工作

在项目规划阶段需要规划采购管理。规划采购管理的主要任务是明确需要采购哪些物料、工程和服务。

以A项目中采购电梯为例，电梯采购规划的基本信息见表14-21。

表14-21 电梯采购规划的基本信息

采购设备	电梯	知名品牌
采购时点	2012年12月15日	装修工程开始进行
采购方式	招标、外购	本项目部没有自行研制的能力
采购数量	14部	依据资源需求计划
采购价格	400万元（预计）	

14.3.10 项目干系人管理涉及的规划工作

在项目规划这一阶段需要规划干系人参与。规划干系人参与是在对干系人需求、利益及对项目的潜在影响的分析基础上，制定合适的干系人管理策略，以有效协调项目干系参与的过程。表14-22即为一个干系人参与评估矩阵示例。其中C代表当前参与程度，D代表所需参与程度。

表14-22 干系人参与评估矩阵

干系人	不了解	抵制	中立	支持	领导
技术经理王大飞			C	D	
商务经理李富达		C	D		
现场经理刘一民				C D	

通过对干系人参与评估矩阵的分析，可以识别出项目干系人的当前参与程度与所需参与程度的差距，据此制定行动方案，消除差距。如技术经理王大飞应该是采取支持的程度，而当前他的参与程度是中立的，项目经理应该与其进行沟通，使其参与程度转为支持。现场经理刘一民的当前参与程度及所需参与程度都为支持，说明此干系人对项目的成功起着积极的作用。

14.4　项目执行阶段

项目执行阶段主要涉及项目整体管理中的指导和管理项目执行，项目质量管理中的实施质量保证，项目人力资源管理中的组建、建设、管理项目团队，项目沟通管理中的管理沟通，项目采购管理中的控制采购以及项目干系人管理中的管理干系人参与这些内容。

14.4.1　指导与管理项目工作

当 A 项目整体管理计划以及其他的文件资料发放到项目相关人员手中后，项目的整体计划就进入执行阶段。项目经理这时应起到良好的表率作用，使项目团队成员都能够深切体会到，制订一个好的项目计划并在实施阶段很好地遵循这一计划的重要性。

在项目计划实施的过程中，预防、纠正措施也是很重要的依据。预防措施是降低项目风险的各项措施。纠正措施是指为了确保项目始终按计划实施所采取的任何措施，它是各种控制过程的输出，是确保项目有效管理的反馈循环的关键。项目实施最终得到的结果是工作结果和变更申请，其中，变更申请则是随着项目的进行，随时提出的一些申请，如变更项目成本预算或进度估算等。

工程主要包括主体工程、配套工程、装修工程三个部分。在结构、装饰和机电安装中，对工程量大和技术要求高的工序，力争采用国内外已经成功的，先进的模板体系、混凝土的小节拍流水施工法、装饰中的干作业法及各种施工机具等。同时，还要安排好结构、装饰和交叉施工工序，充分利用现场条件，穿插有序，立体作业，严格执行总计划中规定的各项施工进度计划。

为了保证 A 项目顺利实施，项目部特制定以下措施：

1．组织保证

项目部全权代表 W 房地产开发公司组织、管理和实施该项目。项目部有权调动所有人员、物质、资金、机械设备，以满足施工组织的需要。项目部和各项目团队建立二级生产调度指挥系统。全面及时反馈施工进度中的各种问题，加强对工程交叉和施工干扰的指挥与协调，对影响工期的重大关键问题超前研究，制定措施，及时配置或调整人力、财力、物力、机械设备，保证工程的连续性和均衡性。

2．制度保证

建立健全工期保证岗位责任制，层层签订工期包保责任状。建立生产计划考核制度，编制周密、详尽的施工生产计划，以天保旬，以旬保月，每季对各项目团队生产计划的完成情况进行考核，实行工期奖惩制度。根据生产计划考核情况，对完成好的给予表彰奖励，完成差的要查找原因，制定整改措施并给予必要的经济处罚。同时普遍实行计件工资、承包工资，把员工的工资收入与计划完成情况以及质量、安全等挂钩，以充分发挥项目所有员工的积极性和主动性。

3．技术保证

以施工设计和投标文件的施工组织设计为依据，根据现场的实际情况和建设单位统一部署安排，进一步优化施工方案，及时编制实施性施工组织设计，为实现工期目标提供更加科学、合理和有序的施工组织方案。对可能影响工期的工程或工序的施工方案和方法，组织技术攻关，进行超前研究，及时提出能确保工期的有效措施。根据施工总体计划，编制分季和分月进度计划安排，并制订完成计划的各项具体措施。当因环境条件变化而影响计划完成时，运用网络技术，及时找出新的关键线路，重新确定重点工程或工序，采取有力措施，使施工进度满足计划要求，确保各主要工程项目始终处于受控状态。从该项目目前正在实施的情况看，不确定因素随时可能对施工进度造成影响。

4. 设备物资保证

根据工程进度，上足所需机械设备，实行动态管理。配备先进的测量、试验及监测仪器和设备，调配熟练的操作技术人员，提高工作效率和质量，充分满足工程需要。抓好材料的采购、储备和供应工作。做到渠道畅通、质量优良、供应及时，以满足施工生产需要。

5. 后勤保证

加强与当地政府和工地附近居民的联系，取得政府和群众对A项目建设的理解和支持，搞好征地拆迁工作，为施工创造良好的外部环境，保证施工顺利进行。搞好后勤保障工作。关心员工生活，尽力做好生活物资的供应，开展有益于员工身心健康的工地文化娱乐活动，使所有员工以饱满的热情投入工作中去。

14.4.2 项目质量保证

项目质量保证是为保证项目质量计划的顺利实施，经常性地对项目质量计划的执行情况进行评估、核查和改进的过程，使项目质量能够满足客户要求。质量保证相当于疾病预防，其目的是防止缺陷的发生，确保项目一次性成功。下面我们以施工过程中对钢材结构保证为例进行描述见表14-23。

表14-23 钢材结构保证描述

钢材质量标准
保证项目 ①钢材的品种、型号、规格和质量必须符合设计和施工规范的规定，并应有出厂合格证、质量保证书和试验报告 ②钢材切割断面必须无裂纹、夹层和大于1mm的缺棱 ③栏杆制作后必须经强度检验，其结果应符合国家标准GB/T 4053.3—83《固定式工作防护栏杆》的规定 **基本项目** ①构件正确、无明显凹面和损伤，表面划痕不超过0.5mm ②构件磨光组装的顶紧面紧贴不少于80%，并且边缘最大间隙超过0.8mm
焊条质量标准
保证项目 ①焊条的型号、接头所用钢材型号、质量均应符合设计要求和钢结构焊接的专门规定 ②焊工必须经考试合格，有相应施焊条件的合格证，考核日期必须有效 ③承受拉或压与母材等强度的焊缝必须经超声波，X射线探伤检验，其结果必须符合设计要求、施工规范和钢结构焊接的专门规定 ④焊缝表面严禁有裂纹、夹渣、焊瘤、烧穿、弧坑、针状气孔和熔合性飞溅等缺陷，气孔、咬边必须符合施工规范规定 **基本项目** ①结构的焊接质量检验分三级。普通碳素结构钢应在焊缝冷却到工作地点温度以后，低合金结构钢应在焊后24小时进行检查 ②焊缝外观检查质量标准焊波应均匀 ③焊缝外形尺寸允许偏差和检验方法

14.4.3　项目团队组建

为了组建有效的团队，首先要分析和确定项目团队成员的职责和能力要求，然后根据这些职责和能力要求确定如何配备或者获取项目团队成员。下面以项目经理为例，说明其职责、要求和配备方式。

项目经理在项目中的重要性不言而喻，如果他不认真履行职责，项目很可能失败。项目经理是整个项目的负责人。

（1）职责　项目经理是项目的总负责人，主要任务是计划、指导和整合项目团队成员的工作，努力达到项目目标。项目经理对项目计划、组织实施负全权责任，对项目目标的实现负终极责任。他在项目各个领域拥有广泛的权威，要指导项目、管理项目、协调项目、发现和解决项目中的问题和冲突、向公司总裁直接汇报项目进展情况。

（2）要求　领导能力——对项目任务能够保持充分的自信，坚持目标导向，能够有效激励员工并做出决策；业务管理能力——了解公司销售、生产、成本、供应等业务知识；沟通能力——被广泛认可。

（3）人员配备和获取　项目经理的获取比较困难，一般来说应在组织内寻找，少数情况下也可以聘请顾问担当。

14.4.4　项目团队建设

为了提高项目团队的个人能力和工作绩效，保证 A 项目按时保质完成，项目部制定了对项目团队成员进行绩效考核和奖励的具体办法。

A 项目绩效考核与奖励办法

为了充分地调动项目成员的积极性，有效地实施 A 项目，本着公平、公正、公开的原则，制定本项目的考核和奖励办法。

一、目的：建立绩效与奖励的关系，保障项目成功实施。

二、适用人员：本项目成员，不包括项目经理。

三、内容：

凡是参加本项目的项目人员，在项目执行期间绩效考核的结果作为该项目人员年度绩效考核的一部分。

凡是参加过 A 项目并且最终绩效考核结果为优秀级的项目成员，在岗位选择和晋升任用中，综合技能评分可以增加 10% 的浮动，优良级的项目成员增加 5% 的浮动。

按照项目的需要和项目成员的需求，组织必要的培训，项目成员如果通过了项目期间所有的培训，等同于该项目成员完成了 M 公司规定的年度培训要求。

每个项目阶段评选绩效考核得分第一名的项目成员，将获得 2000 元人民币奖励，第二、三名的项目成员将获得 1200 元人民币奖励，第四、五、六名项目成员将获得 500 元人民币奖励。

整个项目期间，设立一名最佳合作奖，获此殊荣者将增加带薪休假一周。

四、评分标准：

各项目成员分别给自己和其他项目成员打分并得出算术平均值，项目经理给所有项目成员打分，两者各占 50% 的权重，计算每个项目成员的绩效考核成绩。

（1）项目阶段评分标准见表 14-24。

表 14-24　项目阶段评分标准

项目	评分标准					权重	得分	分数
	10 分	8 分	6 分	3 分	0 分			
出勤情况	准时上下班及出席各种会议和培训	未准时上下班和出席各种会议不超过 2 次	未准时上下班和出席各种会议不超过 5 次	未准时上下班和出席各种会议不超过 8 次	未准时上下班和出席各种会议超过 8 次	1		
培训成绩	培训成绩优秀	培训成绩良好	培训成绩中等	培训成绩合格	培训成绩不合格	1		
时间进度	质量达标、按时完成工作	质量达标，进度拖延不超过 1 天	质量达标，进度拖延不超过 3 天	质量达标，进度拖延不超过 5 天	质量达标，进度拖延超过 5 天	3		
加班时间	无非返工加班时间	非返工加班时间不超过 8 小时	非返工加班时间不超过 24 小时	非返工加班时间不超过 40 小时	非返工加班时间超过 40 小时	1		
返工时间	无返工时间	返工时间不超过 8 小时	返工时间不超过 24 小时	返工时间不超过 40 小时	返工时间超过 40 小时	2		
过程文件	项目文件准时率 100%	项目文件准时率 98%	项目文件准时率 95%	项目文件准时率 90%	项目文件准时率不足 90%	3		
总分：								
得分 100～90 为优秀、89～75 为良好、74～60 为中等、59～45 为合格、44 及以下为不合格								

（2）项目期间评分标准：各阶段绩效评分结果的算术平均值。

五、最佳合作奖评比办法

凡是按质按时完成自己任务，并能够主动帮助和配合其他项目成员完成项目任务的项目成员有资格参加评比，由项目成员提名，包括项目经理在内的所有项目成员对被提名人无记名投票，得票最高者当选。

14.4.5　项目团队管理

对许多项目经理而言，项目团队管理恐怕是他们面临的难题之一，而团队管理恰恰又是项目管理过程中最重要的部分。因为，成功的团队管理不一定能保证项目的成功，但失败的团队管理必然导致项目的失败。在一个项目团队中，有各种不同的人员，他们具有不同的背景，有着不同的特长，也具有不同的性格特征。如何充分发挥每一位团队成员的积极性和特长，并保证这些积极性和特长的发挥能够与项目目标保持一致，是每位项目经理在团队管理中必须处理好的问题。

在团队管理中遇到的一个突出问题就是团队冲突，解决团队冲突的一个重要方法就是建立团队成员之间的信任。此时，团队项目经理，被再次赋予了更多职责。在本项目中，项目经理是靠面对面地接触来建立信任的，他的作用是无可替代的。项目团队每隔两个月就会选一个地方，大家聚一两天，或聚餐，或去户外运动。项目经理与 W 公司的总裁每季度至少要碰面一次，每周召开电话会议，并保持频繁的电话和邮件联系。这很好地缓解了团队冲突的发生。

14.4.6　管理沟通

在 A 项目中，W 房地产公司、Z 公司、A 项目的各级管理层、项目团队成员之间都非常希望了解项目的进展情况和项目进展过程中相关问题的处理，如果这些信息沟通不好，将会对项目进展和项目绩效产生很大影响。为了很好地解决项目进展过程中的信息沟通问题，本项目部在 W 公司的内部网站建立了信息发布系统和信息查询系统，它可以有效地管理项目计划、跟踪项目进展、控制项目变更等。同时，公司内部网站还设有公告板、在线讨论、BBS 等工具，根据不同的内容信息，综合应用公司内部网站的不同功能，大大提高了信息发布的效率，减少了沟通的成本，提高了沟通效率。

14.4.7　实施采购

1．招标与询价

A 项目采购部已于 2012 年 12 月 15 日按照《中华人民共和国招标投标法》在国家官方网站和出版物上刊登了招标公告，见表 14-25。

表 14-25　A 项目电梯招标公告

招标编号	W20121231
项目名称	高层住宅电梯采购项目
招标内容	高层住宅电梯及安装、调试（14 部）
投标人资格要求	①依法成立的法人或其他组织；②具有独立承担民事责任的能力；③具有良好的商业信誉和健全的财务会计制度，有依法纳税和向社会缴纳保障资金的良好记录，须出具相关证明；④具有如期如数优质高效地提供上述采购范围货物的经营能力；⑤近三年内在经营活动中没有违法记录，具有履行合同的经济实力；⑥注册资金必须在 50 万元以上（含 50 万元）；⑦投标供应商为电梯制造商或授权委托的代理经销商，生产或销售电梯及进行安装服务的资格必须得到有关行政部门的许可［省质量技术监督局颁发的《电梯安装资格证》《电梯维修保养资格证》，省建设厅颁发的《电梯安装工程专业承包资质证书》、质量管理体系认证证书，施工工程单位资质证书，生产企业须提供生产许可证，代理商（或经销商）须有所投设备的代理（或经销）该产品的代理授权证书］；⑧所投产品必须符合国家规定的相应技术标准、环保标准和安全标准；⑨有良好的银行信用（提供银行的资信证明）；⑩法律、行政法规和本招标文件规定的其他条件
竞争性谈判招标文件发售时间和地点	购买竞争性谈判文件时，需提供：①营业执照；②税务登记证（国、地税）；③企业组织机构代码证；④上述第四条第 7 小点的资质证书；⑤缴纳税金及社会保障资金的相关证明；⑥法人代表证书、法人代表身份证复印件；⑦法人代表授权书、单位介绍信及经办人身份证。从 2012 年 12 月 31 日起至 2013 年 1 月 14 日止（每天 8:00～12:00，14:30～17:30）到本市 W 房地产公司购买竞争性谈判招标文件，文件售价为￥200 元 / 份，售后不退
付款方式	本次采购，资金来源为 W 房地产公司自筹资金，付款单位为 W 房地产公司。 付款方式为：电梯安装调试并经政府有关部门验收合格后（交钥匙工程），首付中标总金额的 50%，运行 6 个月后再付总金额的 30%，余额在满一年电梯运行正常情况下全额付清

（续）

售后服务	在1年质保期内，电梯如出现故障，中标方必须在以接到故障电话通知起10分钟内积极有效地响应，30分钟内到达现场并免费修好（维修及更换零配件均为免费服务）。 免费培训保修人员1～2名
投标截止时间	2013年1月15日9：00
开标时间	2013年1月15日14：00 Z公司商务办公楼二楼会议室
联系单位及联系人	Z公司采购管理办公室 王鸿兵 电话：×××××××××××　传真：××××××××××××

2．供应商确定

通过评标，专家对电梯价格、电梯质量、安装电梯的技术水平和电梯维修及其售后服务等各个方面做了评价，最后按照加权系统方法初步确定中标商为国交电梯公司。经过公示，最终确定电梯供应商为国交电梯公司。

3．合同管理

确定了供应商之后双方要签订电梯采购合同。采购合同的内容主要包括供应商的责任和权利，项目组织的主要责任和权利，合同价格、计价方法和补偿条件，工期要求，争执解决，双方违约责任，履行合同可能存在的问题和风险等。下面是举例合同中关于质量保证一条的内容：

（1）乙方保证本合同的货物是全新的、全套齐全的、无损的、符合本合同的技术规格和质量的（生产厂家）厂家的原装产品。

（2）电梯货物运抵工地至开始安装日之前，由乙方妥善保管货物，到电梯开始安装时，双方派代表开箱点验后，在整个安装调试期间，设备部件（货物）仍由乙方负责保管，直至安装调试完工电梯验收合格并移交给甲方为止。

（3）因使用和保养不当而损坏的，乙方可提供有偿服务。

（4）保修期满后，电梯设备的定期维修保养另行商定。

（5）保修期内的故障保修，乙方须在当天到达岗位，到期不到位保修期顺延。

（6）质保期满后，若有零部件出现故障，经权威部门鉴定属于寿命异常问题（明显短于该零部件正常寿命）时，则由乙方负责免费更换及维修。

（7）在有关部门进行验收时，甲方应及时配合乙方。

（注：甲方：W房地产公司乙方：本市国交电梯公司）

合同一旦签署，合同管理工作就开始了。采购合同管理保证合同双方严格地按照所签订合同规定的各项要求自觉履行各自的义务，维护各自的权益。

14.4.8　管理干系人参与

根据项目的组织结构和项目的工作范围、可交付成果，可以看出，项目的主要干系人包括：W房地产公司、Z公司、项目经理、项目团队成员、政府主管部门、材料供应商、当地居民等。项目干系人沟通需求情况见表14-26。

表 14-26　项目干系人沟通需求情况表

角色 / 成员	主要职责	主要沟通需求
W 房地产公司	为 A 项目提供资金，监督项目实施，进行项目验收	• 项目基本情况 • 项目资金需求、项目目标及制约因素 • 项目实施过程中的各方面信息 • 项目成果确认
Z 公司	负责 A 项目的建设	• 项目基本情况 • 项目资金需求、项目目标及制约因素 • 项目进度需求 • 项目质量需求
项目经理	全面负责 A 项目的实施	• 项目需求、项目目标及制约因素 • 项目所需资源落实情况（人、财、物） • 项目经理的职责与权限 • 项目实施过程中的各方面信息
项目团队成员	协助 A 项目的实施	• 与房地产相关的项目管理方面的信息 • 项目基本情况
政府主管部门	负责 A 项目的立项审批、土地审批、规划许可证和施工许可证的办理	• 项目基本情况 • 项目计划、项目成果确认
材料供应商	提供 A 项目所需的材料	• 项目基本情况 • 项目可接受的最低材料价格
当地居民	关注 A 项目对周围居住环境带来的影响	• 项目基本情况

据此定期向项目干系人披露项目进展情况。下面将以 2012 年 7 月的项目执行情况报告为例进行说明。

1. 本月重大事件回顾

1）7 月 2 日，锅炉设备到达项目现场并通过验收，准备进行锅炉安装工程。

2）7 月 6 日，施工小组开始进行停车场的建造，停车场控制系统准备开始安装。

3）7 月 15 日，施工小组开始进行道路建设工程，路灯采购工作同时开始。

2. 本月计划完成情况

本月计划完成具体情况见表 14-27。

表 14-27　本月计划完成具体情况　　（单位：万元）

	本月计划完成	本月实际完成	本月偏差
设备（锅炉）订货	150	150	0
路灯采购	30	32	2
管理制度	修订设备管理办法	完成	

注：本月偏差 = 实际完成 − 计划完成。

3. 主要工作情况说明

（1）设备（锅炉）订货　本月设备订货主要围绕锅炉来进行，在全国范围内进行采购，最终与 ×× 分公司签订了价值 150 万元的合同，设备订货清单详见附件。在设备采购过程中，我们参加了设备采购前的技术交流、合同的商务谈判。在合同谈判过程中，完善了采购合同标准文本，保护了甲方和作为付款方的 W 公司的利益。

（2）路灯采购　通过对全国范围内路灯供应商的产品质量及信誉的比较，确定了采用本市 ×× 照明设备公司生产的辉煌牌路灯。

（3）管理制度　通过征求各方意见，对《项目材料管理办法》进行修订，并于 7 月 22 日提交给项目领导小组。

4．本月存在的主要问题及解决办法

1）在采购路灯时，由材料小组提供的采购要求不清晰、不明确、不具体，有些规格说明还存在明显错误。这一点应设法给予解决，如尽早将材料采购计划提供给材料小组，以便他们有充足的准备时间；提供材料规格的质量与其工资的支付挂钩。

2）从对锅炉的订货情况看，聘请专家参与设备订货非常重要，关系到工程的完工质量。在以后设备（材料）的订货中，应聘请相关专家参与。

14.5　项目控制阶段

14.5.1　监控项目工作

由于项目的一次性和独特性，在项目生命周期的全过程管理中有效地实施项目监控，是实现过程目标和最终目标的前提和关键。在项目运行中进行监控的表格有很多，如项目状态报告、项目管理报告、项目阶段性评审报告等。

项目状态报告的作用是对项目进展状况进行概括见表 14-28。

表 14-28　项目状态报告示例

项目名称：A 项目主体工程	报告日期：20101030	
关键问题	是	否
超过计划日期了吗	√	
任务范围有变化吗		√
有技术问题吗		√
估算有问题吗		√
有评审问题吗		√
问题和方法：超过计划日期，及时调整进度，和总经理沟通后，把剩余主体工程时间缩短为 2 个月		

项目管理报告的作用是对项目管理状况进行评价见表 14-29。

表 14-29　项目管理报告的作用

项目名称：A 项目主体工程　　项目号：	报告份数：3	
状态总结	是	否
实际进度超过计划 10% 吗		√
提交物能满足性能要求吗	√	
能按时交付吗	√	

（续）

状态总结		是	否
能满足用户的要求吗		√	
与用户的关系被接受了吗		√	
任务完成预测顺利吗		√	
人员配备情况	专业能力有待提高		
技术状况	满足项目需求		
完成情况评估	虽然主体工程施工进展滞后，但是经过与施工人员的沟通后，可以按照计划交付，项目基本能够达到预期的目标		

负责人：吴振伟　　报告人：郭洪武　　联系电话：××××××××

在项目监控过程中，项目阶段性评审报告是重要内容之一。在 A 项目按计划进行过程中，项目部每月要召开一次专门例会讨论项目当前阶段进展情况，以实现对项目的总体运行监控，并做项目阶段性评审报告。以 2013 年 2—3 月的项目阶段性评审报告为例见表 14-30。

表 14-30　A 项目阶段性评审报告

项目名称：	A 项目主体工程	**客户名称：**	
项目经理：	吴振伟	**报告起草人：**	李瑞娥
项目发起人：	W 房地产公司全体股东	**日　　期：**	2013 年 3 月 3 日

评审阶段：　自 2013 年 2 月 1 日　至　2013 年 3 月 1 日
自上次评审以来的主要成就： 已完成主体工程第 5 标段的建设
项目实施的当前状态： 正常
上次评审提出问题解决情况： 已解决
当前出现或预见可能出现的问题： 在第 7 标段排污管道铺设过程中，技术工人不够，原材料可能紧缺
解决这些问题的方案有哪些？计划采取的措施是什么？ 从其他标段抽调技术工人，率先完成排污管道铺设工程
下次评审预计实现的里程碑有哪些？ 第 9 标段完工，场内垃圾清运，第六批贷款到位
项目经理的意见 **签名：**

14.5.2　项目整体变更控制

在 A 项目整体计划的执行过程中，最关键的一部分内容就是项目的整体变更控制。本书以 A 项目初期的一项变更为例说明项目整体变更的控制。

在 A 项目工程开工初期，项目部意识到，由于地基铺设环节赶在春天雨季来临时，这会为项目主体工程的顺利进行带来阻碍。为避免停工带来的风险，项目部经过权衡利弊，决定进行项目变更，将施工工程开始时间由 2011 年 7 月 31 日改为 2011 年 6 月 30 日。故工程设计截止时间亦随之提前一个月，即由 2011 年 7 月 31 日改为 2011 年 6 月 30 日。主体工程将于 2012 年 12 月 31 日提前一个月完工，2012 年冬节省出的时间正好赶在北方天气最寒冷的冬歇期，项目施工困难，工作效率偏低，在这段时间，项目部可以借此协调好人力、资源、资金，为其后的工程做好准备。工程设计时间压缩所带来的成本增加额在项目预算范围之内，可由意外开支准备金补充。

在 A 项目整体计划的执行过程中，该项变更管理流程如下：

1．变更申请

变更申请表见表 14-31。

表 14-31　变更申请表

基准计划要求： 工程设计完工时间为 2011 年 7 月 31 日，施工工程开始时间为 2011 年 7 月 31 日	
变更描述： 工程设计要提前 1 个月完成，主体建造工程可于 2012 年年初适当延后 1 个月	
变更理由： 在施工过程中，由于地基铺设环节赶在雨季来临时，为避免停工带来的风险，故将施工工程开始时间由 2011 年 7 月 31 日改为 2011 年 6 月 30 日，工程设计完工时间亦随之提前 1 个月	
变更申请人（单位 / 职务）：王大飞（技术经理）	签名：

2．变更引起的修订活动

项目变更后，A 项目进程修订见表 14-32（带 * 号项目为已修改部分）。

表 14-32　项目变更修订表

WBS	进度	成本	质量
工程开工	2011 年 1 月 1 日	无	不变
* 工程设计	2011 年 1 月 1 日至 2011 年 7 月 31 日改为 2011 年 1 月 1 日至 2011 年 6 月 30 日	增加 70 万元	不变
* 主体工程	2011 年 7 月 31 日至 2012 年 12 月 31 日改为 2011 年 6 月 30 日至 2012 年 12 月 31 日	不变	不变
配套工程	2012 年 12 月 31 日至 2013 年 10 月 31 日	不变	不变
装修工程	2012 年 12 月 31 日至 2013 年 8 月 31 日	不变	不变
工程验收	2013 年 10 月 31 日至 2013 年 12 月 31 日	不变	不变

3．变更影响评价

对 A 项目变更后的影响评价见表 14-33。

表 14-33 项目变更影响评价

对进度产生的影响 对工程整体进度无影响
对预算产生的影响 工程设计阶段成本增加 70 万元，总成本同时增加 70 万元
对产品质量产生的影响 无
对应用技术产生的影响 无
对项目范围产生的影响 无
对合同产生的影响 工程设计及主体施工进度合同需修改，整体成本合同需修改
对客户关系产生的影响 无
对其他方面产生的影响 无

4．相关干系人确认

项目干系人确认是项目干系人最终认可和接受该项目变更的过程。通过对前面项目变更申请、项目修订活动及变更影响评价的核检，项目变更控制委员会、客户及相关人员如确认该次项目变更可接受，则签名确认。A 项目的干系人签字确认表见表 14-34、表 14-35、表 14-36。

表 14-34 A 项目变更控制委员会（CCB）意见表

批准	CCB 主席签字：
否决	

表 14-35 客户意见表

批准	签署意见并签字：
搁置	
否决	

表 14-36 相关人员签名确认表

姓名	职务	签名	日期
吴振伟	项目经理		
王大飞	技术经理		
李富达	商务经理		
刘一民	现场经理		

14.5.3 确认范围

项目范围确认是项目干系人最终认可和接受项目范围的过程。通过对前面工作中项目范围及项目 WBS 的核检，项目干系人如确认项目范围定义工作可接受，则签名确认，A 项目的干系人签字确认表见表 14-37。

表 14-37 A 项目干系人签字确认表

姓名	职务	签名	日期
吴振伟	项目经理		
王大飞	技术经理		
李富达	商务经理		
刘一民	现场经理		

14.5.4 控制范围

在项目执行时，进度、成本、质量以及客户需求等各种因素的变化会导致项目范围的变化；同时，项目范围的变化又会要求上述各方面做出相应的变化，因此必须进行整体的控制和管理。对于项目范围变革的控制，读者可参见本案例在整体管理中项目变更控制部分的内容。

14.5.5 控制进度

A 项目的进度控制是指在限定的工期内，以事先规划好的合理且经济的工程进度计划为依据，对整个建设过程进行监督、检查、指导和纠正的行为过程。

截至 2013 年 1 月 1 日，项目里程碑工作计划与实际完成情况对比见表 14-38。

表 14-38 项目里程碑工作计划与实际完成情况对比表

里程碑	合同计划（日期）	实际进度（日期）	差异（日）
开工	2011 年 1 月 1 日	2011 年 1 月 1 日	0
工程设计完成日期	2011 年 6 月 30 日	2011 年 6 月 25 日	−5
主体工程完工日期	2012 年 12 月 31 日	2012 年 12 月 20 日	−11
配套和装修工程开工	2013 年 1 月 1 日	2012 年 12 月 21 日	−11
装修工程完工	2013 年 8 月 31 日	2012 年 8 月 15 日	−16

在此仅以主体工程中的锅炉房这个里程碑为例作为进度控制的实施对象，详细阐述控制进度的整个过程。根据 A 项目的项目章程和项目工作先后关系表可以知道锅炉房的开工日期为 2012 年 6 月 30 日，完工日期为 2012 年 12 月 31 日，共计 180 天。

锅炉房建设项目启动阶段也需要编制可行性研究报告并进行立项审批，规划阶段应进行地质勘查、场地清理、设备考察、招标订货以及施工图设计等工作，预计 2012 年 8 月 31 日完成以上工作。2012 年 9 月 1 日正式开始锅炉房的土建工程施工，锅炉房的主体构造包括主厂房、烟囱、锅炉、输煤廊等。按照施工方案，主厂房应于 9 月 30 日之前完成地基的建设，如果事先规定的时间已到，但是主厂房的地基还没有完工，项目经理吴振伟就应通过进度目标与实际进度完成目标值进行比较，找出偏差及其原因，采取措施调整纠正，从而实现对项目进度的控制。进度控制是一个反复循环的过程，项目经理要确保项目的预期进度与实际进度相吻合，阶段里程碑也才能顺利按期实现。

14.5.6　控制成本

项目部为了有效地进行房地产项目成本控制，还划分了如下责任中心：项目经理办公室、设计中心（设计小组）、工程技术中心（计划小组一、二，技术小组一、二，施工小组）、材料中心（材料小组）、商务中心（商务小组），由这些责任中心依据分工不同对各自责任范围内的成本控制内容负责。同时，为了确保成本管理工作的顺利进行，项目部将成本控制的责任进行分解，具体结果见表 14-39。

表 14-39　成本控制责任分解表

成本项目及金额	成本细分	金额（万元）	责任归属
前期工程费（1320 万元）	1110 投标招标	80	项目经理办公室、设计中心
	1130 规划设计	400	设计中心
	1140 施工准备	140	工程技术中心
	1150 设备采购	700	材料中心
主体工程（15950 万元）	1211 土建成本	14000	工程技术中心、材料中心、设计中心
	1212 锅炉房	700	工程技术中心、材料中心
	1213 停车场	1000	工程技术中心、材料中心
	1214 道路建设	250	工程技术中心、材料中心
配套工程（2160 万元）	1221 自来水	300	商务中心
	1222 供电工程	1170	商务中心
	1223 煤气工程	325	商务中心
	1224 绿化工程	120	商务中心
	1225 电信工程	120	商务中心
	1226 排污工程	125	商务中心
装修工程（8700 万元）	1231 墙面装修成本	3700	工程技术中心、材料中心、设计中心
	1232 门窗及通风工程	2500	工程技术中心、材料中心、设计中心
	1233 电梯	400	商务中心
	1234 卫生洁具	750	工程技术中心、材料中心
	1235 五金	600	工程技术中心、材料中心
	1236 地板	550	工程技术中心、材料中心
	1237 报警监控系统	200	工程技术中心、材料中心
管理费用		1000	项目经理办公室
竣工验收费		200	项目经理办公室
合计		29330	

项目部为了确保对A项目的成本监控，以及对项目预算的修正，每季度由项目经理主持，定期召开一次成本例会，研究成本计划执行情况、成本修正情况及资金收付情况，成本例会记录见表14-40。

表14-40 成本例会记录

时间：2013年4月3日
地点：项目经理办公室
主持人：吴振伟
到会人员：吴振伟、郭洪武、邓晓庆、史燕

项目	内容	增减金额（万元）	备注
成本上涨项目	木地板	50	外装破坏导致
	卫生洁具	100	市场价格上涨
	户式中央空调	150	成本预算漏项
成本下降项目	报警监控系统	-20	有效招标
	五金	-55	市场价格下调
	电梯	-100	有效招标
成本计划调整		125	
关于工程资金			工程施工高峰期，资金需求量约2000万元

通过每季度一次的成本例会，开发公司可以较为清晰地掌握项目实际成本相对于计划成本的变动情况。从表14-40可以看出，由于预算成本漏项、施工组织混乱、卫生洁具市场价格上涨等原因导致本季项目建设的成本上升300万元，而同时通过有效的招标、五金市场价格下降，降低项目成本175万元，总体项目成本比计划上升了125万元。

项目部在A项目完成后，核算实际成本的发生情况，并与原预算情况相比较分析见表14-41。

表14-41 成本差异分析

成本项目	成本细分	预计成本（万元）	实际成本（万元）	成本差异（万元）
前期工程费	1110 投标招标	80	66	-14
	1130 规划设计	400	380	-20
	1140 施工准备	140	150	10
	1150 设备采购	700	666	-34
	合计	1320	1262	-58
1210 主体工程	1211 土建成本	14000	13470	-530
	1212 锅炉房	700	684	-16
	1213 停车场	1000	983	-17
	1214 道路建设	250	257	7
	合计	15950	15394	-556

（续）

成本项目	成本细分	预计成本（万元）	实际成本（万元）	成本差异（万元）
1220 配套工程	1221 自来水	300	300	
	1222 供电工程	1170	1500	330
	1223 煤气工程	325	500	175
	1224 绿化工程	120	120	
	1225 电信工程	120	200	80
	1226 排污工程	125	125	
	合计	2160	2745	585
1230 装修工程	1231 墙面装修成本	3700	4200	500
	1232 门窗及通风工程	2500	2680	180
	1233 电梯	400	300	-100
	1234 卫生洁具	750	850	100
	1235 五金	600	545	-55
	1236 地板	550	600	50
	1237 报警监控系统	200	180	-20
	合计	8700	9355	655
管理费用		1000	980	-20
1310 竣工验收费		200	200	0
合计		29330	29936	606

结合 A 项目成本的责任归属，项目部从以下四个方面逐项分析差异的形成原因，并对各责任中心进行考核。

1．人为因素造成的不利差异

这部分差异的出现通常是由于相关责任中心没有很好地尽到自己的责任，或是在工作中出现了失误，需要追究相关责任中心的责任。

1）墙面装修成本超支 500 万元，是由于施工过程中管理不善，造成返工现象导致的。由于工程技术中心的责任是依据设计图纸组织施工，故这部分成本超支应追究工程技术中心的责任。

2）门窗及通风工程超支 180 万元，经追查是由于工程技术中心在进行成本预算时漏算了户式中央空调的成本，因此这部分成本超支的出现应追究财务中心的责任。

3）地板的实际成本比预计成本超支了 50 万元，这是因材料中心在保管材料的过程中管理不善，使木地板发生部分损坏导致的，故应当追究材料中心的责任。

2．非人为因素造成的不利差异

这部分差异的发生往往是不可控制的，因此不应追究任何责任中心的责任。

在基础设施的建设中，道路建设费用由于设备租用费用上涨，造成 7 万元的超支。

供电工程、煤气工程、电信工程的实际成本相对预计成本都有大幅度的超支，这都是由于这些特殊行业的垄断导致的。

卫生洁具的实际成本比预计成本超支 100 万元，这是由卫生洁具的市场价格上涨所致。

3．人为因素造成的有利差异

由于某些责任中心在完成自己责任范围内的工作时采取了很好的成本控制措施，使实际支出的成本并没有预计的那么多，带来成本的节约，应对这些责任中心进行奖励。

1）投标招标费比预计节约了14万元，这是由于设计中心进行了合理有效的招标，故对这部分成本的节约，应该奖励设计中心。

2）规划设计费实际比预计节约了20万元，这是由于设计中心进行了高效的设计，节省了开支，故应该对设计中心进行奖励。

3）停车场的成本，实际比预计降低了17万元，这是由于在项目实施中，工程技术中心对工人的工作进行合理有效的组织，缩短了工期，应奖励工程技术中心。

4）项目建设中实际发生的土建成本比预计节约530万元，这主要是工程技术部在组织施工的过程中合理分配人力资源，大大节约了人工成本，因此应该对工程技术中心实施奖励。

5）电梯以及报警监控系统的实际成本都比预计有所节约，这是由于商务中心对销售商进行了合理有效的招标，因此对商务中心应该实施奖励。

6）实际发生的管理费用比预计节约了20万元，这是由于项目经理办公室在进行日常行政管理时进行了很好的成本控制，减少了不必要的开支，因此应该对项目经理办公室实施奖励。

4．非人为因素造成的有利差异

在项目实施的过程中，有时候虽然会出现一些节约成本的有利差异，但是由于这种差异是外界因素带来的，而并非是责任中心进行了有效成本控制，故这种差异发生时不应奖励任何责任部门。

在A项目中，锅炉房的费用以及五金费用实际比计划都有所节约，但这些都是由于相关价格降低而带来的好处，与任何责任中心的工作无关，不应实施任何奖励。

14.5.7 控制质量

项目质量控制是在项目的实施过程中，对项目质量的实际情况进行监督，判断其是否符合相关的质量标准，并分析产生质量问题的原因，制定出相应的措施来消除导致不符合质量标准的因素，确保项目质量得以持续不断地改进。下面我们以施工阶段的质量控制为例进行描述见表14-42。

表14-42 施工质量控制描述表

施工阶段的质量控制	原材料的质量控制	①材料部门在进行工程所需的各种原材料、半成品、加工件采购前，应审查出厂合格证和其他相关证明，必要时应进行材料产地或生产厂家的质量调查，确保工程材料的质量控制和合理使用；②材料进场后，由项目试验员（工）会同材料员按规范的规定进行取样，取样时材料员应向试验员提供如下资料：出厂合格证、批量、生产厂家、品种、规格等；③抽取的样品由项目试验员负责送检，检测单位应具有规定的资质并在当地建设行政主管部门备案认可；④经检验合格的材料才能用于工程施工，未经检验或检验不合格的原材料、半成品不能在工程中使用；⑤经检验不合格的原材料应予以退货；⑥材料进场后均应按照质量体系程序文件的规定做好标识；⑦对小厂水泥的使用应特别慎重，经检验合格的小厂水泥只能用于非主体结构施工；⑧项目技术负责人应及时掌握材料的质量及使用情况；⑨对于业主提供的材料也应按照本程序的规定进行抽样送检

（续）

施工阶段的质量控制	施工工序的质量控制	①认真做好技术交底工作。②项目技术负责人对单位工程进行全面交底；工（段）长对分部、分项工程向班组长进行交底。确保分项工程施工前由施工员对操作班组进行技术交底的施工交底，明确分项工程质量要求以及操作时应注意的事项。③在工程施工过程中严格执行“三检制”。对项目施工工艺质量进行有效的监督管理，严格执行国家、行业标准、规范，按照施工图纸和施工验收规范的要求进行施工。④施工员应根据施工及验收规范的要求随时检查分项工程的施工质量，发现有不符合质量标准的应及时进行整改。⑤需经配制或加工后使用的材料，应事先进行配合比试验和优选工作，确定出施工用配合比或工艺参数，并在施工中严格按照配合比和工艺参数进行质量控制。⑥工程质量检验方法按局《工程质量检验和试验工作程序》执行。⑦不合格的分项工程应进行整改，做好相关记录，并重新组织验收。⑧单项工程完成后，由项目施工负责人组织有关人员进行质量检查和评定，确认达到质量要求，应及时填写《分项工程质量检验评定表》，送交项目质量检查员进行质量等级核定。⑨混凝土工程必须作为施工的关键工序，其工程质量必须合格。钢材、水泥必须有出厂合格证和力学、化学试验报告；钢筋焊接或机械连接施工前，应先进行试焊和试接，当试件的力学性能满足设计要求和验收规范时，方可按此焊接参数、连接工艺进行成批施工。项目施工中的特殊工序，应由项目技术负责人制定施工作业指导书，并在施工中认真执行
	工程交工验收控制	做好已完工程的成品保护；项目资料员收集整理全部工程技术资料；项目技术负责人对项目技术资料进行全面审查；交上级有关部门核查；上报交工验收申请报告，准备验收。交工后，应做好以下工作：做好整改工作；做好技术资料的整理后，应交一套完整的技术资料到地方质监站和局档案室备案

14.5.8　监督沟通

监督沟通是在项目整个生命周期内对沟通进行监控的过程，以满足项目干系人对信息的需求。项目经理一旦发现组织内沟通不畅，需采取会议等方式，立即解决该问题，使沟通参与者之间的信息传递达到最优化。里程碑对项目的整体完成具有非常重要的意义，因此基于项目里程碑进行控制沟通可以取得很好的效果。表 14-43 就是基于里程碑事件进行沟通控制的示例。

表 14-43　基于里程碑事件进行沟通控制的示例

里程碑事件	时间	沟通形式	参与干系人	完成情况
工程设计完成	2011 年 6 月 30 日	召开工程设计评审会	W 房地产总经理、项目经理、技术经理、其他人员	沟通良好
主体工程完成	2012 年 12 月 31 日	召开主体工程评审会	项目经理、技术经理、现场经理、安装公司、劳务公司、监理单位、项目成员	沟通良好
装修工程完成	2013 年 8 月 31 日	召开装修工程评审会	项目经理、技术经理、现场经理、安装公司、劳务公司、监理单位、项目成员	沟通良好
项目验收	2013 年 10 月 31 日	项目验收确认会	客户、项目经理、技术经理、商务经理、项目成员	沟通良好

14.5.9 监督风险

风险监控还没有一套公认的、单独的技术可供使用，其基本目的是以某种方式驾驭风险，保证项目可靠、高效地完成目标。风险监控技术可分为两大类：一类用于监控与项目、产品有关的风险；另一类用于监控与过程有关的风险。风险监控方法（工具）主要有检查审核法、监视单、项目风险报告和费用偏差分析法（挣得值法，也可称为赢得值法，EVA）。其中 EVA 是最基本和有效的方法，其他监控方法在风险源识别、延伸监控和监控影响方面都不同程度地引入了 EVA 的计算方法。综上所述，本项目采用 EVA 方法来监控其风险。

在此，我们仅以一个检查点为例，说明 EVA 方法在 A 项目风险监控中的应用。我们选择主体工程计划完工日（2012 年 12 月 31 日）为检查点，该点主要数据如下：

BCWS=27270 万元

BCWP=27270 万元

由于工程的实际进度与计划进度完全吻合，故 BCWS 与 BCWP 相等。

ACWP=26530 万元

由以上数据计算可得

CV=BCWP−ACWP=740 万元＞0（盈利）

SV=BCWP−BCWS=0（按期完工）

EAC=BCWS×ACWP/BCWP=26530 万元

计算结果说明，项目实施效率较高，有较高盈利，进度方面按计划如期进行，管理效率较高。

14.5.10 控制采购

控制采购是指对采购方及其关系进行管理，监控合同的执行，并且根据需求进行改变和更正合同的过程。

W 公司项目部在采购电梯时，应根据与国交电梯公司签订的合同为准，按照流程取得电梯的所有权。A 项目部对采购过程中可能出现的合同变更、合同纠纷等事件及时做出应答，直至采购顺利结束。

14.5.11 监督干系人参与

控制干系人参与是全面监控项目干系人之间的关系，调整策略和计划，以调动干系人参与的过程。项目经理吴振伟可以借助信息管理系统为项目干系人发布有关项目成本、进度和绩效等方面的信息，从而使项目干系人都参与整个项目的运行。

14.6 项目收尾

14.6.1 结束采购

W 公司项目部和国交电梯公司按照合同履行完各自的义务后就需要进行合同的收尾，主要是对项目采购过程中的所有合同文件进行整理并建立索引记录，对采购的物料、工程和服务进行最后验收，包括解决所有项目进展中遗留的合同问题，对供应商最终付款通常也同步进行，还要确认合同已经完成并且可以移交。负责合同管理等的项目组织人员应该向供应商发出正式文件，从而确认合同终止。

14.6.2　结束项目

1．项目收尾工作内容

A 项目的收尾工作主要包括工程收尾和项目管理工作收尾两部分内容。工程收尾由项目部组织（项目经理、质量管理人员主责），公司相关部门、设计单位、监理单位、承包商、政府主管部门等各相关单位和人员共同参与实施。项目管理工作收尾由项目经理组织，项目部其他成员共同参与实施。

2．项目收尾的工作流程

项目收尾的工作流程如图 14-9 所示。

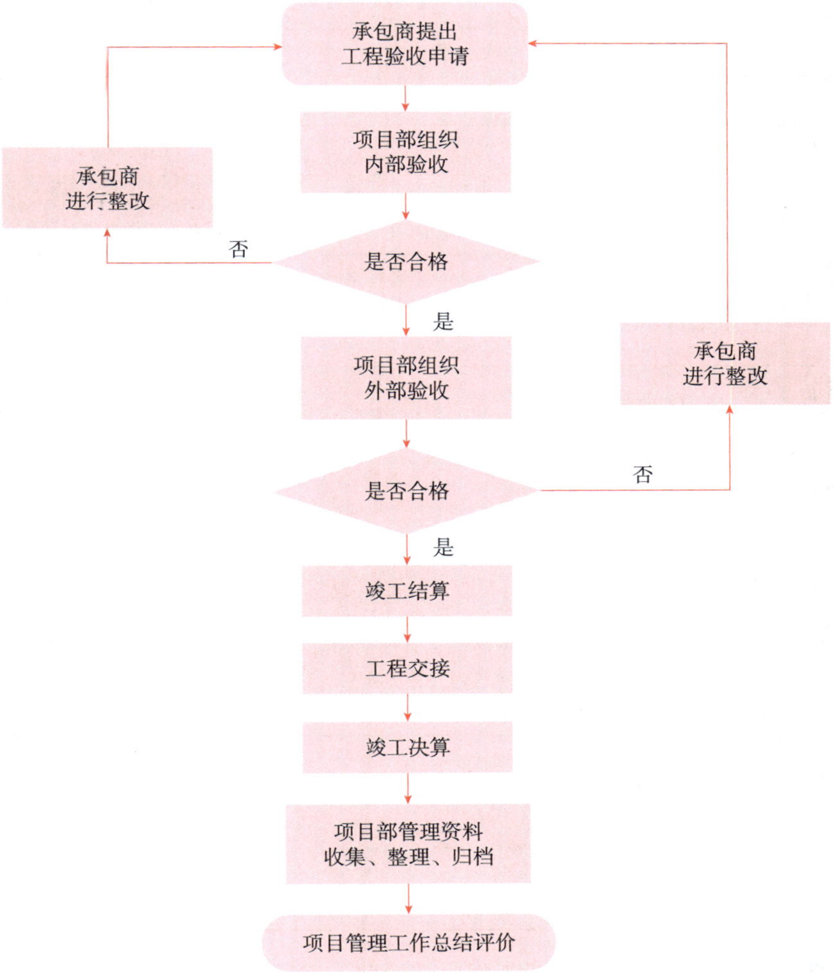

图 14-9　项目收尾的工作流程

3．工程收尾验收内容

（1）内部验收　工程承包商完成其承包合同中约定的全部工程任务，经自检合格，认为具备工程验收交付的条件后，应向项目部提出工程验收申请，项目部接到验收申请后，应由项目经理组织项目部质量管理人员以及公司工程部、质量部、计划部等部门相关人员对工程进行内部验收。验收的主要内容包括：对承包商工作任务完成情况的确认、对工程竣工资料的检查、对工程实体质量的检查三方面的内容。应形成内部验收记录，对验收过程中发现的问题予以记录和跟踪处理，内部验收记录格式见表14-44。

表14-44　工程内部验收记录

工程名称	A项目		
工程地址	某市朝阳区××大街1号		
工程承包商	Z公司	南通二建	北京市房地产集团建筑安装公司
工作范围	土建工程、锅炉房、停车场、道路建设	配套工程、自来水、供电工程、煤气工程、绿化工程、电信工程、排污工程	墙面装修、门窗通风、电梯、卫生洁具、五金、地板、报警监控
开工日期	2011-7-1	2013-1-1	2013-1-1
申请验收日期	2012-12-31	2013-10-31	2013-8-31
工作任务完成情况	完成了承包合同约定范围内的全部工作内容	完成了承包合同约定范围内的全部工作内容	完成了承包合同约定范围内的全部工作内容
工程竣工资料检查情况	工程竣工资料完整、齐全，内容格式符合要求	工程竣工资料完整、齐全，但部分设备安装施工记录中缺少质检人员签字	工程竣工资料完整、齐全，内容格式符合要求
工程实体质量检查情况	工程实体质量合格	工程实体质量合格	工程实体质量合格
针对发现问题的处理措施	无	联系×××安装工程公司项目经理，要求其查明原因，落实整改	无
问题处理跟踪	无	经查，设备安装施工记录缺少质检人员签字，为质检人员人为疏忽造成，已经于2015年4月15日当日补齐签字，工程竣工资料符合要求	无
内部验收结论	合格	合格	合格
	项目部质量管理人员（签字）： 项目经理（签字）： 公司部室其他人员（签字）： 2013-12-15		

（2）外部验收　项目部组织完成工程内部验收，验收合格后，项目经理即可组织开展项目外部验收（外部验收即竣工验收）。外部验收由项目经理牵头，由来自设计单位、监理单

位、政府主管部门的相关专家组成的验收委员会共同落实，工程承包单位的相关负责人也应同时参加。

4．竣工结算与项目交接

项目外部验收（竣工验收）合格后，工程承包商应在约定的期限内向项目部递交项目竣工结算报告及完整的结算资料，项目经理组织项目部及公司相关部门人员进行审查，按结算工程流程最终确定竣工结算。Z 公司应按照项目竣工验收程序办理项目竣工结算并在合同约定的期限内进行项目移交，项目经理组织落实项目交接工作。

5．竣工决算

1）项目经理负责组织落实项目竣工决算工作，项目竣工决算应包括下列内容：

①项目竣工财务决算说明书。

②项目竣工财务决算报表。

③项目造价分析资料表。

2）编制项目竣工决算应遵循下列程序：

①收集、整理有关项目竣工决算依据。

②清理项目账务、债务和结算物资。

③填写项目竣工决算报告。

④编写项目竣工决算说明书。

⑤报上级有关部门审查。

6．项目管理工作收尾

项目管理工作收尾是指工程结束后，由项目经理组织，项目部全体成员共同参与实施的项目部管理工作的收尾事宜，主要包括：对项目部管理资料的收集、整理、归档工作，以及对项目管理工作的评价两部分内容。

1）项目部管理资料的收集、整理、归档。工程结束后，项目经理应组织项目部成员通过项目档案管理系统对项目管理过程中产生的过程资料进行统一收集、整理和归档，项目管理资料范围应至少包括但不限于以下内容：

①项目质量管理资料。

②项目时间管理资料。

③项目成本管理资料。

④项目采购管理资料。

⑤项目风险管理资料。

⑥项目人力资源及沟通管理资料。

⑦其他项目管理过程资料。

2）项目管理工作评价。项目经理还应组织项目部成员编写本项目的项目管理总结评价报告，对项目管理全过程进行回顾、总结和评价，从项目建设过程中吸取经验和教训，作为今后新建项目决策管理时的参考，提高决策水平和管理水平。

项目结束之后项目经理编制 A 项目的项目总结报告见表 14-45。

表 14-45　A 项目的项目总结报告

项目名称		A 项目	
项目经理		吴振伟	
发起人		W 房地产公司	
项目目标		3 年内完成该项目，规划建设用地面积 15000m^2，总建筑面积 100000 m^2。开工日期 2011 年 1 月 1 日，工程设计完工日期 2011 年 6 月 30 日，主体工程完工日期 2012 年 12 月 31 日，2013 年 1 月 1 日，配套工程与装修工程同时开工，其中，装修工程于 2013 年 8 月 31 日完工，配套工程于 2013 年 10 月 31 日完工。项目验收截止日期为 2013 年 12 月 31 日	
项目结果		项目在规定预算和工期内完成，并保证了所有重大里程碑事件都按期完成，同时项目符合规定的质量规范和标准	
范围比较	额外范围	工程设计要提前一个月完成，并且工程设计成本增加 70 万元	
	减少范围	主体建造工程可于 2012 年年初适当延后 1 个月，主体工程实际施工总时间随之减少 1 个月	
成本绩效		预计成本	实际成本
	项目成本	39330 万元	39810 万元
	成本差额	480 万元	
进度绩效		预计时间	实际时间
	项目完成日期	2013 年 12 月	2013 年 12 月
	时间偏差解释	在项目实际执行过程中，部分阶段的进度与计划有所出入，如工程设计的完工时间由 2011 年 7 月 31 日改为 2011 年 6 月 30 日，主体工程完工时间由 2012 年 12 月 31 日改为 2012 年 11 月 31 日，但在项目部的协调下，项目最终如期完成，总体完工时间与计划相符	
项目过程中遇到的主要障碍		①沟通的有效性不足 ②由于地基铺设环节正好赶在春天雨季来临时，考虑到可能会为项目主体工程的顺利进行带来阻碍，对项目的整体进度进行了相应的变更	
解决各种障碍的相应措施		①政府主管部门、当地居民由项目办公室负责，项目团队内部、项目部与公司的沟通由项目经理负责，项目与设备供应商的沟通由技术经理负责，项目与银行的沟通由商务经理负责，各司其职的专业对口沟通使项目与内外环境实现有效的沟通，确保项目获得所需的资源与支持，具体落实到各责任人 ②将施工工程开始时间由 2011 年 7 月 31 日改为 2011 年 6 月 30 日，工程设计完工时间亦随之提前 1 个月	

思考题

1. 你认为 A 项目在计划及实施过程中，项目管理各环节是否存在问题，应如何完善？
2. 通过阅读本案例，A 项目的项目管理应用对你有何启示？

附 录

项目管理软件 Project 应用指南

项目管理软件融合了完善的项目管理思想和企业管理理念，已经成为企业不可多得的助手。项目管理软件是以项目的实施环节为核心，以进度控制为出发点，利用网络计划技术，对实施过程中的进度、成本、资源等进行综合管理的一类应用软件。随着信息化不断深入，21 世纪以来，已经有越来越多的企业开始应用项目管理软件。

项目管理软件最主要的产品为 Microsoft Project 和 Oracle Primavera P6，目前在项目管理领域应用较广，占据了较大的市场份额。国外的传统项目管理软件产品还有 Deltek 公司的 Open Plan、Artemis 的 Artemis Views 等。国内比较知名的项目管理软件有邦永 PM2、梦龙科技 LinkProject、智邦国际项目管理软件等，这些软件贴合国内的项目管理实践，在国内也有一定规模的应用。另外，近些年还有一些非传统的基于 Web 或开源平台的项目管理软件涌现，包括基于 Web 的项目计划管理系统 Naval Plan 和 DotProject 以及免费开源的商业协作和项目管理的平台 TeamLab。

其中，Microsoft Project 是微软公司 Office 系列产品的一部分，最早于 20 世纪 80 年代中期推出了 Project 的 DOS 版本。之后，该公司于 1990 年推出了世界上第一个基于 Windows 环境的 Project1.0 for Windows 版本。在 Windows95 问世后，适应这个操作系统的 Project 4.1 于 1995 年 7 月应用于项目管理领域。1997 年 10 月，微软推出了 Project 98。之后，又相继出现了 Project 2003 版本、Project 2007 版本、Project 2010 版本、Project 2013 版本、Project 2016 版本和最新的 Project 2019 版本。Project 由于与 Office 其他产品结合紧密，占据了很大一部分桌面级项目管理软件的应用市场，本附录将以 Project 2019 为例介绍项目管理方法在项目管理软件中是如何应用的。

一、Project 2019 概述

（一）Project 的版本

为了满足不同用户规模和项目复杂度的要求，从 Project 2007 开始，针对不同的用户需要 Project 产品家族设计了标准版、专业版和 EPM（企业项目管理）解决方案三类产品。

（1）标准版　标准版提供了一系列核心工具，项目经理、业务经理以及项目规划人员可

以使用这些工具独立管理项目进度和资源。利用 Project 标准版，项目管理人员可以有效组织和跟踪任务和资源，以保证项目在预算计划内按时完成。

（2）专业版 专业版除了具备标准版的所有功能外，主要还提供了团队协作功能。它能够与 Microsoft Project Server 集成在一起，能够提供 EPM（Enterprise Project Management，企业项目管理）功能，如有关资源可用性以及技能和项目状态的最新信息。

（3）EPM 解决方案 EPM 解决方案允许组织有效管理他们的项目资产，建立标准和最佳实践，根据技能和可用性集中管理资源，以及在项目小组内部实现高效的沟通和协作。一个可扩展且企业级的体系结构使系统与其他业务应用系统进行有效交互成为可能。包含在 EPM 解决方案中的 Project 核心产品包括 Project Server、Project Professional、Project Server 客户端访问许可证（CAL）、Project Server 外部连接器。其中，Project Server 是一个将项目和资源信息集中化和标准化的企业项目管理平台。

（二）Project 的操作界面

Project 的操作界面和操作方式与 Office 软件的其他家族成员非常相像，由菜单栏、工具栏、数据编辑栏等组成，如图 1 所示。

Project 菜单由文件、任务、资源、报表、项目、视图、格式 7 个板块组成，所包含内容如下：

1）文件：信息、新建、打开、保存、另存为、打印、共享、导出、关闭、账号和选项。

2）任务：视图、剪贴板、字体、日程、任务、插入、属性和编辑。

3）资源：查看、工作分配、插入、属性和级别。

4）报表：项目、查看报表和导出。

5）项目：插入、应用程序、属性、日程、状态和校对。

6）视图：任务视图、资源视图、数据、显示比例、拆分视图、窗口和宏。

7）格式：格式、列、条形图样式、甘特图样式、显示 / 隐藏和绘图。

因为单个视图难以显示出项目的全部信息，即很难把任务工期、任务之间的链接关系、资源配置情况、项目进度情况等方面的信息全部在一个视图中显示出来。因此，相比较 Office 软件的其他产品，Project 使用中经常通过视图栏切换视图，使项目管理人员能有效地查看需要的信息，并提供了多种视图来显示项目信息。常用的视图包括：

（1）“甘特图”视图 “甘特图”视图以工作表和条形图表的形式显示基本任务信息。使用“甘特图”可以很方便地查看任务的工期、开始时间和结束时间，以及资源的信息，使用“甘特图”还可以创建初始计划、查看日程和调整计划。

（2）“跟踪甘特图”视图 “跟踪甘特图”视图显示了项目偏移原始估计的程度，这样有助于确定如何调整计划来适应任何延迟。

（3）“任务分配状况”视图 “任务分配状况”视图为每项任务列出了分配给该项任务的资源，以及每项资源在各个时间段内（可能是每天、每周、每月，或者是其他更小或更大的时间间隔）完成的工时。

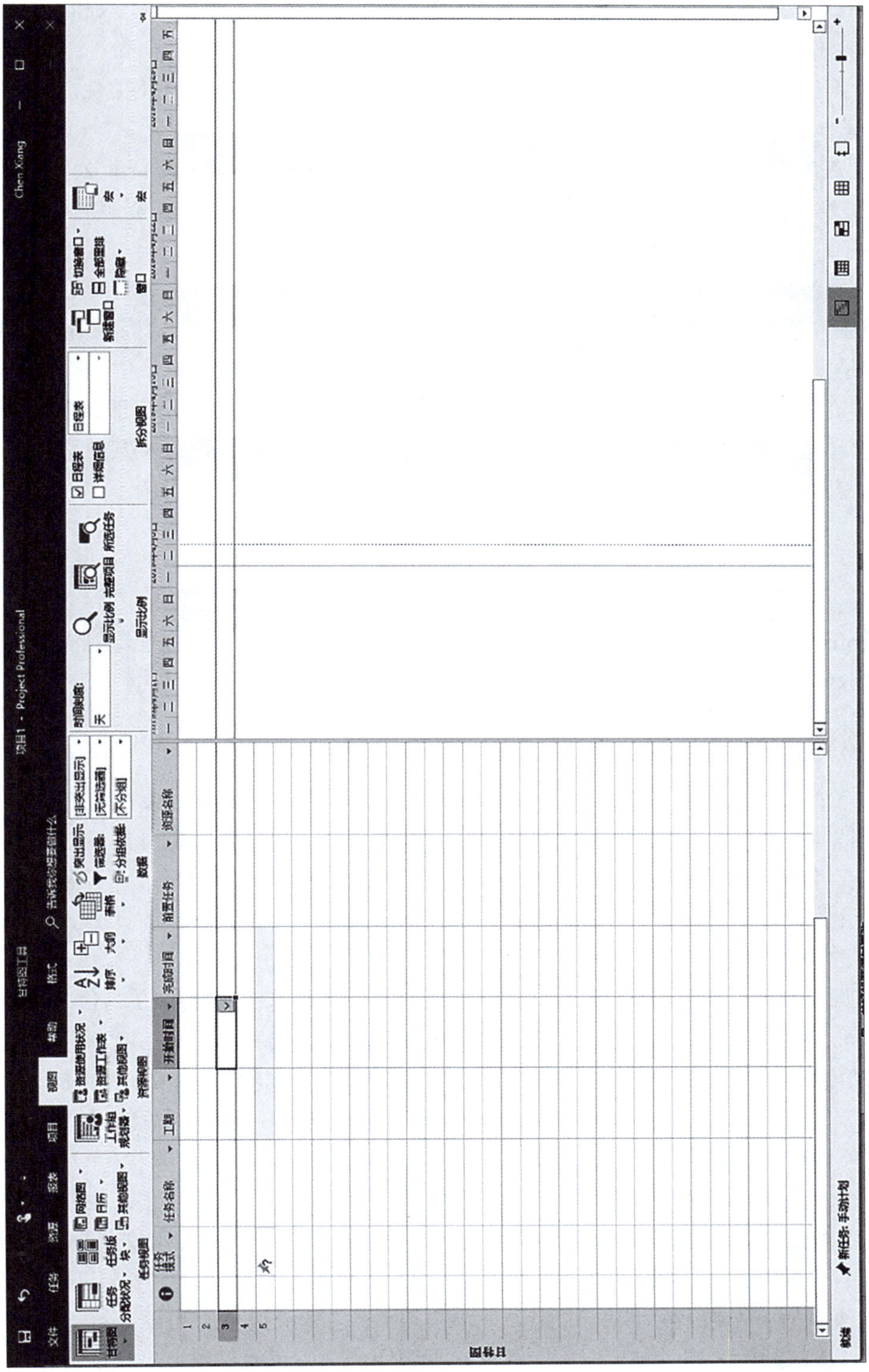

图 1 Project 的操作界面

（4）“日历”视图 “日历”视图使用了以月为时间单位的日历格式，用天或周来计算任务时间。其中，非工作日呈灰色显示，尽管工期条线会穿越非工作日（周六和周日），但是工期时间并不包含非工作日。

（5）“网络图”视图 “网络图”视图以流程图的方式显示任务及其相关性。一个框（有时称为节点）代表一个任务，框与框之间的连线代表任务间的相关性。

（6）“资源工作表”视图 项目资源可以是人员、设备、装置、部门、公司、房间等。“资源工作表”视图采用电子表格的格式显示有关每种资源的信息，如资源名称、工作组、标准费率、加班费率、使用成本和基准日历等。

（7）“资源使用状况”视图 使用“资源使用状况”视图可以一次查看所有资源分配信息。在视图左边的“资源名称”一栏里，显示了资源名称及其指向的所有任务；“工时”栏里显示的是完成每项任务的估计工时。右边窗口显示的为小时数。

（8）“资源图表”视图 “资源图表”视图显示的是单个资源的分配信息，它是逐个显示的。“资源图表”视图主要用来突出显示资源冲突，指出在人员、设备及其他资源中，有哪些是过度配置的，有哪些是没有充分利用的。

二、建立项目计划

在 Project 制订项目计划的第一步是创建项目。由于任务是项目的重要组成部分，是项目的具体分解，因此将项目的任务建立工作完成后就等于建立好了项目。

（一）创建项目

新建一个项目文件可以单击“文件”菜单中的“新建”菜单项，会在窗口的右侧出现“新建项目”窗口，可以通过单击“空白项目”创建一个空白项目，也可通过单击“根据现有项目”或者项目模板创建项目。其中，模板就是包含一系列典型及标准任务和资源的项目文件。项目界定完成后，接下来就需要设定项目的环境，主要设置项目的日历。

1. 修改项目时间

因为项目默认显示的是当前的时间信息，所有视图都是从当前开始的，不一定符合项目设定的时间，所以这里我们先修改一下项目的开始时间。单击菜单栏内“项目”选项，再单击“项目信息”按钮可以修改项目信息。弹出“项目信息”编辑窗口如图 2 所示，在“开始日期”和“完成日期”中更改项目时间。在“日程排定方法”编辑框中选择“项目开始日期”或“项目结束日期”作为日程排定方法。

2. 修改项目默认日程信息

不同组织或企业、不同的项目类型的上下班时间以及工作时长都可能不同，大部分项目还要设置一下项目日程的默认信息。单击“文件”菜单，再单击“选项”按钮，进入 Project 选项界面。切换到“日程”选项卡如图 3 所示，显示日程的相关设置，这里我们先设置一下日历的开始时间、结束时间，同时根据公司的上下班时间修改默认的开始时间、结束时间以及每天、每周的工作时长等。

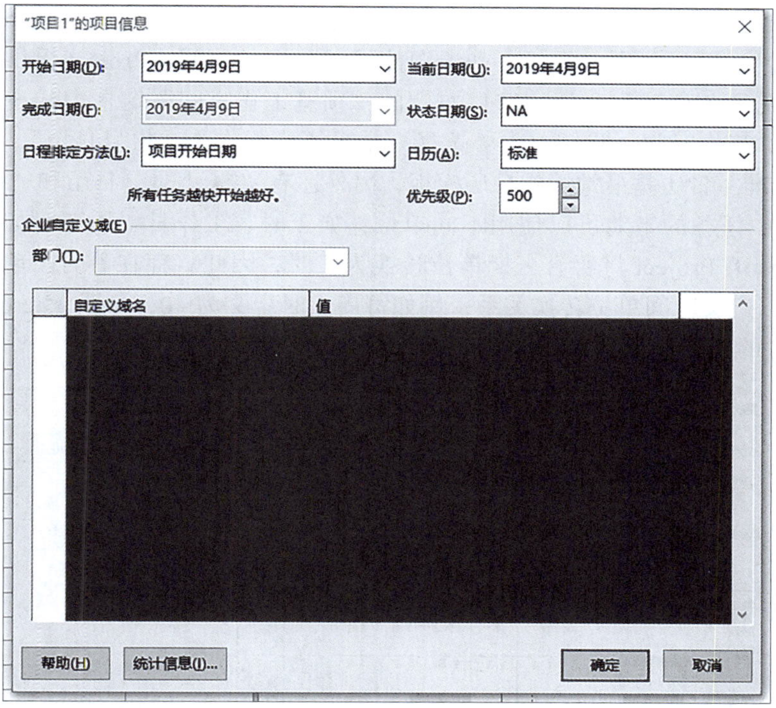

图 2　项目信息编辑窗口

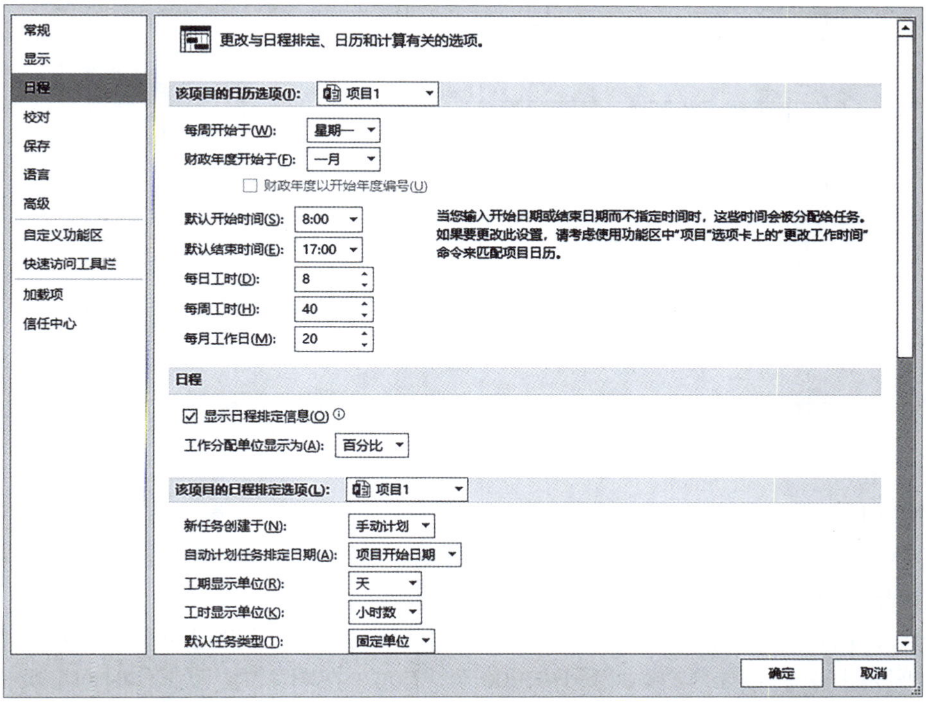

图 3　项目日程选项卡

根据项目实际的工作时间修改，可以保证排期时，任务准确分布。单击“项目”菜单，再单击“工作时间”按钮，弹出如图4所示的“更改工作时间”页面。利用该窗口可以设置项目日历，项目日历就是项目的任务和资源能够被分配的时间。Project提供了几个日历模板，可以根据需要创建项目日历。窗口右侧的“预览工作时间”窗框中，浅色代表工作时间，深色代表非工作时间。我们首先要选择一个日历模板作为“项目日历”，在日历模板中共有3类，“标准”日历是最常用的日历模板，另外还有“24小时”日历和“夜班”日历。

在Project中任务的工期可以使用不同单位，如工时、工作日、周工时、月工时，排定日程时，Microsoft Project将所有工期单位转换为工时，因此就存在着时间单位之间的换算问题。在此可以定义时间单位转换关系，例如每周工时定义为40，说明Microsoft Project将把“1周工时”的工期解释为40工时。

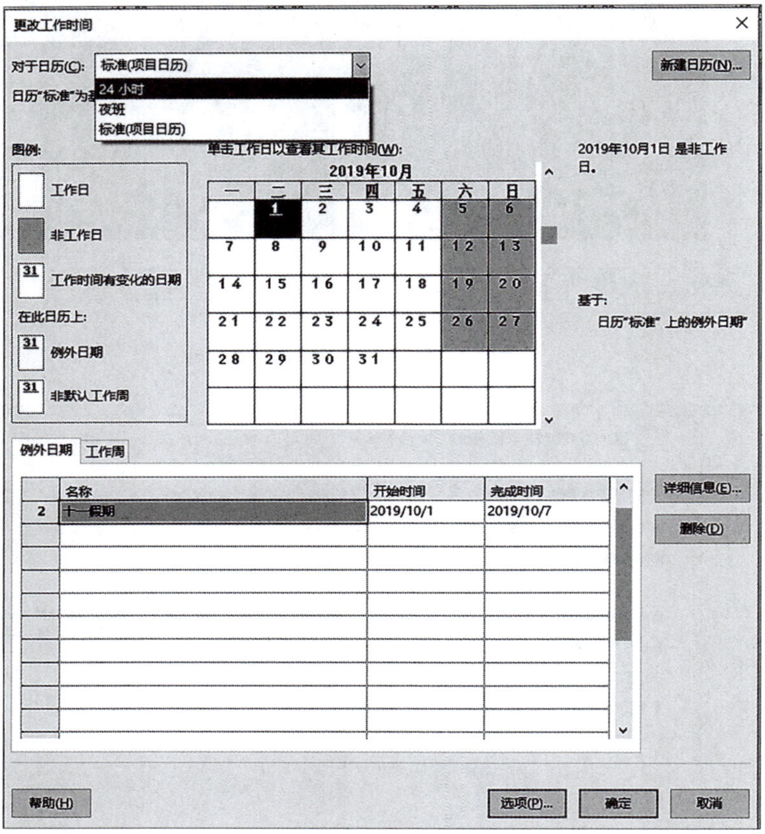

图4 “更改工作时间”页面

“标准”日历模板将星期六和星期日设为休息日。如果需要设置“五一”“十一”等非日历规定的休息日期，就需要修改个别日期为工作日或非工作日，必须单击“例外日期”选项卡，设定例外日期，如图4“例外日期”选项卡所示。

接下来，选择一周中哪天工作。“标准”日历模板将工作日设置为星期一到星期五，默认工作时间是上午8:00至12:00，下午13:00至17:00。在图4“更改工作时间”页面窗口单击“工作周”选项卡，再单击“详细信息”按钮，打开“[默认]”的详细信息窗口，如图5所示，进行相关的操作。

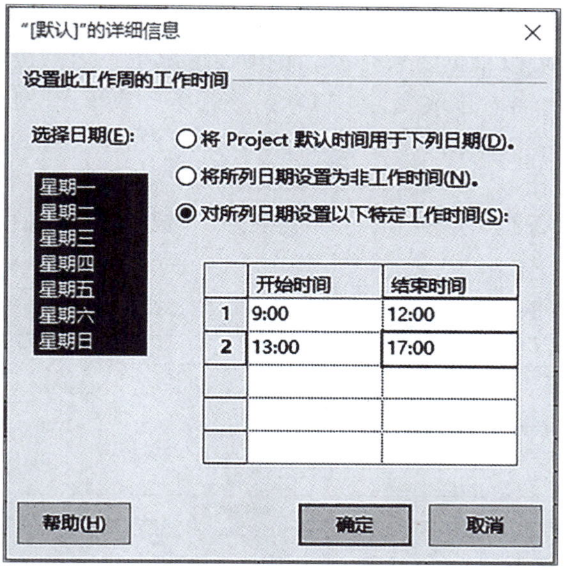

图 5　设置工作周的工作时间

（二）创建任务

任务是构成项目的基本单元，任何项目的实施都是通过完成一系列任务来实现的。

1．建立任务

Project 提供了多重视图来输入任务的信息，一般都使用“甘特图”视图建立任务。选择“甘特图”视图后，在窗口右下角出现了左侧为表、右侧为条形图的界面，如图 6 所示。

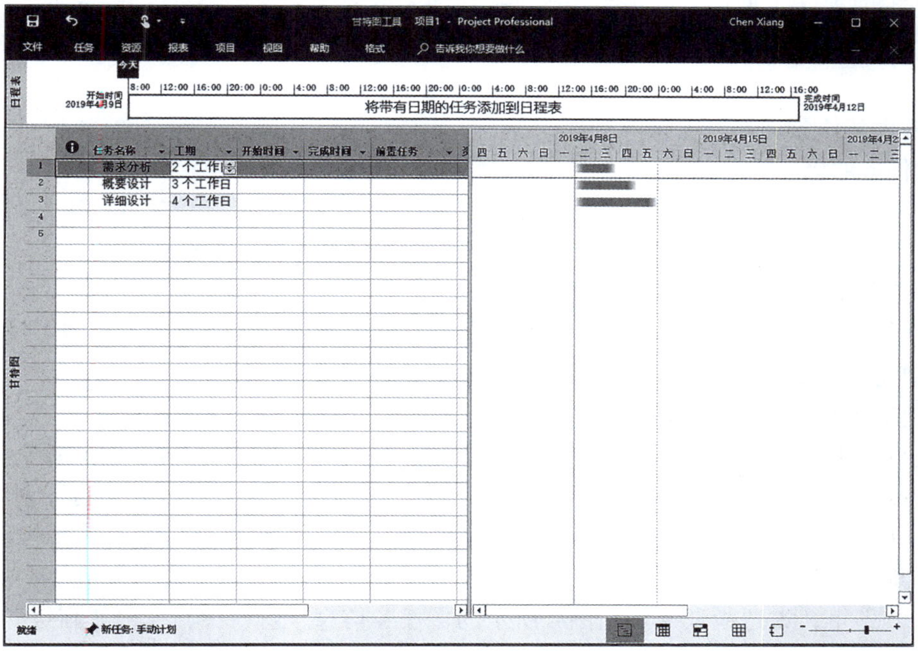

图 6　编辑项目任务

在图6左侧表格“任务名称”域定义任务，并在“工期”域中设定所需的工作时间，默认值为“1个工作日”，可以根据要求修改。在预设情况下，当直接填上数字时会以“工作日”为预设的工期单位，若希望改变，可以双击该任务，或单击“任务”菜单中的“信息”选项，弹出如图7所示的“任务信息”窗口，可以在此设置项目的基本信息（“常规”选项卡）和紧前工作（“前置任务”选项卡），配置该任务所需的资源（“资源”选项卡），还可以通过“高级”选项卡、“备注”选项卡和“自定义域”选项卡对任务信息进行进一步配置。

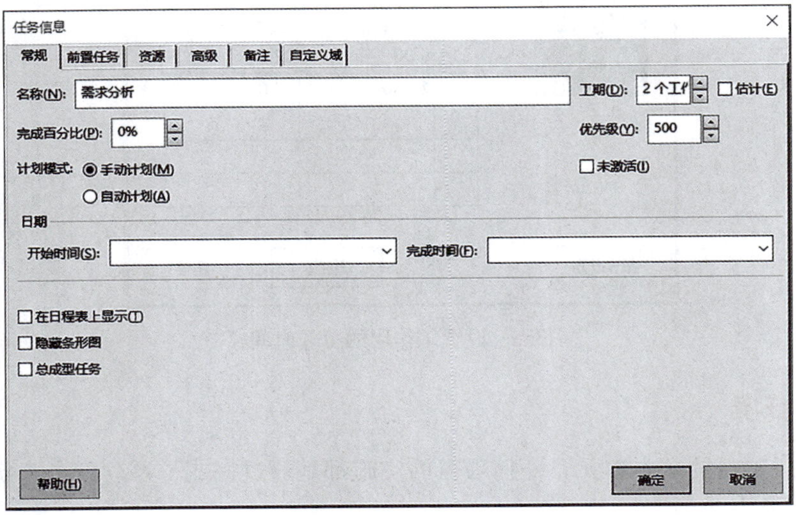

图7 设置任务信息

要在现有的任务中插入一项新任务，请按照以下步骤创建：

1）在任务列表左侧的“标识号”列中选择插入位置。

2）执行“插入”菜单下的“新任务”命令或按〈Insert〉键，此时，在插入位置出现一个空行。

3）输入新任务名称。

删除任务的操作方法如下：

1）在任务列表左侧的“标识号”列中选择要删除的任务。可以选择多个任务。

2）执行菜单“编辑”菜单下的“删除任务”命令或按〈Delete〉键。

移动任务位置的操作方法如下：

1）在任务列表左侧的“标识号”列中选择要移动位置的任务。可以选择多个任务。

2）单击任务的标识号，上下移动到适当位置，放开鼠标即可。

2. 建立里程碑

在项目管理中，里程碑的概念是用于标记项目中重要事件的时间点，它通常是项目阶段发生变化的标志，是监控点，用于监视项目的进度，检查项目的质量。在项目计划中，通过建立“里程碑”任务实现对重要事件时间点的管理。由于里程碑任务本身并不包含任何工作，所以里程碑的任务工期一般是0，要创建一个里程碑任务，只要在任务列表中将任务工期设置为0即可，或选中任务后在图7所示的“任务信息”窗口中，单击“高级”选项卡，在该选项卡中选中“标记为里程碑”复选框。其在甘特图中以◆表示。

3．建立周期性任务

如果任务是一项重复发生的工作，如月例会或是连续几次的相同而重复的工作，便可以定义为周期性任务。建立周期性任务的方法为：

1）单击“任务”菜单，再单击“任务”按钮，选择“任务周期”选项。此时便会出现“周期性任务信息”窗口，如图 8 所示。

2）在“任务名称”栏中键入此任务名称，如周例会。

3）在“工期”方块中键入此任务发生所需要的时间。

4）在“重复发生方式”下选择“每天”“每周”“每月”或“每年”，并指定任务发生的频率。

5）最后，在“重复范围”中设定反复次数或是结束的日期。

6）单击“确定”按钮便完成了建立周期性任务的工作。

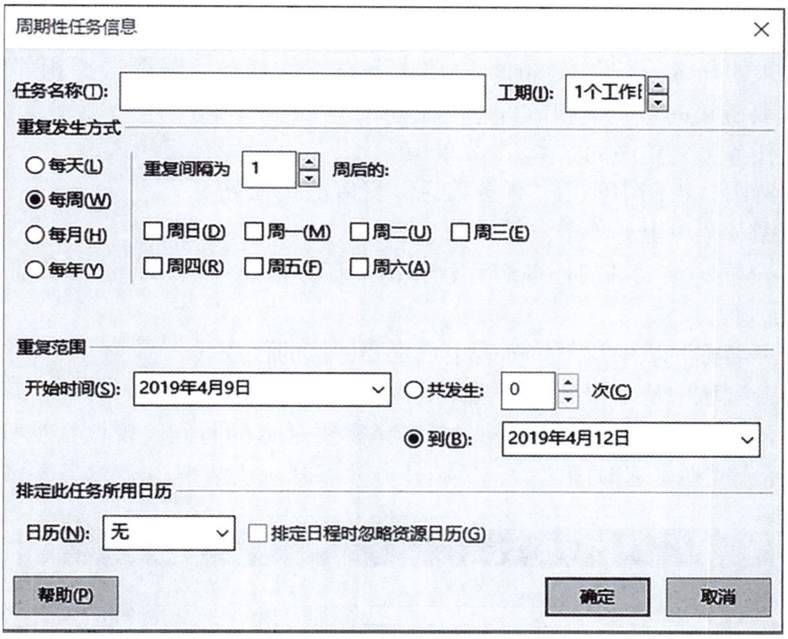

图 8　插入周期性任务

（三）任务分解结构

为了使将要追踪的任务分成明晰的层级，对于工作范围过大的任务便应该进一步细分。例如，“婚礼准备”下的工作有：“酒会准备”“婚房装修”“婚纱照”，便可以利用 Project 建立成摘要任务与子任务。

1）利用拖曳鼠标的方式选择其属于子任务的工作。

2）单击“任务”菜单中的“”菜单项。

3）此时，便会产生摘要任务与子任务之间的关系。

4）对于其中一项任务不属于此摘要任务中的子任务，使用类似的方法，利用单击“任务”菜单中的“”菜单项改变其关系。

（四）任务的链接

在项目中创建任务之后，需要对任务进行链接，即在项目中建立任务之间的相关性，以表示它们的关系。在 Project 中两个链接任务的关系是通过完成日期和开始日期之间的相关性进行链接的。有四种任务相关性类型："完成—开始"（FS）、"开始—开始"（SS）、"完成—完成"（FF）和"开始—完成"（SF）。在 Project 中链接任务时，默认链接类型为"完成—开始"（FS）型。

使用"甘特图"视图、"网络图"视图或"日历"视图可以链接同一个项目中的任务。下面以"甘特图"视图中的任务链接为例，说明如何对任务进行链接，其他两种视图操作方法类似。其步骤如下：

1. 使用"甘特图"视图链接任务

1）在"视图"菜单上，单击"甘特图"。

2）在"任务名称"域中，选择要链接的两个或多个任务（按照想链接它们的顺序）。若要选择不相邻的任务，按住〈Ctrl〉并单击要链接的任务。若要选择相邻的任务，按住〈Shift〉并单击要链接的第一个和最后一个任务。

3）单击"任务"菜单中的""菜单项。

2. 在"甘特图"视图中使用"任务信息"窗口链接任务

1）在"视图"菜单上，单击"甘特图"。

2）双击要设置链接关系的任务名称，弹出"任务信息"窗口，选择"前置任务"选项卡，如图 9 所示。

3）在"任务名称"域中从下拉列表中选定要链接的任务。

4）在"类型"域中从下拉列表中选择链接类型。

5）在"延隔时间"域中从下拉列表中选择需要延迟的时间，说明根据任务链接类型，在所链接任务完成或在延迟时间之后，后续任务才可开始或结束。

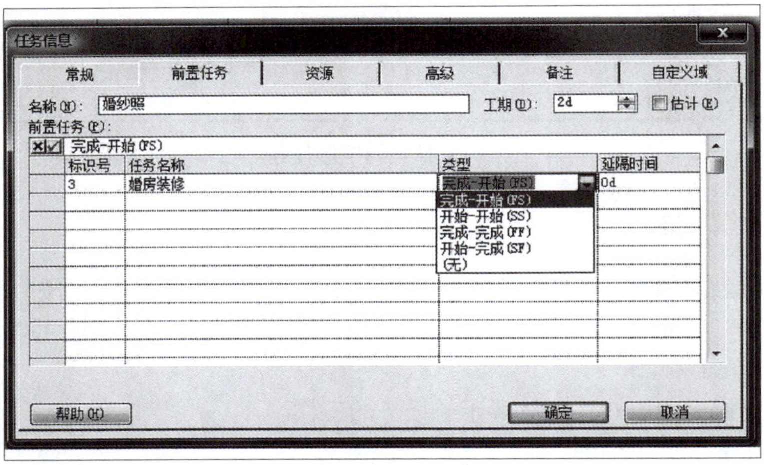

图 9　"任务信息"窗口

3. 更改任务相关性的链接类型

在默认情况下，Project 以"完成—开始〔FS〕"相关性对任务进行链接。但是，可以在

“任务信息”窗口的“高级”选项卡上更改任务相关性的类型。

1）双击要更改其链接类型的任务的名称。

2）双击图中要更改的链接线“”。

3）若要更改任务相关性的类型，从弹出的“任务相关性”窗口的“类型”列表中选择其他类型或取消任务相关性，如图 10 所示。

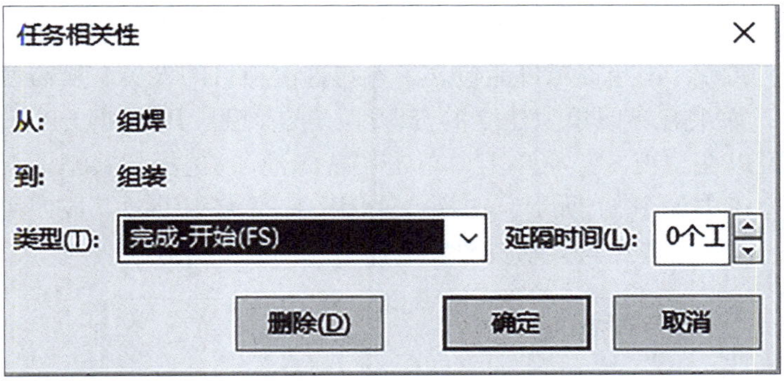

图 10 “任务相关性”窗口

4．删除任务的所有链接

如果任务不再依赖其他任务，就可以同时删除该任务的所有相关性。

1）在“视图”菜单上，单击“甘特图”。

2）在“任务名称”域中，选择要取消链接的任务。

3）若要选择不是连续列出的多个任务，请按住〈Ctrl〉键并单击每个任务。若要选择连续列出的多个任务，请单击第一个任务，按住〈Shift〉键，然后单击列表中要选择的最后一个任务。

4）单击“任务”菜单中的“”菜单项。

这些任务将根据与其他任务的链接或限制重新排定日程。删除任务链接会删除两个任务的相关性，该相关性是由任务之间的链接线指示的。如果要更改任务或子任务的层次结构，则需要将任务升级，而不是删除任务链接。

5．删除特定的任务相关性

如果任务链接到多个任务，而需要删除特定的链接，同时保留某些链接不受影响，则可以在“任务信息”窗口中选择要删除的链接。

1）在“视图”菜单上，单击“甘特图”。

2）在任务列表中，单击要删除其相关性的任务。

3）单击“任务信息”。

4）在“前置任务”选项卡上，单击要删除的相关性，然后按〈Delete〉键。

三、资源管理

资源管理是项目管理的重要组成部分，项目生命周期的每个阶段都涉及资源耗费，其基本要素有人工、材料、设备等，这些资源的合理安排对项目的有效管理起着重要的作用。

（一）建立项目所需的资源库

资源可理解为一切具有现实和潜在价值的东西，完成项目必须消耗劳动力（人力资源）、材料、设备、资金等有形资源，同时还可能消耗一些无形资源，而且由于存在资源约束，项目耗用资源的质量、数量、均衡状况对项目的工期、成本有着不可估量的影响：在资源保障充分的前提下，可以按最短工期、最佳质量完成项目任务；如果资源保障不充分或配置不合理，必然造成项目工期拖延、实际成本超过预算成本。在进行资源管理前，首先要设定这次项目中要用到哪些资源，这些资源可能包含了参与这次项目的人员、所需使用的设备等。

在 Project 中，如果有专门单独建立的资源库，或者想从其他通过 Project 安排的项目文件中获取资源，可以在“视图”菜单上，单击“资源池”，选择“共享资源”选项。在出现的“共享资源”窗口中如图 11 所示，选择“使用本项目专用资源”或使用来自其他资源文件的资源库，并选择专用资源与共享资源发生冲突后的处理方式。

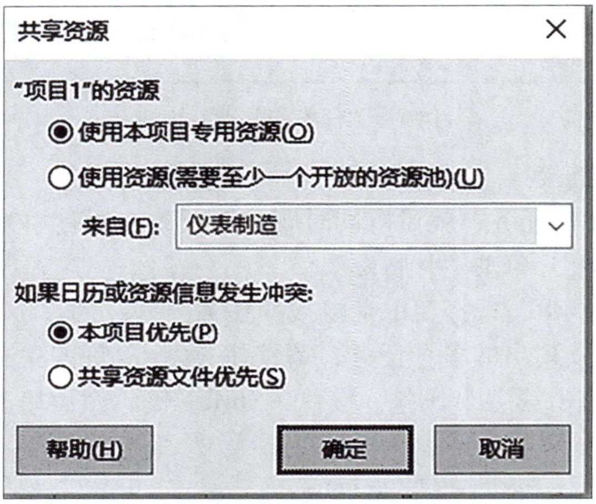

图 11　“共享资源”窗口

如果没有设定好的资源库，也可以自己从头开始进行设定。步骤如下：

1）在“视图”菜单上，单击“资源工作表视图”。切换到如图 12 所示的资源工作表。

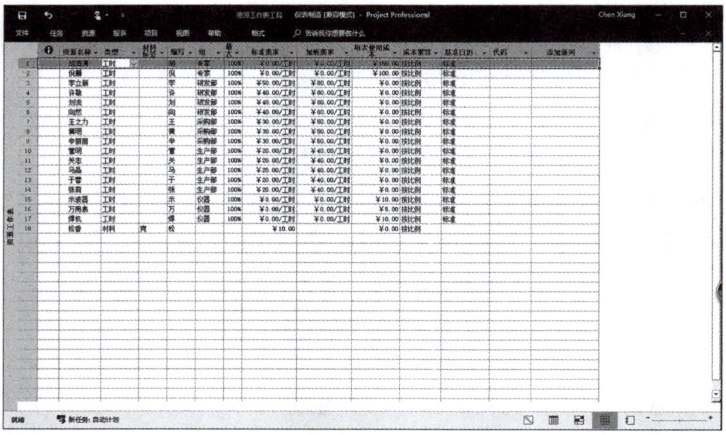

图 12　资源工作表

2）双击要设置的资源输入列，弹出“资源信息”窗口，如图 13 所示，可以在此窗口中输入详细信息。

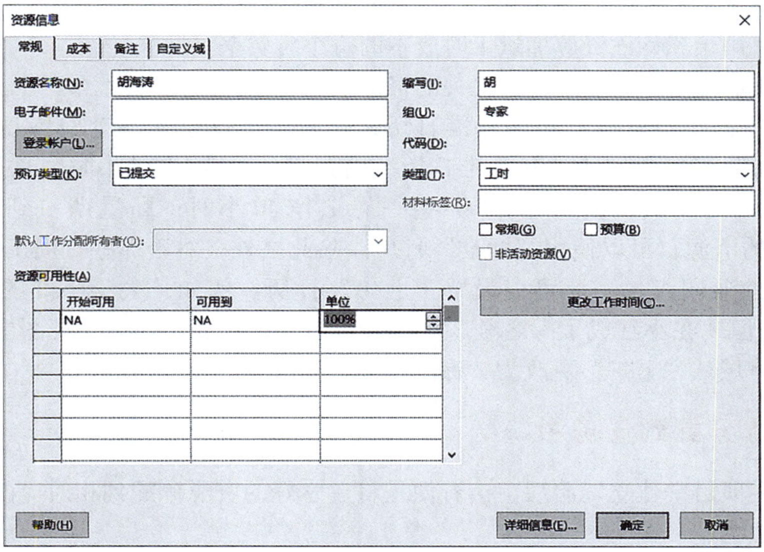

图 13 “资源信息”窗口

3）资源输入的主要描述，包括如下内容：

①资源名称和其他标识信息：包括资源的实际名称以及电子邮件地址等信息。

②资源类型：表示此工作分配的资源是工时资源还是材料资源。工时资源是执行工时以完成任务的人员和设备资源。工时资源要消耗时间（工时或工作日）来完成任务。材料资源是为完成项目中的任务而使用的供应品或其他可消耗品。

③组：共同具有某些特征并按组名分类的资源。例如，可以按照工作职能和使用组名（如管道工）对资源进行分类，或按雇用状态对资源进行分类。

④单位可用性：资源可排定给所分配工时的时间量，表示为百分比或小数。单位可用性是指资源的可用性，例如当人员为全职时，该值可为 50%、100% 或 300%。

⑤材料标签：包含为材料资源输入的度量单位，例如 t、箱或 m^3。该标签将与材料资源的工作分配单位结合起来使用，如 8t 或 22 箱。

⑥成本费率表：使用成本费率表，可以在不同费率表中为所选资源指定不同费率，也为成本管理中资源成本的累算打下基础。特别是，可以使每个选项卡都构成一个不同的费率表，分别用于不同任务的不同费率。在 5 个费率（A、B、C、D 和 E）的任何一个中，都可以为所选资源定义多达 5 种不同费率，并指定生效日期。在一定时间内费率增加或下降时（例如，由于工时资源工资提升或材料资源打折），就可以相应地应用这些不同的费率表。默认情况下，资源分配给使用表 A 中成本费率的任务。费率表不能被重命名。

◇生效日期是该行中指定的标准费率、加班费率和每次使用成本要生效的日期。如果在“生效日期”域中有两个画线，即表示关联的费率当前有效。这是在没有其他生效日期时或针对生效日期之外的日期应用的默认费率。

◇在成本费率表中所列的下一个“生效日期”之前，该费率将一直有效。在新费率生效的日期，整个 Microsoft Project 范围内（如在“资源工作表”上的“标准费率”域和“加班费率”域中，以及在所分配任务的资源成本计算中）的费率都将更改。

◇标准费率用于累计该资源正常工时成本的每小时费率。

◇加班费率用于累计该资源加班工时成本的每小时费率。

◇每次使用成本是与完成工时数无关的资源使用时累计的设置量。

⑦基准日历：指定资源日历的基准日历，列表中不仅包含三个内置日历，还包含在“更改工作时间”窗口中创建的新基准日历。内置日历分为：“24 小时”日历、“夜班”日历和“标准”日历（默认值）。对于那些一周工作 40 小时（即星期一到星期五的每天 8:00～17:00）的资源，可以使用“标准”日历。除此之外，对于那些一周工作 20 小时（即 8:00～12:00）的兼职人员，还可以设置“上午”日历。例如，去年小红的日程采用的是“上午”日历，但现在小红成了一名全职员工。可以在“资源工作表”视图中添加“基准日历”域，然后将域从“上午”更改为“标准”。

（二）将资源分配到任务中

了解如何在项目中建立资源后，接着便是将建立好的资源分配到相对应的任务中。进行任务分配的方法为：

1）在“视图”菜单上，单击“甘特图”，切换到“甘特图”视图方式进行编辑。

2）在“资源”菜单上，单击“分配资源”按钮，出现“分配资源”窗口，如图 14 所示。如果是材料被分配，例如展示场所的装修需要两包水泥，便是在资源分配窗口的“单位”中输入“2”代表 2 包。对于人力资源，可以通过百分比指定单位。

3）单击所要分配的任务，其中，如果按下键盘中的〈Ctrl〉键并连续单击可以进行不连续的选取，利用鼠标拖曳则可以连续选取多个任务。

4）同样利用鼠标选择其选定的任务要分配哪些资源，其中按下键盘中的〈Ctrl〉键并连续单击选取，利用鼠标则可以连续选择多个任务。单击“分配”可以为多个任务分配资源。

5）当任务被分配资源时，甘特图中将会出现此项任务分配了哪些资源，同时资源名称前面也会被勾选。

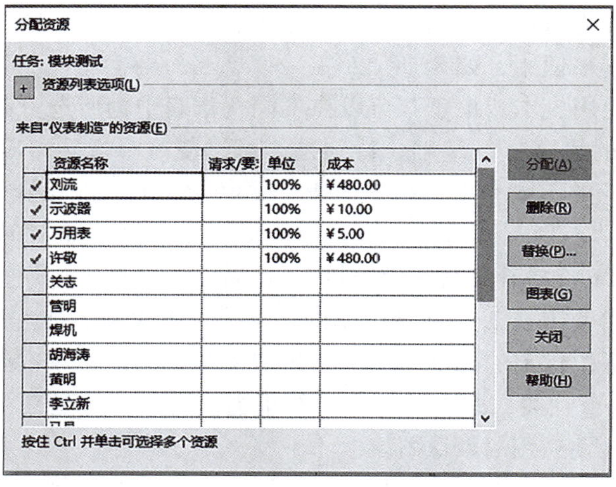

图 14 “分配资源”窗口

除了上述方法，也可以通过设置任务信息来为任务指定资源。

1）在“视图”菜单上，单击“甘特图”，切换到“甘特图”视图方式进行编辑。

2）在“任务名称”域中，选择要更改其优先级的任务，可以双击该任务，或选择“任务”菜单中的“信息”选项，选择“资源”选项卡，弹出如图 15 所示的“任务信息”窗口，采用上面类似的方法也可以为任务指定资源。

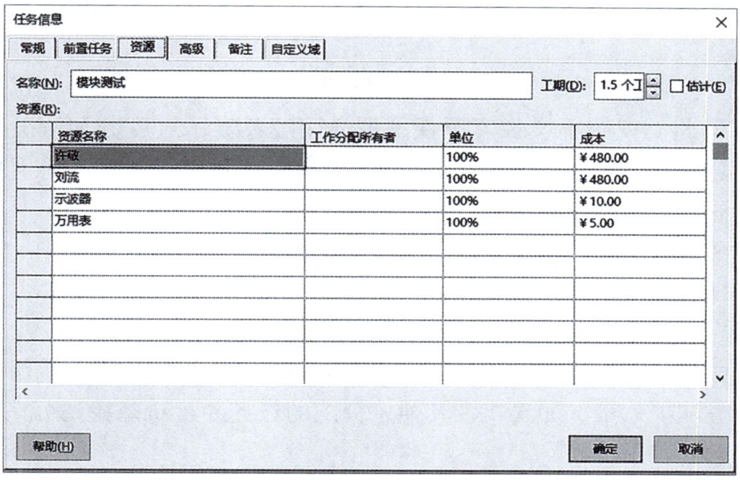

图 15　“任务信息”窗口“资源”选项卡

（三）资源调配

资源被分配到工作中之后，接着便可能需要了解哪些资源分配了哪些任务，会不会有太多的工作中有某一资源。资源分配不合理，可能会出现工作负荷太大而无法及时完成任务的情况。

1. 资源分配状况报表

1）在“视图”菜单上，单击“资源使用状况”。

2）此时 Microsoft Project 便会自动产生资源分配状况报表。

3）从资源分配状况报表中既可以知道哪些资源被分配于哪些工作，还可以知道哪些任务还未分配。

2. 任务分配状况报表

要想知道哪些任务交办给哪些人来进行，只需在菜单中选择“视图”中的“任务分配状况”选项，便可以以“任务”视图方式来了解资源分配情形。

3. 查找过度分配的资源

由于资源的数量是有限的，如果没有考虑到该资源是否被分配给了其他任务，就可能导致资源过度分配。资源过度分配必然会造成项目任务的资源不到位，影响任务的正常进行，因此必须解决资源过度分配问题。要解决资源过度分配问题，首先要能识别资源过度分配问题。使用视图或筛选器可以帮助定位资源过度分配。

可以只查看过度分配的那些资源的列表，方法：显示“资源工作表”视图或“资源使用状况”视图，然后筛选过度分配的资源。

1）在“视图”菜单上，单击“资源工作表”或“资源使用状况”选项。

2）在显示的视图中，单击“格式”菜单，选择“资源过度分配”选项。或者单击“视图”菜单，在筛选器中选择“过度分配的资源”选项，筛选出过度使用的资源。

3）若要再次查看完整的资源列表，单击“格式”菜单，去除对“资源过度分配”的选项，或者单击“视图”菜单，在筛选器中选择“无筛选器”选项。

即使不筛选过度分配的资源，也可以轻松地查看它们，因为它们的名称在任何资源视图中均显示为红色。

此外，除了“资源工作表”和“资源使用状况”视图之外，“任务”视图也可用于显示过度分配情况，但此类视图不会像资源视图那样用红色显示过度分配情况。如果使用的是“任务”视图，虽然它不会显示哪些（或多少）资源处于过度分配状态，但可以依次查看每个具有资源过度分配情况的任务。

具体做法：在使用任何“任务”视图（如“甘特图”视图或“网络图”视图）时，单击“资源管理”菜单栏，然后单击“到下一个资源过度分配处”选项。

4．查找具有可用时间的资源

如果项目中具有过度分配的资源，就可能希望在项目中标识具有可用时间的资源，以便可以更加平均地分配工作量。如果存在其他未分配的任务并且希望找到可完成附加工时的资源，则该功能也十分有用。

若要查找可以完成作业的附加工时的资源，可以显示并修改“资源使用状况”视图，以查看资源可用于附加工作分配（分配给特定任务的特定资源）的工时量（小时、天或周）。同时，还可以使用该视图将工作从过度分配的资源重新分发给分配不足的资源。

1）在“视图”菜单上，单击“资源使用状况”。

2）在“格式”菜单上，选择“剩余可用性”选项。

3）在“剩余可用性”一行中，检查各时间段中表示剩余可用性或分配不足的工时量。

（四）资源均衡

若想了解有些工时资源是否被分配了过多的工作，可以在 Microsoft Project 中通过使用资源调配功能，解决资源冲突或过度分配问题。调配的方法：拆分任务或向任务添加延迟，直到分配给这些任务的资源不再处于工作量过大的状态。由于对任务进行了这些更改，调配可能会延迟某些任务的完成日期，因此也会延迟项目的完成日期。

在调配时，Microsoft Project 不更改分配给每个任务的人力资源，只调配工时资源、材料资源和成本资源。

1．设置任务优先级

在进行调配之前，可能需要给予任务可用性标记，用以设置任务优先级。首先延迟或拆分优先级最低的任务。这是一种指示任务重要性和调配可用性的标记。所输入的优先级值是介于 1～1000 的主观值，使用该值可以指定调配过程中所使用的控制量。例如，如果不希望 Microsoft Project 对特定任务进行调配，可以将该任务的优先级设置为 1000。默认情况下，优先级值设置为 500 或中间控制级。与具有较高优先级的任务相比，首先延迟或拆分优先级较低的任务。

1）在“视图”菜单上，单击“甘特图”。

2）在“任务名称”域中，选择要更改其优先级的任务，可以双击该任务，或选择“项目”菜单中的“任务信息”选项。

3）单击“常规”选项卡，然后在“优先级”框中键入或选择优先级。

2. 通过调配分配项目工作

1）在“资源”菜单上，单击“调配选项”按钮，出现如图 16 所示的“资源调配”窗口。

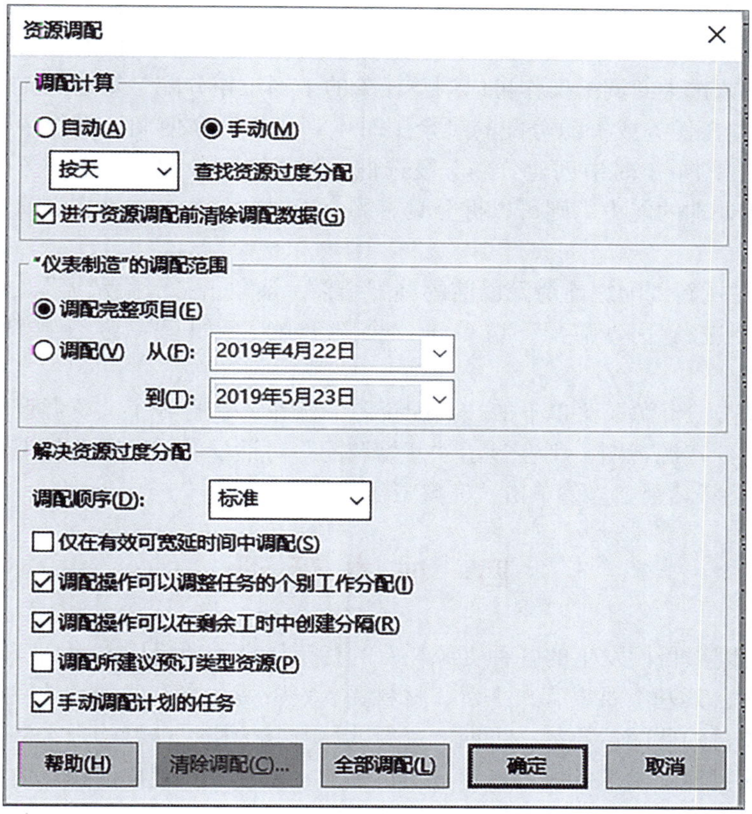

图 16　“资源调配”窗口

2）在“调配计算”下，单击“自动”或“手动”。只有在单击“全部调配”时才进行手动调配（默认设置）。每当更改任务或资源时，就会立即进行自动调配。如果希望每当分配给资源的工作超出其完成能力时就重新排定任务日程，请使用自动调配。

3）如果选择自动调配，请清除“进行资源调配前清除调配数据”复选框。清除该复选框后，Microsoft Project 只调配新的和未调配的工作分配。默认情况下选中该复选框，但在进行自动调配时，保留其选中状态可能会因调配所有任务而大大降低日程中的工作速度。在“查找资源过度分配”框中，单击选择一个时间段或时间基准用作调配识别过度分配的敏感度。默认情况下为“按天”。该设置在以下间隔发现过度分配时建立调配干预点：1 分钟、1 小时、1 天、1 周或 1 个月。

4）在“调配范围”下，选择调配整个项目还是只调配位于特定时间范围内的那些任务。

5）在“调配顺序”框中，选择所需的调配顺序。

选择“只按标识号”可在考虑其他任何条件之前按其标识号的升序调配任务。选择“标准”可首先检查前置任务相关性、可宽延时间、日期、优先级和限制，以确定是否应调配任务以及如何调配（这是默认设置）。选择“优先级，标准”可首先检查任务优先级，然后只检查标准条件。

6）若要避免项目完成日期延迟，请选中“仅在有效可宽延时间中调配”复选框。如果选中该复选框，可能会收到错误消息，指出 Microsoft Project 无法调配整个日程。具体原因是在可宽延时间未用完的情况下，日程中的可宽延时间不足以重新排定工作分配。

7）当某一资源从事某一任务且该资源独立于从事该任务的其他资源时，若要允许资源调配进行调整，请选中“调配操作可以调整任务的个别工作分配”复选框。

8）若要通过在任务或资源分配的剩余工时中创建拆分来使调配操作中断任务，请选中“调配操作可以在剩余工时中创建分隔”复选框。如果同时分配给多个任务的某个资源超出了资源日程可以处理的能力，则可以拆分具有剩余工时的任务，并在资源日程允许时执行该任务。

9）如果要在重新调配之前清除以前的调配结果，请单击“清除调配”。

10）如果要进行手动调配，请单击“全部调配”。如果要进行自动调配，请单击“确定”。

11）如果单击“资源”菜单下的“调配资源”按钮，在打开了“资源调配”对话框时显示包含所选资源的资源视图，则会显示“开始调配”对话框。如果只希望调配所选资源，请单击“选择的资源”。否则，请单击“完整资源库”。

四、成本管理

项目成本是因项目而发生的各种资源耗费的货币体现。项目成本包括项目生命周期每一阶段的资源耗费，其基本要素有人工费、材料费、设备费、咨询费和其他成本等。项目成本的影响因素有项目的范围、质量、工期、资源数量及其价格、项目管理水平等。项目成本管理是指为保障项目实际发生的成本不超过项目预算，使项目在批准的预算内按时、按质、经济高效地完成既定目标而开展的项目成本管理活动。

（一）项目成本的累算

一个项目的总成本包括了资源、任务或工作分配输入的所有基于比率的成本、每次使用成本和固定成本。在 Microsoft Project 中，实际上成本的公式为

成本 = 实际成本 + 剩余成本

而实际成本的公式为

实际成本 =（实际工时 × 标准工资率）+（实际加班工时 × 加班工资率）+ 资源每次使用成本 + 任务固定成本

剩余成本的计算方式与实际成本的计算方式相同，但它计算的是计划成本。

1. 资源成本的累算

“资源管理”一节中已经谈到如何建立项目资源库。在项目资源库中的资源信息设定中，

成本费率表的设定是其中重要一项，通过它的设定可以在项目成本累算中获得实际工时 × 标准工资率、实际加班工时 × 加班工资率，以及资源的每次使用成本。如需更改资源成本的累算方式，可以按如下步骤进行：

1）在“视图”菜单上，单击“资源工作表”。

2）在“资源名称”域中单击资源。

3）单击“资源信息”，在弹出的窗口中单击“成本”选项卡。

4）在“成本累算”框中，单击需要的累算方法。

2．任务的固定成本

按照实际成本的计算公式，只需获得任务固定成本就可以得到实际成本了。任务的固定成本可以通过设定新任务的固定成本累算方法来指定默认值，也可以通过更改现有任务的固定成本累算方法改变现有值或默认值。

1）在“视图”菜单上，单击“其他视图”，选择“任务工作表”视图可以显示只包含任务列表信息的视图。也可以切换到“甘特图”或其他具有左边表格的视图。

2）在“视图”菜单上，单击“表格”，选择“成本”表格，弹出如图 17 所示的“任务工作表”窗口“成本”列表。

3）在“固定成本累算”域中，单击要应用到每个任务的累算方法。

需要指出的是，此成本设置将只影响固定成本的累算方式。

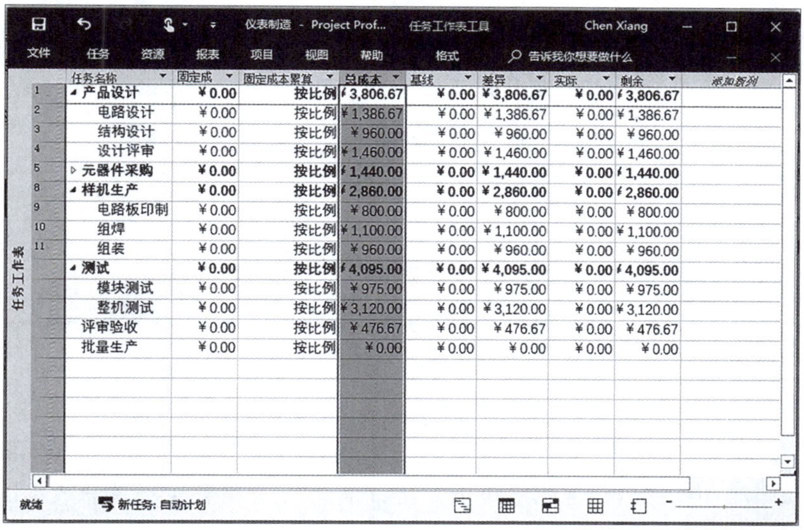

图 17　“任务工作表”窗口“成本”列表

（二）查看项目成本

Project 提供了查看项目各种成本组成的表格和图形，可以查看任务总成本、资源总成本和项目总成本。

1．查看任务总成本

若要查看任务总成本，可以执行以下操作：在“视图”菜单上，单击“其他视图”，选择“任务工作表”视图可以显示只包含任务列表信息的视图，然后查看“总成本”域。也可以切换到“甘特图”或其他具有左边表格的视图。

2．查看资源总成本

若要查看按工时资源、材料资源和成本资源分组的资源总成本，请执行以下操作：

1）在“视图”菜单上，单击“资源工作表”。

2）在“视图”菜单上，单击“表格”，再单击“成本”。显示如图18所示的“资源工作表”窗口“成本”列表。

3）若要显示汇总的资源总成本，请单击“视图”菜单中“分组依据”相应的选项。

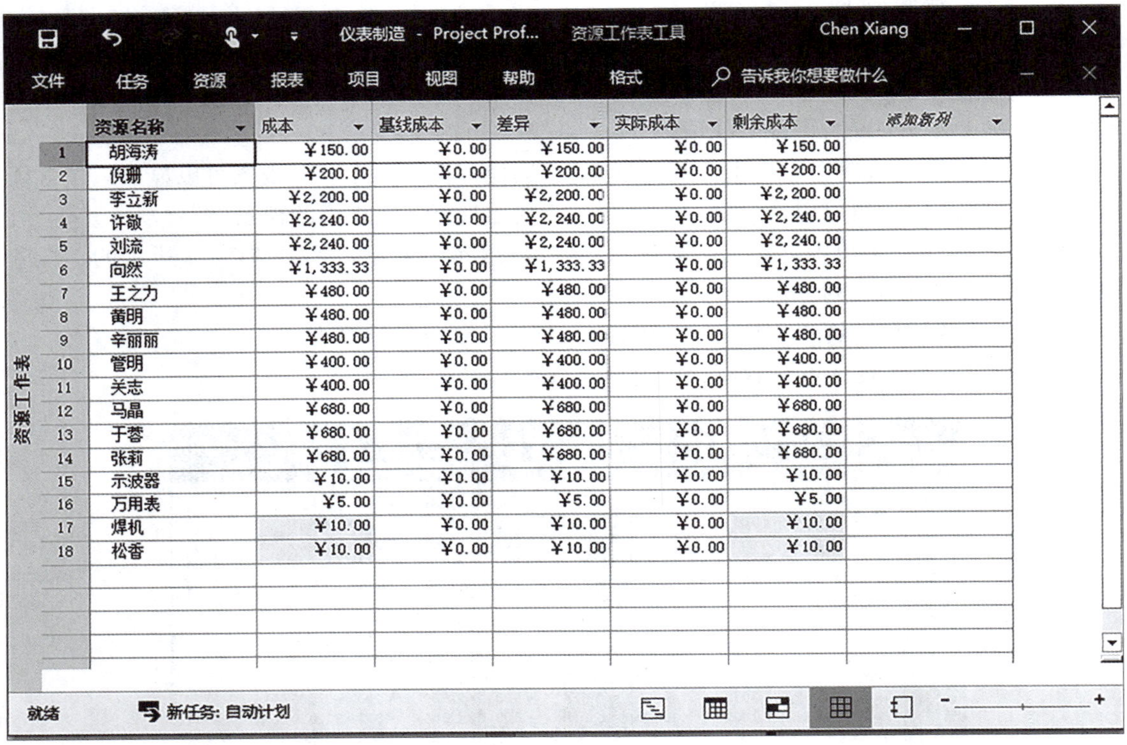

	资源名称	成本	基线成本	差异	实际成本	剩余成本	添加新列
1	胡海涛	¥150.00	¥0.00	¥150.00	¥0.00	¥150.00	
2	倪珊	¥200.00	¥0.00	¥200.00	¥0.00	¥200.00	
3	李立新	¥2,200.00	¥0.00	¥2,200.00	¥0.00	¥2,200.00	
4	许敬	¥2,240.00	¥0.00	¥2,240.00	¥0.00	¥2,240.00	
5	刘流	¥2,240.00	¥0.00	¥2,240.00	¥0.00	¥2,240.00	
6	向然	¥1,333.33	¥0.00	¥1,333.33	¥0.00	¥1,333.33	
7	王之力	¥480.00	¥0.00	¥480.00	¥0.00	¥480.00	
8	黄明	¥480.00	¥0.00	¥480.00	¥0.00	¥480.00	
9	辛丽丽	¥480.00	¥0.00	¥480.00	¥0.00	¥480.00	
10	管明	¥400.00	¥0.00	¥400.00	¥0.00	¥400.00	
11	关志	¥400.00	¥0.00	¥400.00	¥0.00	¥400.00	
12	马晶	¥680.00	¥0.00	¥680.00	¥0.00	¥680.00	
13	于蓉	¥680.00	¥0.00	¥680.00	¥0.00	¥680.00	
14	张莉	¥680.00	¥0.00	¥680.00	¥0.00	¥680.00	
15	示波器	¥10.00	¥0.00	¥10.00	¥0.00	¥10.00	
16	万用表	¥5.00	¥0.00	¥5.00	¥0.00	¥5.00	
17	焊机	¥10.00	¥0.00	¥10.00	¥0.00	¥10.00	
18	松香	¥10.00	¥0.00	¥10.00	¥0.00	¥10.00	

图18 “资源工作表”窗口“成本”列表

3．查看整个项目的总成本

在图17“成本”列表中，可以看到各个层次项目成本的汇总信息。也可以通过在“项目”菜单上，单击“项目信息”，然后单击“统计信息”，获得整个项目总成本的统计信息。

五、项目监控

在项目的实施过程中，项目管理者需要对项目进展的有关情况及影响项目实施的内外部因素进行及时、连续、系统、准确的记录和报告，项目成功的重要因素之一就是能对项目进行监督、控制和调整。也就是说，要在项目运行过程中对项目进行有效的跟踪，把实际发生的情况与原来估计的情况进行比较。Microsoft Project进行项目动态跟踪，可以按3个步骤进行：

1）首先保存基准计划。

2）在项目实施过程中更新项目信息，如果项目计划需要修订可以另存基准计划或保存中期计划。

3）比较实际进度与比较基准或中期计划，查看是否存在偏差，如存在则分析原因，并根据需要再次调整项目计划。

（一）比较基准和中期计划

1. 比较基准

采用 Microsoft Project 进行项目跟踪的一个主要目的，就是比较项目的实际进展与原计划是否一致，及时发现问题。所以记录实际进展信息时，先要将项目计划保存起来，以便日后对照，这就是所谓的“比较基准”。

基准是指在计划结束时或在某些其他关键阶段结束时保存的一组原始数据或项目图。基准实质上是一组数据与跟踪时输入的实际数据保存在同一个文件中。比较基准计划是指用于在项目进行过程中跟踪进度的初始项目计划，它是优化后的、由主管部门批准的计划，并作为项目实施考核的依据而存在。比较基准计划是在保存比较基准时得到的日程简况，它包括关于任务、资源和工作分配的信息。比较基准一般应在项目计划实施之前保存，以便在整个项目的实施过程中对照。

比较基准计划应包含与以下内容相关的信息：

1）任务（开始时间、完成时间、工期、工时、成本、拆分、时间分段工时和时间分段成本）。

2）资源（工时、成本、时间分段工时及时间分段成本）。

3）任务分配（开始时间、完成时间、工时、成本、时间分段工时及时间分段成本）。

因为比较基准提供用于衡量项目实际进度的参照点，所以它包含任务工期、开始日期和完成日期、成本以及其他要进行监控的项目变量的最佳估计值。如果比较基准信息与当前数据不同，表示原始计划不正确。一般来说，如果项目的范围或性质发生变化，就会出现这种差异。如果项目风险承担者（主动参与项目或者其利益受项目影响的个人和单位）认为该差异是合理的，可在项目进行过程中的任何时间修改或重新制定比较基准。如果项目的工期持续时间很长，或项目的计划任务或成本发生显著更改，以致与初始比较基准数据不再相关，此时会发现保存多个比较基准尤其有用。

通常在项目计划“定型”以后需要第一次保存比较基准，以后修改项目计划时，可以适时地保存。但并不是每次修改都要保存，一个项目运行可以保存 11 个比较基准，用户可以挑选比较重要的项目计划版本保存。比较基准是用于衡量项目变化的主要参照点。

2. 中期计划

有时需要将项目现有进展情况和前期的进展进行比较。这个时候就可以通过保存中期计划来实现这一管理。中期计划是在项目开始后保存的一组当前项目数据，可用来与比较基准和项目的进展情况进行比较，以评估项目的情况。中期计划与比较基准的不同之处是它仅保存两条信息，即当前任务的开始日期和完成日期。一个项目文件中最多可以保存 10 个中期计划。在项目开始后，如果需要保存项目当前状态下的任务开始日期和完成日期，就可选择保存为中期计划。

如果要保存项目实际进展中的检查点，可以保存中期计划并与比较基准进行比较。如果在计划阶段需要对大量项目数据进行比较，可以保存多个比较基准。例如，可能需要在主要计划的里程碑处执行此操作，在项目开始后，如果需要保存任务开始日期和完成日期，可以保存多个中期计划，如可能要按月或按季度进行该操作。

3．保存比较基准和中期计划

比较基准数据将作为项目文件的一部分保存，而不是作为单独的文件保存。对需要设置比较基准或中期计划的 Microsoft Project 文件，在“项目”菜单上，单击“设置基线”按钮，再单击“设置基线”。打开如图 19 所示的“设置基线”窗口，各选项对应以下用途：

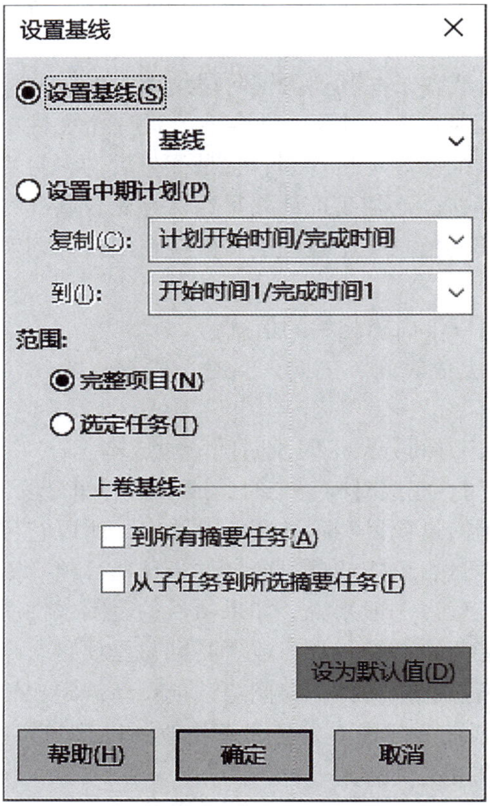

图 19　“设置基线”窗口

（1）设置基线　单击“设置基线”可指定要设置的基线，包括“基线”及“比较基准 1”到“比较基准 10”，11 个不同的比较基准，单击任一选项可将当前项目设置为选定的比较基准。比较基准信息保存在“比较基准开始时间”“比较基准完成时间”“比较基准工时”“比较基准工期”和“比较基准成本”域中。

（2）设置中期计划　单击“设置中期计划”可将数据从任何现有的比较基准或中期计划复制到其他中期计划。中期计划是一组任务开始日期和完成日期，可以在项目的特定阶段设置这些日期。通过将中期计划与比较基准或当前计划进行比较，可以监控项目的进度或进度落后状态。Microsoft Project 将“复制”框中选定的“开始时间”和“完成时间”域或“比较基准”和“比较基准 1”到“比较基准 10”域复制到“到”框中选定的“开始时间”和“完成时间”域或“比较基准”和“比较基准 1”到“比较基准 10”域。

（3）范围 选择一组用来创建比较基准或中期计划的任务。通常，若要创建比较基准，可单击“完整项目”。单击“选定任务”可设置比较基准或中期计划中选定任务的信息。选中“完整项目”可设置项目中所有任务的比较基准或中期计划信息。默认情况下，该选项为选中状态。选择“选定任务”可以只设置当前选定任务的比较基准或中期计划信息。如果选择该选项，可进一步选择是否在摘要任务上卷比较基准信息以及信息的上卷方式。

（4）上卷基线 在保存选定任务的比较基准或中期计划信息时使用上卷基线可指定是否将对选定任务的更改上卷到比较基准摘要任务对这些子任务进行汇总的任务。可使用大纲来创建摘要任务。Microsoft Project 自动使用子任务中的信息确定摘要任务信息中。选择“到所有摘要任务”可指定将对选定任务的更改反映在所有比较基准总摘要任务中。选择“从子任务到所选摘要任务”可指定将对瞬时子任务的更改反映在选定的比较基准摘要任务中。

（5）设为默认值 将此窗口中活动项目的当前设置作为所有新建项目的默认设置。

4．查看比较基准和中期计划

若要在设置比较基准后查看该计划，请显示已应用了“跟踪”或“差异”表的“跟踪甘特图”视图，如图 20 所示。步骤如下：

1）在“视图”菜单上，单击“甘特图”图标，再单击“跟踪甘特图”。

2）在“视图”菜单上，单击“表格”按钮，再单击“跟踪”或“差异”。

图 20 查看单个比较基准

若要查看多个比较基准计划，在“视图”菜单上，单击“多比较基准甘特图”，显示“多比较基准甘特图”视图，通过这个视图可以看到多个比较基准之间项目计划的差异。

设置中期计划后，若要在显示工作表视图时查看该计划，请在“插入”菜单上，单击“列”。在“列定义”窗格中，将自定义中期计划域添加到表中。例如，如果用“开始时间 1”

域和“完成时间1”域来创建中期计划，应将这两个域添加到表中。

（二）项目进度更新

在项目实施过程中，为了收集反映项目进度实际状况的信息，以便对项目进展情况进行跟踪，掌握项目进度动态，应对项目进展状态进行观测。随着项目工期的进展，可以用实际开始日期和完成日期、实际工时、实际工期和剩余工期以及当前来更新计划。

1. 更新实际开始日期和完成日期

1）在“视图”菜单上，单击“甘特图”。

2）在“任务名称”域中，选择要更新的任务。

3）在“任务”菜单上指向“跟踪时标记”选项，在出现的下拉选项菜单中单击“更新任务”，出现如图21所示的“更新任务”窗口。

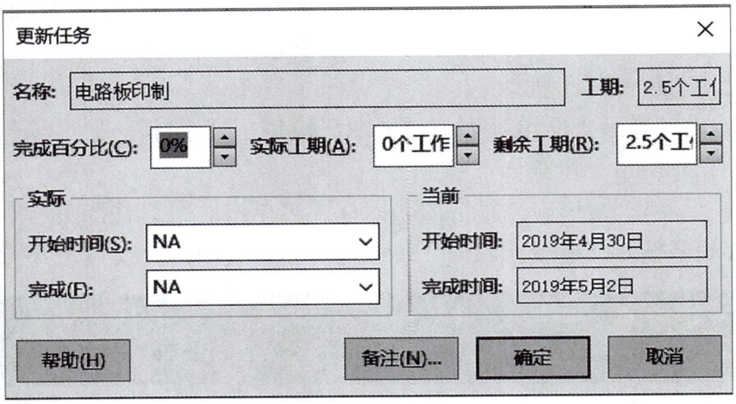

图21 “更新任务”窗口

4）在“实际”下面的“开始时间”和“完成”框中，输入新日期。

为任务输入实际开始日期或实际完成日期将更改该任务对应的排定日期或计划日期。但是，对实际日期或排定日期所做的更改不会影响基准日期。若要比较基准日期和排定日期，请在“视图”菜单上选择“表”，然后单击“差异”。如果为任务输入了实际完成日期，Microsoft Project将把它的完成百分比计算为100%。若要快速更新具有相同日期的多个任务的实际开始日期和完成日期，请选择要更新的每个任务，在“工具”菜单上选择“跟踪”，然后单击“更新项目”。单击“将任务更新为在此日期完成”，键入或选择一个日期，然后在“用于”旁边，单击“选定任务”。

此外，还可以通过直接在Microsoft Project中修改项目的实际开始时间和完成时间，步骤如下：

1）在“视图”菜单上，单击“甘特图”或“跟踪甘特图”。

2）在“视图”菜单上，单击“表格”图标，再单击“跟踪”或“差异”。

在出现了如图20的表格后，可在表格内直接输入实际时间。

2. 更新实际工时

如果知道已执行任务的工时量，则可以为该任务输入实际工时。如果知道每个资源已为任务执行的工时量，则可以为每个分配的资源输入实际工时。步骤如下：

1）在“视图”菜单上，单击“甘特图”。或者在“视图”菜单上，单击“其他视图”，在“视图”列表中单击“任务工作表”。

2）在“视图”菜单上，指向“表”，然后单击“工时”。

3）在要更新的任务的“实际”域中，输入实际工时值，如图 22 所示。

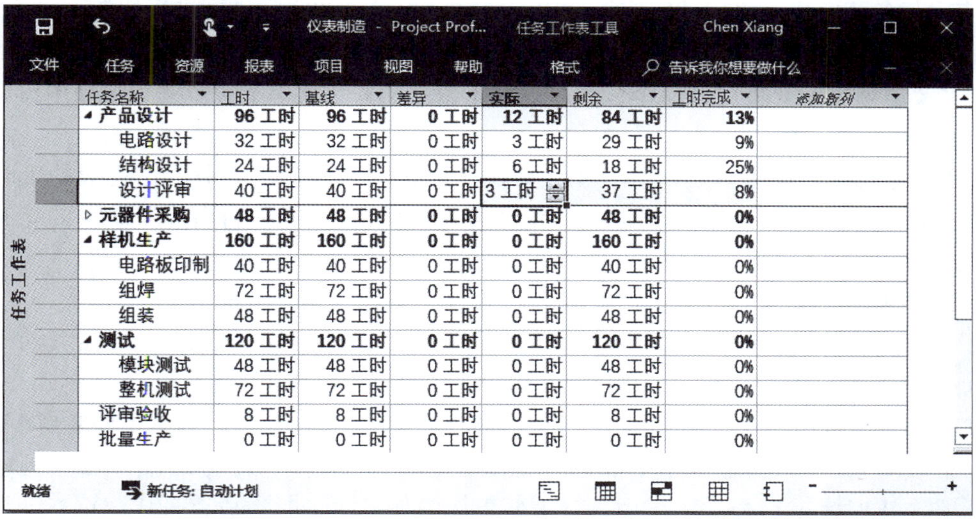

任务名称	工时	基线	差异	实际	剩余	工时完成	添加新列
◢ 产品设计	96 工时	96 工时	0 工时	12 工时	84 工时	13%	
电路设计	32 工时	32 工时	0 工时	3 工时	29 工时	9%	
结构设计	24 工时	24 工时	0 工时	6 工时	18 工时	25%	
设计评审	40 工时	40 工时	0 工时	3 工时	37 工时	8%	
▷ 元器件采购	48 工时	48 工时	0 工时	0 工时	48 工时	0%	
◢ 样机生产	160 工时	160 工时	0 工时	0 工时	160 工时	0%	
电路板印制	40 工时	40 工时	0 工时	0 工时	40 工时	0%	
组焊	72 工时	72 工时	0 工时	0 工时	72 工时	0%	
组装	48 工时	48 工时	0 工时	0 工时	48 工时	0%	
◢ 测试	120 工时	120 工时	0 工时	0 工时	120 工时	0%	
模块测试	48 工时	48 工时	0 工时	0 工时	48 工时	0%	
整机测试	72 工时	72 工时	0 工时	0 工时	72 工时	0%	
评审验收	8 工时	8 工时	0 工时	0 工时	8 工时	0%	
批量生产	0 工时	0 工时	0 工时	0 工时	0 工时	0%	

图 22　更新实际工时

重新计算的工时完成百分比值和剩余工时值分别显示在“工时完成”和“剩余”（剩余工时）域中。当为任务指定实际工时时，Microsoft Project 将按照公式“工时完成百分比 = 实际工时 / 工时”以及“剩余工时 = 工时 − 实际工时”来计算工时完成百分比以及剩余工时。

3．更新实际工期和剩余工期

如果知道任务所用时间将多于或少于 Microsoft Project 计算出的时间，则可以指定剩余工期。

1）在“视图”菜单上，单击“其他视图”，在“视图”列表中单击“任务工作表”，然后单击“应用”。

2）在“视图”菜单上，选择“表”，然后单击“跟踪”。

3）在“实际工期”域中，输入要更新的任务的实际工期。

4）重新计算的完成百分比值和剩余工期值分别显示在“完成百分比”和“剩余工期”域中。

5）在“剩余工期”域中，键入要更新的任务的剩余工期。

重新计算的工期值和完全百分比值显示在“工期”和“完成百分比”域中。Microsoft Project 将根据以下原则进行计算：

1）当为任务指定了实际工期时，Microsoft Project 将按照公式“完成百分比 = 实际工期 / 工期”以及“剩余工期 = 工期 − 实际工期”来计算完成百分比以及剩余工期。

2）当为任务调整剩余工期时，Microsoft Project 将按照公式“工期 = 剩余工期 + 实际工期”以及“完成百分比 = 实际工期 / 工期”来计算工期和工时完成百分比。

3）如果输入的实际工期大于在任务完成前的排定工期，则 Microsoft Project 将排定工期更新为等于实际工期，将剩余工期更改为零，并将任务标记为 100% 完成。

4．更新完成百分比和工时完成百分比

标出任务完成的百分比可帮助跟踪实际进度。通过指定介于 0（表示任务尚未开始）和 100（表示任务已完成）之间的完成百分比，可将计划进度和实际进度进行比较。

另外，若要将特定任务的完成百分比快速更新为 0、25%、50%、75% 或 100%，请按住〈Ctrl〉并单击列表中要更新的每个任务，然后单击"任务"菜单下"日程"选项中对应的完成百分比按钮，如"

"。

如果已为任务分配了资源，并且正在跟踪工时，则可以标出任务上已完成的工时百分比。通过指定介于 0（尚未为任务执行工时）～100（已为任务执行所有工时）的工时完成百分比，可将计划工时与实际完成工时进行比较。

1）在"视图"菜单上，单击"其他视图"，在"视图"列表中单击"任务工作表"。

2）若要更新完成百分比，在"视图"菜单上，指向"表"，然后单击"跟踪"。

3）在"完成百分比"域中，键入要更新的任务的完成百分比。

4）重新计算的实际工期值和剩余工期值显示在"实际工期"和"剩余工期"域中。

5）若要更新工时完成百分比，请在"视图"菜单上，选择"表"，然后单击"工时"。

6）在"工时完成百分比"域中，键入要更新的任务的工时完成百分比。重新计算的实际工时值和剩余工时值分别显示在"实际"和"剩余"域中。

Microsoft Project 将根据以下原则进行计算：

1）当为任务指定了完成百分比时，Microsoft Project 将按照公式"实际工期 = 工期 × 完成百分比"以及"剩余工期 = 工期 − 实际工期"来计算实际工期和剩余工期。

2）当为任务指定了工时完成百分比时，Microsoft Project 将按照公式"实际工时 = 工时 × 工时完成百分比"以及"剩余工时 = 工时 − 实际工时"来计算实际工时和剩余工时。

3）Microsoft Project 根据摘要任务的子任务进度计算摘要任务的完成百分比，也可对摘要任务手动输入工时完成百分比。Microsoft Project 根据摘要任务的子任务进度计算摘要任务的工时完成百分比，也可对摘要任务手动输入工时完成百分比。

4）如果为摘要任务手动输入工时百分比，Microsoft Project 将根据摘要子任务在日程中的位置将工时百分比应用于子任务。较早排定日程的任务在完成之前会要求应用进度，并且进度会继续应用于任务，直到所有任务都完成。

5）可以设置默认值，用以指定 Microsoft Project 如何根据项目的状态日期自动调整实际剩余和剩余工时的位置。

（三）项目成本更新

如果已在项目计划中输入成本，Microsoft Project 将根据所设置的成本累算方式随着任务的进行更新实际成本。

1．更新实际累计的资源分配成本

如果需要输入实际累计的资源分配成本，请按如下步骤操作：

1）在"视图"菜单上，单击"任务分配状况"图标。

2）在“视图”菜单上，单击“表格”图标，再单击“跟踪”。

3）如果希望将实际累计的资源分配成本更新到当前日期，在“实际成本”域中，为要更新成本的工作分配键入实际成本。

4）如果希望逐日更新实际累计的资源分配成本，请选择“格式”菜单上的“详细信息”，再单击“实际成本”。

5）选择要更新的任务和时间单元格，然后键入实际成本。

更新实际成本时，软件不能根据完成百分比和剩余成本计算实际成本。例如，有一个工期为 20 个小时的任务，并且为该任务分配了一个资源，成本为每小时 30 元，则该资源分配的成本为 600 元。如果任务已完成 0 并且输入实际成本 300 元，则“剩余成本”域将继续显示 600 元。不会计算该域以反映实际成本。但是，因为“成本”域等于实际成本加剩余成本，所以会更新该域以反映添加的实际成本。因此，在此例中，“成本”域会将剩余成本 600 元和实际成本 300 元相加，结果成本为 900 元。如果任务已完成 50% 并且输入实际成本 300 元，则“剩余成本”域会更新为 300 元，而“成本”域继续显示 600 元。如果任务已完成 75% 并且输入实际成本 300 元，则“剩余成本”域会更新为 100 元，而“成本”域会更新为 400 元。

2．更新实际每次使用的资源分配成本

1）在“视图”菜单上，单击“资源工作表”图标。

2）单击资源，然后在“项目”菜单上，单击“资源信息”。

3）在“成本”选项卡上，更新“成本费率表”中表格中的“每次使用成本”列，以反映新的每次使用的分配成本，如图 23 所示。

可以通过在“生效日期”列中输入日期，来设置新的每次使用成本生效的特定日期。如果更改了每次使用资源成本，Microsoft Project 将更新该资源的每个工作分配中的成本。还将使用已更新的每次使用成本重新计算计划成本。

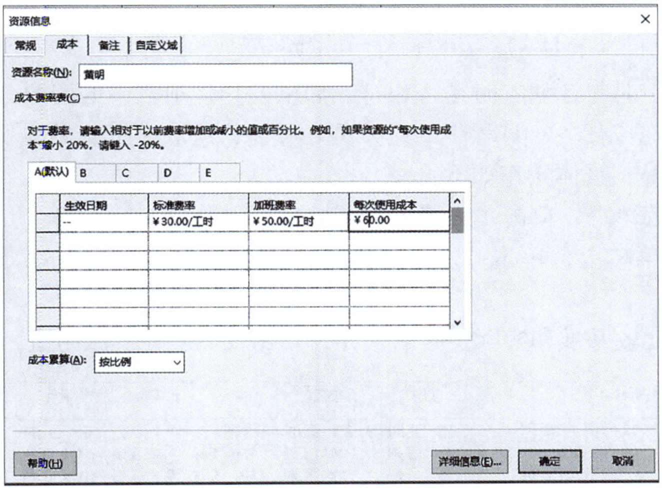

图 23　更新实际每次使用的资源分配成本

3．更新实际固定成本资源

可以更新限制到任务开始或结束的实际固定成本资源。也可以更新按比例分配任务的实际固定成本资源，可进行如下操作：

1）在“视图”菜单上，单击“甘特图”。

2）在“视图”菜单上，选择“表”，再单击“成本”。

3）在时间分段成本表上的“成本”域中，为成本资源已发生更改的各项任务更改数值。

（四）跟踪项目

创建日程并建立比较基准计划后，应该按本节（二）和（三）中的方法频繁更新项目进展以达到监督项目要求的频率。

1．查看日程差异

差异是指比较基准与任务或资源计划信息的差别。在设置了比较基准并开始向日程中输入实际信息后，就会出现差异。差异可以发生在工时、成本和日程中。这里讲述与任务进度相关的日程差异。

（1）查看任务是否按计划进行　如果要保证项目按计划完成，必须保证各项任务按日程进行。但由于各种原因总会有些任务和计划发生偏差，尽早发现这些和比较基准相比产生偏差的任务是比较重要的，这样就可以及时调整任务的相关性或分配资源来满足期限。具体操作如下：

①在“视图”菜单上，单击“跟踪甘特图”图标。

②在“视图”菜单上，单击“表格”图标，再单击“差异”，显示如图24所示的“差异”表。

③从差异域可以比较每个任务及项目的开始时间差异和完成时间差异。

	任务名称	开始时间	完成时间	比较基准开始时间	比较基准完成时间	开始时间差异	完成时间差异
0	⊟ 软件开发项目	2008年5月6日	2009年7月1日	2008年5月5日	2049年12月31日	1 工作日	i67 工作日
1	⊟ 项目启动	2008年5月6日	2008年5月26日	2008年5月5日	2008年5月14日	1 工作日	8 工作日
2	⊟ 组建工作组	2008年5月6日	2008年5月26日	2008年5月5日	2008年5月14日	1 工作日	8 工作日
3	定义工作组角色	2008年5月6日	2008年5月20日	2008年5月5日	2008年5月6日	1 工作日	10 工作日
4	确定所需技能	2008年5月8日	2008年5月16日	2008年5月5日	2008年5月8日	3.05 工作日	6 工作日
5	确定资源	2008年5月21日	2008年5月22日	2008年5月9日	2008年5月12日	8 工作日	8 工作日

图24　“跟踪甘特图”中显示的“差异”表

（2）查看任务工时与计划工时是否相符　如果要管理项目中的资源分配，就要确保资源能够在计划时间内完成任务。日程中的差异可好可坏，这取决于其类型和严重程度。如果要查看任务的工时情况，具体操作如下：

①在“视图”菜单上，单击“甘特图”图标。

②在“视图”菜单上，单击“表格”图标，再单击“工时”，显示如图25所示的“工时”表。

③如果要查看比较基准和实际工时的差异，则比较“差异”域的值。

	任务名称	工时	比较基准	差异	实际	剩余	工时完成
0	⊟ 软件开发项目	.63 工时	:9.83 工时	-253,509.2 工时	工时	.63 工时	
1	⊟ 项目启动	542 工时	384 工时	158 工时	82 工时	460 工时	
2	⊟ 组建工作组	422 工时	320 工时	102 工时	70.8 工时	351.2 工时	
3	定义工作组角色	142.4 工时	80 工时	62.4 工时	70.8 工时	71.6 工时	
4	确定所需技能	119.6 工时	80 工时	39.6 工时	0 工时	119.6 工时	
5	确定资源	80 工时	80 工时	0 工时	0 工时	80 工时	

图25　“甘特图”中显示的“工时”表

2．跟踪实际成本

项目的跟踪和比较不仅体现在进度方面，还包括项目成本。在项目管理过程中，项目的管理者通常要把成本控制放在重要位置。实施跟踪项目成本，及时发现成本上的差异，并进行分析研究，提出有效的纠正措施。

（1）查看任务成本是否与预算相符　如果给任务分配固定成本或为资源指定工资，就可能想要查看累算成本大于预算成本的任务。通过使用比较基准创建一个预算并紧密跟踪项目成本，可以及早发现成本超支，并能对日程或预算做出相应的调整。如果想要查看任务成本与预算是否相符，执行如下操作：

①在“视图”菜单上，单击“其他视图”图标，在“视图”列表中单击“任务工作表”。

②在“视图”菜单上，选择“表”，再单击“成本”，显示如图 26 所示的“成本任务工作”表。从中可以查看“总成本”域和“比较基准”域的值，“差异”域显示出两者的差异。

	任务名称	固定成本	固定成本累算	总成本	比较基准	差异	实际	剩余
0	⊟ 软件开发项目	¥0	按比例	¥844,035	¥0	¥844,035	¥0	¥844,035
1	⊟ 项目启动	¥0	开始	¥50,119	¥0	¥50,119	¥0	¥50,119
2	⊟ 组建工作组	¥0	按比例	¥33,800	¥0	¥33,800	¥0	¥33,800
3	定义工作组角色	¥100	按比例	¥7,260	¥0	¥7,260	¥0	¥7,260
4	确定所需技能	¥20	按比例	¥11,500	¥0	¥11,500	¥0	¥11,500
5	确定资源	¥0	按比例	¥7,520	¥0	¥7,520	¥0	¥7,520

图 26　“任务工作表”中显示的“成本任务工作”表

（2）利用“盈余分析”表进行挣值法管理　对项目实施的进度、成本状态进行评估的有效工具就是挣值法。挣值法可以通过 Microsoft Project 提供的“盈余分析”表格得以实现，步骤如下：

①在“视图”菜单上，单击“其他视图”图标，在“视图”列表中单击“任务工作表”。

②在“视图”菜单上，选择“表”，再单击“其他表”，在“其他表”列表中选取“盈余分析”选项，然后单击“应用”，显示如图 27 所示的“盈余分析”表。

	任务名称	计划分析 - PV	盈余分析 - EV	AC (ACWP)	SV	CV	EAC	BAC	VAC
0	⊟ 软件开发项目	¥0	¥0	¥0	¥0	¥0	¥844,035	¥0	¥844,035
1	⊟ 项目启动	¥0	¥0	¥0	¥0	¥0	¥50,119	¥0	-¥50,119
2	⊟ 组建工作组	¥0	¥0	¥0	¥0	¥0	¥33,800	¥0	-¥33,800
3	定义工作组角色	¥0	¥0	¥0	¥0	¥0	¥7,260	¥0	-¥7,26
4	确定所需技能	¥0	¥0	¥0	¥0	¥0	¥11,500	¥0	-¥11,50
5	确定资源	¥0	¥0	¥0	¥0	¥0	¥7,520	¥0	-¥7,52

图 27　“任务工作表”中显示的“盈余分析”表

项目管理者可以通过这个表比较挣值法中的各个参数，并根据这些参数的含义做出相应的管理选择。

参考文献

[1] Project Management Institute. A guide to the project management body of knowledge[M]. 6th ed．Philadelphia: Project Management Institute，2017.

[2] 骆珣，陈翔，刘军丽．项目管理教程 [M]．2 版．北京：机械工业出版社，2010.

[3] ABBASI G Y．Crashing PERT networks using mathematical programming[J]. International Journal of Project Management，2001(19): 181-188.

[4] 罗德．项目干系人管理 [M]．邓伟升，汪小金，译．北京：中国电力出版社，2014.

[5] 特纳．项目管理手册：第 5 版 [M]．丁杉，译．北京：中国电力出版社，2015.

[6] 美国项目管理协会．项目集管理标准：第 4 版 [M]．项目管理协会，译．北京：电子工业出版社，2019.

[7] 克莱门斯，吉多．成功的项目管理：第 3 版 [M]．张金成，杨坤，译．北京：电子工业出版社，2007 .

[8] KERZNER H. Project management: a systems approach to planning, scheduling, and controlling [M]. New York：John Wiley & sons Inc.，2001.

[9] 戚安邦．项目管理学 [M]．3 版．北京：科学出版社，2019.

[10] 邱菀华，等．现代项目管理导论 [M]．北京：机械工业出版社，2009.

[11] 毕星．项目管理 [M]．2 版．北京：清华大学出版社，2011.

[12] 沈建明．项目风险管理 [M]．2 版．北京：机械工业出版社，2010.

[13] 朱宏亮．项目进度管理 [M]．北京：清华大学出版社，2002.

[14] 梁世连．工程项目管理 [M]．2 版．北京：清华大学出版社，2011.

[15] 毕星，邓韬．项目管理精要 [M]．北京：化学工业出版社，2002.

[16] 冯之楹，等．项目采购管理 [M]．北京：清华大学出版社，2000.

[17] 纪燕萍，等．21 世纪项目管理教程 [M]．北京：人民邮电出版社，2002.

[18] 白思俊．项目管理案例教程 [M]．3 版．北京：机械工业出版社，2018.

[19] 孙慧．项目成本管理 [M]．北京：机械工业出版社，2018.

[20] PRINCE 2．Projects in controlled environments[EB/OL][2022-03-17]. www.prince2.org.uk/.

[21] GRAY R J．Alternative approaches to programmer management[J].International Journal of Project Management，1997(1)15.

[22] 海峰，李必强，冯艳飞 . 集成论的基本范畴 [J]. 中国软科学，2001(1)114-117.

[23] 王祎望，杜纲，齐庆祝 . 项目群管理模式研究 [J]. 西安电子科技大学学报 (社会科学版), 2004, 3:75-79.

[24] 蒋景楠，余斌 . 多项目管理探究 [J]. 技术经济与管理研究，2006(2)83-85.

[25] Project Management Institute. PMI 商业分析指南 [M]. 项目管理协会，译．北京：电子工业出版社，2019 .